U0595881

中国近代
思想家文库

◎

金以林　马思宇　编

吴稚晖卷

中国人民大学出版社
·北京·

《中国近代思想家文库》编纂委员会名单

总　序

　　对于近代的理解，虽不见得所有人都是一致的，但总的说来，对于近代这个词所涵的基本意义，人们还是有共识的。一个国家、一个民族走入近代，就意味着以工业化为主导的经济取代了以地主经济、领主经济或自然经济为主导的中世纪的经济形态，也还意味着，它不再是孤立的或是封闭与半封闭的，而是以某种形式加入到世界总的发展进程。尤其重要的是，它以某种形式的民主制度取代君主专制或其他不同形式的专制制度。中国是个幅员广大、人口众多、历史悠久的多民族国家，由于长期历史发展是自成一体的，与外界的交往比较有限，其生产方式的代谢迟缓了一些。如果说，世界的近代是从 17 世纪开始的，那么中国的近代则是从 19 世纪中期才开始的。现在国内学界比较一致的认识，是把 1840 年到 1949 年视为中国的近代。

　　中国的近代起始的标志是 1840 年的鸦片战争。原来相对封闭的国门被拥有近代种种优势的英帝国以军舰、大炮再加上种种卑鄙的欺诈打开了。从此，中国不情愿地加入到世界秩序中，沦为半殖民地。原来独立的大一统的中央集权的君主专制国家，如今独立已经极大地被限制，大一统也逐渐残缺不全，中央集权因列强的侵夺也不完全名实相符了。后来因太平天国运动，地方军政势力崛起，形成内轻外重的形势，也使中央集权被弱化。经历第二次鸦片战争、中法战争、甲午战争、八国联军入侵的战争以及辛亥革命后的多次内外战争，直至日本全面侵略中国的战争，致使中国的经济、政治、教育、文化，都无法顺利走上近代发展的轨道。古今之间，新旧之间，中外之间，混杂、矛盾、冲突。总之，鸦片战争后的中国，既未能成为近代国家，更不能维持原有的统治秩序。而外患内忧咄咄逼人，人们都有某种程度"国将不国"的忧虑。

　　"天下兴亡，匹夫有责"，读书明理的士大夫，或今所谓知识分子，尤为敏感，在空前的危机与挑战面前，皆思有所献替。于是发生种种救亡图存的思想与主张。有的从所能见及的西方国家发展的经验中借鉴某些东西，形成自己的改革方案；有的从历史回忆中拾取某些智慧，形成某种民族复兴的设想；有的则力图把西方的和中国所固有的一些东西加以调和或结合，形成某种救亡图强的主张。这些方案、设想、主张，从世界上"最先进的"，到"最落后的"，几乎样样都有。就提出这些方案、设想、主张者的初衷而言，绝大多数都含着几分救国的意愿。其先进与落后，是否可行，能否成功，尽可充分讨论，但可不必过为诛心之论。显而易见，既然救国的问题最为紧迫，人们所心营目注者自然是种种与救国的方案直接相关的思想学说，而作为产生这些学说的更基础性的理论，及其他各种知识、思想，则关注者少。

围绕着救国、强国的大议题，知识精英们参考世界上种种思想学说，加以研究、选择，认为其中比较适用的思想学说，拿来向国人宣传，并赢得一部分人的认可。于是互相推引，互相激励，更加发挥，演而成潮。在近代中国，曾经得到比较广泛的传播的思想学说，或者够得上思潮的，主要有以下几种：

（一）进化论。近代西方思想较早被引介到中国，而又发生绝大影响的，要属进化论。中国人逐渐相信，进化是宇宙之铁则，不进化就必遭淘汰。以此思想警醒国人，颇曾有助于振作民族精神。但随后不久，社会达尔文主义伴随而来，不免发生一些负面的影响。人们对进化的了解，也存在某些片面性，有时把进化理解为一条简单的直线。辩证法思想帮助人们形成内容更丰富和更加符合实际的发展观念，减少或避免片面性的进化观念的某些负面影响。

（二）民族主义。中国古代的民族主义思想，其核心是"非我族类，其心必异"，所以最重"华夷之辨"。鸦片战争前后一段时期，中国人的民族思想，大体仍是如此。后来渐渐认识到"今之夷狄，非古之夷狄"，"西人治国有法度，不得以古旧之夷狄视之"。但当时中国正遭受西方列强的侵略和掠夺，追求民族独立是民族主义之第一义。20世纪初，中国知识精英开始有了"中华民族"的概念。于是，渐渐形成以建立近代民族国家为核心的近代民族主义。结束清朝君主专制，创立中华民国，是这一思想的初步实现。第一次世界大战爆发，中国加入"协约国"，第一次以主动的姿态参与世界事务，接着俄国十月革命爆发，这两件事对近代中国的发展历程造成绝大影响。同时也将中国人的民族主义提升到一个新的层次，即与国际主义（或世界主义）发生紧密联系。也可以说，中国人更加自觉地用世界的眼光来观察中国的问题。新生的中国共产党和改组后的国民党都是如此。民族主义成为中国的知识精英用来应对近代中国所面临的种种危机和种种挑战的一个重要的思想武器。

（三）社会主义。社会主义作为一种模糊的理想是早在古代就有的，而且不论东方和西方都曾有过。但作为近代思潮，它是于19世纪在批判近代资本主义的基础上产生的。起初仍带有空想的性质，直到马克思和恩格斯才创立起科学社会主义。20世纪初期，社会主义开始传入中国。当时的传播者不太了解科学社会主义与以往的社会主义学说的本质区别。有一部分人，明显地受到无政府主义的强烈影响，更远离科学社会主义。直到五四新文化运动兴起之后，中国人始较严格地引介、宣传科学社会主义。但有一段时间，无政府主义仍是一股很大的思想潮流。中国共产党的成立，从思想上说，是战胜无政府主义的结果。中国共产党把在中国实现社会主义乃至共产主义作为自己的奋斗目标。此后，社会主义者，多次同各种非科学社会主义思想的信仰者进行论争并不断克服种种非科学社会主义思想的影响。

（四）自由主义。自由主义也是从清末就被介绍到中国来，只是信从者一直寥寥。直到五四新文化运动兴起，具有欧美教育背景的知识精英的数量渐渐多起来，自由主义始渐渐形成一股思想潮流。自由主义强调个性解放、意志自由和自己承担责任，在政治上反对一切专制主义。在中国的社会条件下，自由主义缺乏社会基础。在政治激烈动荡的时候，自由主义者很难凝聚成一股有组织的力量；在稍稍平和的时候，他们往往更多沉浸在自己的专业中。所以，在中国近代史上，自由主义不曾有，也不可能有大的作为。

（五）激进主义与保守主义。处于转型期的社会，旧的东西尚未完全退出舞台，新的东西也还未能巩固地树立起来，新旧冲突往往要持续很长的时间，有时甚至达到很激烈的程度。凡助推新东西成长的，人们便视为进步的；凡帮助旧东西排斥新东西的，人们便视为保守的。其实，与保守主义对应的，应是进步主义；与顽固主义相对的则应是激进主义。不过在通常话语环境中人们不太严格加以区分。中国历史悠久，特别是君主专制制度持续两千余年，旧东西积累异常丰富，社会转型极其不易。而世界的发展却进步甚速。中国的一部分精英分子往往特别急切地想改造中国社会，总想找出最厉害的手段，选一条最捷近的路，以最快的速度实现全盘改造。这类思想、主张及其采取的行动，皆属激进主义。在中共党史上，它表现为"左"倾或极左的机会主义。从极端的激进主义到极端的顽固主义，中间有着各种程度的进步与保守的流派。社会的稳定，或社会和平改革的成功，都依赖有一个实力雄厚的中间力量。但因种种原因，中国社会的中间力量一直未能成长到足够的程度。进步主义与保守主义，以及激进主义与顽固主义，不断进行斗争，而实际所获进步不大。

（六）革命与和平改革。中国近代史上，革命运动与和平改革运动交替进行，有时又是平行发展。两者的宗旨都是为改变原有的君主专制制度而代之以某种形式的近代民主制度。有很长一个时期，有两种错误的观念，一是把革命理解为仅仅是指以暴力取得政权的行动，二是与此相关联，把暴力革命与和平改革对立起来，认为革命是推动历史进步的，而改革是维护旧有统治秩序的。这两种论调既无理论根据，也不合历史实际。凡是有助于改变君主专制制度的探索，无论暴力的或和平的改革都是应予肯定的。

中国近代揭幕之时，西方列强正在疯狂地侵略与掠夺殖民地和半殖民地，中国是它们互相争夺的最后一块、也是最大的资源地。而这时的中国，沿袭了两千年的君主专制制度已到了奄奄一息的末日，统治当局腐朽无能，对外不足以御侮，对内不足以言治，其统治的合法性和统治的能力均招致怀疑。革命运动与改革的呼声，以及自发的民变接连不断。国家、民族的命运真的到了千钧一发之际，危机极端紧迫。先觉分子救国之心切，每遇稍具新意的思想学说便急不可待地学习引介。于是西方思想学说纷纷涌进中国，各阶层、各领域，凡能读书读报者，受其影响，各依其家庭、职业、教育之不同背景而选择自以为不错的一种，接受之，信仰之，传播之。于是西方几百年里相继风行的思想学说，在短时期内纷纷涌进中国。在清末最后的十几年里是这样，五四时期在较高的水准上重复出现这种情况。

这种情况直接造成两个重要的历史现象：一个是中国社会的实际代谢过程（亦即社会转型过程）相对迟缓，而思想的代谢过程却来得格外神速。另一个是在西方原是差不多三百年的历史中渐次出现的各种思想学说，集中在几年或十几年的时间里狂泻而来，人们不及深入研究、审慎抉择，便匆忙引介、传播，引介者、传播者、听闻者，都难免有些消化不良。其实，这种情况在清末，在五四时期，都已有人觉察。我们现在指出这些问题并非苛求前人，而是要引为教训。

同时我们也看到，中国近代思想无比的多样性与复杂性呈现出绚丽多彩的姿态，各种思想持续不断地展开论争，这又构成中国近代思想史的一个突出特点。有些论争为我们留下了非常丰富的思想资料。如兴洋务与反洋务之争，变法与反变法之争，革命与改良之争，共和与立宪之争，东西文化之争，文言与白话之争，新旧伦理之争，科学与人生观之争，中国社会性质的论争，社会史的论争，人权与约法之争，全盘西化与本位文化之争，民主与独裁之争，等等。这些争论都不同程度地关联着一直影响甚至困扰着中国人的几个核心问题，即所谓中西问题、古今问题与心物关系问题。

中国近代思想的光谱虽比较齐全，但各种思想的存在状态及其影响力是很不平衡的。有些思想信从者多，言论著作亦多，且略成系统；有些可能只有很少的人做过介绍或略加研究；有的还可能因种种原因，只存在私人载记中，当时未及面世。然这些思想，其中有很多并不因时间久远而失去其价值。因为就总的情况说，我们还没有完成社会的近代转型，所以先贤们对某些问题的思考，在今天对我们仍有参考借鉴的价值。我们编辑这套《中国近代思想家文库》，希望尽可能全面地、系统地整理出近代中国思想家的思想成果，一则借以保存这份珍贵遗产，再则为研究思想史提供方便，三则为有心于中国思想文化建设者提供参考借鉴的便利。

考虑到中国近代思想的上述诸特点，我们编辑本《文库》时，对于思想家不取太严格的界定，凡在某一学科、某一领域，有其独立思考、提出特别见解和主张者，都尽量收入。虽然其中有些主张与表述有时代和个人的局限，但为反映近代思想发展的轨迹，以供今人参考，我们亦保留其原貌。所以本《文库》实为"中国近代思想集成"。

本《文库》入选的思想家，主要是活跃在1840年至1949年之间的思想人物。但中共领袖人物，因有较为丰富的研究著述，本《文库》则未收入。

编辑如此规模的《文库》，对象范围的确定，材料的搜集，版本的比勘，体例的斟酌，在在皆非易事。限于我们的水平，容有瑕隙，敬请方家指正。

《中国近代思想家文库》编纂委员会

目　录

导言 …………………………………………………………………… 1

上《苏报》馆大记者书（1901）………………………………… 1

与友人书论新世纪（1907）…………………………………… 5

推广仁术以医世界观（1908）………………………………… 9

编造中国新语凡例（1908）…………………………………… 15

宗教道德与社会主义（1908）………………………………… 20

新语问题之杂答（1908）……………………………………… 23

谈无政府之闲天（1908）……………………………………… 29

书驳中国用万国新语说后（1908）…………………………… 33

无政府主义可以坚决革命党之责任心（1908）……………… 38

中国人之腐败病（1908）……………………………………… 41

帝国主义之结果（1908）……………………………………… 45

革命商（1908）………………………………………………… 48

无政府主义以教育为革命说（1908）………………………… 52

论社会主义答某君（1908）…………………………………… 55

答谁君宗教谈（1909）………………………………………… 57

书自由营业管见后（1909）…………………………………… 62

二十世纪者军人革命之世纪也（1910）……………………… 64

辟谬（1910）…………………………………………………… 66

革命党之光荣（1910）………………………………………… 72

致蔡鹤卿论学书（1911）……………………………………… 76

何谓真知识（1912）…………………………………………… 79

中国之社会教育应兼两大责任（1912）……………………………… 82

复蔡子民书（1913）……………………………………………… 84

学问标准宜迁高其级度说（1917）…………………………………… 88

予之个人今日外交观（1917）……………………………………… 92

朏盦客座谈话（节选）（1917）…………………………………… 94

论善恶之进化（1917）…………………………………………… 118

论国利民福（1917）……………………………………………… 120

论善亦进恶亦进（1917）………………………………………… 122

论普及教育（1917）……………………………………………… 123

论道德教育（1917）……………………………………………… 125

致钱玄同君论注音字母书（1918）………………………………… 127

论工党不兴由于工学不盛（1918）………………………………… 139

机器促进大同说（1918）………………………………………… 141

补救中国文字之方法若何？（1918）……………………………… 144

"他"、"我"论（1921）…………………………………………… 161

就批评而运动"注释"（节录）（1923）…………………………… 162

一个新信仰的宇宙观及人生观（1923）…………………………… 167

二百兆平民大问题最轻便的解决法（1924）……………………… 238

箴洋八股化之理学（1924）……………………………………… 267

物质文明与科学
　　——臭茅厕与洋八股（1924）………………………………… 272

《说文解字诂林》叙（1927）……………………………………… 277

《李石岑讲演录》序（1927）……………………………………… 281

草鞋与皮鞋（1927）……………………………………………… 286

怎样应用注音符号（1930）……………………………………… 289

我的人生观（1930）……………………………………………… 295

在工商会议闭幕时之演讲词（1930）……………………………… 298

三民主义为达到世界大同的途径（1931）………………………… 300

以人的精神能力支配物质（1931）………………………………… 306

民生主义实现之途（1931）……………………………………… 307

摩托救国论（一）（1931）………………………………………… 308

小工程扶助大工程（1931）……………………………………… 311

教育改造与救国（1933）………………………………………… 315

摩托救国论（二）（1933）　·················· 319

救国须改良教育（1933）　·················· 322

人与人的交涉最好不谈　人与物争应当仁不让（1935）　········· 325

用资本来生产为当前急务（1938）　·················· 329

门外汉意中之教育问题（1939）　·················· 333

知难行易（1939）　·················· 339

精神物质应当并重说（1941）　·················· 341

礼、义、廉、耻在中国伦理史上的发展（1941）　·················· 346

反侵略要互助与优胜并用说（1941）　·················· 350

孔子大同学说（1943）　·················· 352

世界有四（1943）　·················· 355

西北为文明之摇篮（1943）　·················· 357

蔡先生的志愿（1944）　·················· 365

救济青年与中等教育改制（1944）　·················· 369

答毕修勺先生书（1945）　·················· 374

吴稚晖年谱简编　·················· 381

导　言

　　前清举人、维新小卒、革命斗士、"反共先锋"、无政府主义旗手、三民主义拥趸者，当如此繁多的标签汇聚到一个人的身上时，当这个人以如此复杂的身份涉入政治的迷局时，注定了此人身份莫辨、毁誉参半的历史评价。吴稚晖就是这样一个人。

　　吴稚晖在中国近现代历史的舞台上扮演过多重角色：他很早就加入孙中山领导的同盟会，是国民党内颇具威望的元老；又参与了相当多的历史事件，诸如《苏报》案、海外中国大学的创立、反共政变的发轫、国语运动的推广等等；他还是中国无政府主义的代表人物，在近代中国政治、思想、教育、文化诸多领域都留下不可磨灭的印记。

一　民国元老跌宕人生

　　吴稚晖，名朓，后名敬恒，字稚晖，1865 年 3 月 25 日出生于江苏阳湖县（今武进县）雪堰桥一户普通商人之家。吴稚晖成长经历曲折坎坷，幼年丧母，由其外祖母收养，直至成年，"其恩至笃"。

　　吴稚晖在旧式私塾中，辗转完成其基础教育，先后读完了"四书"、《易》、《诗经》、《礼记》、《古文观止》等。家境的贫寒给他留下了深刻的印象，"十五六岁时，处境骤窘，常有断炊之虞。夜卧绳床，老被寒如铁，外祖母年迈不胜寒"。这不仅令其提前结束了学习生涯，同时也对其世界观不无影响。吴稚晖一生看重物质世界多于精神世界，鼓吹物质不可须臾而缺。

　　学途中辍，并不能令其灰心。吴稚晖 22 岁考入县学，两年后进入著名的江阴南菁书院。26 岁，乡试中举。次年，入北京会试，试后仍就读于南菁书院。一日,江阴知县过孔庙而未下轿,吴稚晖的同学田其田等人深以为不恭,遂拦轿质询,举石击轿。知县大怒,将田其田押入县署,后经书院山长黄以周交涉,知县承认拘捕举人不当,当场向前来质询的吴稚晖等人承认错误,并令随从礼送回书院。

一日,新任学政在画舫请客喝酒,吴稚晖听闻此事,愤其有辱斯文,决定和同学一道捉弄学政。他们二人身着四开箭裤袖袍,头插松枝萝卜,手持草纸,跑到学政面前,请求赐酒三杯,随即四脚朝天,大出洋相,弄得学政十分狼狈。书院山长认为吴稚晖难以管束,令其离院,吴稚晖随即进入苏州紫阳书院肄业。

1895年,甲午战争的惨败对于中国士人的思想世界而言,无疑是巨大的冲击。像吴稚晖这样的一批读书人,开始倾向革命。吴稚晖曾回忆,"在甲午以前,一懵不知革命焉何物,但慕咬文嚼字之陋儒。经甲午惨败,始觉中国不能不学西方工艺,学了西方工艺,才能造大炮机关枪,抵抗敌人,所谓'兴学之刻不容缓',开始冒充为维新派小卒。以后受了许多刺激,才一步步的'浪漫'起来,直到癸卯(1903年,引者注)正月,在上海张园演说,演高兴了,才开始称说革命"。

1895年至1903年,是吴稚晖由成年(30岁)向壮年(38岁)的成长转型时期,也代表了一批读书人寻觅救亡之路的心路历程。吴稚晖参与了公车上书,又拜会了康有为,继续申说其不作八股、反对缠小脚、拒绝吸鸦片的主张,得到了康有为的赞许。

吴稚晖写过一个三千字的折子,劝光绪皇帝革新变法。戊戌年元旦之际,吴稚晖将左都御史瞿鸿禨的轿子拦下。瞿见是一个衣冠整齐的青年,便命轿夫停轿。他看了折子后,说:"唉,时局到了如此,自然应该说话,但你的折子,还有可以商量的地方。我带回去细看再说,你后面写有地址,我有话,可通知你。你们认真从事学问,也是要紧的。"[①]

如果说热心变法、参与维新是吴稚晖革命的第一阶段,那么他流亡海外的经历应该称得上革命的第二阶段。这一阶段不仅为他的革命生涯奠定了组织基础,同时也确立了他的思想基础。

1901年3月,吴稚晖坐上了由上海开往日本东京的邮轮,加入了甲午之后的中国学生留日浪潮。当时,与孙中山相善的吴禄贞、程家柽

---

① 吴稚晖:《回忆蒋竹庄先生之回忆》,见陈平原、杜玲玲编:《追忆章太炎》,166页,北京,三联书店,2009。

邀请钮永建看望孙中山，钮邀吴稚晖同去，遭到吴的拒绝。据吴稚晖回忆，他此时还在维新的阶段，一时难以接受孙中山的革命观："我的心中，就不当他是绿林豪杰，以为他确要成为洪秀全第二。但其时我虽然也进了一步，从温和的我终还是忘不了要扶持光绪皇帝。觉得那种反叛的事业，做呢未尝不可做，终为像不正当。常想让孙文去做罢，我是不做。"①

但与革命党人的交游，以及留日学生中变革舆论的熏染，毕竟让吴稚晖有所感悟，这才有了成城事件中的吴稚晖。成城学校是带有军事色彩的中学，是中国学生来日投考陆军补充士官生的重要渠道。1902 年，九名中国自费留学生请吴稚晖向中国驻日公使求情，要求进入该校学习，遭到公使拒绝。吴稚晖气愤难当，到大使馆与公使对峙，却被公使以"妨害治安"的罪名遣送回国。吴稚晖怀绝命书，愤而投水，为警察所救。绝命书内容如下："信之已死，明不作贼，民权自由，健邦天则。削发维新，片言可决，以尸为谏，怀忧曲突，唏嘘悲哉。公使何与？孔曰成仁，孟曰取义，亡国之惨，将有如是诸公努力，仆终不死。"言语之间，虽仍有忠君爱国之思想，但已显革命决绝之态势。吴稚晖回国后，便常在上海张园演讲，并在《苏报》刊文，"鼓吹罢学，与夹带革命，双方并进"。

1903 年，因《苏报》案起，吴稚晖被迫流亡英国。他在英国见到了孙中山、张静江、李石曾，决心投身革命。1905 年，吴稚晖在伦敦加入同盟会。而后，吴稚晖等人于巴黎组织世界社，发行《新世纪》，每周一期，并组设中华印字局，"专倡无政府主义，奇谈异说，震惊一世，我国人之言无政府主义者自兹始"②。

在 20 世纪 20 年代初著名的"科学与人生观"论战中，吴稚晖被胡适誉为科学派的"押镇大将"，"中国近三百年来四个反理学的思想家之一"③。晚年吴稚晖则逐步成为反共反人民的国民党政客，不仅在四·一二反革命政变中出谋划策，同时也成为蒋介石独裁道路上的理论诠释者。

---

①　吴稚晖：《我亦讲中山先生》，见《孙中山生平事业追忆录》，699 页，北京，人民出版社，1986。
②　冯自由：《新世纪主人张静江》，见《革命逸史》第 2 集，210 页，北京，中华书局，1981。
③　胡适：《几个反理学的思想家》，见《胡适文存》第 3 集，53 页，台北，远东图书公司，1984。

抗日战争爆发后，72 岁的吴稚晖痛斥汪精卫叛国投敌，写下了"倭奴休猖獗，异日上东京"①的慷慨诗作。吴稚晖在国民党的历史上占有重要地位。蒋介石"每遇党国有疑难大事，总是先就教于先生，并以其一言而决"，就连孙中山也"尊之如师"，吴稚晖党内地位可见一斑。

1949 年，84 岁高龄的吴稚晖随蒋介石政权败退台湾。1951 年，他编撰完成《郑成功史表》，两年后在台北病逝。按其生前遗愿，蒋经国等人携带吴稚晖的骨灰，乘军机抵金门，换乘民船至大小金门之间的海面，将骨灰撒入大海。在其生命终结之时，仍心系国家统一。

二　无政府主义"第一人"

吴稚晖不仅在政治上声名显赫，而且在思想方面也独树一帜。他不但是近代提倡无政府主义的"第一人"②，同时也经历了中国无政府主义思想由盛转衰的全部过程。通过对他的思想研究，我们得以一窥中国近代无政府主义思想的发展脉络。

吴稚晖 6 岁发蒙，历十四载苦读诗书，久在儒家大同思想中浸淫。在其诸多无政府主义思想著作中，都能看到对"大道之行，天下为公"的大同社会的向往之情。吴稚晖在法国之时，正是无政府主义思想横行之际。他阅读了大量的无政府主义书籍和报刊，并同法国著名无政府主义大师格拉弗有密切往来，深受英法无政府主义思潮的影响。此外，在吴稚晖的思想中，还可以看到佛家的宇宙观和认识论的痕迹。

吴稚晖的无政府主义思想，是一个包含宇宙观、人生观、社会观、宗教观、文化观的相对复杂完整的理论体系。这几者之间相互关联、相互支撑，并与当时中国乃至世界的时局发展产生呼应，令国人耳目一新，启发了不少青年关于中国发展道路的思考。

吴稚晖的宇宙观是"漆黑一团"的宇宙观。何谓"漆黑一团"？不可思议、不可言明是也。③ 然不可言明之外，吴稚晖认为，宇宙本出于"一个"。在所谓"一个"的本体论认识下，吴稚晖作出了唯物主义的解

---

① 储福兴：《吴稚晖先生轶闻》，载《江苏文献》，（台湾）第 19 期。
② 刘师复：《晦鸣录》第 2 期，1913 年 8 月 27 日。
③ 参见吴稚晖：《宇宙不惮烦》，见中国国民党中央委员会党史史料编纂委员会编：《吴稚晖先生全集》（卷一），106 页，台北，"中央文物供应社"，1969。

释，即"并无物质之外的精神，精神不过从物质凑合而生"，并进一步解释，"一个"乃有质有力的活物，"质力者，一物而异名"。万物皆由质素构成，"质力相应"产生"感觉"，因而万物皆活。① 从以上论述，我们可以判断出，吴稚晖努力吸收当时的自然科学成就以贯彻其唯物观念，虽有机械论之嫌，但在当时的历史条件下，已是明显进步。

吴稚晖不但认为万物皆活，同时还提出万物各有责任、各司其职，其职曰"共造宇宙"。由此引申出"改良又改良"，乃"原始的天理契约"。天理契约内在要求人性皆善。凡是作恶之人，乃是不及善也。宇宙本身"欲得一好看的现象而后生出者也"，"世界本善"，"人性亦本善"，"不为善，即不必有人"②。

吴稚晖对人性的基本看法是向善，而另一个基本看法是要创造，"上帝是大造物，人是二造物"，不仅要创造，还要"造多一些，要造到无可造，要造到什么东西都有"，这是人的"天职"③。

推己及人，在性善论的基础上，吴稚晖发展出互助的理论："万物并育而不相害"，"存我与存他并重，如是而已，即宇宙之大律"，"言乎互助，固一义也"。他指出社会的主要问题是"竞争之势日烈"，"天然之淘汰，与人为之淘汰，相辅而行"，"国之弱、种之愚者，直不能自立于世界"。吴稚晖开出的药方，是施以道德，一曰无我，一曰博爱。有我则"生有领受苦乐形色名号诸想，迷误愈深，又生利害善恶胜败诸想"，而无我则无胜败之想，于是乎争端遂息。而博爱则是为了互相救助，达到人人平等的最高境界。④

吴稚晖在提出其"一个"的宇宙观时，着意强调了这里的"一个"并不包含神鬼，这揭示了他的反宗教观念。在吴稚晖看来，宗教在塑造人格、进化道德方面，可称宗教主义，适与社会主义并论而互斥。相较于"全涵'无我'、'博爱'等道德之社会主义"，"稍涵'无我'、'博爱'等道德之宗教主义"就显得落后和无用。吴稚晖认为："既讲社会主义，即有社会主义之道德，可成社会主义之人格。道德乎，取诸社会主义而已足；人格乎，得之社会主义之道德而较良。如是，则宗教有何

① 参见吴稚晖：《一个新信仰的宇宙观及世界观》，见梁冰弦编：《吴稚晖学术论著》，出版合作社，1925。

② 吴稚晖：《世界有四》，载《世界半月刊》，1946年，第一卷第四期。

③ 吴稚晖：《我的人生观》，见《吴稚晖先生全集》（卷一），106页。

④ 参见吴稚晖：《推广仁术以医世界观》，载《新世纪》，第37号。

余地足以自存而可免于反对?"吴稚晖还驳斥了当时社会流行的宗教利于教化的观点。他以法国为例,指出法国不信宗教者比比皆是,而教化不失,盖因"宗教者,偏于人与神感通之迷信;教化者,偏于人与人相互之道德",两者不可同日而语。①

吴稚晖认为:"一种族之盛衰兴灭,恒与其迷信之浅深为比例。"为了证明这点,他还举了几个史例:"回教大兴,天方不振;儒宗定一,五胡乱华;基督漫衍,突厥蹂躏欧洲;释伽降生,印度国即微弱",综上所言,宗教迷信不仅阻碍社会进步,更会延滞革命的到来,"恐惧迷信,世界强权之所基也。基以迷信、助以恐惧者,宗教是也。基以恐惧、助以迷信,政府是也。所倚有重轻,斯改革有难易,故宗教之革命难而政治之革命易,政教分立之国之政治革命易而政教混合之国之政治革命难"。而现在的情况正是"支那者,政教混合之国也,亦恐惧,亦迷信",所以吴稚晖提出:"破世界人之迷信,世界人之所有事也。支那人者,世界人之分子也,破支那人之迷信,即破世界人之迷信,吾辈支那人请行孔丘之革命,以破支那人之迷信。"②

"行孔丘之革命",联系到吴稚晖对中国传统文化的态度问题:一方面,吴稚晖视孔子所代表的传统文化为无政府主义的仇敌,痛恨"孔丘砌专制政府之基",封建宗法社会以君天为名造君权神授,以法父为由造三纲五常,四者盘根错节,互相援引,遂铁铸公认为社会成立决不可无之要素。而且"孔、孟、老、墨"这些所谓的"国粹"是"春秋战国乱世的产物",不符合抵抗强敌的国情,因此若要铲除封建宗法社会,打倒专政强权政府,就不能不"行孔丘之革命","非再把他丢在毛厕里三十年"③,方能行无政府主义之大道。吴稚晖宣言反孔孟学说,有其策略性的因素在其中,用他的话说就是"矫枉过正"的方法。

但另一方面,吴稚晖亲近孔子的思想面相,在晚年逐渐凸显。他不但坦言"我们到了现在,还数不出另有一人,过于孔子"④,而且借由儒家大同学说以阐发三民主义。⑤ 从这一角度观察,吴稚晖的思想轨迹表现出一种向传统的回归。

---

① 参见吴稚晖:《宗教道德与社会主义》,见《吴稚晖学术论著》,198、200 页。
② 吴稚晖:《排孔征言》,载《新世纪》,第 52 号。
③ 吴稚晖:《箴洋八股化之理学》,见秦同培编:《吴稚晖言论集》,101～108 页,中央图书局,1927。
④ 吴稚晖:《生民以来未有孔子》,见《吴稚晖先生全集》(卷十八),1145 页。
⑤ 参见吴稚晖:《孔子大同学说》,见《吴稚晖先生全集》(卷一),217～221 页。

吴稚晖对于大同社会的想象，体现了当时社会主义者的一种普遍想象。吴稚晖坚称这并不是乌托邦的理想，因为"凡有今时机器精良之国，差不多有几分已经实现，这明明白白是机器的效力"①。具体而言，大同社会有以下几方面的特征，"凡可以造宇舍，供吾人住居之处，必使全世界处处相接"，"一切都会、省府、村町之名词"全部废止，"一切壮丽之宫室、宏大之寺庙"一一拆除，"所有一切宇舍，皆建一层楼，或建平房，位置于前花后木之间。其高大登眺之建筑，皆在园林"。交通便利，海底气界自由往来，"精究卫生与医理，使年寿加增"，"文字简易划一"，科学技术"易知而易解"②。

吴稚晖反对私产，主张各取所需的直接分配制度。同时他反对商业，称商业为社会主义之仇敌。但在如何解决资本主义社会资产阶级和无产阶级之间矛盾的问题上，吴稚晖的回应颇为暧昧：一方面，他称"占据机器的富人"为"我劳动人的魔鬼"，但另一方面他又担心无产阶级行动起来，会"无工可食"。他质疑无产阶级自我组织和自我管理的智慧，"止有劳动的精力，没有机器的智识，一到抵抗之时，但能'毁器'、'加薪'，便结不起'劳动组合'"③。这又显示出他面对社会实际问题矛盾复杂的心理状态。

政治思想方面，无政府主义成为吴稚晖宣传排满革命的重要思想武器，排满革命为表，无政府主义革命为里，表里相应，革命互通。

吴稚晖抨击清统治者为"清贼"，呼吁"毁灭君主之痕迹"，以"宣畅人民之自由"；吴稚晖早年宣传排满革命的文字极尽插科打诨、讥讽揶揄之能事，讽刺满人为"长尾胡"、"大盗"、"妖孽"，不一而足，折射出当时排满革命党的大汉族主义色彩。但吴稚晖在狭隘民族主义之外，还提出"排满革命，非种族上之问题，乃革命条件上之事类也"，首重唯在废除帝制，"时代已入于二十世纪，所有一切皇皇帝帝，皆当先后灭绝，此世界公理家之公认也"④。

清廷立宪议起，吴稚晖提醒国人，不要为立宪派蒙蔽双眼，如此之立宪必阻碍革命，宝贵的革命机会"其势必为预备立宪之诈术所消失"⑤。

---

① 吴稚晖：《机器促进大同说》，载《新青年》，1918年第5卷第2号，77、78页。
② 吴稚晖：《谈无政府之闲天》，载《新世纪》，第49号。
③ 吴稚晖：《机器促进大同说》，载《新青年》，1918年第5卷第2号，77、78页。
④ 吴稚晖：《皇帝》，见《吴稚晖学术论著》，406页。
⑤ 吴稚晖：《奴才管见》，见《吴稚晖先生全集》（卷十），1362页。

他还批评汉族官僚助纣为虐，欲假立宪而保皇族，实系"置中国之前途于不问"，丝毫没有体恤广大汉人"浮沉于欲进步不能进步之地位"①。

吴稚晖的革命思想不止于此，在深度和广度上，都要远远超出一国政治革命的范畴。吴稚晖将目光投向更为宽广的世界范围，矛头直指帝国主义，称"帝国主义即强盗主义"，"帝国主义兴，而后世界无公理、无人道、无良心"，"不行全世界之大同革命，世界终不能正当也"②。吴稚晖更是将帝国主义与康有为、梁启超等人的保皇主张相联系，称保皇党人"今日曰兴警察，明日曰征民兵，后日曰君统万世。其举动虽卑鄙可耻，实则怀帝国主义之野心，而欲效西施之颦也"。吴稚晖警告青年勿受保皇党蛊惑，倡言"二十世纪之天地，即大盗帝王性命结果之日。帝国主义扩张之国，转瞬将为陈迹，不复再现矣"，因此望中国青年"多学科学，多造炸弹，各尽天良，以逐胡狗，使帝国主义勿萌芽于中国"③。

吴稚晖所展望的无政府主义革命，其根本目标系打倒世界帝国主义，直接目标为打倒清政府，而帝国主义与清政府直接存在的内在关联，正是吴稚晖力图阐发的，如此一来，中国革命和世界革命可以互相援引、互相支撑。

吴稚晖还将无政府主义革命与政治革命相区隔，指出政治革命"以抗争权利为目的"，会招致"丧其民之公德心"的恶果。而无政府主义革命恰恰相反，其以"唤起人民之公德心"为目的，力图通过"舍弃一切权利"，而"谋共同之幸乐"。但无政府主义与常人所理解之革命相远，而与教育相近。所以吴稚晖大力鼓吹教育，称"无政府主义之革命，无所谓提倡革命，即教育而已"。教育并非革命之手段，教育本身就是革命。而教育的内容主要是真理、公道所包之道德，如共同、博爱、平等、自由，以及真理、公道所包之智识，如实验科学。④ 可见，吴稚晖虽然指出清政府为"民权伸张"之障碍⑤，不得不首倡排满革命，但政治革命只能为无政府主义革命之前提，而非最终目标。

---

① 吴稚晖：《臭皮囊蜕化》，见《吴稚晖学术论著》，416 页。
② 吴稚晖：《混蛋世界》，见《吴稚晖学术论著三编》，24 页，出版合作社，1927。
③ 吴稚晖：《帝国主义之结果》，载《新世纪》，第 3 号。
④ 参见吴稚晖：《无政府主义以教育为革命说》，载《新世纪》，第 65 号。
⑤ 参见吴稚晖：《革命商》，载《新世纪》，第 65 号。

三　倡言科学的健将

吴稚晖毕生致力推崇科学，他指出精神与物质须臾不可分开，"一物而异名"而已。单纯鼓吹精神生活，是消极落后的表现，是牛羊的精神生活，终不免于刀俎之上宛转呼号而终。只有科学发达了，手执毒气飞弹，口说博爱平等，世界才可进入大同。① 他还特别反对当时一种较为东方主义的论述，即欧美是物质文明，中国是精神文明。他认为欧美一百五十年前亦只有精神文明，只不过到了工业化时代，物质文明得到发展，才文明到物质上去的，可是精神也愈文明了。同时，他对西方的精神文明，如法政学、商科理财，也持怀疑态度，称之为"洋八股"。为祛除"洋八股"毒害，就必须"矫枉过正"，非鼓吹一个干燥无味的物质文明不可，而这又需借重科学工艺。吴稚晖用一种表面上与东方主义截然对立的方式来反对东方主义，但实际上，他恰恰没有认清东方主义的症结在于物质与精神的东西方本质主义归约。因此他是以拥抱东方主义的姿态来反对东方主义。

吴稚晖对于科学和物质的推崇，达到一种近乎迷信的程度。他认为古代社会的大同理想过于片面，只有重视物质文明，才能臻至大同世界。大同世界中，以各尽所能、各取所需为标志，"凡是劳动，都归机器，要求人工的部分极少。每人每日止要作工两小时，便已各尽所能。于是在每天余下的二十二小时内，睡觉八小时，快乐六小时，用心思去读书发明八小时"，而"凡有对于温厚、鲜洁、轩敞、飞速等条件的享用东西，应有尽有，任人各取所需"②。人们尽可以"含哺而嬉，鼓腹而游"，而大同社会处处以人为本，所居处者为人境，所行使者为人权，所享受者为人格。概言之，"物质文明帮人类统一地球，从而共产，从而大同，是我所坚信"③。

在1923年的"科学与玄学"论战中，吴稚晖坚定地站在科学派一边，但他眼中的玄学与科学却非截然二分，科学是由玄学演化而来："玄学之学用着论理，慢慢将一座一座的空中楼阁，能升天入地，去求得假

① 参见吴稚晖：《科学周报编辑话》（五），见《吴稚晖学术论著续编》，61页，出版合作社，1927。

② 吴稚晖：《机器促进大同说》，载《新青年》，1918年第5卷第2号，77页。

③ 吴稚晖：《科学周报编辑话》（十一），见《吴稚晖学术论著续篇》，99页。

设。于是把假设了得到反应'至信'的一部分，叫他独立了，别起一个名目，叫做科学"，"玄学是尚未论定之科学，科学是已论定之玄学"①。科学较之于玄学，是位阶更高、权威更强、效用更大的所在，因而不能以玄学否定科学、歪曲科学，玄学本身也不能自洽，而应努力于科学、服务于科学。

吴稚晖认为"科学本身，原是永永有益人类的一种动力"，世界进步也"只随品物而进步"。怎样努力于科学呢？吴稚晖认为动力、机器、工程、国防建设都是重要的形式。抗战时期，吴稚晖还提出"摩托救国论"，他认为"我们现在缺乏的就是机器，所以不能同别人抵抗"，"要是中国人个个都有摩托癖，一定可以救中国了"②。摩托救国，就是提倡武力救国，提倡物质建设和国防建设，促进各项实业计划的开展。

吴稚晖极为重视科学教育。科学教育的内容，"除理化机工等科学实业外，无所谓教育，以彼皆曰促新理新机之发明，造成世人之幸福，使世界进化者也"③。教育不一定要在学校，学习的也不应只有学生，"求学同吃饭、睡觉一样，从小时直到棺材里，没有一天不吃饭、睡觉，就没有一天不应该学"，吴稚晖设想的是一个人人学习、处处学习的场景。他希望社会形成风气，使年轻人都乐于劳作，"视金木工作为家常便饭"，两亿男子中当有二十万工学家、两千万工人，则国能大兴。④ 学与工，不可截然二分，"无论学与工，皆不能不心力并用；学则有研理，亦有实习，工则欲善事，亦必运思劳力，何可以为工学之分。工学彼此为联属：习科学者结图，职工事者运斤，学止为工之预备，工止为学之实施"。如此一来，"劳心"与"劳力"几近混同，"治人"与"治于人"的界限泯然，"学者当工，工者亦宜学，何与于治人与治于人之分？"⑤

四 勤工俭学运动的践行者

吴稚晖的教育思想，与其社会道德观、国家竞争观息息相关。吴稚晖认为，教育应以道德为目的，"世界近代之教育，忽尔骤盛，故道德

① 吴稚晖：《李石岑讲演录序》，见《吴稚晖先生全集》（卷一），98 页。
② 吴稚晖：《摩托救国论》，见《吴稚晖先生全集》（卷四），452 页。
③ 吴稚晖：《答人书》（一），见《吴稚晖学术论著》，237、239 页。
④ 参见吴稚晖：《青年与工具》，载《新青年》，1916 年第 2 卷第 2 号，15～17 页。
⑤ 吴稚晖：《勤工俭学书后》，载《新民德》，1918 年第 2 卷第 4 期，38 页。

骤超于中国"，所以中国应在教育方面迎头赶上。① 一国之盛衰，常以
受教育者之多寡而论，"欲得开明才强之国家，必先有开明才强之人
民"，而不能仰赖少数精英，因为即便"偶有特殊之人物，发生于不规
则之教育，竟能出而担任之矣；而千百毛细之行动，皆因多数人民之浑
朴，尽遭枯废"，故而"不惟能任国家大事之人才教育为要，而实凿开
浑朴之粗浅教育为尤要"②。

　　吴稚晖还谈到过工人教育对于国家竞争的重要性。工人教育不兴，
所以工党不盛，惟有增进工人教育，"以求结合良工党，而后工人得争
存于资本世界"③。

　　察其言，观其行。谈到吴稚晖的教育思想，就不能不谈到他著名的
教育实践——里昂中法大学。吴稚晖本人早年有赴海外勤工俭学的经
历。1912 年 4 月，他与李石曾、汪精卫、张继等人组织留法俭学会，
以实现其经由教育改良社会的目的。李璜回忆，吴稚晖认为以中国人的
勤俭作风，"所费不多，而老少则俱能得着西方文化知识与外国社会见
闻，则收获甚大"，"这是吴稚晖留学政策的发端"④。

　　1918 年底，吴稚晖发表《海外中国大学末议》，畅想在海外培养中
国学生的宏伟计划。1920 年，在吴稚晖、蔡元培等人的积极奔走下，
里昂中法大学雏形初具。但第一次世界大战后的法国，经济萧条，失业
问题严重。大批渴望勤工俭学的学生，做工无门，求学无路，故将希望
寄托在里昂中法大学身上。但吴稚晖所代表的校方却对招生有着自己的
打算，学生与校方发生激烈冲突，进而演变成 1922 年声势浩大的占据
里昂中法大学行动。虽然学生运动遭到无情的镇压，但留法勤工俭学的
学生逐渐接触到马克思主义，成为早期中国共产党党员的重要来源，这
恐怕是吴稚晖等倡导勤工俭学的先锋所没有想到的。

五　国语之父

　　吴稚晖被国民党政权称为"国语之父"，其在国音国语方面的贡献
可见一斑。吴稚晖早年就对国音国语十分感兴趣，南京临时政府成立

---

　　① 参见吴稚晖：《论道德教育》，见《吴稚晖学术论著》，11 页。
　　② 吴稚晖：《论普及教育》，见《吴稚晖学术论著》，6、7 页。
　　③ 吴稚晖：《论工党不兴由于工学不盛》，见《吴稚晖先生全集》（卷二），650 页。
　　④ 李璜：《留法勤工俭学的理论与实际》，载《传记文学》，第 16 卷第 6 期。

后，教育总长蔡元培聘请吴稚晖为读音统一会筹备主任。吴稚晖对此投入极大的热情，经其努力，1913 年 2 月，读音统一会正式成立。但由于会内矛盾重重，吴稚晖心灰意冷，选择辞职，自编《国音字典》。

南京国民政府成立后，吴稚晖提出改"国音字母"为国音符号，获准通过。吴稚晖之后又任国语推行委员会主任委员，亲自制订汉字注音表和注音符号歌，大力推行国语统一运动。

吴稚晖对国语推广的兴趣，来源于其社会教育思想。教育大众，为求暂时的恶制于善，需要社会全体成员的努力。为使平民能够尽早尽快地接受教育，则必须大力推行国语统一，用同一种音字。① 吴稚晖认为中国社会的重要弊病之一，便是国民缺乏常识、道德水平低下。国民有无常识，"即国之文明野蛮所由分"。吴稚晖将社会教育提升至与学校教育相同之高度，"人生自二十至于七十八十，既离学校之门，而欲其人与世界相见之常识，永永趋合于完全之状态，不至甚露窘缺者，非资于社会教育不可"。因此吴稚晖认为今日的中国教育，应兼两种责任：一、为学校教育的补习科，二、为社会教育的本科。②

六　从无政府主义到三民主义

吴稚晖无政府主义思想的转变，一直是学界较为关心的话题。从早期鼓吹坚决不设政府，到后来主张共和政治的过渡，再到无政府主义（又称安那其主义）与国民党三民主义合作的"安国合作"，吴稚晖的思想经历了从"无"到"有"、从"破"到"立"的巨大转变。事实上，不能简单地将吴稚晖的这种转变视作对无政府主义思想的口是心非，或是中途叛离，而应将其置于具体的时空语境下深入辨析。

首先，吴稚晖所宣扬的中国无政府主义思想，并没有经过长期的理论酝酿和社会讨论，而是在西方思想界的熏染下生成。20 世纪的前二十年，是中国无政府主义思想发展的高峰。众多青年学习其理论，笃行其主张，一时间蔚为大观，无政府主义政党也如雨后春笋般纷纷成立。但由于无政府主义无法提出切实可行的政治纲领，也无法解决积弊深重的社会问题，因而中国人迅速丧失了对它的信仰热情。1929 年，随着

---

① 参见吴稚晖：《二百兆平民大问题最轻便的解决法》，见《吴稚晖先生全集》（卷五），232～271 页。

② 参见吴稚晖：《中国之社会教育应兼两大责任》，见《吴稚晖言论集》，122 页。

吴稚晖创办的《革命周报》被取缔，中国无政府主义作为一种思潮的历史宣告终结。这说明，缺乏理论基础和社会基础的学说，无法保持旺盛的生命力和持久力，其兴也忽，其亡也速。

其次，吴稚晖、张静江、李石曾这批最早的无政府主义者都有着相同的特点，那就是与以孙中山为代表的革命党人过从甚密，这既彰显出中国无政府主义思想与排满革命思想之间千丝万缕的联系，同时也为无政府主义者潜在的政治走向和现实选择作了铺垫。无政府主义思想的内在要求，将不可避免地与当时同盟会的政纲发生冲突，在吴稚晖主编的《新世纪》中，便有攻击民族主义是"复仇主义、自私主义"、民权主义是"自利主义"的文章。①

如何协调这种身份与主张的冲突，成为吴稚晖等人亟待解决的问题。这就有了所谓"共和政治（即平民政治）也止为不得以之过渡物"的修正理论。吴稚晖为了弥合自身与同盟会之间的理论差距，提出以"平民政治"来培养"中国人民能为平民政府之资格"以及"改良中国政治之能力"②，因此要有相当长的过渡时期，"心乎革命者如能悬无政府为己所必赴之鹄，而让不得已者以平民政治为一时之作用，庶几乎乃不背革命为促进人类进化之大义矣"③，表面上解决了无政府主义者与革命党人的理论冲突，实则贬低了无政府主义的思想内涵，使无政府主义丧失了理论深度和现实意义。

最后，吴稚晖所宣扬的无政府主义思想，根基于中国古代的大同思想，他所幻想的"含哺而嬉，鼓腹而游，无争无尤，无怨无竞，怡怡然四海皆春，熙熙然大同境象也"④，是近代改造社会的有志之士的共同理想，与孙中山的民生主义有近似之处，这也是吴稚晖转向三民主义的重要理论基础。吴稚晖在20世纪20年代以后不再鼓吹无政府主义，而是大力宣传三民主义，将无政府主义的崇高目标嫁接到三民主义之上，提出三民主义是进入大同社会的必由之路，以求其个人理论学说的自洽。他本人因而也厕身于国民党的意识形态建构工作中，成为国民党宣传机器中的一环。

---

① 参见吴稚晖：《伸论民族、民权、社会三主义之异同——再答来书论〈新世纪〉发刊之趣意》，载《新世纪》，第6号。
② 袁振英：《袁振英的回忆》，见高军、王桧林、杨树标编：《中国现代政治思想史资料丛书》，第一辑：《无政府主义在中国》，539页，长沙，湖南人民出版社，1984。
③ 吴稚晖：《无政府主义可以坚决革命党之责任心》，载《新世纪》，第58号，11页。
④ 吴稚晖：《与友人书论〈新世纪〉》，见《吴稚晖先生全集》（卷七），12页。

在吴稚晖看来，三民主义的重点在民生，"民族、民权不过是暂时的小康办法"，"若最大努力服务于科学农工的学问与物质剧烈的斗争，使物质无穷的发展，才算民生主义的圆满成功，也就是人类生活的真福音"。他还试图由此掩盖阶级斗争的客观存在，鼓吹阶级调和，抨击马克思不懂三民主义可致物质无穷发展的道理，不重视无产阶级在历史进程中的重要地位。

吴稚晖的思想体系庞杂繁复，前后差异弥多，似乎很难为其描绘一幅思想肖像。但当我们将吴稚晖置于当时特定的历史时空之中，似乎对于他的思想和实践又能平添几分了解。一叶知秋，吴稚晖不过是近代国人在历史浪潮翻涌中比较显眼的代表，我们可以借由观察他的思想发展轨迹了解近代中国思想发展的若干线索，丰富我们对于远去时代的认知。

另外，需要说明的编辑事项是：本书所收文稿中凡属明显错字，以〔 〕内之字改正之；明显脱字，以〈 〉内之字补充之；原文中残缺、漫漶及无法辨认的文字，以□标出。

上《苏报》馆大记者书[*]
（1901）

近顷拜读贵报及某报某报论东学不拜孔子事。仆尊孔者也，向来复孔教自命者也。在教言教，则于前后诸贤之名论，不复有所间然。然置我辈自护己教之狭义，而以国家主义广之，窃不能无所商榷。

立国教以排异说，乃专制国之惯技。在十八九世纪以前，地球各国，几于不谋而合，无不并同其轨辙。

我国古教，勃兴于黄帝时代。所谓天地山川百神之祀，莫不毕备是也。膨胀于少昊、颛顼之世，所谓神人杂糅、傲扰天纪是也。成立于尧舜以后，所谓天子祭天地、诸侯祭四方之类是也。要而言之，多神之教是已。潜流漫溢，沛然浸渍，至今不衰。

然而后世未认为国教者，秦汉以来，贵族政体，渐趋于中央集权。当时组织国权者，虽未悟人民之迷信不专，必且有害统一。然亦隐觉纷纷神鬼之术，未能检摄万殊。又承春秋战国，中国学潮最高之后，教育之理方昌，宗教信仰之基，无人构立。于是因民所欲，以行私智，笼统为一谈。以学问家谈教育理之孔子，渐戴为国教之教主。所谓多神古教者，亦纳入其间，羁縻勿绝。由汉迄唐，遂以成熟。居然有护法若韩子者，遂欲入异教之人，火异教之书，庐异教之居。宋元诸贤，复扬其波。迨及今世，虽力任变政家之巨子，亦以扶植国教为至要，使人倾倒至此，真有大力也。

国教之作用，其得失皆为往事，可毋深论，今姑言其结果。宗教与教育，在文明学理，本截然为两事。支那之国教，乃合黄帝之多神，孔子之教育，杂凑而成。原人民之谨奉宗教，乃由迷信，非屈于理论，教

---

[*] 初刊时间为 1901 年。

育之理，实不足以范围此迷信之众。故所谓孔教中人，皆不过阳顶孔教之名，孔子之学说，仅劳书生梦想，实一日未见诸施行。在上则不老即杨，在下则不仪即衍，所谓宗教，则习其多神之惯，或佛或道或回或耶，但以祈福禳祸为宗旨，即无不欢迎。始虽躁且哗，久之即安。

虽内地谈旧学者，亦有贤哲之流，另在一方面，议孔子之非教，此不过恶教之名，似将乱孔。且因开敏者流，喜倡孔教，与彼异趣。故从而悠谬厥词，以抒其牢骚。倘诚指彼为无教，则又必色然而怒，而或问其为佛也、道也、回也、耶也、多神也？则又必曰孔。

此无他，支那学人之理想，在先秦稍萌芽，不久即摧折，晦暗直迄今兹。二千年来，上上下下，上无非狙公，下无非众狙。前人以宗教教育，杂凑为国教，后人即亦不问宗教教育，是一是二，故既不辨孔为非教，后又以孔塞无教之问者，彼实心旌摇摇，疑所谓无教，即无教化，未教育，同于野蛮云尔。然果以野蛮訾彼，彼之答孔，自然为词锋之正对。若问点在佛、道、回、耶、多神，则孔云孔云已为不词，无如不词相习竟二千年。

虽然，岂无明达，深知其故？答曰：亦为所尊讳，聊尽其保障；惟保障云者，不知起意为国教，抑起意为孔？如仅起意为孔，孔子既无所谓教，则何惜为孔子捐宗教家之虚荣，而不为孔子扬教育家之永誉？虽最可动心者，区区即"四书"、"五经"之传习，及晋唐以来一千余年之传封。然若华盛顿之子孙，不列皇族，华盛顿之墓，岁固瞻拜者千万人；卢骚、孟德斯鸠之书，不列学官，而译抄固遍五洲，皆不由保障也。

若恐扬之则九天，抑之则九地。仆为孔子谢教主。疑仆或并维新诸子之尊孔说祝孔诞，一切非之，则尤疑非其所疑。夫守一先生之学说，为古人作纪念会，无国弗有。在别国不若孔者，尚享此崇奉，何况孔子？至于学说，方来未已。孔子之说可尊，人自永尊之；如其无可尊，虽教主奚益？诸贤所论，不明明曰学理渐昌，某教浸衰乎？夫某教既已浸衰矣，则教主之名号，不足重轻。其学说，尚何一手足之保障，能为厥功，无待烦言。孔子之为古人，比不教主皎然之伊周，不教徒之葛陆，将如何？而不佞亦何缘辄非诸子？为支那后学纪念，自将以千世，则孔子之可纪念，更自无穷。惟此终可质百口，慰时贤，然则不必自明。固如其爱荐及虿，爱屋及乌，保障之劳，并起义为国教。此即仆持国家主义，捍卫新政，将发谬论，尽主职，不敢自缩者。宪法者，近世政论家将以热血头颅或则拈毫穿石争之，以为维新之符券者也。勉强若日本之宪法，尚于第二十八条宣信教自由之金言。岂我辈忧愤之余，反入颠眩，忽燃死灰，确认孔子为国教？若谓将有所不得已，则国教云，国教云，其词出于秦皇、汉武之口，自足挟以为雄图。今且争吐为亡国不详之器。犹欲以尽吾保障者，祝其一旦之神奇，不几如拾石代蛮王之弩矢，将对垒于毛瑟枪之选锋乎？况国教者，宪政之公敌，今欲舟之逆风而进，忽故饱其帆，失策将如何？智者千虑之失，不虞其竟至于此。

他国限制教会学堂入维新诸子之室，虽五尺童子能言其用意。何以返论己国，争一方面便忘一方面，几欲教民自为，而教会全国之学堂而后快！又他国人所设学堂，每强学生者行瞻礼，维新诸子之提抱娇女，亦能笑其迷顽。何以自立学堂，复欲强迷信宗教之徒，尽其敬礼一非教主之古人？支那近古，以国教愚人者，既已托释莫释末之古礼，窜宗教于庠塾。近时仿办学堂者，又大半取法于教会，故见近忘远，一若瞻礼教主，本为中土学堂之故物。艳人之庄严，则亦设主设龛；妒人之专制，则亦尊孔尊经。不恤举国家教育之重地，为宗教坛庙之附庸。是学堂之设，非施保障国家之教育，乃为保障国教之甲胄矣。夫亦不可以已乎？

国教者，国家之蟊贼，宪政之公仇。岂可反因行新政设学堂，无端而认可他国不以教育托教徒，亦恐久假而成国教，或为祸于政界，故限之惟恐其不严。故或因民智尚稚，骤辟孔子为非教，不免于惊世骇俗，欲以大学问大教育家之孔子，兼一多神宗教之教主。则前既为之二千矣，今复仍之，亦无不可。伍髭须、杜十姨，本为支那宗教家之惯例，然孔教则孔教可矣，岂可曰国教？充其量亦不过如某报所引德皇誓耶稣教徒之例，由代表国家之一人，敬告孔教徒曰：孔子者，予之所敬重也，汝曹崇信孔子，愿永昌其教，无或废坠，如此而已。岂可认为国教，崇奉于国家之学堂？教主之孔子，不当崇奉于国家学堂，自为不易之定说。如或能知孔子，非教主，为大学问大教育家，欲借国家学堂，为之纪念会，此无国而不可，且无国所弗有。然此非国家所禁，亦非国家所强，全由于校友之同愿。故如此之会，有合"通学"（全校）共为者，亦有仅一部分自为者。如一部分为之，必强一部分亦为焉，除彼所谓国教而后可！否则，安有此蛮横之国法，欲强夺人之信仰，且强迫人之信仰乎？

如谓教会学堂，强迫人矣，从而报复之，即以其道还治其人，终无不可。然彼乃明明为教会，明明为他国限制教育权之地，故从而有学堂，不过便利其行教，安得不强人国家学堂者？明明行教育权之地，乃无端羼入教例，分别甲乙之民以相歧视，弃国家势力之全圈，自立于教会之一点，而与他教会争，以轧己国之民。将谓宗教者，二十世纪之新发明欤，抑亦知其为过去生中之刍狗者耶？

学堂之统一，在使人民共知有国家，故学堂之崇拜，必曰国家神圣，学堂之祷祝，必曰国家万岁。然所谓国家者，合土地人民公隶于一名，非有一人之可指。故国家万岁，代表之数，人固万岁，顽然之土地，嚣然之人民，与夫包括其中之教育家、宗教家，无不万岁。何学堂崇拜教主之有？

况拜跪之礼，又维新诸子所深辟，精义所存，久有成说，兹姑不复赘。东学之狱，贤者固不谳其教不教，但罪其拜不拜，如此特不拜云耳。按诸我辈之所恒言，宜若甚可假借。然欤非欤？

信教自由之界说，信教可，不信教可，此纵线也；信甲教可，信乙教亦可，此横罫也。我辈若自托于斯宾塞、达尔文诸儒之不信宗教，认为孔子之后学，不认为孔教之教徒，固未始得罪名教。亦除国教为宪政公敌外，人若各信其所谓孔教、佛教、道教、回教、耶教，皆无愧为完全之国民。如此者，服国家之务，务责其同信自由之教，一任其异。文明国，已为我辈前师矣。我辈断胆截足争之，视其力若扬国教之焰，弃自由之众，任无识官吏斥为赘民，听其不学，是坐使教中之奸民日多，新政之公敌坚树，教案不熄，顽固愈甚。归咎于周孔徒欤，抑贺金声之罪也？恐分谤者正有人。

若因西教未久，正躁且哗焉，不安之时，难免有所芥蒂。则请更参一解，凡害公安妨公益者，曰邪术；无害公安无妨公益足以劝善惩恶者，曰宗教。西国同认耶教为宗教，固与我国之认佛道、回回无异，非若白莲、八卦等之认为邪术可比。如其奉达摩、祀观音，吾民向印度人膜拜，于政界毫发无损益，则亦何妨祷天主教圣母，向犹太人顶礼，于政界本亦毫发无损益焉。则仆固各教以外人，所谓青菜、萝卜同一素菜，和尚不能知，惟卖菜佣知之。

若以为向者明明既损益于政界，此乃外交之无术。又自治之不完，不怼国政之不足安和，乃咎国教之不能抵制，不揣于本，务齐于末，是岂知国教也欤哉？固先代之国教也，不改其国教，服从者孔教，而代表者固佛爷矣。国教也欤哉？固今代之国教也，恐仍不改其国教，将尤胡服从者仍孔教，而"挨哀"（我）代表者且上帝矣！则奈何！狂言死罪，伏维鉴原。

与友人书论新世纪[*]
（1907）

　　吾侪之主张社会革命者，多受人疵议。虽有志之青年，亦不无加之以白眼。悉谓诸君之议论诚是也，惜不合于中国目前之时势。虽欧美如是之文明（欧美虽不似中国野蛮之甚，若云真文明则未也），尚不能达此目的，何况中国哉？子与人言公理人道，而人以兵力威压之。不说社会主义，而吾国（如此称呼，一望而知是一个文明义和团）尚有一隙可保。不然，此言一出口，不转瞬间，吾四万万同胞（种族革命者之口头语），殆将尽为他人之奴隶矣（不知为奴隶已数千年），吾为诸君不取也。余闻是言，余欲哭。哭其受压制已数千年，为奴隶已数千年而不知，尚斤斤焉谓将为人奴隶。余尝非其说，以社会之真理解释之。不料屡次言未终，而目前已满两手摇摇之怪象，耳际已充喷喷之贱声。不曰厌世，即曰保王。（社会主义，正立于厌世、保王之对面。）（社会主义主博爱，厌世主义主为我。社会主义求众生之幸福，保王主义惟求少数人之私利。厌世主义主清静无为，社会主义主牺牲己身，以伸公理。保王主义主保全王位，社会主义求扫除一切帝王，以及政府。社会主义与厌世及保王主义，如水火之不相容，昭昭可见矣。真注。）虽然，余何敢因此而灰心。唇虽焦而舌仍未烂，吾言终不能已。将社会革命之议论，久聒于诸君之耳中。余敢言诸君若稍留意，研究此伟大之社会主义，恐他日必与吾侪表同情。曰君者，昔日亦仅热心于种族革命党，常主以上诸君之见解。（凡吾辈今日主张社会革命与大同主义者，昔皆曾主张种族革命与祖国主义。此二主义非相反，惟今之主义较昔之主义为进化耳。吾辈之革命，惟以伸公理为目的，使较不文明之社会，变而为

---

　　* 初刊于 1907 年 7 月《新世纪》第 3 号。

较文明。若取昔者个人自私主义，以与种族革命及祖国主义较。自以种族革命及祖国主义较为光明。故吾辈于未明社会主义之前，曾取种族革命及祖国主义，乃公理良心使然。既知社会主义之后，乃知其较种族革命与祖国主义，更进正当。故即取社会主义，亦公理良心使然。总之由个人自私主义，而进至种族革命与祖国主义，由种族革命与祖国主义，而进至社会主义，同为公理良心之进化。所异者先后小大耳。是以凡真主张种族革命与祖国主义者，皆可望其主张社会革命与大同主义。由进化公例而知之也。真注。）今见其致友人之书，喜其进步之速于我辈，而吾道为不孤，故急录其书如左。（一人跋）

示我留学德国情形，多感，来示又征我对于《新世纪》报所持主义之意见，夫吾不学无文，或不足当子一笑，虽然，子既有命，吾毋敢隐于子也。《新世纪》之大旨，曰众生（专指人言）一切平等，自由而不放任，无法律以束缚钳制之，而所行所为，皆不悖乎至理。为善纯乎自然，而非出于强迫也。唯然，故无所谓武备，更无所谓政府。无所谓种界，更无所谓国界。其卒也，并无所谓人我界。含哺而嬉，鼓腹而游，无争无尤，无怨无竞，怡怡然四海皆春，熙熙然大同境象也。夫《新世纪》之目的，之志愿，乃如此宏大高明，安得不绝叫而拜祷之也。子则何如？且夫《新世纪》既以此为主义，则必有实行之方法。其方法为何：

（一）书报演说，以化吾民之心。

（二）强硬手段，以诛人道之贼。

刚柔并用，则其收效自速矣。

非难者曰：今者祖国危如累卵，岌岌不可终日。比者英、日、法、俄四国之协约，与夫德国归还山东之举，其野心真所谓人人皆见者也。子虽曰昌言无种界无国界，无如诸国政府，持国家主义、自利主义者，偏欲以腕力，实行大凌小强兼弱之宗旨，而与子言种界与国界，子将何以御之？亦束手待毙而已。且清廷之手段尤辣，自卫之心至盛，率宁赠朋友之身手，以临吾民，压制之不遗余力，其直接虐吾民，有百倍于英、日、法、俄、德、美诸国者。今不思实行种族革命，以逐腥膻，令吾民重见汉天，实行政治革命，以强吾国，使四邻莫敢余侮，不此是务，乃呶呶以无国界无种界教民，使其爱国尚武精神，销归乌有，吾敢曰亡中国者此主义也。

夫非难者之言，如是日日聒于吾耳。忆曩者子曾以是相诘，彼时予无以应。今请应之曰：政治革命者，社会革命所必由之。何也？善乎《新世纪》之言曰：言排满不如言排王。吾亦曰：言种族革命不如言政治革命也。梁启超之君主立宪，亦政治革命也。民报之共和，亦政治革命也。请申其说。夫《新世纪》之论，言排满不如言排王也，以为使满人而自知天命。游心揖让之美，去王冠帝冕，而为纯粹之平民也，则大善矣。吾方且讴美之不暇，奚用排之？安可排之？如其不能也，则排王实与《民报》之排满暗合也。且使今日俨然据帝位者为汉人也，则吾人遂不排之耶，决不然也。而奈何以排满自小也。故曰言排满不如言排王。吾之论言种族革命，不如言政治革命也，亦如是。盖使满人而甘心听吾人为纯粹的社会主义之政治革命也，则大善矣，安用种族革命为？如其不能也，则政治革命亦即《民报》之种族革命，是二而一者也。设使汉人，或英、德、法、美、日、俄人，于吾之政治革命生阻力也，则我遂不敌之耶？否否。而奈何以种族革命自小也。余故言种族革命，不若言社会主义之政治革命也。然则吾人之昌言无种界无国界，亦非与种族革命及政治革命相背而驰也，但规模较大耳。彼所谋者不过一国之幸福，若我辈之所谋者，则世界之幸福耳。至若英、日、俄、德、法、美诸国，苟不以理而以强力临我。若是，则人道之敌耳，我等固以诛除人道之贼为目的为宗旨者也，安能容之？若是，则我等虽不言保国固种，而以反对人道之敌为主义，则国自保种自固矣。且夫彼提倡爱国尚武，此只能自保，不能禁人之不来也。曷若主持反对人道之敌者为能抑其野心。而不言保国而国自保，不言固种而种自固，驯至于无种界无国界，不亦善乎。

非难者又曰：子之社会主义，固反对尚武精神者也。设一旦敌恃武力，横以非道加诸我。我只能赤手空拳，口谈指讲，岂遂能却敌乎？

应之曰：吾人之反对武器，诚有如子所言者。虽然，我辈暂亦主张扩兴武备。然非自私自利，以为争城得地之用。实用以诛除人道之敌，冀收兵一用而永弭之效耳。是故我辈之主张扩兴武备也，为实行弭兵之计也。于表面亦知于社会主义上有悖，而实则吾道一以贯之也。（待商）或又有谓社会主义无种界国界，则当以何地为着手处乎？吾国主张此主义者，如此其稀。设一旦尽瘁于他地，而不得收效于祖国，后无继者则奈何。莫若在已国之内，由种族革命而政治革命，而社会革命，再以世界之社会革命为后图。

吾应之曰：为此言者，仍由于种界国界之见未除去净尽也。盖我既以社会主义，着手于他地而尽瘁焉，则彼同志亦能为我尽瘁于我父母之邦也。且四海之内皆同胞也，又何彼此之有。若各能于其产生之地，谋社会革命，诚善矣。如其不能，则曷若共选一容易着手处而试行之乎。故必在祖国着手之言，为不成问题也。至若国民程度之问题，则《新世纪》及《民报》辨之详矣，不赘。

推广仁术以医世界观*
（1908）

第一节　医术发明之主旨及医者之责任

于大千世界之中，生物以恒河沙数，而别乎芸芸众生。有所谓人者，方其趾，圆其颅；百体备，五官具；有最灵之脑筋，特殊之知识；尊之重之，上以高等动物之徽号。于是因尊重心，为保全计，等身也，求其为金刚之不坏；等心也，求其真灵之不昧。故全世界之人。莫不研究其存亡之迹，讲求其生活之方；卫生之说于以起，医学于以兴。

竞存子曰：吾观医术之起原，实与人类有莫大关系也。考医学之作用，与研究医学之结果。世苟无医，生不得养，疾不得疗，而人类或几乎息矣。虽然，有广义之人，有狭义之人。由前之说，是谓个人；由后之说，是谓社会。夫医既关系于人类之生死、人种之存亡，则固该广义、狭义而言之者也。医学家本慈善心，施疗治手段，所谓针膏肓而起废疾者。为个人乎？为社会乎？此吾所不得不亟亟研究之问题也。医者有恒言曰：跻一世于仁寿，苏天下之沉痼。人乍听之，不嗤为大言不惭者盖鲜。然昧昧我思之，实至当不易之论。盖个人不遂其生，医者之罪；社会不遂其生，尤医者之罪也，故必使一世之人，人人无病，人人皆不戕其生。非此则医者之目的未达，医者之责任即未尽。

夫死生亦大矣！死于疫，死于瘵，死于遗传，死于寒暑燥湿。此医者之责，急当拯救，为世界所公认者也。然而枪林弹雨，血肉横飞，流

---

* 笔名为燃，初刊于 1908 年《新世纪》第 37 号。

离颠沛，藁尸道左，亦孰非死乎？竞争而弱者肉，淘汰而劣者败，又孰非死乎？而医者腼然曰：非吾责，非吾责。呜呼，是何言欤！世无不疾而死之人，其死焉者皆病也。有形固病，无形亦病。医学家既以疗疾为己任，乌可以无责？

第二节　体质病与行为病

治疾之道，必先辨症，为内为外，为肺为胃，次易辨者也；为个人，为社会，为有形，为无形，此尤易辨者也。今虽研究个人之病，与社会之病，不得不先定其界说。夫寒暑之灾，肺胃之疾，痈疽之症，疠疫之染（虽传染症亦能及一社会，然范围不广，且其害亦仅属体质），此曰体质病。个人之疾，有形者也。夺土地，竞权利；国与国争，种与种争。其于己也，绞其脑，瘁其心，以日讲此害人之术：其于人也，杀以兵，杀以商，杀以法律，杀以政治，变诈诡谲，无所不至。恻隐羞恶，本心尽失，率全世界人类，日入而作，日出而息，以营营于此。民德之坏，令人心为之痛，眦为之裂，此曰行为病。社会之疾，无形者也。如曰体质为病，行为非病，有形为病，无形非病，吾知虽有苏张，亦不能作此强辩矣。

虽然，事有本末，物有轻重。使体质之病，重于行为，则舍行为而言体质，犹之可也。吾试进而论之：体质之疾，中之者不过一二；行为之疾，中于人人，是体质病之数少，行为病之数多也。中体质之疾，未必即死；不幸而死，亦止其身。行为之疾，其身虽不遽死，而他人受其害而死者，什百千万，以至不可究诘。是体质病之害小，行为病之害大也。体质之疾，在肠则肠而已，在肝则肝而已，在股肱则股肱而已，其本性未失也。而有行为病者，则其脑筋心腹，受病极深；言论著作，无非病吤；举动设施，无非病魔。若丧心病狂，常度既改，已非其本来之情状。是体质病浅，行为病深也。不宁惟是，个人与社会，为对待之名词。故个人为消极，社会为积极。社会与个人，又联属之名词。故集个人而为社会，离社会则个人不能生存。由前之说，则积极之势，常胜消极，固行为病重于体质病。由后之说，则社会之病深，即有碍于个人之生活，而个人必大蒙影响。可谓之怪症，可谓之恶疾，可谓之险症，可谓之大传染病。吾于此权之度之、恻之、悯之，不得不舍个人而论社会，略体质病而详于行为病。

第三节　行为病之恶因及恶果

一、行为病之起原：人莫不知有身，知有身则自私自利之心起，知有甘苦，必避苦就甘，知有利害，必远害趋利。扩而充之，遂本其爱身之心，在一群则私其群；在一国则私其国；生一种族，则私其种族。夫利己则必害人，于自群、自国、自种族为功，则对于他群、他国、他种族，即不能无罪。而人昧然不辨，率其自利自私之心，径情直行，且瞀于益己损人之失，而但求己利，不恤人之受其害。于是争相研究群认为自立之良策，世界之公理。是其构疾之由，既甚于起居饮食，不节不时之病由后起，且较之遗传痼疾，尤不易治。言念及此，不胜悲矣。

二、行为病之现象：试一读世界史，卷帙浩繁，堆积盈案，莫非如浊雾弥漫，愁云惨澹，呈此行为病之种种怪现状。试一读政治家、法律家、经济家之著作，滔滔若悬河，累累如贯珠，皆提倡此行为病，增益此行为病，而惟恐其受病之不深者也。故天演之说兴，而黑、红、棕色种人无噍类矣；强权之说盛，而菲律宾亡于美，高丽亡于日矣。有天赋人权之说，而欧美之战争，亘百余年，死者至不可胜数；有铁血主义，而枪炮日利，舰队日增，全世界之人民，几尽死于锋镝；有探险事业，殖民政策，而土人之生命财产不保，甚且如非洲之分割；有商战主义，而公司之利日隆，劳动者几失其生路；有民族主义，而种族之争，君民之争，无已时；有帝国主义，而两国之争，兼并之策，百出而不已。呜呼！自有地球以来，人心愈险，事变愈奇，凡美之曰进化，誉之曰文明者，皆此行为病之日深也。于是疾日以笃，祸日以酷，无形之疾，成有形之祸矣。

三、行为病之结果：疾而不疗，终至于死，死固病之结果也。行为病之结果，果何如乎？依普通之理言之，症愈重者死愈速，传愈广者死愈多，行为病重且广者也，今之世界，竞争之势日烈，优胜劣败，天然之淘汰，与人为之淘汰，相辅而行。国之弱，种之愚者，直不能自立于世界。加以有兵事焉，为人道之蟊贼，而世界之人，将死于兵。有财政焉，实文明之公敌，垄断相尚，利源日尽，富者愈富，贫者愈贫，而世界之人，又将死于财。其始也，强且富者存，贫且弱者死矣；稍进焉，而富强者之中，稍贫弱者又死矣；更进焉，而强且富之仅存者，又互相争夺，而虽强亦死，虽富亦死，不至人道灭绝，为禽兽之世界，而不已也。夫人莫不恶死，而甘蹈于死，且自速其死。可悯孰甚，可痛又孰甚。

第四节　拯救行为病之方法

混沌之世界，人之生死，悉凭天然。自有医术以来，生理一科，为一种之科学，遂得维持天然之不足，则天下之人，当不至死，即死者亦必居最少数。乃何以如前云云，竟至死也，竟至一死而莫不死也。吾又不得不以此质之医者。而医者曰：人有疾病，吾能治之。若药剂，若割治，若针灸，种种手段，求遂人之生，而不欲人之死。不知医者所挟之术，仅治其体质病不能治其行为病也。然此犹非医者之过也。军事之兴，有赤十字社，非世所公认为慈善事业者乎？然而为战斗而被衄，被衄而调护之，是以死劝人也。治其伤者，为使之战计，愈而战，战而仍死，是使之一死再死，而终陷于死也。是生之而复杀之也。有补脑之药，有壮健身体之方，助人脑力之不足，筋力之不强。使愈得竭其才力心思，谋所以竞争而残贼人类；又不啻恐人行为病之不成，而益其疾也。呜呼！推波助澜，辅桀为虐。不惟不能医治之，而且增其恶。即谓行为病之中于人类，医实助之，非苛论矣，然则何以尽医者之责耶？故就广义而言医，非治行为病不可。夫今日之世界，极不道德不文明之世界也。不道德不文明，于是行为病愈受而愈深，愈播而愈远。医之于疾，必就其受病之原，而施以拯救之术。行为病之原，在不道德，则惟道德可以已之。道德之界说虽广，切于用者有二义：一曰无我，一曰博爱。

曷言乎无我也？浮生本幻相耳。自有我相，则有种种妄想，私利之见，于是萌芽。不知人生仅数十寒暑，呱呱堕地以前，所谓我者何在？躯壳一化，原质飞散，所谓我者又何在？而以心造境，因意识生迷误，直认为世界上确然有我，则生有领受苦乐形色名号诸想，迷误愈深，又生利害善恶胜败诸想，此行为病所以不可救也。必先破除我相，俾知我之形质，虽真亦幻；则我之际遇，皆如镜中花水中月，又何功利之兴有？如此则无名号想，更不能起巴克民族、条顿民族诸想；无利害想，更不能起优者劣者、为胜为败诸想。于是乎恶业去，于是乎争端息。

曷言乎博爱也？同蜉蝣于世界之中，无所谓我，即无所谓人；无所谓争，即无所谓爱。今又曰博爱，岂不相矛盾乎？而非也。人惟无彼此之心，则世界众生，一切平等，物无所竞，天无所择。但觉群生熙熙，同居人界，一人不安，终非平等；不必疾痛相关属，亦且互相救互相助，以跻于至平。此爱非生于有情，乃无情之极端也；无情之情，乃谓真情。佛也耶也，舍身救世，谓之爱可，谓之非爱亦可。而如是乃真爱矣，如是其爱乃博矣。

难者曰：子之说高矣、美矣，然子论医也，非论宗教也。今无我、博爱二说，直出佛耶之本原，具佛耶之真相，是岂医之范围乎？曰：唯唯否否不然。医之责任，吾既言之矣。今日之医学，虽大发明，然遗行为而专治体质，舍社会而专救个人；仁于末不仁于本，仁者小不仁者大。医之范围，未能圆满充足。吾又言之矣：夫医之为道，岂仅金石草木之药云尔哉？有受病之本原，达之不可，药不至焉，则不得不舍人人所操之术，而冥求救治之方。自心理学发达以来，医术之进步，又已出从前范围之外矣。吾为是说，犹是心理之范围也。病在不道德，则必以道德救之；道德有时而穷，又不得不以宗教言辅之，是亦吾之苦心矣。且世所病于宗教者，徒以其迷信耳，从吾之说，不惟不能入人于迷，且能去人之迷。取宗教之精髓，完道德之范围，世界无病人，而医术之功滋大，又何疑于界说之未严乎？吾言及此，吾闭目而思：若入大同之世，见天下为公之盛；又若见柏拉图之学说，亦已实行；世界人类，各遂其生，而感医之德、诵医之功者，声不绝于吾耳，此何祥欤？

　　本报按：作者抉出行为病之不可不加医治，乃重且急于体质病，其论正当精确，允为进化学界之巨制。即以无我博爱为疗治之惟一方法，亦复确乎不拔，与本报同人之意，毫无间然。惟俯殉世俗之见，谓无我博爱，其旨出于耶佛，是所谓当仁而让，未免拘牵字义，削我之趾，就彼之履矣。夫无我博爱，乃人类自然之良德，即世界进化之种子。何物耶佛，敢矜刱获。世界较野蛮，则此良德之汩没者多；较文明，则良德之爱护者众，故即同一无我与博爱也，古人之所谓，决非即如今人之所蕲。然则我辈可不必逊让，当无疑无贰而断言之曰：我辈今日观念中之所谓无我与博爱，非耶佛所能梦见。此犹之乎耶佛之所谓无我博爱，亦非孔墨所能梦见。若徒拘执字义而已，则前乎耶佛者，固有若孔墨等之贱儒。彼等之遗说中亦何尝寻不出无我博爱等之单文剩义，供今日世界之鄙夫，仰首轩眉曰：耶佛也者，固吾孔先生之弟子、墨丈人之苗裔。想作者偶闻此说，必为之作呕三日。然则何以我辈忽尔妄自菲薄，必且狭小今日进化学者至广大范围之无我博爱，亦曰：此由乎西方圣人所发明，为上帝独子所创言。此岂非谓过于俯殉世俗之见乎？夫宗教者，乃世界强权之保障，为传染行为病之微生物；欲绝行为病之来源，徐商疗治之法，则以破灭宗教为第一义。故我友有戏为宗教辩护者，每言：吾之信宗教，乃信其博爱平等。吾则正告之曰：君信博爱平等，即信你之良心可矣，何必从说诳话之宗教中求之。若博爱平等，必从说诳话之宗教中求之，恐君将自此固守一说诳博爱，一说诳平等，君且将恃有上帝之临汝，造诸般之罪孽。不然君何以一日中行为多过，而必于每饭及临睡之顷，祈上帝之赦宥。岂非君即自视为乡愚，而以君心幻造之上帝，为保护之讼棍乎？君愿上帝偏爱自己，博爱何在？君能向上帝服从，平等何在？吾友则笑曰：同他们虚与委蛇罢了。今作者取义，虽与吾友殊别，然虚与委蛇则同。故敢附注数语，恐第三人读者之误会也。

编造中国新语凡例[*]
（1908）

中国现有文字之不适于用，迟早必废，稍有翻译阅历者，无不能言之矣。既废现有文字，则必用最佳最易之万国新语，亦有识者所具有同情矣。一旦欲使万国新语通行全国，恐持论太高，而去实行犹远。因时合势，期于可行，其在介通现有文字及万国新语，而预为通行万国新语地乎？编造中国新语，使能逐字译万国新语，即此意也。酌议凡例，就正有道，如蒙海教，不胜感幸！

（一）接头接尾等词，万国新语中表多数之 j，拟译以"们"，表形容词之 a，拟译以"的"，aj 拟译以"们的"，表副词之 e，拟译以"然"或"上"，解俟公同商议，再行酌定。

（本报附注）于形容词加"的"，于副词加"然"或"上"，皆甚切要。在彼从成语或名词等转变而来之形容词或副词，尤宜加增"的"、"然"等字，以清眉目。今中国采取日本译籍，加增"的"、"上"等字者，已极普通，若能定为中国新语之词例，自然尤好。惟西洋词法，以古世阶级分别之鄙陋，及新蛮拙笨之习惯，积非而成是，由之而不知，不合名学之理者正多（华文自然亦多）。今石门氏所作之万国新语，虽条理之而删汰之者已不少，有如冠词不以性别、动词不以人别数别之类，皆能力排各国之陋见，然慑于积重之势，不肯远众过甚，从而照例敷衍者，亦殊不免。即本条所举之名词单复数、形容词单复数，是其类也。凡句合诸品词而表完全之意，每词各有其独立之本职，庶于语意为不漏亦不赘。假如有句云"一千中国学生分居欧洲各国"，照西文词例，学生与国，皆为复数，然国字为复数，而以 j 等之复数符号，省代

"各"等之"不定数"形容词，谓其为制字之简便，自无不可。若改学生为复数，使"一千"之"指定"形容词，信用不完，空为纠纷于文法之中，殊属无谓。况复之之意，所以表明不止于一数，则所谓一千复数之中国学生，其实即谓不止一千。辩护者每盛称西文复数之精密，有时或指定之形容词遗脱，尚可据复数之符号，发见其不止于一数，然则二之与一，有其别矣。二与二以上之恒河沙数，其别安在？此正所谓习焉不察者也。至形容词之必随名词同变，仅习英文等者，无不尤致疑怪，然其叠床架屋之病，亦仅与名词在指定形容辞下之改变复数相类：一则习惯之者更占多数，故觉其稍近情，一则略有他国不相习，遂若愈无谓耳。总而言之：西国古人制言之习惯，以为愈相应乃愈精密者，殊不知在名学上，适令他品辞不能完固其独立之本职耳。试以谐语譬之：吾郡乡僻小市肆中之佣保，传唤饼食，"有曰：馄饨八十只，二十只一碗，二十只一碗，二十只一碗，二十只一碗，总共四个二十只"。其趣妙精密之处，即在总共四个二十只。此较一千下，更加以中国学生们，尤为要言不烦，精核之至。记者又忆向日有生长南洋各岛之华童，留学欧洲者，吾友教以中文，一日彼等告我曰："我等不料中国文字野蛮至此，区区代名辞之第三位，尚不知分别男女，如此，将措辞之间，一切混乱无序，我辈甚觉其毫无可学之价值也。"彼等皆习英文者，吾诘之曰：然则述第三位之一男一女，英文有别乎？曰：此男女相杂矣，故无之也。曰：然则述两男或两女，国亦有分别矣，英文有之乎？曰：此多数，可无别也。吾笑曰：如此，君等所习之英文，犹未尽文明。无怪乎英文中凡述许多女子之事，读者每以为叙述男子之事，凡述许多男子之事，读者又每以为叙述女子之事，常常至于混乱无序，贻误要事。彼等曰：否！子游戏其辞耳。代名辞者，自有所代之名辞在，在一篇之中，彼此承接，语气自各有所属，果能通其辞意，自能定其为谁。吾应之曰：如此，君等早知分别男女性之不通矣。彼等乃曰：单数总以分别为是。吾漫应之曰：唯！诸若此类，皆即吾上文所谓古世阶级分别之鄙陋，及野蛮拙笨之习惯也。何国无可笑之陋习，区区数目字之简单，尚有如巴黎市上之七十是六十又十、八十是四个二十，虽通材博学，口之笔之，而不知羞。故适他人之国，而习其文法，自当一遵彼国之习惯，无复通与不通之可议。若我辈欲为未来之世界相谋，另为一种之新语，自不能不再三斟酌也。故如此条，名辞之复数曰们（至于"不定数"之复名辞，在中文向加"凡"、"诸"等之形容辞，或加"类"、"等"等之接尾语者，今概加们字，自无不可），形容辞之复数曰们的，倘有人造句曰：一千维新们的中国学生们，分居欧洲文明们的国们。不稍嫌累坠乎？

（二）使笔画简易。中国现有文字笔画之繁难，枉费无数光阴，于文明进步，大有妨碍。今拟只用四种笔画，全不用顿挫撇捺，且用小写帖体，并删去太繁之笔画。四种笔画：即平画、直竖、斜弦、圆点。试举新例如下：

（本报附注）前行君所举之例，即门字小写、龟字省写等，本报排字处尚未延有刻字之人，故凡遇铅字所无者，即无从排印。前次已有某君交来一稿，中间夹论制造新名词，甚为精善，当时以不能排板，竟从割爱。前行君此稿，本因所举新例，不能照排，久搁未刊，嗣以君更寄片垂询，故缺其举例之文，先将前后论案登出，幸以本报之能力不足恕之。

平画者，正横至平之画；直竖者，垂直中正之竖；斜弦者，如正方之对角线；圆点者，至圆之点。凡四种笔画，概不得露尖形。

（本报附注）中国文字之迟早必废，本稿已言之矣，故欲为暂时之改良，莫若采用二法：（一）即限制字数，凡较僻之字，皆弃而不用，有如日本之限制汉文。（一）即手写之字，皆用草书，无论函牍证凭，凡手写者，无不为行草，有如西国通行之法。第一法行，则凡中国极野蛮时代之名物，及不适当之动作词等，皆可屏诸古物陈列院，仅供国粹家好嚼甘蔗滓者之抱残守缺，以备异日作世界进化史者为材料之猎取。所有限制以内之字，则供暂时内地中小学校及普通商业上之应用；其余发挥较深之学理，及繁赜之事物，本为近世界之新学理新事物，若为限制行用之字所发挥不足者，即可搀入万国新语，以便渐搀渐多，将汉文渐废，即为异日径用万国新语之张本。

其第二法行，则本条所谓笔画繁难之苦，略可减免。而今所提议之小写、省写，已不烦改作，自然能趋于此点。至于印刷之书籍，自有铅铸木雕之宋体字在，笔画之多少，无关乎书写之难易。若在辨认之一方面言之，其难易似不在笔画之多寡，而在结体之平易或离奇。以汉文之奇状诡态，千变万殊，辨认之困难，无论改易何状，总不能免，此乃关乎根本上之拙劣，所以我辈亦认为迟早必废也。然就汉文以论汉文，似乎为一二字计，笔画简省，则辨认较易，若连简累牍而书，倘笔画之多寡相若，又生淆杂之困难，反不若繁简相杂，记认为便。此事在我辈七八岁认方字，读大中时所屡试而不爽者也。至笔画求其平直斜圆，此法略与古时之隶书相类，揣前行君之意，将使为便于铅笔及钢笔之书写，惟限为正平正直对角至圆，而又禁用尖形，则其拘苦，似当有倍蓰于向时之笔画者。本报略有排字处之经验，汉文检字，至为劳苦，无论分门别类，记取甚艰，加以字数太多，则陈盘数十，占地盈丈，每检一稿，便如驴旋蚁转，不出户庭。日行千里，以视西文之数百字类，总括于一盘，高坐而掇拾，其劳逸相差甚远。惟汉文亦有省便之处，一则凡检一字，取出即已完成；二则每字正方，字字相衔，行行相次，排列至便。若西文则掇拾数次十余次，仅得一字，字母宽狭不伦，字体长短不一，排列之际，颇费踌躇。故同排一稿，中西字数相等，往往中捷于西，中国排字处所浪费者，止脚步之劳，一端而已。然而西文有一大便利，中文有一大不便利，则从机器愈改良后所发露也。西文书写，能用打字机，中文不能。然向日止在书写上分优拙耳，于印刷上无大关涉。今则自"林拏太爱泼"发明，英国之旧式者，固已能对稿掔机，按捺毕而一端之铅板已就。而美国之新式者，复能使铸就之板，逐母可分可合，与寻常所排之铅板无异，偶有舛误，随便可改，不必重铸。此等新器既出，而排板可废，中文能乎否耶？故同人穷思极想，欲为汉文造一打字之器，竟不能就。前行君议使笔画平直斜圆，若从此点着想，似甚有理径可寻，以君之精思，必能为此事开辟一新天地。然若仅省笔画而已，而每字万有不同之方向，不能变改，或稍改之，不能画一，或画一之，不能简少，恐此事仍有所为难。故若平直斜圆，本非为印刷上之便利起见，止为书写上起见，则本可以永用铅笔钢笔，以作旧日之行草，东倒西斜，随各人之意境为姿媚，即使顿挫撇捺之尖形不备，稍欠野蛮美术上之婉丽，然无碍其为新世界暂时可流行之交通品也，奚必反限平直斜圆，发生无限之拘苦哉。或君别有取意，特引而未伸乎。

（三）凡万国新语中有一辞，中国新语中必定以一相当之译辞，且只定一辞，万不可多于一辞。

（四）用左移横行法。欧洲文字及万国新语左移横行，中国现有文字，下行右移，然算学书中算式，却大多左移横行，今姑不论其孰优孰劣，但一种文字中，断不宜兼用两种体裁，算式既以左移横行为便，自当通体一律。

（五）采用欧文句读法，欧人脑理清晰，中人脑理糊涂，于句读上亦略有关系也。

（结论）右稿急就，非为定本，凡属同志，务求赐教。此种新语，如果编成，为受教育者设想，其较现有文字，易学何啻十倍？且学成后再学万国新语，三阅月可以毕事。中国若能通行万国新语，外国人到中国者，亦必习万国新语，于交涉上之利益，有未可限量者。如能得同志十人，拟先编一字典，且创一种月报，以期输入国内。

（本报附注）本报同人于一二条略致商确，皆琐屑之细端，所言于前行君发起编造中国新语及推行万国新语之宏纲巨旨，尽为旁义，绝不足为此事之轻重。同人于前行君编字典创月报等之盛举，皆热诚赞同，并望同志协会，早日成立。

又原稿内乙去之画一声音一条，此事似为编造中国新语之主要条件，曾否另想善法？盖能合各国之语言，代表以一种之语言，是谓万国新语。则能合各省之语言，代表以一种之语言，始足称为中国新语，是亦一定之界说。语言者，声音之事，固非可于笔画间求之，笔画不过为声音所附丽之一物耳。请赐大教，以慰悬企。

宗教道德与社会主义 *
（1908）

（某君原简）鄙人于社会主义学说，虽未能尽信之，然祖国主义早置脑后；诚以革命苟－旦成功，若抱祖国主义，不过如中华历史上之易代而已。何益于人生？故满拟普及社会主义，使今黯暗大陆，一跃而进于极乐世界，为列国先。是恐不独鄙人之历史观，当亦同志诸公所共知者也。《新世纪》报议论颇卓，惟语病亦不鲜，尚望执笔诸公加意。吾辈今日鼓吹此主义，务在引人入胜，使乐于听信。若过于用偏激文字，恐不易入，徒劳无功，窃为执事所不取也。关于反对宗教一节，稍与鄙意相左，故满拟投笔互相问难。卒以迫于校课，日不暇给，不克着手。今来函相促，愧无以报，用特略言其大要，敢希登之。今日中华人民智识浅薄，人格卑污，故吾辈今日务于开通民智，诚为第一要义。然要知徒有智识不足以济事，恐无人格以副之，智识反足以济其奸。平心精察，可以知之。故鄙意以为宗教道德，未可遽然破坏。虽古时之宗教道德，未必尽适于今日，然是乃在于吾辈研究之责，使宗教道德与世运同建于进化之域。非谓社会主义一行，智识即增，人格顿高，无待于栽植也；培养而后能达于文明者也。要知人格须有以造成之：造成人格，而谓宗教道德，毫无与力，鄙人所不敢赞成也。

此简系某君从日本寄吾友民氏者，一切彼二人于社会主义互相契合之名理，自有民氏答之。吾惟有感于某君之爱重社会主义，而殷殷以培养人格之道德，与后日社会主义盛行时代之人物相期勉；又适与此间诸友人叠次寄书商榷者，其旨不谋而合。故吾即在此简后加以简短之跋

---

* 初刊时间为1908年4月11日。

语，以表吾之所见，将以泛答诸同志，不徒附责某君一人而已。

人格者，为道德所养成；道德者，为主义所规定。即以社会主义与宗教相提并论，社会主义亦可云非宗教主义，宗教主义亦可云非社会主义。二者可谓绝对的不同物也。至于合乎公道、真理之道德，为宗教主义与社会主义所公共赞成者，此乃本乎进化之良德，为人类所同具，故凡称道德者莫能外之。惟进化程度较低时，如旧日所有之宗教主义等，涵此良德之部分少；进化程度较高时，如现在所希望之社会主义等，涵此良德之部分多。则如《新世纪》报从前所辩论之无我、博爱等等，宗教主义，特稍涵之。既已主张全涵无我、博爱等道德之社会主义矣，则稍涵无我、博爱等道德之宗教主义，已包括于其内，更何必节取其小部分社会主义中已涵之道德，从而不忍排除之，反留存其大部分违背道德之迷信乎？今试以上说列表明之：

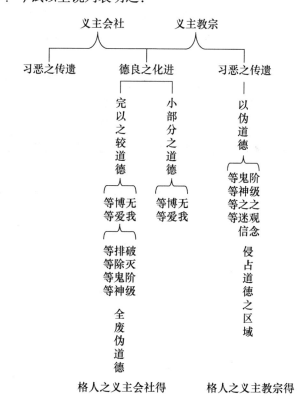

观于右表，足见凡曰主义，无论对于真与伪之道德，皆自以为明其道德而已。各道其所道，各德其所德，无非欲造就各自所希望之人格而已。讲社会主义者，乃欲用宗教主义之道德，造就宗教主义之人格，乌乎其可？既讲社会主义，即有社会主义之道德，可成社会主义之人格。道德乎，取诸社会主义而已足；人格乎，得之社会主义之道德而较良。如是，则宗教有何余地足以自存而可免于反对？

若某君以为空谈主义，属于智识，其义是也。故若空谈而已，即如宗教道德，问质旁临上忠君爱国之口头禅客，有彼中之人格者曾有几人？是可见主义但重实行。社会主义之实行，良不易言；然如某君言，既曰"社会主义一行"，则以论理学之界说断定之，自然不惟智识即增，必且人格顿高。若社会主义既行，尚有未文明之人格，必待宗教之道德裁植培养，则吾将用俗语排斥之，可曰"社会主义直不成一件东西"，安复有"普及"之价值！故吾语同志：若迷信于未思索之成见，必谓惟宗教中始有道德，是诚宗教有魔力，足以颠倒人之判断是非矣。

宗教与教化，又显为两事：宗教者，偏于人与神感通之迷信；教化者，偏于人与人相互之道德。虽浅化之民之道德，实杂糅于宗教之中。故往往通博之士，有时专陈民义，尚犹出入其说，依回不定。若时势益趋于开明，则分别弥显。即如今日多半之法兰西人，自脱离宗教以后，但有人与人相互之道德，更无人与神感通之迷信。虽其人所守之道德未极高明，然只可谓之有半开化之教化而已，不得谓之尚有极野蛮之宗教者也。故中国一般普通人之议论曰，无论佛教、耶教、孔教、回教、蛙教、蛇教，每人终需有一教。否则成为无教化之人。然今法兰西国中无教化之人固满街走矣。将骇之耶？抑忧之乎？

上文立表，仅依原简，贬教化于宗教者，因与论旨无甚关涉，故不屡言。今附注于此，并以承教。

新语问题之杂答[*]
（1908）

自前行君倡议编造中国新语凡例，刻于本报第四十号，近来论述新语之事，投稿者甚多。本报纸幅甚隘，美不胜收，未能一一刊布，甚以为憾！今谨刺取有关系之问题，杂答之。一以示诸家阅议之一斑，一以引海内新义之更出，则此事所得之影响，当愈大也。

前行君续来之稿有三法：（一）采用一种欧文；（二）用罗马字母，反切中国语音；（三）用万国新语。三法皆有评论。其归重于第三法之一节曰："然则与其采用罗马字母，因陋就简，枝节更张，仍无裨于画一声音之一大烦难。何如径用万国新语，挟左右世界之力，而并此画一声音之一大烦难，亦包括其中也。万国新语，欧人学之，三月可成。中国人数有四万余万之多。入四万万人之国，其文字三月可以学成（指中国已改用万国新语而言）。而不学者，除迂顽中国人外，天壤间无此人也。左右世界之力，并非臆想空言。"

中国既用万国新语，则他国人之对于中国，因贪三月学成，可以通语之便，故皆自然习万国新语，以为交涉，不再强中国人用其英、法、德之艰难文字。如以此为左右世界，砍诱掖当道，使之信用。然恐国界而仍在，则强者之对于弱者，苟有一隙可用以欺惑，则保护之惟恐不完。故利用彼所相习、人所不相习之文字，以为外交上之权利，久矣奉若科律矣。学成虽易，其如存心不学何？如此则外交上利便之劝，终为旁义，我辈姑可不必以之自歉也。若专为世界文明之进步计划，则有中国四百兆人者，一旦翕然共加入于万国新语之团体中，而新语之推行，忽半于世界，此真吉祥之盛事。谓此为挟有左右世界之力，乃真不诬。

---

* 笔名为燃，初刊于 1908 年 4 月《新世纪》第 44 号、5 月《新世纪》第 45 号。

而中国人亦一旦弃其徒为苦累之文字，忽得可习新学之文字。（文字为语言之代表，语言又为事理之代表。譬如日本古世之语言，止能代表彼人所发明之事理，不足以代表中国较文明之事理。故虽其后造有假名文字，止能代表其固有之语言，若出于中国较文明事理之语言，必兼取中国文字代表之。今日西洋尤较文明之事理，即西洋人自取其本国之文字为代表，尚再三斟酌而后定，通行甚久而后信。若欲强以中国文字相译，无人不以为绝难。故欲以中国文字，治世界较文明之事理，可以用绝对之断语否定之。居较文明之世界，不随世界之人，共通较文明之事理，而其种可以常存在者，亦可以用绝对之断语否定之也。）此尤所谓两利为利，无有更利者也。前行君径用万国新语之结论，最为直截了当。参观下数说，同人信之更坚。

新语会会员君云：编造中国新语，徒生枝节，其结果不外多造一难题。中国人之学万国新语者，二三月可成功。（本报按：大约指其理法而言，非谓每词能记之也。因理法已通，记认之事，可自为之矣。）通欧文者一二礼拜。万国新语，文法不外十六条，此外更无所谓文法。字不外二千五百，用此可以发挥事物之不能发挥于别种文字者。与其从事再造，徒多费时日于一种少用之文字，何如直接习此，而其用直普全球耶？如谓中国文明，存于书简，一旦废之，殊为可惜。然好古者固不。废希腊、腊丁文矣。（则将旧有之中国文，仍可隶于"古物学"之一门也。）

笃信子君云：我最懒惰，"城头上出棺材"之事，不肯做也。我又最鄙陋，漫天之大牛皮，不肯吹也。学问之事，譬之个人与个人，彼之胜我者，我效法之而已。中国文字为野蛮，欧洲文字较良。万国新语淘汰欧洲文字之未尽善者而去之，则为尤较良，弃吾中国野蛮之文字，改习万国新语之尤较良文字，直如脱败絮而服轻裘，固无所用其更计较。所当问者，如何能改用之而已。若必先造中国新语，以为改习万国新语之张本，此如欲人之长行万里，先使之在室中推磨三年，长行与推磨，等劳苦耳。假如他人能捐数年之心力，信从吾说，以为推磨之预备，何如即捐其心力，以达长行之目的？故人而并万国新语之影响都无，本何有于可怪之中国新语？如人既渴望万国新语，而欲预备之，正可直授以万国新语，岂当更误以可怪之中国新语？故中国新语之改作，正所谓出棺材于城头之上者也。今日吹牛皮之人，不曰"欲求改良文字，如何艰巨"，即曰"必得政府设法，始可厉行"。其实何必如此张皇。中国文字既当脱之如败絮，更无需添表换里，补缀修缮。有如改良笔画之各法，但视之为顽固人所嗜之弃痴；有如内山苗猺，彼喜固守其结绳之故物者，则亦仍之可也。此对于一部分者也。一切庶事，不能待万国文字既改而后理。故过渡之际，正可如新加坡之兼用巫来由文字、香港之兼用中国文字。然则我辈中国人如有意在他日改用万国新语，止当竭力劝人添习万国新语，断不可必即求代用以万国文字，强为政治上之专制禁劝也。今诸君子兼通数国文字者夥矣。如精神上直认万国新语，为子孙当授受之文字，即可兼认中国文字，为暂时入内山交通野蛮之应用文字。此对于大部分者也。故卑之无甚高论，止有简单之数语则曰："中国略有野蛮之符号，中国尚未有文字。万国新语，便是中国之文字。中国热心人，愿求其同类作识字人者，自己学万国新语，教人学万国新语。"

笃信君之说，最为简便易行。然吾观笃信君之意，断非谓吾悬一说于此，纯任自然之趋势，而不加勉强之功。其意似谓：与其支节补苴，取劝导者所耗之心力，及所设之方法，用之于无谓之预备；不若竟用于较良之代用物为善。即如无论编造中国新语耶，用罗马字切音耶，或采用他一国文字耶，或就译义改造新字耶，或苟简之法，如近日内国之切音简字耶，终之皆不能无格格不入之起首办法；又不能无联合热心家，成为大运动会之办法；又不能无仰仗小学校等，略带政令上性质之办法；又不能无对于何一部分，竟从弃绝之办法。盖集合以上种种之办法，其心力能无孔不入，庶其事遂举。否则其人坐室中渊渊以思，所独获之方法，谁无一得之可取？苟心力之耗费，不及其量，皆为纸上之空谈。如其欲尽其量，以耗众人可贵之心力矣。则必有"与其"、"不如"等之比较。故今就题论文，莫若用全力于万国新语。

（甲）先讲求免于格格不入之起首办法，如编译新语华文对照之独修读本、文法、字典等。新语之用处不广，如何使之应用较多，以求兴味加增等。又详细说明现在通行之新语，其起原，及其根据之所在，实为至精善。故今赞成之人日多一日等。皆属此类也。

（乙）急求联合大会，以为大运动之办法。凡事信仰于政府之禁约，不如信仰于社会之好尚。（就原理而论，社会有好尚，于是有习惯。利用其习惯，一方面托言为大部分去害，一方面实为小部分集权，于是有法律。）中国人向来以交通不便，党会有禁，故积极之一般好尚，除八股而外无一物。（社会上向日对于八股考试，远胜于对于今日之出洋游学及办学堂等。盖考试之舟车，关卡于中夜放行；而出洋之咨文，有请而不得者矣。资人考试，得翰林、进士，则功德巍巍，面上有阴骘纹。而劝人立学堂作学生，无异劝人造反也。诸若此类，皆好尚不属之故。今学堂及出洋等，社会上之小部分人已尽力激劝，将来必成为一般之好尚。）消极的则吸鸦片、烧天主堂等，皆百年以来之新好尚。（好尚既成，故若吸鸦片者，明明为至有碍于卫生之一事，然即极高明之人，往往陷入其中。彼借以疗必死之病，而后吸之者，兆无一二。其余皆无所谓而为。欲享臭肉麻之小舒服，翘起双腿，横陈短榻，与密友为亲昵之谈，不觉投入罗网者，居多数也。故又如巴黎之加非馆，若春秋佳日，红男绿女，络绎往来，坐门外而流盼，似亦无恶于无赖之嗜好。乃风雪凄其，寒灯闪烁，犹三两座头，瑟缩围炉而坐，真可谓别有风味。无他，亦好尚已成之故。）好尚之成，本非易事。然惟党会为最有力。今中国党会之禁，虽未大弛，然于此等讲习万国新语之会，无理之干涉，尚易对付。盖新语虽为剿灭华文之利器，隐为顽固党至猛之死敌。然其表面，实较简字等，尤为温和。盖非天子不考文，简字等尚有考文乱圣之嫌，而新语直不过为一种无足重轻之外国文耳。即其人果有尤较良之方法，无取乎新语为华文之代用物，亦可入会习之。盖即欧洲已通新语者，已有一千余万人之多。而新语之所原本者，又皆为希腊、腊丁、法、德、英等之至纯良文字，习之又至简易。则虽节啬其围棋赌酒之日力，无意中舍身入会，稍稍习之，一可为交通参考之小用，二可助成此后万一可同文之盛举。仆想亦无至顽劣之人，必加以反对而后快也。然此为学问上极普通之小事，不必由本报等所干涉。（如有告白，愿登本报外来广告者，本报必当照登。）故愿前行君等一般之温和者，自行建设形式上之大会，在各国留学会馆，发起此事。最好之法，一人签名入会，即担承劝募亲友入会者两人，如此转辗推劝，大群易集。入会后约以若干期限，互考成绩一次，如此庶不为无责任之空言。先得一二人，舍身入新语校，认真学习，精通其事，以为加入欧洲新语会之代表，如何捐款集资，刊刻新语自修书籍，及会中题名报告录、新语杂事册等（或先设一小报亦佳）。此皆必得设有形式上之大会，庶可议及也。本报本无暇提议于此等小事，因公等所惠教，亦世界上有益之一事，故乐得而为琐琐之评赞。

（丙）宜为教育上之运动法，以求列于学校科目，徐收将来之效果。今日之一般爱国派，专以造就国民为急务。故于小学校中，倡专教国文、禁习外国文之说，此师法各国之成事也。然请推开了"尿缸之沫"，返照一照看：贵国文为何如之国文？惟其因此等文字，不足以发挥新文明之学理，故日陷落于头等野蛮之地位，于是才有所谓兴办学堂之一说。若仍把这一桶"阳沟水"，倒来倒去，其去于造就义和团也几希！虽曰："以此种野蛮国文，记述稍浅之学理，应用于小学校，尚无不足。"则对曰：岂不良是！然即此寥寥数言，开门见山，隐情若揭。中国人者，深中遗传之八股毒。圣功王道，止作话头，无需实做。所谓新文明，亦不过能于吃"番菜"桌子上，五花八门，嚼上几句闲天，便算第一等本领。故彼其人之希望于一般同胞者，其说亦言之成理也。若曰："大多数之国民，苟稍知今日世界做人之大要，及国民应尽之义务，于今日之教育能力，其愿亦足。苟有小部分人，能讲求世界较深之新学者，更徐徐于外国文中求之，未为晚也。"应之曰：此种话头，真若颠扑不破者然。特不知止需于最浅近处略加思索，其谬误之点，已有可指者。中国尽有高才博学，广览译籍，或借迳东文，谈述甚高之学理。然惟其仅欠普通小学之西文功课，往往于术语之所推衍，周章无序；于平常西国甚浅之事物，又装点之，若甚离奇。全不能生与世界新文明为直接结合之观念，而兴起其真正科学思想之兴味。文字虽不过为表意之记号，然其排列及书写之面目稍异，不啻若图画之点缀烘染各殊，虽条件未换，而观感不同。故即同一平常之谈话，如有人问曰："你们城里归县官管的义学，里边有附徒没有？"其意即谓："你们地方上县立的小学校，有寄宿舍否？"然上一语几成绝对的不适当，而且生入许多不快之感情。必且如下一语，采用许多日本字眼，才合新文明之条件。然即此可以推见，便是专课贵国文，已不能不采用日本新字眼，参杂其间。所以如此者，即因贵国之旧文，已于新文明甚不接合也。如此，推而广之，又可见仅仅横亘许多日本新字眼于胸中，有时与原来新文明之兴味，又极多不密合之处。此所以往往有在日本书中，闹了半天，不知其为何等怪事。及一经检出西文原字，方笑而领之曰：原来便是那件事。说了半天空话，且归到题目上来，即又可见所谓大多数之未来国民，今日将慢慢归入小学校者，虽不必望其能通极高之新文明学理，然与其教以制造局派所译述之国文、格致课艺，不如改教多换日本新字眼之国文读本。因新字眼于发生新观念为有力。然则由此推想，又可云：与其专教以多换日本新字眼之国文读本，不如兼教一种西洋文，能发生其新观念，尤为直接而有力。是可见小学禁习外国文之荒谬，且与日本限止汉文、隐取英文为第二种国文之意，尤未体会也。故逻此联合推广新语之机会，先于社会上与以正确之观念，力辟小学禁习外国文之谬妄，并使人人皆知习外国文不如径习万国新语之尤善。我辈但以道理造舆论，凡爱重道理者日多，即主张此议者亦日多，则虽有人欲参取法令性质之势力助成之，而法令亦安能违背舆论而发生乎？是又所谓信仰政府之禁约，不如信仰社会之好尚也。

（丁）所谓对于何一部分，有竟从弃绝之办法者。凡事与其左右迁就，废弃其心力，欲得浅近之效果，反生歧谬之阻碍，不若顺序进行，专一其心力，直为根本之维持，常成改良之趋势。此如讲立宪之人，与其为柔媚之运动，熏染秽臭，渐毁小己之良德，并误一般之大局，不如一味为强硬正直之要求，鼓舞国民之能力，狭缩政府之野心，其收效较良。然既能具如此要求之毅力矣，与其要求而得者，仅仅一立宪，犹为绝无谓之胡狗，存一皇室之经费，贻累同胞，不如于推倒政府之际，并此枯朽之胡狗秽物，同时除去，岂非尤为世界造福？此所谓与其讲真正之立宪（彼以立宪求中国富强，能抗洋鬼子为词，全不思戴胡狗为皇上、戴胡牝狗为皇太后，为尤可诧者，是皆伪立宪党耳，是皆无耻之狗党耳），不如讲破坏之革命；然与其能讲革命，徒为异日新总统新元勋之利用，以共和为欺妄之招牌，不如竟讲现在世界较正当之无政府主义，其弊最少。盖不惟既讲无政府主义，于推倒政府，尤为热心。（较文明之政府，尚欲推倒之，何况极腐败之政府？）于革命之前途，力量加增。即暂时教育未普，革命以后，不能不尚有禁约之事实，则亦如会馆内，吃中国饭，打外国弹子，略具动作条项而已。以无政府之名义，互相维持，可保必无其人焉，悍然犹以大统领自居，或坦然仍食巨万之俸金，从而俨然为君子小人之分，如今日法美等之背谬也。故以以上之比喻观察之，即有如中国三十以上之腐败士夫，及三十以上不识字之一般大多数，半皆止需惠养其天年，而不能组织为新民。故即推行万国新语，于彼辈极相扞格。然不能因此一部分之废物，暂设支节之办法，反使急需直接成就完全新人格之一部分，耗力均而获效寡，随之虚与委蛇也。故如上述一部分废物之类者，必当直下断语，不求其包入万国新语之范围内也。

谈无政府之闲天*
（1908）

　　无政府三个字，乃世间最吉祥的名词。俗语有所谓"无皇帝好过日子"，此赞美辛勤、慈祥、高尚、纯洁的一种人物。此所谓"无皇帝"，其意即谓此种人无需治之以法律，确确凿凿，即为无政府之别名。

　　然而辩者必哗然。以为此种人，世间曾有几个。

　　然抄近一点，请教请教看，请问教育愈文明，则此种人愈多，便拿欧洲比中国，想亦为哗然者所承认。

　　如此，可以不必烦言，说来说去，总不过"寿星唱曲子"几句老调。

　　总而言之：

　　主张有政府者，则以为世间人，毕竟是狗彘忘八，少不得一根鞭子。

　　主张无政府者，则以为现在的一般有政府党，虽然混蛋到十分，然他又时常在那里吹牛屄，讲什么普及教育，若教育是靠不住，便直接爽快，有了裁判官，同著警察所，再加著一点兵队，可以算政府的能事已尽。何必再撑那教育的空场面？若教育是靠得住，果能使人人不能者，而进于能，不善者而进于善，则无政府之为期必不远。

　　然辩者必又哗然，以为如借教育之力，可达无政府之一境，则今日教育普及之国，勉强亦可算已有一二，何以观其人民去可以无政府尚远？

　　我则捧腹大笑曰：今日之所谓教育，除十分之二，略予之以智识外，其余十分之八，无非所谓道德。道其所谓道，德其所谓德，如中国

＊　初刊时间为 1908 年 5 月 30 日。

之忠君尊孔之狗屁名目无论矣；即所谓文明国者，如"爱国"、"尚武"、"急公"、"守法"种种主义，一言以蔽之，保障政府是矣。故今日之学校教育，质言之，可曰：政府党在那里明目张胆，发布传单，传达宗旨也。欲世界之无政府，乃授之以政府之教育，岂非南辕北辙乎？

故就现在之教育，无政府论居然发生，而且人数日日锐增者，乃教育小部分，予人以智识之力。然反对无政府者，尚居多数，则因教育大部分全为有政府之道德也。

果其互相消除国界，即最粗浅之一端，各舍其万有不同之文字，公用一种文字，用其全力之七八，予人以科学之智识，更用其二三，教以无政府之道德；行如是之教育，课将来之效果，虽欲不"无政府"而不得。

无政府若有"道德"而无"法律"。惟"各尽所能"，而不可谓之"义务"；惟"各取所需"，而不可谓之"权利"。人人"自范于真理、公道"，而无"治人与被治者"，此之谓无政府。

若胸中有清净无为，返于原人时代之见解者，是背乎进化之公理者也。

至于反对者之意见，以为无政府者，不过裂冠毁冕，奸淫邪盗，杀人放火，如是而已。乌乎！乌乎！彼其人之胸中，果存有如是许多之醒龊名词在内，吾亦不与多辩，止哀其陷溺于政府教育过深耳。

现在我们谈闲天，谈些什么呢？

我们且讲，一旦无政府的时代已到，私产制度，自然一切废除。于是先说到人人，各有所需之当取。

人类之所需者，即衣、食、住，三者为最要。于是人人各尽所能，先布置此三者。

第一，先将地球上的地势，相度一番。何处宜于建造住居之宇舍，何处宜于展辟游观之园林，何处留为牛羊之牧场，何处留为禾稼之耕地。许多通晓地理气候等学之专家，先乘着新归公的野蛮轮船、汽车，往各处调查，函电纷驰，互相商定。此时此事，悉委于调查之数十百人，并无人从旁掣肘。因各人办事，如今日之办私事，更无欺诳不尽力之虞。（以后凡有所举动造筑皆同。）调查此等繁重之事，在今日虽经百年之调查，尚有不尽不实之虑者；在彼时则三个月，可以讫事。因到处非但无阻力，且人人踊跃帮助也。

凡可以造宇舍，供吾人住居之处，必使全世界处处相接。每三里五里，即建一居宿处，废一切都会、省府、村町之名词，仅定园林、牧场、制造厂、耕地数名目。此外如今之城邑村町者，概名之曰：居宿处。举世界所有之园林居宿处等，皆冠之以数目字，以为志别。

现在世界所有可怜之草舍、土窟、荜门、圭窦，固当铲除净尽，即现在一切壮丽之宫室、宏大之寺庙、丰碑高塔、兵垒坟舍，皆当一一拆毁，但留其材料，以为新建筑之取用，不可苟且留存，涂饰修改，有碍无政府时代合宜之布置。

大约每居宿处，与别一居宿处，相距或三里或五里中间，联以长林之广衢、繁花之野圃。往来交通，除远道之旅行，别为电车、飞船之途径，另有组织外，凡此广衢之专供人行者，地底皆有机关，路面造以极厚橡皮之类之物。每三五十丈为一截，终日终夜，循转不息。人但于两面相续处，略一举足，由此面换向彼面，如是而已。如此，则数里内随便交通，并可废除摩托车、电车诸物。仅留存脚踏车等，以为园林中游戏体操之具而已。

凡一居宿处，有憩息睡卧室之组织，有饮食所之组织，有读书通信研究室之组织，有工作所之组织，而养病室则组织于居宿室之外。

所有一切宇舍，皆建一层楼，或建平房，位置于前花后木之间。其高大登眺之建筑，皆在园林。凡居宿处之宇舍，皆不需划定为何人所居。人爱远出，每到一居宿处，欲憩息睡卧，或欲饮食游戏，各就其处。欲留则留，欲行则行。

至于衣食服用之物，另有牧场、耕地、制造厂，各尽人之所能，自由工作。分运一切应需之物，分贮于居宿处之供给所。故世界既无都会、村聚等之分别，亦并无市场、店铺等之构造。

其时学问之研究，最普通者，首为一切交通便利之工程，求与海底气界，自由往来。余则改良野蛮肉食之品物，及精究卫生与医理，使年寿加增。至于理化、博物种种进化之科学，当时既以文字简易划一，器量整齐精备，加以不必撑持门面，借矜大博士之身份，则艰深繁碎，纡绕之陋习皆除，而讲解、指示、试演，百出其新法，以求易知而易解，园林清游时，可以随便在花间树底，口讲而画图。道途间与绝未见面之人相遇，亦可姑出其所学于夹袋中，问难面质证。如此，其时即十许龄之童子，已能共有现在科学家之智识。今日之统计，则曰某国某年平均计算不识字者，约有百分之几；彼时之社会比较表，止有记载一条曰：某年全世界，尚有因患最复杂之遗传废疾，不能治专科之学者，居百分之几，近数年已减至百分之几。

X曰：唯用如此夹杂不净之旧见解，谈快心之闲天，虽谈一万年，亦恐穿凿附会，涂泽敷衍，铺张之而不能尽。惟吾所欲为阅者之第三人说明者，如子之所言，真不过最肤浅之最近进化新现象，曾无几时，可以必到若吾胸中之无政府境界。其美善幸乐则更有进。

书驳中国用万国新语说后[*]
（1908）

语言文字之为用，无他，供人与人相互者也。既为人与人相互之具，即不当听其刚柔侈敛，随五土之宜，一任天然之吹万而不同，而不加以人力齐一之改良。

执吹万不同之例以为推，原无可齐一之合点，能为大巧所指定。然惟其如是，故能引而前行，益进而益近于合点，世界遂有进化之一说。

科学中之理数，向之不齐一，今以兆分一秒之一，亿分一秒之一，假定一数，强称齐一，为便于学理及民用者。其繁赜万万有过作者所举声纽之粗简，尚能理而董之。何况语言文字，止为理道之筌蹄、象数之符号乎。

就其原理论之：语言文字者，相互之具也。相互有所扞格，而通行之范围愈狭，即文字之职务，愈不完全。今以世界之人类，皆有"可相互"之资格，乃因语言之各异其声，文字之各异其形，遂使减缩相互之利益，是诚人类之缺憾。欲弥补此缺憾，岂非为人类惟一之天职？

今之为一国谋者，其知此义矣。故语言文字，应当统一之声，不惟震慑于白人侈大之言者言之。即作者横好古之成见者，亦复言之。所谓纽文韵文等之制作，不惮空费其笔墨者，无非由人之好善，莫不相同，故殊途遂至于同归。至夫统一之术，非有奇法殊能，特矫于天然之适宜。语言文字者，相互之具也。果所谓语言或文字者，能得相互之效用，或为相互所不可缺，自必见采于统一时之同意。故即就一国之已事而论，如日本以江户之音，变易全国，德奥以日耳曼语，英以英格兰语，法以法兰西语，而九州四国萨克森、苏格兰、赛耳克、勃烈丹诸

---

* 笔名为燃料，初刊于 1908 年 7 月《新世纪》第 57 号。

语，皆归天然之淘汰。此在谈种界者，不免有彼此之感情，而在谈学理者，止知为繁芜之就删。因语言文字之便利加增，即语言文字之职务较完。岂当以不相干之连带感情，支离于其相互之职务外耶？

故中国人之智识程度，一跃即能采用万国新语，我辈日望之，而亦未敢取必。所恃者，人为明理之虫，有真理之能启人智耳。至于大概迂拙之进行，为常智所能逆料者。

（甲）中国文字，本统一也。而语言则必有一种适宜之音字，附属于旧有之文字以为用，于是声音亦不得不齐一，有如日本之以东京语音，齐一通国也，此相互利益增进之第一步也（今日所谓简字切音字等）。忘其苟简之术，不足为别于文字之间，故离旧文字而独立，歆于作苍颉第二，遂失信用于社会。今就创作中国切音而论，惟作者笺注字端之术，莫能最良，然又何必虚骄陈腐，必取晦拙之篆籀，为梗于浅易之教育，盖附益于今隶之旁，莫妙于仍作今隶之体。盖文字有二职：一为志别，一为记音。中国文字志别之功用本完，所少者，记音之一事。今原字之笔画四者，并记音之笔画而六之、七之、八之、九之、十之。其状即如日本通俗书之刻刊法。最要者，当先刊字典一册，即如日本所翻印之中国字典，字附音训于其旁。凡小学读本及通俗之书报，莫不如上文所云，增附切音字之音训。至最粗浅之幼稚园读本等，则以音训之切音字大书，而以旧文字为绳头细书，注之于旁。所谓规圈之属，既音训不与旧文字相离，则等与声，皆有旧文字表而出之，无需如昔日之学堂经书，增益无谓之圈记也。而所谓应送博物院之经史，供考古家之抱残守缺者，皆可仍旧，不必更加音训于旁。因其人既有闲情别致，能诵读此等死书。（西方以腊丁等为死文，其例正同。）彼自当略通小学，且知所谓古今音者，不需通俗之音训也。

（乙）讲求世界新学，处处为梗。于是不得不如日本已往之例，入高等学者，必通一种西文。由高等学入大学校者，必通两种西文。所谓一切名词，与其穿凿译义，徒为晦拙，不若译音，而参核西文，尚有对照之功用，此相互利益增进之第二步也。（今觉以汉字译音，不如译义者，因无划一之音训字母故也。）

（丙）万国新语根希腊腊丁之雅故。详审参酌，始每字能删各国之不同，以定其精当之一。故在方来之无穷，固未可谓莫能最良。若对于已往，自足称为文字之较善。所以制作未二十年，而信从者已达三四千万人。惟今人知其善，而犹徘徊观望。不独中国人然，即西人亦未尝不然。所以如此者，因尚无万国新语教授之各种高等科学完备之学校。故所学不在是，因之赴之者不勇。然方今科学上互换智识之诚心，欲求人人能吸收全世界每日发明之新理，必径必速，而讨论如狂。故即在此短时，必共知：私家则以新语著书，学校则以新语教授，除去学界无穷之障碍，如科学上共用法国之度量等。此事固决不待国界已去，然后始得大行。盖止需各国校章，新语为中学必修之课。入高等学及大学所应修之外国语，皆代以新语，则圆满之时至矣。而于是中国人方悟操一新语，则周游世界，无往不得其交通之便利，修学之良果，乃始珍视万国新语，一若今之珍视英、德、法语。至是各国亦且厌弃其本国之语言文字，徒为赘累。而中国人守其中国文，尤格格与世界不相入，为无穷周章之困难。于是所谓时机已熟，当废汉文，而用万国新语，遂得人人之同意，此相互利益增进之第三步也。

故作者满肚皮之不合时宜，欲取已陈之刍狗，将中国古世椎轮大辂，缺失甚多之死文，及野蛮无统之古音，率天下而共嚼甘蔗之渣，正所谓"无当玉卮"陈之于博物院，则可触动臭肉麻之雅趣，若用之大饭庄，定与葱根菜叶，共投于垃圾之桶。作者如其不信，试悬我等二说于方来，遭后人瘟臭之毒骂者为谁。

我且作持平之论，后人为历史比较之学，定当远过于今人。故中国古代之文字，自足为文学比较史学科之重要材料。倘有笃旧之士，能潜心于此等无味之嚼蜡，亦未尝不可谓能尽人类中应有之一事。固求有其人而不得，若以为此我之门户所在也，我之声誉所在也，必欲强世界为之倒行，则谥其名曰野蛮，晋其号曰顽固，亦谁曰不宜？中国文字与万国新语优劣之比较，不必深言之也。即以印刷一端之小事而论，作者当不至绝无半点科学上之智识。试问中国文字之排印机械，如何制造，能简易乎？作者亦必语塞。故不必种种世界最新之学问，中国人以不通西文之故，皆为之阻塞而不能习。即有健者，能一一译为中国之文字，使中国人不惟能治各种之新学，且能因而发明外国所未有，则在中国人固心满意足矣。然学问者，世界之公物，外国人所未有者，自亦许外国人之传习。则作者不难曰：外国人先可学习中国文也，是也。吾且以为中国文而诚良诚便，外国人不但应习之，且将弃其本国文，或万国新语者，使世界独存一种中国文。如中国文而未良，未便于今日之西文，或更未良，未便于今日所有之万国新语，则所谓未良之与未便，即为累于种种是也。乃因后日西人之学问，不如中国人之故，不得不弃较良较便之万国新语，共用中国文。而在种种中，日受其累，即中国人自己于种种中，受累亦均。是诚何心乎，曰世界惟我独尊之故，然乎，岂其然乎！

一足在左则左重，一足在右则右重。对于万国新语之提倡，我辈心力甚弱者，号咷劝之而不足；而一二庸妄者，谈笑阻之而有余。此如刘锡鸿之徒，在三十年前，陈其鄙悖之理由，阻挠铁路等事，振振有词，和者如蛙鸣，应者如狗吠，今日社会所受之影响，亦可以睹。至于万国新语，我辈亦知与中国人之程度太悬殊，必且纡道而历上文所举之甲乙，乃至于丙，在今日中国昏瞀之时代，或且作者等之邪说为易入，亦未可知。我辈尽我辈之言责，不使后人对于往事，抱无穷之遗恨，如是而已。

至作者虑万国新语，不足以名中国之名物，吾却不知中国有如何特别之名物，为他国所穷于指名？如其物而为不适于世界所用者，有如：食之竹箸，赌之围棋，敬人之词曰鳖，尊人之词曰巫，有可以不必名者，亦有可以随便比附音义于以一名者，固无所谓可与不可。如其谓世界所适用，今日一新理新器之发明，旷乎为前之所未有。万国新语尚能析其类例，予以确当之名词。何况世界之旧物，有如中国之所谓道，果定其界说，验其功用，为未来时代，必当有一独立之专名，则且译其音为道，而详其界说及功用于词书，于是又有专科之道学。使区域大小，意趣浅深，有一不密合焉，用最精之理数，必使密合而后已。否则，如其为无足重轻，一古代学术之名，则译音可也，即作者所谓拟议译之亦可也。盖其字所有区域及意趣，既为万国新语各种学术之专名，所分析而包有。则中国一"道"之文字，其意义为野蛮无意识之混合，绝无存立之价值，故亦无需为之密求其意味。若某宣教师之言，谓抗提曳抱等之分别，惟中国为独完，是则无异誉作者之学问，为今世界所独高。笑之，抑讥之，作者亦自知之。无政府党之能废强权，全恃乎能尊学术。尊学术必排斥不足为学术者。不足为学术，而必固守其习惯，为妨碍于世界，即可与强权同论。即作者所谓节奏与句度，如其不合声响之定理，为甘带逐臭之偏嗜，何足以言学术？盖异日后民脑理之细密，当别成美富之种性，岂野蛮简单之篇章，所足动其情感？故无论摆伦之诗，汉土之文，不在摧烧之列，即为送入博物院之料。作者固亦知无论用何种文字，惟传译则率直无味，而自由著作，皆能妍丽凄怆。是则不应改良之万国新语，反在例外。故凄怆妍丽之篇章，必在万国新语为独多。

而何所谓杜绝文学，归于朴僿之有。又谓岳鄂王词，合以风琴，声逐沉浊，即为丝竹不能相代之证。此乃闻笛声而起舞，对风琴而沉睡，由于个人之习惯。如取贵州内山之苗，入作者之室，必闻东邻击石，欢跃不已，谱岳鄂王笛，而瞠目惊怪矣。盖风琴之与竹笛，其乐器之繁简，直有击石吹竹之比。岂可强简单之耳，使之相代乎？

总之作者尚怀羊毫竹纸之智识，则我辈对语，岂能相喻。听作者自为诂经精舍之獭祭课卷，我辈亦自为万国新语之摇旗小卒，各行其是可也。

无政府主义可以坚决革命党之责任心[*]
（1908）

请不必泛言世界之革命，姑专言中国之革命，中国之革命，以民族主义为号召，或以共和主义为号召，二者固皆有其理由，而且二者皆能得势。

就民族主义言之。种族之成见，实为数千年遗传而来，故其根性坚不可拔。鄙语所谓鞑子做皇帝，无论革命党忿然作色也，即鄙俘如李莲英、宠要如袁世凯、顽旧如张之洞、无赖如康有为，彼夜气清明之时，亦必偶生其不平。故以民族主义为号召，乃一甚得势之理由也。

惟民族革命，乃为一复仇之革命。满洲政府之必当推倒，实则有人欲复仇，固不可免，非有人复仇，尤不可免。然若革命党纯以民族主义为主帜，即有一种之鄙夫，匿去满洲政府必当推倒之理由，遂借排斥复仇革命，掩饰其希图富贵之丑。此即康有为、梁启超等开明专制之议论，有以簧鼓于天下，而天下曾暂受其惑。所谓责任心云尔者，决非对诚心主倡革命者自己而言。因革命发于自力，即一旦心意推扩，由民族革命而进为共和革命，由共和革命而进为无政府革命，必愈进而推倒满洲政府之责任心愈坚。责任心而犹忧其减杀者，必指受革命党运动之人言之也。既指受革命党运动之人而言，即以一梁启超为比例，彼亦几几乎受民族主义之感化，稍有革命之责任心矣。然未几而反对复仇之论一出，即全失其责任心。此欲以民族主义，求革命党责任心之不减杀者，未为完全之理由也。

又就共和主义言之。执政既归平民，则推倒满洲政府，已不言而喻。盖不必言民族革命，而民族之革命，自包其内。故凡主义之推广，

＊ 笔名为四无，初刊于 1908 年 8 月《新世纪》第 58 号。

止有相包含，决无相妨碍者。即民族革命，与共和革命之比例，可以见矣。满洲政府之应倒，民族之不同，是其一因。而政治之无望于改良，尤为其一大因。故中国之人民，必有能为平民政府之资格，始有改良中国政治之能力，其论实圆满周匝。决非杨度等要求而得一"无人格"之议会，能达改良政治之希望。故以共和主义为号召，是一最得势之理由也。

惟囿于共和之范围，而不能审量于世界进化之程度，自必误认世间之国界。将巩固而无疆，则一切言治之界说。欲求不畔于以往政客之陈言，于是好发异论者，挟种种之习惯，必有历史之比较、教育之比较，以及一切之比较。谓某国之政治，尚握于小部分之手，某国之人民，尚未适于平民之政治。此种之异议杂出，虽欲牵引而入于满洲君主立宪，其立宪固无人格，不难片言排斥，然惴惴焉虑中国不可一日无君。心知鞑子固必不可为新中国之君主，但汉人谁可为皇帝，亦无人敢为此推戴。于是其心摇摇如悬旌，觉左右有为难之处。此即今日大多数之中国人，中心实甚不惬于鞑子之立宪，然而未敢毅然附和革命者，无非甚不安于共和革命之究合于程度否耳。此欲以共和主义求革命党责任心之不减杀者，尚未为至完全之理由也。

庶几乎急急广传无政府主义，使知世界之人民，不久有大同之革命，而国界且将消灭，故共和政治，已止为不得已之过渡物，断不容世界尚有皇帝。盖无政府党欲毁灭世界之政府，固尚未能确定其期日。因政府虽为强弱相制之机关，然亦为人民相互之机关。无政府时代虽决无统治之组织，而亦不能无关连之组织。欲取关连之组织，以代统治之组织，非一时可臻于完备。至于无政府党先欲铲除君主、消灭国界，此实行之期，必不在远。君主之应当铲除，先于道德上被认为无有尊贵之名分（五伦中君父同尊，人知其谬），复于政治上被认为无有责任之资格（此立宪党之所能言）。故一经无政府党起而为彼等直接之对头，断然可望其绝迹于二十世纪之中。苟使中国人而洞知此义，则君主一层之理障，可以全撤。于是推倒满洲政府，固当毫无迟回。即建设共和民政，自必目为平常矣。所以欲坚决革命党之责任心者，莫若革命党皆兼播无政府主义。

乃有人反曰：无政府主义，能减杀革命党之责任心。是无异言共和主义，能减杀民族革命党之责任心矣。此实不合于主义进而益上，止有相包含，决无相妨碍之大例者也。

况在今日中国，革命党希望为平民政治者之心中。彼所谓平民政治，必求较良于法美之民政。所以尚不能去统治之组织者，即亦苦于代用之关连组织物，或未能即得于短时间之革命以后。然果抱此苦衷，使其人甚热于无政府之运动，则经彼假定之平民政治，必且统治之性质愈少，而关连之性质较多。则我辈同立第三人之地位评论之，凡新旧主义之相代，其间必有过渡之一物，此亦进化之定理。故以进化之历史言之，可曰：今之假社会党，即法美民政与中国平民政治之过渡物。中国平民政治，即假社会党与真社会党（即无政府党）之过渡物也，则心乎革命者如能悬无政府为己所必赴之鹄，而让不得已者，以平民政治为一时之作用，庶几乎乃不背革命为促进人类进化之大义矣。

至于言者每谓：中国如其共谈无政府，而各国则有政府，必为各国所夷灭。此实不合于理论。一即无政府党为抵抗强权之健者。中国能造成志力薄弱之四百兆祖国党，尚信能支持而存立，岂有造成四百兆抵抗强权之健者，反见夷灭。一论者既确信欧人之程度，高于华人，岂有中国四百兆人，已变为无政府党，而西洋反尚有完全之祖国党，能如今日之同心，出而夷灭世界之人类。要知今之所谓强国，亦不过恃其国中之无政府党，尚为少数。故有税可征，有兵可募，俨然若有夷灭他人之资格耳。如其本国之人民，已过半变为无政府党，则无政府之革命将起，彼国且已消灭，何处复来夷灭中国无政府党之军队。故无政府革命者，乃大同之革命。各国无政府党，止需皆有其二三部分，已足万国集合，以倾覆不能集合之政府。如其政府亦能集合，此时固已无所谓国界。世界止有有政府与无政府之两党，复何来一中国之名目，有独见夷灭之事。如谓：每有其人，挟甚高之主义，以抵制他人之实行。此即所谓责任心减杀之实状。则应之曰：此实有之。然此等人所谓无心肝者，即使之卑而不为高论，谈要求满洲政府之立宪，彼亦必生一种委蛇之腐败。此乃就个人之公德心而言，不足以之轻重于无政府主义。亦无人敢下断语，谓共和革命，独能改易此等人之公德心，而使之独强于责任心也。此实人类之蟊贼而已，尚何某主义某主义之可言乎。

中国人之腐败病
（1908）

中国人本有腐败病，世界共知之，值近日之黑暗，故其腐败之情状，忽达极点，吾欲有所云云，一部十七史，从何说起？

朝餐将设，照例邮便局之送信人来，吾友得彼之青年朋友一函，语语沮丧，字字尫颓，不忍卒读。然近日所接之来书，岂独某青年云尔哉？几无人不作腐败之声口，岂独本社所得之来书如此哉？吾料在留海外之诸公，亦必每星期皆有所得。

腐败本是一种传染病，一人向隅，则满座为之不欢。此即此一人之腐败微生物，因向隅之时，滋生疾速，忽传染于满座。故致人人不欢，不欢者，即腐败之征候也。

社会者，一数百兆人参列之大座耳。有时一二自私自利之人，忽生其鄙悖之灰心，表显一向隅之态，其人之心理，不幸适中于众人之怯弱，于是其腐败之微生物，飞扬播越。不旬日间，全社会不欢之感情，因之而生。积多数腐败之人物，又适凑合而为一黑暗之现象。愈黑暗，愈腐败；愈腐败，愈黑暗。否则世界者，终古一光明美丽之世界，何以忽于一部人之心中，确然显露一黑暗之状态乎？

某青年来书，答吾友游学海外之劝，其为言曰："游学海外，阻力至多。虽然，吾今日之观念，即无阻力，亦不愿远出。因吾国东西游学者万人，不知所学何事，学成亦何所用？其目的不过在翰林进士，否则卖路卖矿耳。"此实为有激之忿言。然其腐败种子，即在"学成亦何所用"之一语。学也者，将用以为人类之改良，得社会之进化者也。简言之，乃人类之天职耳。今之所谓志士，吾知之矣。跃登演说之台，开口

* 笔名为燃料，初刊于 1908 年 8 月《新世纪》第 59 号。

即告人曰："今日中国国势如何不振，故诸君子不能不奋力向学。"乌乎，此所谓开口即错者，彼何不曰："中国人亦是世界人类之一，故诸君子不能不奋力向学。"盖前语与后语，虽毫厘之差，而所得之影响，则有千里之谬。

所谓国势不振，而后奋力向学者，就其本意而发挥之，一即国势素振，向学可以不奋力也；二即向学专为振作国势，此"用"之说也；三即国势之振作，毫无期望，可以不必向学，此"学成亦何所用"之说也。

大道不明，世人之心理，不正当如此！

就用之一说，又生数病：一吾得吾之所学，可以用吾之学者，惟有翰林进士，故目的在翰林进士；二吾有学而不用，无以偿吾为学之劳，故迫而为卖路卖矿，亦足以慰吾之辛苦数年，熟悉外情，非·毫无所表见。

虽腐败之病势，全因翰林进士及卖路卖矿之两种而加重，然腐败之病根，即为"用"之一说，挟"用"之成见，而利用之者，便趋于翰林进士等等。因翰林进士等等，遂见学与用实为背驰。及背驰之形已成，其不肖者竟以学问为干禄之具。其贤者遂鄙薄学问而不屑为。何也，因其徒为干禄之具故也。世人之观念，达于如此地位，而腐败之病遂剧。世界亦因而觉知为黑暗。某青年之寥寥数语，即一切社会之代表也。

故在旧社会之官场，几以子弟不识字，即为幸福。就使欲稍识亚剌伯数目字，以便认明银行存款之总数，止需三十两银子，请一位读过三本印度读本的洋教习，混闹了一年半载，便算为子弟授有一点新教育。

至于现居显要者，更以从事学问为可缓。故即贵胄出洋之章程，优待无所不至，而应募者绝无一人。因此等人止需肯在书房里，伴着少奶奶看看《红楼梦》，不去外边生事，便算宅子里出了佳子弟。

又有一部分，号称诗礼之旧族，因以今世界之新学为寇仇，故子弟惟以能穿蓝布长衫、大呢马褂，在乡里优游卒岁，庶几在我生之目中，尚保有旧时之清白。

以上三种，本为中国习惯之旧俗。今日中国社会之把持力，尚全挟于以上三种人之手，所以几次之新风潮，虽起而向之力撼，卒之皆为所败。近一二年中新风潮非常失败，旧习惯非常得势。故中国人腐败之病，遂觉有可惊骇之郑重。

于是在此三种人之外，推而至于全般社会，市人之子弟，皆愿其斗麻雀、吃花酒，止望能免于穿洋衣、进学堂，即可无灾无难。乡人之子弟，有从东京、上海废学而归者，皆高坐茶馆，赶村剧，寻赌局，与向日之秀才童生，曾无少异其面目。

因之一年以来，书铺大折阅，报纸亦复三张者改为两张，销数五千者缩为三千；惟一切饮食嬉游之事，则到处扩增。

主张新风潮之徒，其黠者即利用现时发生之新名目，或要求宪法，或讲求自治，盼望一经窜身宦途，即可与旧社会合同而化。其强有力者，皆遁入于路矿实业等等，预备资本家之资格。于是奔走于此两种者，破弃一切道德，欲急攫一世界不久陆沉之饭碗。及既得之，遂日夜以图其醇酒妇人之乐。

其志行素卑鄙者，往往携青年于海外，亦令营营于妻孥，负其可宝贵之学年。而在内地者，闻有二十金之学堂教习一席，不问其子弟之学力如何，或其聪明才力，足以研至精之学问又如何，则必令其抛弃所学于半途，走数百里数千里就之。而今之子弟，即年不满二十岁，其声口亦俨然若成人，柴米油盐，大知甘苦。且以为彼其人者，迫于时势与境遇，止当废学而从事于衣食。

惟有官学堂之考试，则赴之者踊跃于前，因不但后日可以得出身，即啖饭有所，而且就目前而论，既可省束修，又可以得膳宿，即不啻一小小糊口地也。

至闻有官费之出洋，尤能大改其面目。即平日甚以出洋为反对者，皆奔走如狂。盖父兄知此中有翰林进士，而子弟亦察知游学之乐，有如本报第二三期所载者，固已实有征验而不爽。于是仗其父兄之势力，捷足者先得，使贫而好学者，反遭额满之见遗。其实彼如果为学问也者，而家中之财力，甚足以支持其学费。即此可以证明彼之得官费而留学，并非真心为学，止计较于费之出于人与出于己耳。

终之种种腐败之情状，不胜缕书。且揭而出之，皆为人人熟知之陈臭语，亦所谓腐败之报料耳。吾所以略有以上之云云者，今日动陈一义，稍合于道理者，皆必遭中国人之指摘，以为公等身居海外，与中国情形，过于隔膜，故所言迂远，未免不切于事情。吾则仰天大笑曰：吾不知诸公之所谓情形者，为社会向化之程度，抑社会退化之程度耶？如其有向化之程度，则所谓有愿力而无知识者是矣，则予以智识，将愈高明而愈增其愿力；如其有退化之程度，则所谓有知识而无愿力者是矣，其腐败之情形，不惟逆知之，且亦何必知之？如必委蛇于社会之腐败，而为之枉道以求合，则亦何贵有针砭社会之报纸？真相与互为迁就，牵连腐败可矣。

故诸公休矣！诸公身居内国，所见情形既熟，而腐败之程度亦独高。所谓牵连而入于腐败，乃必至之势也。所以亦可云腐败者，本为传染病，而易受传染之物，即熟悉腐败情形之一种人也。其人何处最多，即中国最多。故中国病腐败者亦最多。

否则浅而言之，落落数大端，所谓："人当各有所学。以尽人类天职。""人既为善群之虫，宜多与世界交通。""人生在世，共不过百年，互相传续而进化，可至无穷。不当有一种人，独谢继往开来之责，以遂其醉生梦死之私。"如此，则中国无可学，故当出洋留学。中国即有可学，亦当四出观察。曾何吾营吾衣食既足，而牢骚于学问之无所用，遂自弃其天职乎？虽然此岂以一人之心理，独发一"学无所用"之观念乎？乃腐败之微生物，传染遍于社会之全体，遂使无一人不受病耳。

帝国主义之结果[*]
（1908）

　　帝国主义，即强盗主义也。自帝国主义兴，而后世界无公理、无人道、无良心，惟有最野蛮黑暗之强权。十九世纪之下半，即帝国主义毒气薰腾之时代。许多老大文明古国，皆为帝国主义之烽烟所扫灭，如埃及、如希腊、如匈牙利，其最著者也。至于斐洲之黑人、美洲之红种、马来隅之土族，久为白人帝国主义所产出之殖民政策所摧折，至今仅余些少之残弱种，奄奄待尽而已。帝国主义之发生，始于罗马。如麻疯病之传染，经如许时代，而渐普及于欧洲，渐而及于美洲。扩张海陆军，发明战利品，政治家为讲演之鼓吹，书报之传播，伪宗教家借自由、博爱、平等之名，而对于他种族以行其不自由、不博爱、不平等之实，占人土地，夺人财产。而一般盲目之爱国国民，皆中一种帝国主义之毒，如狂如醉，奉其国之大盗，为征服人国之首领，此皆白人之所演于世界历史者也。不意远东三岛，忽效法于欧美强盗之精神，一举而胜猪尾之清胡，再举而胜狼心之露国。于是全世界之为奴为被征服之民族，皆欲图翻身之日。而白人之帝国主义又忽逢一黄人之对头，白人以大盗强劫为光荣，黄人亦将一步一趋，以从其后。吾尝闻英国帝国主义张伯伦之党派，Tariff reform 演说于公园，开口则曰：我英人为世界上之第一等民族；我英国之国旗，插遍全地球，而太阳无时不照我大英国旗 Union Jack 之荣耀。（吾则窃笑曰：吾中国之猪尾，亦尝拖遍全地球，而太阳亦无时不照我猪尾之丑辱，到处被人践踏，人形类于畜生，是何故。）而听者莫不欢呼曰：Hurrah 万岁！大约德、法、意、奥之政府派之以强盗自夸亦然。惟日本今日帝国主义之疯症，较之白人为尤甚，甚至饮

* 笔名为无政府党一人，初刊于 1908 年 9 月《新世纪》第 63 号。

水一杯、吃水果一粒，而其国民亦必呼万岁。吾曾见日俄议和之时，而日本国民不得意，大会于日比谷公园，警察干涉，起大冲突。后因国民青年会首领，召集萨摩之青年数千人，群集东京，毁美国设立之教堂，焚全市之警棚。当其焚警棚时，东京大眼虫，派兵追击。（但追兵不敢开枪以杀其同胞。较之端方派兵以枪饥民，其同种异种之对待甚殊也。）而青年党连逃连呼万岁，真令人笑死。前十余年日人之提倡帝国主义者，谓：英国区区三岛而居东半球之极西，日本亦区区三岛而处东半球之极东；英人以三岛之权力而领一大印度，日本亦当以三岛之权力而领一大支那。且支那人之性质，委靡庸惰。而一般中流以上之社会，皆迷信于孔子尊君亲上之谬说。虽至卑贱如长尾轶轶，彼亦戴之如神明。以日本新兴之国权，扩张于满洲、蒙古一方面，进行而达北中国之北京。利用轶轶之灭汉种策，则不数年而十八省之好江山、四百兆之肥猪豚，可垂手而得也。否则支那人永无革命之资格、独立之精神，蹉跎岁月，荏苒春秋，不数年而入于白人之手，白人利，即日人之害也。此日俄战争之原因，实由于帝国主义之结果也。吾愿吾中国之青年，观其结果而勿中此毒。勿徒眩于帝国主义之光荣，须细思帝国主义之罪恶。今中国人之留学于日本者万余人，其中明达有志之士，虽不乏人，究竟无廉鲜耻附和于康有为、梁启超之保皇邪说，认贼作父之奴根性，蔓滋于脑筋者不少。故立宪之要求，政闻社之运动，将风光明媚之东京，又闹成一混天黑地之傀儡场，以为若辈贱种开媚事满洲政府进身之捷径。故今日曰兴警察，明日曰征民兵，后日曰君统万世。其举动虽卑鄙可耻，实则怀帝国主义之野心，而欲效西施之颦也。此辈之蠢，实属可怜。无论满政府无行帝国主义之资格，即令实行帝国主义，亦不过赌博尔汉人之财产生命，以为彼五百万头尾兽之淫佚骄奢耳，与尔汉族何荣！不思速驱满胡，徒要求立宪，是真猪生狗养也。（大凡奴性最深者，最好自相残杀。吾曾见两西妇带两小狗至海滨散步，彼两小狗一见面则大肆凶咬，然见其主妇则摇头摆尾乞怜不休。几如张之洞、袁世凯辈之一班汉贼，叩头于娼后之前，以讨异族之欢者同。）二十世纪之天地，即大盗帝王性命结果之日。帝国主义扩张之国，转瞬将为陈迹，不复再现矣。试问英之战南斐洲、日之胜强俄，其利益归于何人？其害受之者何人？诸君如稍有良心，当知大盗帝王，实为世界之公敌。英之与杜兰斯哇，战费兵费六千余万镑，死三万余人。死者英之平民，所费者英平民之款。至今日而英人念之，犹有余痛。日本如之。其结局不过伸张大盗之强名，与夫一二爪牙之奴辈耳。幸真理发明，人类皆当相爱。因而生出无量数之凭良心倡公道之无政府党，出而日日掷炸弹放短铳。可断言曰：十年而后，全世界之大盗帝王死，而大同之幸福来。但望中国之青年，多学科学，多造炸弹，各尽天良，以逐胡狗，使帝国主义勿萌芽于中国。

革命商[*]
（1908）

中国不能不革命之理由。因卑之无甚高论，在满洲政府手中，无望有民权伸长之一日。民权既能伸长，则满洲皇猪皇狗之障碍物，断无可以不加排除之理。

盖人类若不求平等之自由，而惟乐利之是趋，则苟以宁死惟求政权之精神，及宁死忠事异族皇狗之精神，与外界相周旋，则亦何必以瓜分等之危词，恫吓国人。彼英、德、法、日等之侵略而来，亦箪食壶浆，迎之惟恐不后，早求中国得一日之安可矣。

彼如深知中国人之无耻，能坚戴外族皇狗，永不侵畔也者，则当要求政权之时，亦即鉴其为公安，而不疑其谋反。又知要求政权者，有宁死不悔之精神。政权不得，又将朝事英者，晚即改事一更强之德。至政权必得而后已。则亦何乐不为此忠仆顺民，稍留人道之几希。虽今之所谓列强，彼等之为民贼皆同。然短中论长，主张开明专制论者，当亦明知所谓列强者之较开明于满贼。

自今日世界以前，仅有所谓被征服者，未有所谓苟得政权，即可安戴异族者。

征服者对于被征服者，常虞其谋反。故压制之手段，一切皆异于对待其本国之民。然则今之立宪党之危言，所谓外族瓜分，中国将得如何较多之苦痛。因列强之政府，迥不如满洲政府之易于反抗。此皆文不对题。当对于不受外族强权之民种而言，中国人略有排外之良心。故觉我将排之，彼必压我，当以对待印度、非洲旧策，如法泡制。

岂知中国人固富于无耻之顺民心，则自"苟得政权，可安戴异

* 笔名为革命党之一分子，初刊于 1908 年 9 月《新世纪》第 65 号。

族"之秘诀既发明，惟当用英、法、德、日等之文字，大发政论。设一世界政闻社，使各国闻之，则将聚世界之大政治家，代设一瓜分责任政府，实行一瓜分乐利宪法。一切开矿、造路、教育、商业，吾正色而谈，必可较满洲政府立宪后，兴盛十百千万倍。吾更正色，毫无戏谑而谈，其利归各国人者固三，而归中国人者则七。因中国人皆宁死不失权利之人，不是好相与者。各国皆将爱怜其忠顺，而敬惮其强硬也。

或曰：否否。此等之奇想，直是谝小孩之戏言。所谓："我能拉了我自己的辫子，提我至空中"，极像一句说话。揆诸情理，则如同放屁。岂有能用强硬者，又必致其忠顺，则以立宪党之所能词而辟者，还质诸立宪党，亦当哑然失笑。盖如以上实行瓜分立宪云云，立宪党必曰：是何能者。中国人对于瓜分之列强，虽百口以矢忠贞，彼族岂能见信。故不瓜分则已，一瓜分则必施压制属民之政策。因决不信：酷嗜政权之民，终能为不相侵畔之顺民也。然则吾将诘之曰：惟满洲政府为至愚，乃必信之？乌乎！此真掩着耳朵放爆竹，断为想富贵者自欺欺人之谈耳。否则岂将对于满洲政府，作一顺民之榜样，使世界传信，以备一旦瓜分，则列强信之，一如满洲政府之信之乎？则中国人将永永为无耻之顺民，亦将永永享世界乐利之政权。可贺哉！吾拉杂赘言此数百字者，以明中国苟望有进步，不能不革命。中国人今日排外之名词，并非用之于兼弱而攻昧，本乃用之于抵抗强者。所谓满洲政府者，英、法、德、日等者，皆握强权者也。中国人年来固未尝排斥高丽人，或安南人，或印度人。其人能排斥强权，即其人能保持自由，不言政权，而政权自无不包。

故就中国人一方面之希望言之。欲得政权也，欲免瓜分也，皆不受强权之代名词耳。能知瓜分后之苦痛，决不能以顺民苟免。即知政权之把持，决不能以顺民苟得。故又要用着至宿之陈言，所谓："有革命之事业，自然有完全之自由，亦即免强者之瓜分。"

故其人死心蹋地，愿为无耻之顺民也者。今日虽满口立宪，保全满洲之皇统。苟需之数年，腐败至于极点，不免瓜分，则壶浆之迎，亦必此辈为独先。故狼心狗肺之官党，所谓笑骂由你笑骂，好官我自为之。天良已斫丧净尽之辈，可不必与之有言。

吾所欲与言者，则为实有心于中国前途者，为甲类。其人恬退而弱于抵抗力，实则富于自由者，为乙类。

甲类之中

其一能尽瘁于革命之实行者,今亦略有数十万之同志。不必问何地可以成事,但有机会可以进行,随时发动。又必各竭其智能,结机关于要害之都会。机关既已密布,自然一处偶然得手,而处处响应。

其一能为秘密之运动者。无论印刷物及实用器械,苟可以密输密藏密致者,勿谓不可与言而不言,勿谓无所大用而不用。

其一能为表面之抵抗者。今已遍于交通甚便之诸省,勿以此为有济于实事,亦勿为立宪诸邪说所利用。但随便遇有能间执政府之口者,即鼓动大众,实行要求。要求者,要求直接之权利,而非要求间接之立宪,务使政府威权渐失。即梁启超等所谓"革命未成以先,尚有数年之间隙。此时政府所丧失之权利,即丧失中国人之权利,故不能不有监督政府者"。此即可用监督盗贼法监督之。故此等表面之抵抗,不惟可以关满政府之口,并可以关立宪党之口。

其一能为热心之游说者。无论朋友燕谈,及亲戚情话,如有机会,可以畅谈革命,宁详勿略,宁渎勿省。能常常以革命二字,在耳中互相强聒不休,则如佛氏之屡诵阿弥陀佛、耶氏之每饭祷告上帝,自然信心弥坚,热力更大。每有高明朋友,始则因陈腐而不屑言,而心中则固斩然不惑也。岂知久久坐忘,由厌生憎,竟有为革命反对之谈,甚则反效力于伪政府者。故知缮性之功,断赖不息。有等贱儒,每喜言本性坚定,则无惧外铄。岂知不以爱力相结,一任他质料之浸润,而求其无所变化者,天下固无此物质也。讲心学而不通物理,徒自欺耳。

乙类之中

有欲培养中国之元气者,则如兴办路矿,或教育乡里。当认定政府非惟不足与有为,必反为掣肘。无论何事,在中国向来之习惯,苟以社会互相协合之实力行之,其效力远胜于官办。故其事一经官手,无不立隳。此类类乎常识之人所恒言。最可怪者,平日胸中了了,及其迷惑于政论,又作政府万能之想。无不以为建设政府,始能有为。岂知革命者,乃驱除社会之障碍物,有如恶劣政府之类耳。即或近今短时期中,常人每以为不能无政府,则所谓革命后之新政府,亦不过曰此种新政府，可望其阻碍自由之处减少，即有若帮助社会之力加增。其实社会之进行，实皆以社会之实力，得自由而自动耳。故中国社会之元气，全恃社会之自己进行，岂可反与阻碍自由之政府作缘，处处变为官办之腐败，能望有元气之可以培养乎？所以当一方面社会自进行，一方面以革命排除障碍自由物，二者同时发脚，无所谓有待乎立宪或革命之告成，始可谋中国之进步。（有进步，必俟革命后。谋进步，应在革命先。）有失其自食之能，已经委蛇于升斗，聊以自存者，则对于社会之事，仍当暗中扶持之。对于政府障碍人民之事，则一切放弃之，以尽心于社会者，尽个人之天职，以放任于职务者，速革命之进行。

有老或病之交侵，无可振作，不能施助力于革命者，勿失志而为助纣之虐，附和立宪等等。用其暮气，转灰他人之壮心。故有如严几道者，虽其懒放稍过，然彼固绝未肯出而附和一哄无知之立宪。彼用其名士气，以为中国人者，皆禽兽耳，岂足与言。纵此言出于中国气十足之严几道，未免自忘其本来。然未尝不可使梁启超之徒，稍自愧其鄙背也。

有大多数自食其力之工商，政府之为谁氏，终之于彼皆有损而无益，则正可安居乐业。倘革命军之兴，可视如向来官军之过境，共作壁上之观可也。否则能察知革命军之将为排除障碍自由物，而稍稍以旁观慰劳之，亦宜也。

如此各尽其所能，以对于革命之前途，则革命之进行，本无所用其人人断头截足，焦毛濡体，为全社会之骚扰。固何必神奇革命，至迷惑于伪立宪，疑其或可和平讫事哉？

无政府主义以教育为革命说[*]
（1908）

革命者，破坏也。以革命之思想，普及于人人，而革命之效果自生。或者以为但以空言激起感情，如不经教育之养成，不惟感情之发，随起随灭，而且有破坏而无建设，易生种种之恶果。

应之曰：此误以向来之政治革命，概论于一切之革命矣。政治革命，以抗争权利为目的，为多数与少数之相互，其公德则归向于国权。故往往革命一起，易生革命党之暴徒，始则夺权于少数强权者之手，继则互相争夺，肆为屠戮。其彼此挟以间执人口，而自以为不敢显然逾越者，惟在保爱祖国、护持国权，若国权以外，即无所谓公德。公德者，乃教育之极则，有教育与无教育之分别，即可以毫无公德心与富于公德心为断。彼提倡政治革命者，本止以权利为诱导，感情之激起，即激起于权利，权利者，又适为公德之反对。是革命与教育离而为二，故其恶果必有所不可逃。（政治革命中之要求立宪，尤卑鄙不自讳，纯以权利起义，如所谓政权可得，则强权之皇室可存，是实无异言。及吾之生，我辈之政党可成，议绅可充，好官可作，即人民之疾苦，可因碍主尊之无上权而不理。故所得之恶果，乃尽丧其民之公德心，虽强以奴隶教育，头痛医头，脚痛医脚，然扶了东边西又倒，终陷人道于马牛。故说者每欲候教育既盛，再求进步，而不知彼之所谓教育，正与进步相背驰，更有何物可再求乎？）

若无政府之革命则不然。无政府主义者，其主要即唤起人民之公德心，注意于个人与社会之相互，而以舍弃一切权利，谋共同之幸乐，此实讲教育也，而非谈革命也。革命者，不过教育普及以后，人人抛弃其

---

[*] 笔名为燃，初刊于 1908 年 9 月《新世纪》第 65 号。

旧习惯，而改易一新生活，乃为必生之效果。故自其效果言之，欲指革命前所实施预备革命之教育，即谓为提倡革命，亦无不可。

所以无政府主义之革命，无所谓提倡革命，即教育而已。更无所谓革命之预备，即以教育为革命而已。其实则日日教育，亦即日日革命。教育之效果小著，略改社会之小习惯，即小革命，在中国人近日习惯之名词，不以为革命，止曰改良，或曰改良社会。教育之效果大著，骤然全体争改易其旧习惯，即大革命，在中国亦以为革命，不曰社会革命，即曰某某革命，如目的在无政府，即曰无政府革命。然以新世纪人之观念评断之，直无所谓革命有告成之一日。真理、公道，日日倾向于进步，即教育须臾不可息，亦即革命无时可或止。惟教育必有效果，效果即革命，经一革命，即人类之公德心加扩。

故除以真理、公道所包之道德，即如共同、博爱、平等、自由等等，以真理、公道所包之智识，即如实验科学等等，实行无政府之教育，此外即无所谓教育。

若如近今浅人之意，以革命教育，分为两事，而以激起无意识暴动之感情，目为革命。复以近日教育家行于学校内之劣秩序，及奴隶教育，为教育，为能养成公德心，徐为有意识之革命。岂知此乃愈养愈离，故教育之公德心，养之终于不成，而偶起革命，亦终为无意识之暴动。此乃全未知教育者，即教育其革命，革命者即表显其公德心也。故全以公德心为革命之教育者，惟近日较进步之无政府主义为较完。

然则无政府主义之空言，能愈推而愈广，即无异建设无数养成公德心之学校，亦即养成革命之学校。谁谓尚别有所谓教育，可以养成公德心，而后徐言革命乎？则浅人所谓人民之公德心未足，不能以空言提倡革命，则请问空言者何言乎？革命者何事乎？此所谓似是而非，极支离之邪说，闻者偶未思索，亦误以教育与革命为二事，则彼所谓公德心者，其言美而甘，遂不觉随其所云亦云耳。

况彼厚诬人民，所谓公德心之不足者，仅指一二细故以为信：如共同之地，任意作践也；然诺之言，任意违背也。此似振振有词矣。无论此等之公德心，正欲以革命之公道与真理，稍稍说明之，便可顿改其习惯，即论者之诟詈人民，亦几以大盗诬小窃，而不自知。盖彼之殉师友学说，不惮率全体为奴隶。（如梁启超、杨度、蒋智由等，皆灼知排除满洲政府为必要。因效忠于师友，而自撑门户，遂改易初志。）乐于大政治家、大政党、大外交家等名词之自誉，遂欲开狗窦以求小试。（如今日一般之留学生，欲卑之无甚高，即就满洲政府，以试其历史上人物之手段者，比比皆是，而不知彼所谓人物，自今以后，亦惟有于历史上腾臭。况以满洲政府为试验品，犹之见沙之白，如粉之白，将蒸炊而作饼，徒见其妄想耳！）则己之公德心，究安在哉？

故谓中国人之公德心未足，诚如论者之言，然即论者欺谬其议论，首为无公德心者之一人。公德心者以各个人自尽之心，凑合而成，倘论者首先以公道、真理，主张最良之革命（如无政府），不自画于妄自菲薄之程度，则己之公德心完，则人类者，最富于进化之模仿心者也。所谓人之欲善，谁不如我，而全体之公德心皆完，亦即革命之效果必生。

乌乎！言有似道而实伪者，最足以祸世而害人。此即离教育与革命为二，而目正当革命之空言，诬之为非教育也。然则我辈之同志乎，务推广其革命之书报即以教科书赠人也。勿因邪说目之为空言，而因之自疑也。

论社会主义答某君[*]
（1908）

（原函）再启者。《新世纪》又载鞠普氏之男女杂交说，谨撷拾旧说，不合科学者多。已得先生附辨之，兹亦不遑细辨。顾鄙人所欲忠告鞠普氏者，不徒在理论之失当，而首在主义之误认耳。盖男女杂交诸说，不合乎社会主义之谈，是实举世所诟斥，自然主义之极端之言耳。合乎社会主义者，在婚律婚礼当废，而自由配偶斯可也。其他毋待赘论矣。贵报不察，默认为社会主义之谈，是殆未能确认自家主义之范围之所以使然也。故贵报常多极端之言者，殆亦此病欤。寄语诸公，曷其慎诸。

社会主义以真理、公道，提倡新道德，处处毁灭旧道德之不合真理、公道者。苟吾人胸中有时稍未以真理、公道为权衡，略狃于旧道德之习惯，未有不疑社会主义，一若与道德宣战者。故"极端"二字之界说，仁者见仁，智者见智，往往异同。

人有恒言。旧道德中，岂无合于真理者？应之曰：岂惟有之，且可云颇多。然如其颇多之部分，合于真理、公道，为社会党所是认者，社会主义中，已无不包之。惟其不合于真理、公道，为社会党所否认者，乃爱社会主义掊击之，不问极端与否。不能因狃于习惯之骇怪，遂委蛇其说也。真社会党，盖绝无利用世人之心思，正其谊不谋其利，明其道不计其功。（此三语虽出于董氏，然彼实有彼之用意，社会党又别有社会党之用意，或用意正相同，亦未可知。记者特随笔取用成语，以达己意耳。）有人以为何种人之程度决做不到。社会党固无所气沮，因不当料世人之自画也。又有人以为何种人将误会其意，借以行恶，社会党亦

---

* 初刊时间为 1908 年。

无所疚心。因不当料世人之必愚也。（圣贤豪杰，自智而愚人。人之崇拜圣贤豪杰者，遂亦坦坦然自以为庸愚。惟圣贤豪杰，方需画一，己之于道德，则不妨出入。因为转借圣贤之言以为恶，是其恶因，即由倡主义造之。社会党心中，必当无圣贤豪杰之名目。故亦不当以人之必愚必画，特为卑而无高之对待也。）

"扶了东边西又倒"，在事实上岂能讳此情状。然即此愈见世道之不正当，陈说主义者，未可更以不正当之作用，扬灼灼之焰，而助滔滔之流也。

《新世纪》新登之杂交说，本即某君"婚律婚礼当废，而当自由配偶"之意。若某君所谓其他毋待赘论，最为斩绝。所谓悬真理、公道于此，而能赴与不能赴，任天下后世知道者之自由。

杂交之名词，若以惊世骇俗，则世俗自惊骇耳。谈主义者，可不必以本报小人之腹，度天下君子之心也。惟在术语上，自与自由配偶，其义互有不同。杂交者，即异种交合所生良同种不良之说，此科学之定理，不可破也。自由则推而又进，虽交合既能异种（交合必异种，乃交合者应当自守之真理、公道，并不需他人强之），而又任两异种以爱情自相配偶，绝不许第三人之干涉，如婚律之与婚礼，皆无理之干涉也。

杂交说一篇，作者若能分为两义，各自发挥，自无可疵之处。惟其杂而柔之，故若"娼妓之子，多贵多智"等说，皆成语病。盖日妓四出，日人遂少委琐，显与异种之说未尽合。妓以饥寒求得钱，强与人交，最为不自由，又与自由之义不合也。又偈语所谓"大会无遮"云云，今戏评之，无遮可矣，而大会则谁发传单耶。诸如此类，皆多赘论。然作者固洁白之男子，为主张男女平等之热心家。惟其所言，梢〔稍〕与同人所见未合，遂不得不略加按语，登诸报端，以告第三同志之亦有作此想者。至于反对社会主义者之猜想，往往以为无政府党日日在街上放炸裂弹，随便强拉男女，在十字大街作狗出把戏。此虽可词而辟之曰：惟其人自己胸中污秽，故以污秽揣度人。然彼既狃于习惯，而必以非常为可异，人亦奈之何哉。

答谁君宗教谈 *
（1909）

　　谁君宗教谈，刊登本报前一期，陈义精博。同人谫陋，莫能仰窥其奥旨，因按而不断，无从测其道妙之所在。惟来函有云"或可变宗教观念"，则不能无所商榷。细寻全篇之脉络，凡分三类：甲孔丘之徒，乙耶者，丙非耶者。如谓可变宗教观念，将使耶者可因非耶者之说而改变，似乎下半篇之辨论，实系耶者胜。即来函所云"其所说似有理"，亦似称耶者之说为有理。然则将使孔丘之徒，可因耶者之说而改变。所谓丙类之非耶者，即指甲类孔丘之徒乎？则转孔丘之徒之宗教观念，变而为耶者之宗教观念。谁君亦知五十步之与百步，全与本报为风马牛，必不要求刊入《新世纪》报内。又或因耶者曾自垢其耶者，曰："此等名曰教士，实则无业者。"将使彼文一出，伪耶者皆因真耶者之说而改变乎？此与我辈尤为不相干涉。

　　故同人欲有所陈论，当假定丙类之非耶者，决非甲类孔丘之徒。又假定非耶者，即反对宗教者。又假定谁君所谓"其所说似有理"，即指非耶者之说为有理。又假定以非耶者之无宗教观念，可以改变一切有宗教之观念。是即谁君所谓"或可变宗教观念"。纵或谁君之意，万一不如是，而本报之刊入彼文，实挟此旨。

　　惟彼文头绪繁多，同人略有所附益，顾此即失彼。今以一、二、三、四之数词，分为数节杂答之。

　　（一）宗教自由，指互有宗教者而言。在同人则必曰信仰自由，如作玄微之词，曰宗教固宗教，无宗教，亦即无宗教之宗教。此于哲理为甚超，而于名学为不辞。今当正其名曰：宗教者信仰宗教，无宗教者信

---

　　* 笔名为四无，初刊于 1909 年 5 月《新世纪》第 98 号。

仰无宗教。至于信仰之自由，同人与非耶者之意亦合。纵使同人信仰无宗教，然决不愿侵碍他人信仰宗教之自由，不必其为信仰耶教也，即信仰及于至野蛮之蛇教、蛙教，亦可任各人之自由。右第一节，非先从毛细，专辨谁君宗教自由之名目，乃标明同人于宗教谈篇，有所附益。并非悻悻挟其无宗教之盛气，一闻宗教之名词，即有不相容之意。

（二）天之有无为学理，人之善恶为道德。因乎善恶，而妄引一天以司赏罚，为迷信，为宗教。

最开明之人类，学理自学理，道德自道德。无有迷信，故亦无有宗教。

半开明者，因学理之玄赜，辄不敢言迷信之虚妄。且欲利用迷信，以维善恶。故每视宗教与道德无二。

野蛮不开明者，道德即从迷信而生。故认宗教为道德之代名词。一若无有宗教，即属无有教育。其实宗教之与教育，盖相去十万八千里也。

孔丘、耶稣之徒，皆半开明之人种。故皆能以学理文其虚妄，以道德为其干橹，言天之故。凡过去时代之宗教，莫不皆然，岂独耶稣？孔孟归极于尧舜，乃言道德之模范耳。至于道德之起原，亦必言天。子思不云乎：天命之为性，率性之为道。故儒者之教，以为道之大原出于天。

然言天之说，孔徒固肤，耶者亦觕（同粗，编者注）。故过去时代之哲理，莫不争推佛氏。迄于今日，征实之科学，忽萌生于耶教之区域。于是心量稍广者，皆知学理之涉于天者，别为一事，道德之属于人者，又为一事，其间即不能复容所谓宗教。惟科学之理愈富，而言天之说亦愈遁。笃旧之学者，欲委蛇于宗教。遂多方牵引若理若史若事者，腾其稍有理解之玄说，保障其祖宗之旧物。此无非回护平等之习惯，不肯骤降于公理也。

但如宗教谈篇所引耶者，若理若史若事之各说，曰完人，曰镂此善性者，曰非人，曰本位，曰钟匠。其证虽若自然，已不免稍涉粗浅。因彼之所谓天者，既有名言，即亦同有迹象。既有迹象，即亦无缘无所系属而自生。试请问造此完人、铸此本位、孕此钟匠者，又系何物？如谓钟匠能自然而有，则钟亦何妨不经钟匠，而忽生于自然。盖造钟易，而造钟匠则难，常人之智所能知。如谓难造之钟匠，可以自然生，而易造之钟，反不能生于自然，在理解为不可通。

故莫可名言谓之天。然与其谓之天,毋宁直谓之莫可名言。此莫可名言,即在无宗教者,不能无所怀疑,即亦不必一笔抹倒。然既莫可名言,而必穿凿其说,以为彼固手镂善性,又或妄誉之为完人,为本位,此实不能附和。浅而譬之,有若隔壁空屋,无声无臭,究有何物,若不开门,决难妄断。故征实者为科学,怀疑者为哲理,而妄断者为宗教。

既称妄断,则彼完人、本位等之迷信,而又假定其词曰天,皆无价值于学理。

(三)学理以能名言者为说,则世界之万有,皆仗进化之力而自有,此以"有"为善也。故向善违恶者,物之公性。然而有善可向,终不免于有恶可违者,皆据自无之有,屡进益进,从比较级而名言之耳。即此亦可证明,初无完人创造。如其果经完人创造,必当有善无恶。耶者答非耶者之言,谓"世界之不平等,人实为之。人之不能一日平等,犹饭之不可一口吃",此乃过于无聊之遁词,与还债等之陋说,皆不足置辨。

世界何以有物,非耶者固勿能言,而耶者又何尝能言。达尔文之学说,所以仅言易形,彼乃证明物类进化之理,本非妄求物类自生之故。人以进化而有,复将以进化而益进于高明,则舒于为善,而惨于为恶,乃出于人类向善之本性。既终古未闻有谆谆之天,以是非向人宣说,何以能断民心之是非,必为天之所是非。一则曰何必行此短命之善,再则曰何妨行此短命之恶,终之复畏于天而不果,是直以人类为盗贼,必经巡捕之天,始能去恶从善。然则饭纵不可一口吃,而以完人、本位之天,乃心造此监〔盗〕贼之人类。身为钟匠,专铸破钟。果有上帝,吾必露体而骂之曰:"恶徒!"

又耶者天之界说六条,本无可辨之价值。今姑一一戏诘之,以代非耶者之答词。

天不可不有 开口即露马脚。既人为天所创造,岂容人之有无之。此所谓不可不有者,明明以为必当假造一天,聊以自鉴观也。

天不可有二 既有能力,可以自生完人,则亦何不多生几个,即以为鉴观之作用。巡捕愈多愈妙。所以儒者借空虚以自儆,必曰十目十手。

天不变,既不变,则久 我当代改之曰:天无;既无,则莫可名言,故久。

天极智极能 恭维得好笑。

天为众父 又序起伦常来了。最不可解者,耶者忽言耶稣为天之显身，又忽言耶稣为天之爱子。如其仅仅为爱子，则天为众父，人亦莫不为之天之孽子。彼此兄弟，何以专赋耶稣以神力。因爱因孽，偏蔽若此。且从而多生恶人以祸世，是则天之老牛，且不知字犊之术。何智何能，忽恭维其极。如以为天能显身，无论耶经爱子之说，已明明撒诳。况即此亦可见扰扰之天，竟若孙悟空之善变，何得复云不变。此种说，尚污《新世纪》之铅字，真倒楣倒楣。极佩非耶君，尚欲异日与之再谈。

天有一切　是犹云做强盗之能力，天之所赋。裁判官之能力，又天之所赋。莫可名言之一物，实或如此，则天者实无善无恶无可名言之一物，安能代人间司善恶？如其真司善恶者，则一方面诲盗，一方面捕盗，是天即俄国侦探何才夫之一物矣。

（四）谁君所谓似有理者。或以耶者之说：一则以为七日造物，不可尽信；二则所谓耶经所说，不必皆是；三则谓门高堂美，后人多事；四则谓名曰教士，实则无业。彼能稍忏其罪恶，又能自抉其谬。故因其一隙之明，遂予以有理之奖乎？然以吾观之，恶莠恐其乱苗，弥近理则愈乱真。昔日之教士，乃无知而妄作。今日之耶者，为自欺而欺人。宗教之服从于天，乃托天自尊之帝王，所引为护符。果其有教士，政府安肯不保护，保护安肯不赔款？此俗语所谓"蒿荐尚在，臭虱自生"。耶者蔑理以谈天，无异主张使无业者出而扰害地方。主张之，而又诅咒之，望彼与黑奴红种而俱灭。此耶者或即法一面诲盗、一面捕盗之天乎？一笑。

（五）谁君之意，或有作用。将可借耶者之说，以平支那仇教者之气。此亦所谓可变宗教观念乎？是以愚导愚，饮酖而止渴。渴虽止于一时，毒发之祸将愈烈。况同以宗教而论，我辈公平判断，耶稣教之较文明，过于我国之多神教远甚。尽可直截痛快，以号于众曰：如其有人，决不能一日须臾〔臾〕离绝宗教者。则与其拜祖拜宗、敬神敬鬼、烧香拜佛、祷雨祈晴，演无数野蛮可笑之把戏，莫若每礼拜仅入耶稣福音堂一次，较为贞一而宁静。此仅诏之以直，并非留善于耶教。然其作用，必不减逊于似有理之耶者谈矣。

（六）谁君之意，天下大同，则必人无所谓愚智，事无所谓好坏，说无所谓是非。此即不可达之极点。今日去之尚远，固有愚智好坏是非。即后日去之较近，而愚智好坏是非，依然不灭。不过去之愈近，则愚智好坏是非之分别愈公。大同世，亦可作为较进化之代名词。稍公者对于不公者，便可称为不公者之大同世。较公者对于稍公者，又可称为稍公者之大同世。大同世之极点，既莫能卒达。则随时皆有趋于较近极点之理由，不能因尚有智愚好坏是非，遂歧今世与大同世为二物。大同世一日不达，即智愚好坏是非，终古以今世法分别之也。

盖今世之愚智好坏是非，分之自有较公之法，不必仍用宗教家之恶法也。

书自由营业管见后[*]
（1909）

"各尽所能，各取所需"，乃所悬大同主义之标点，充乎其极，即谓之至善亦可。就进化之公理而论，至善之点，决无程期可达，不果屡进化而弥近似，所以世界日积而光明，亦且贞久而不息。今日论大同学说者之意中，每以为大同之世，有此一境，此甚背乎进化之公理。或又以为大同既不可达，则进化亦妄，此其所以心灰意冷，忽欲止于如何之小康，或有时又志得意满，忽望止于如何之大同，无非设一境以自画，故曰甚背乎进化之公理。

然对乎主义，必多其方法，因时而制宜，曲折以相赴，是为"作用"；作用则必凭其力之所能为者，向主义而进行。若以主义而论，所需不足，则人有所能以足之；亦万无徒取所需者，亦必无不尽所能者。徒取所需，必其有所需也；不尽所能，必其无所能也。苟或今世之事实不然，然以正义陈论，既不能以徒取所需，不尽所能，对于小己而自恕，则亦何必预料其难能，而以之恕人。至于恐难骤充其量，必先以弥近似者，为实地之推行，此即所谓作用。作用者，不背乎主义，其效果止显于一端，不能推暨而圆满者是也。此其高尚之作用，即安诚君之自由营业等，而纤细无足道者，即本报能出即出，读者欲看即看，皆作用之一也。

物之不齐，物之情。所以"能"与"需"，必听各人之自为"尽"且"取"。所谓人情好争，安诚君之意，以为此即"各尽所能，各取所需"之原阻力。此何待言者。争之数，其多寡，与倾向于至善之极点，其远近，两者有正比例。争之数决不能销而降之于零度，即善之数亦决不能积，而臻之于极度。然争之点屡减，而善之点弥近，乃始不害其为进化。故

* 笔名为夷，初刊于 1909 年 5 月《新世纪》第 98 号。

即以自由营业之作用而言，较之今日之世法，去于争者自稍多，向于善者自愈近。否则若以浊世人情而论，谁则愿以一生所得，归之公共社会，而尽其能者？设不尽其能，而所需又无可得。则彼时之流氓乞丐，恃何法术，而能断其必无？如以为彼时之少年，皆曾受公共教育，赋之以能力。然彼时能者过多，"所能"不准乎"所需"，又将奈何？则必应之曰：彼时教育兴盛，"能"与"需"，自另有进化之组织，不可全以今日之世法相例。则亦应之曰：依自由营业之能力，皆恃教育，一则可免"所需"之不给于"所能"，一则可望以一生所能者，死后为"公中"之所需。然则充教育之量，将"各尽所能，各取所需"虽不能至，亦可不远。

伊壁鸠鲁之豢豚学说，系"不尽所能，不取所需"，乃与进化主义之各有所需，各有所取，正相反对。不足以激厉进化，夫何待言。如以谓必因竞争之故，而后饱食终日，有所用心，窃甚以为未安，"进化之公理"斯已矣。必曰"竞争进化之公理"，此即因时人之进化学说，有生存竞争、优胜劣败之术语而误。西人之术语，虽亦不足为公理之定义，然汉译所谓竞争，尤未足以尽西文之原义。西文 Concurrence 之原义，实即"共同发脚"之谓：即以竞跑一义而言，彼此各趁捷足，若中间稍用诡计，妨害人之进行，于运动法亦为欺诈。至于万物共同于世界，各向优点，此各行其是，更无竞争之可言。虽竞争之解说，华字亦含勤勉之义，不必尽属诈斗，惟失之毫厘，差以千里，以词害志，译事不可不慎。依同人之意，必当译作"共同"，则胜败之恶名词，亦当弃去。如生存竞争、优胜劣败之两语，改为"物类共同，优存劣亡"，则注重于优之一方面，其勤勉之竞争，不言而自喻。若世俗译为竞争，更以胜败之陋观念，妄释自然之淘汰，遂若非与共同之物类为角斗，直无可优之理，而能幸胜人者然。此直造孽之学说，非进化之学说矣。故有人卧于鸦片榻上，横吹"短箫"，作游戏之词曰："一亩之地，战事炽然。"此种似是而非之玄语，虽泥其迹象，罕譬而喻之，亦无不可。然其作始也简，其将毕也巨。害道之故，正不可不辨，故因安诚君之论而附及之。

要之自由营业，岂但无拂于"各尽所能，各取所需"，而即此两语实际推行之一术也。同人对于进化之作用，亦常常言及之。惟安诚君云："生前富贵贫贱，看似不平等，其实至平等"，则与君之对待未成人，及死后之收产法，似乎已自相冲突。不识能示其至平等之理由乎？惟同人所对，自知过于疏谬，不学之陋，愿求安诚君谅焉！

二十世纪者军人革命之世纪也[*]
（1910）

经十九世纪突然发展之浅化，虽鸟兽草木，皆得自由，不应独遗于军人。

彼民贼以强词夺理之声口，吓制军人，以自便其私图，则曰惟军人贵服从。然则军人者，将不得与鸟兽草木之优等者同被自由，岂非咄咄大怪事乎？故我辈反对军国主义者，无他，即反对其善服从，如猎狗之见嗾于凶人，专择善良者而噬耳。

然返顾所谓文明世界之军人者，其自命不凡，则又若一入二十世纪，其最伟大之人物，莫有如军人。乌乎！此真不可思议之怪事哉。岂以其肩金围绣，大类红印度人之鸡羽翘翘，螺串灼灼，其状美丽者，即已合于文明之名词乎？抑或以其杀人不瞬，浴血自豪，能与世界文明史中之污点，所谓拿破仑、毕士麦等之恶徒同传，遂自以为伟大乎？果如此，则二十世纪公理已大昌。虽神圣自命之民贼皆力避专制之名，独军人则不避。是军人者，直人类至恶之凶贼而已。其然，岂其然乎？

吾盖见今日所谓伟大人物之军人者，乃以彼之教育，则与专门名家同论，彼之品格，则在自由市民之上。而抑强扶弱，人类有侵陵之事，惟彼能先于同胞，而为之保障。如其此非饰说也，则军人之能言公理，必将首屈文明世界之一指。称之谓最伟大之人物，谁曰不宜。

然则所谓军人贵服从者，乃民贼污辱军人之名词。本其意旨之所在，当改为"军人守信约"。盖军队分职之事，非有信约，则涣无统绪。由是狡黠者假此理由，遂生"服从"之金言。因其意义晦昧，不可猝驳。竟使此等名词，蹂躏于文明之军界者，已历一纪。然则"信约"是

* 笔名为四无，初刊于 1910 年 2 月《新世纪》第 118 号。

其本义，而"服从"则为主仆之名词。不应二十世纪，鸟兽草木，皆得自由，而独遗于军人。

即以信约相责，何患军纪不肃。盖某事于信约当杀，直杀可也。然不能谓捧马捶提溺器，亦在信约之中。惟一言服从，则上官得因之而蹂躏，民贼得利之而嗾使。军人之界，纷纷皆捧马捶提溺器者，军人不以为羞，曰惟军人贵服从故。乌乎！狡黠者以名词弄人，使人颠倒如此。

既如以上所论定，则二十世纪之军人，本其优等之教育，高贵之品格，行其保障同胞之事业。因统绪而有信约，决非服从于民贼。于是而凡有居民贼之地位，为同胞之障害物者，惟军人能首先起而相诘责。此所以浅化如土耳其者，已实行之。而西班牙则倡其说于土耳其之先，印度则踵其事于土耳其之后，亦将收效。故曰二十世纪者，军人革命之世纪。

西班牙在十九世纪中运动军队革命，已非一次。印度则近方着手。

正月十七日，印京驻防第十四师团之"嘉兹"步兵队。发见全队之中，已满杂革命党。随即用秘密手段，捕系首要十人，隔别监禁于营仓。旋于二十三日，赶将"彭嘉比"之第二十七队，与发见革命党之各队相对调。革命党之各队，则调置"吼度来排"，设法遣散。三十一日将"北勃罗克"邮船装运出港。又捕二十五人，分别定罪，秘密异常。各营统将，皆纷纷威戒其部属。然闻内容之传布者至速。英官视此事最为重大，绝非炸弹案等所可比拟。故已嘉励各封域之酋长，俾布忠贞之誓诰，冀收狞狗牧羊之效。

板成将付刊。市中报纸，喧传广东省城兵变，皆系日本法教练之新军。虽与伪提督李准略交锐，小有失挫，然伪总督袁海观等慌乱异常。虽此事之成败，十有八九，时会尚未尽合，惟动机之流露，可见涓涓者，转瞬将成江河。革命万岁！军人革命万岁！军人能革命，又即反对军国主义之起点。反对军国主义万岁！

辟 谬*
（1910）

（原书）世界语流行上海，隐患甚深，仆前所著驳议，单行本略已散尽，惟《国粹学报》有此稿，可就秋枚处求《国粹学报》原本，为之重翻。大抵千册之价，亦只十数银圆而已。意有未尽，足下当自为文论之。盖所谓世界语者，但以欧洲为世界耳。亦如中国五十年前，称中国为天下。由今思之，即自知其可笑矣。彼欧洲人以欧洲为世界，与此何异。人知吾党之非，而不悟他人之妄，可谓不知类者。且夫言之适用与否，以声音繁简，名词具阙为衡。中国声音最繁，已详于前论矣。若夫物质之名，中国诚有未备，此虽译音可也，而亲属名称，则以中国为最具。如彼欧洲同异姓几无所别，若舅与伯叔父、甥与从子之类，长短相较，可得其中。又彼土名言，见于字典者，特十万左右耳。中国常用之字，约计三千，三千自乘，累而成名，则为九百万语。虽未能字字悉然，大抵必逾百万。何患字之不足？且所为用世界语者，独以述己意耶？抑以译他人书耶？以述己意，欧洲言语，已有不足，如亲属名称。况此世界语中秀性名词，多未规定，其词不达旨者多矣。以译他人书，何若直译汉文，能令人人了解。纵有名言不具者，译其原音，加以法释可也，从前翻译佛书，亦多此例。若夫识字之难，仆所作切音诸字，已可审定其音矣。此有当注意者，但识字旁，以定声韵，为小儿知音方便法，非直拼音，以代本字也。制音之中，则以唐韵为准，而官音土音，违者悉非，合者悉是。如此始可以杜南北之纷争、通省界之窒阂，譬之法律已定，则人无所用其私意也。此等并

* 初刊于 1910 年 2 月《新世纪》第 118 号、3 月《新世纪》第 119 号。

待足下作论明之。上海为域中垢秽之区，老子所云天下之交、天下之牝是也。美疹一动，流注及于全躯，居此者宜力排群议，自发光明。不辞顽固之名，不徇流污之俗，令内地见吾文辞者，晓然于上海舆论之不足贵。而一家独得之见，为契合于真理，然后始为转机耳。然立言之难，非在自明旨趣，在使人听之者不堕一偏，即如东夷诗中所说：日本真世界劣种，尽力诋诃，不为过也。然内地东西二党，常相竞争，而游学欧美者，视游学日本者，其智识弗如远甚。排东过甚，则远西台隶之学，弥以鸱张。今欲分别取舍，当云日本人之短，在处处规仿泰西，无一语能自建立。不得为著作者，非不得为师也。今中国复处处规仿泰西，无一语能自建立，即与日本人同过。若云所当自建立者云何？则曰九流之学既精，秦汉晋宋之文既美矣，由古人所已建立者，递精之至于无伦，递美之至于无上，斯为自建立也。盖宇宙文化之国，能自建立者有三：中国、印度、希腊而已。罗马日耳曼人虽有所建立，而不能无借于他。其余皆窃取他人故物，而翦截颠倒之者也。今希腊已在沉滞之境，印度于六七年中，始能自省，中国文化衰微，非如希腊、印度前日之甚也。勉自靖献，则光辉日新。若徒慕他人，由此已矣。仆所以鄙夷日本者，欲使人无蹈日本之过耳。嘲弄博士一章，意即在是。然使海滨人见之，不悟其意，则相率盲效远西，此立言之所以难也。书此特问题居，缝顿首，阳十月二十日。

某君致某报书，殷殷以世界语入夺汉文之席为虑，因诋毁之不遗余力，其情亦良足悯也。当此大雅将废、斯文衰竭之秋，果谁能抱残守缺，古调自爱，以存亡续绝为己任者乎？此正四顾茫茫，苦不遇其人者也。虽然，试进一步论，则天演公理，适者生存，其不适者，渐灭随之，固非一二人之力所能挽回。

今汉文之必不能普及，必待乎补助，亦既成自然之趋向，显而易见矣。而如某君者，犹欲以螳臂当车，障百川东，多见其不自量也。大抵人有所长，必有所蔽。某君略解汉文，宜其始终回护，至死不肯出一异辞矣。而独不思夫当掷几何之光阴，消几多之精力，始克有如君之横通汉文程度也。假即以君之东方文学，踌躇满志，游刃于残山剩水之支那，固廓然有余地，及一旦出而与世界交通，亦能不悔学非所用乎？将仍摇笔弄舌自言自语以解嘲耶？夫宇宙之事物，固无所庸其憎爱，惟当视利用之广狭，以定取去耳。若因怜花而骂东风，惜扇而怼秋节，则不公允之甚者也。

使汉文而果适当，则何以昔时读书二三年者，恒不能求解？读书四五年者，恒不能下笔？此犹就专攻汉文者而言。若今之新学生，则更不堪道矣。夫中国民生之艰难，某报既载之屡矣，某君岂尚未知？试问能令子弟读书四五年以至十年者今有几人？就令读书十年矣，其汉文所造，果有若何之程度？又试问某君及保存国粹者，今兹所有之学力，果仅以十年窗下而得之耶？就令可以此短光阴得之，果有若何之效用于社会耶？乌乎！吾知之矣，君等固劳力不能，坐食不得，乃遁于艰深不急之地，以崇高利便其身，而犹恐无以显其长也，因炫己之长焉。恐不克保其长也，因攻人之短焉，此中苦衷，殆有不容饰者。

然而犹不止此，君等盛气凌人，千金敝帚，必谓东方文字，优于西方，惟恐失坠，则不克与希腊、印度，鼎足而三，而规规以师人为耻，一若虽以此兴战，而亦不足惜者。使战争竟以文字而开，则当刀影炮声，四郊皆垒之时，君等亦能投笔而起，一贾余勇耶？计惟有委他人于锋镝，而坐论其成败耳。迨见不适者无不渐灭，既战而败，则亦有法以处之：性情而怯懦也，必且叹文武之道既尽，而闭阁焚书焉矣；狡黠也，或且出其平生抱负，草登极诏，用其盖世才华，作劝进表，以媚新主人焉亦；高尚也，亦且舍遁迹深山作九九书，写万古愁，以文辞乞恩养之外，无能为力焉矣。而国郊涂炭，生民奴隶，君等自以为无罪也。悲夫！悲夫！然则今之重意气，轻改良，嚣嚣以保国学自命者，其态将如绘也。魏文帝云：文人相轻，自古而然。稗史亦云：文人死后，往往投入拔舌地狱，以其平素喜颠倒是非故也。不谓今之号为文人者，正为所诃，虽在存亡危急之秋，于关系重大之事，亦敢强词夺理，而横加贬斥，如某君之论世界语是也。

且使世界语而果劣于汉文，则其流行上海，要不过牛身刺一毛耳，有何隐患之足云？彼传世界语者，岂能以一二人之簧鼓，炫转公众之视听哉？彼学世界语者，岂皆智不足以辨菽麦，而无翻然改图之一日哉？某君又何自苦乃尔，若芒在背耶？推其所以然者，得无晓然于世界语，必有飞黄腾达于东亚之一日耶？果若是者，则某君之患方长，支那之大川有三：其南数江西，其北数黄河，其流域并皆适于新语之传播，姑勿具论。若仅就扬子江一区而言，则吾人之志愿，方将以上海为传播之起点，历两岸各都会而直达汉口，复分为三支：一支西南行，经宜昌重庆而入蜀；一支西行，逆汉水而出陕甘；一支北行，循京汉铁道而趋燕赵。务使十户九晓，十人九知世界语，以速世界进步之弘运，以启劳民自觉之良知，夫岂得苟安于上海，以终古耶？以云可患，诚可患矣。要之吾人既以传播新语为天职之一，一息尚存，此志不敢稍懈，固非流言所得而动，亦非刀锯所得而遏也。

至云冠新语之世界二字，系专指欧洲而言，则其见更谬。彼世界语作者，既非不知有东方，若上古时之欧人，又未指定所作之语，但供欧洲各地之用，而不能广被全球，其所以不兼采东方字根者，以东方文字尚形，与尚音者异，而尚形实不及尚音之简单故也，安得竟以是而强分畛域？且世界止一而已，不得划为白种之世界、黄种之世界，与黄白种以外之世界也。社会家言，凡人呱呱坠地以后，一棺附身以前，此世界实为其所有。予取予求，不汝疵瑕。但当知此世界同时实为他人所共有耳，彼世界语之作者，乃世界主义之巨子，于此精义，岂有不晓？观其诗歌，即可以见矣。

若夫言之良否，固以音为主，但亦非繁简之谓。而长短之谓，长则易明，短则难辨。吾江浙人之土语，远不及燕赵人所操者之易领会，职是故也。世界语所以胜于华语者，以华语多仄音，而世界语无之耳。且使华文之音而果繁矣，则何故于世界语之字母，若 H 若 R，欲求一恰合之切音，而不可得？即欲求一近似之切音，而亦费踌躇耶？是毕竟不得以繁自诩也。

至于名词之具缺，固关于文字之深浅。但欲以亲属名词分别之疏密，定东西语文组织之良否，则又不可。何则，中国亲属名称，所以分析较精详者，以家族之制度，区别最严密故也。中国民族，因重男轻女之一心，遂产出九族之名称，因内父族而外母族，故父之兄弟称为伯叔，而母之兄弟则称为舅氏。因内兄弟而外姊妹，故兄弟之子称为侄，而姊妹之子则称为甥，此其大概也。若夫西人则以男女平视之故，而父之族无异于母之族，兄弟之族无异于姊妹之族，是以舅与伯叔，甥与从子，其称同也。且西文于父之兄弟，及母之兄弟，未尝不可加字以区别之也。其亲属名称，绝未有所缺陷也。即使缺陷，此乃家族制度之问题，非语言文字之问题也。某君既以勤守国粹之故，而勿暇窥他国族制之所以异，又勿能悟己国语文之所以然，遂作倒果为因之谬说，以欺当世，可乎？且亲属名词之完备，尚足为文字之奇光，则家庭制度之严密，尤足为人群之良范矣，某君益当有以赞扬而顶礼之，无徒斤斤于文字间以自小也，亦尝管窥天下事矣。大抵皆有心理之感觉，而后有事实之发现；有事实之发现，而后有语文之规定。彼不知有汉之桃源中人，所以不能道魏晋者，亦正为此至理之所限耳。今若以亲属名词不备诋西文，是何异他人以称谓名词不分性格病汉文乎？（称谓名词，如彼我之类，西文皆分主格附格。今若用英文主格之我 I，代附格之我 Me，或用附格之彼 Him，代主格之彼 He，则皆不成文，而堪令人捧腹。惟汉文无分格之称谓名词，故末由传译其神耳。）而况乎中国之亲属名称，亦多有混淆者，如舅姑之舅，与〔无〕异于舅氏之舅，子女之女，无分于男女之女是也。（此犹就文字言。若俗语中之亲属称呼，尤为可笑。往往同一名词，而甲地用以称父，乙地用以称祖，丙地更用以称叔伯，混杂不可究诘，当另作文详之。）安得谓之适当乎？某君于他国文字，耳食其一二，辄排斥之，是何异善珠算者初习笔算，往往谓笔算不及珠算，遂欲戛然中止，斯不亦诬乎。

书中又云世界语于秀性名词多未规定，不知其何所指。惜未举数例以明之，今固无从切实置答也。

至谓他人之书，译成汉文，便能令人人了解，则予愿闻中国人能阅书者几何人？严几道等所译之书，称为佳构，人能了解其义者几何人？岂公等三数人了解，遂得曰人人了解耶？世界语者，普传公理之利器也，学之也易，成之也速。苟有人热衷提倡，度无有不日增月盛者。但使有千人以上之团体，即可刊布书报，以供会员之展览，而著书译书，且可同时并举，何患其无所用，何患其不能索解耶？吾今请告国粹党曰：君等毋过虑，毋忧吾人以世界语译书作报，则难于掠美。君等虽排世界语，世界语不排君等。但使能稍平盛气，掷短期光阴以学习之，则他日利用之以光大国粹，其事业方未有艾耳。某君不欲递精九流之学，递美秦汉晋宋之文乎？然则必非墨守旧籍，所足与语于斯，吾知其必有需乎他山之石矣。然欲窥他国之文献，必先通他国之语言。则试为计其期：以五年习英文，以七年习法文，其时实已减之无可减。又为设一比较法：与其以五年习英文，何若以一年习世界语，而以其余四年读其书；与其以七年读法文，何若以一年习世界语，而以其余六年读其书。此四年或六年中，必大有所获。则九流之学，而以新语递精之。秦汉唐宋之文，而以新语递美之，如其九流之学与秦汉唐宋之文，其间果有粹者，将不保而自保也。

乌乎！某君之书，岂有价值哉。吾人为推其受病之源，不过贵立异而恶尚同。故至舍精神而爱糟粕耳。吾人之意，以民德为精神，以陈迹为糟粕。语言文字者，陈迹之一。语文非一种，则吾人但择其有用而易能者用之斯可矣。奚必问其创自何人，行自何国，而轩轾之，徒为仓颉史籀作忠狗哉。就中国今日之生计，将影响于民德，与其强行汉文，诚不若利导世界语。强行汉文，则国中读书明理之人将日以少。利导世界语，则国中读书明理之人必日以多。文字难易之结果，可不三致意欤？彼汉文者，家庭之文字（历来通人皆受家学），非社会之文字也；贵族之文字（读书有得，非享中人之产者不能，自今以往益难问矣），非平民之文字也。若世界语通行，汉文从此不能复振，正即澌灭于不适当，将益信天演之必行也。

革命党之光荣 *
（1910）

乌乎！革命党固无负于同胞，同胞其负革命党哉！吾观于广东新军之变，至于宁忍饥饿，不肯掠食于村市。此革命党足以谢天下万世之同胞，而证今日之同胞固无意于革命也。

同胞之言曰：革命固要，惟惧其若李闯、张献忠、努尔哈赤、多尔衮、洪秀全、曾国藩等之暴乱，更惧若法国革命之恐怖。革命党再三以时势晓解之。以为此必不可以数十百年以前之人之程度，牵论二十世纪之人之程度。同胞往往不之信。然自革命之动机，屡发于各省。无一次非党人文明，而官军凶暴。如其每一动机之发，无论军人官人，与夫民间之志士，急起直追而响应之，则除与顽固之官兵打恶仗数次外。以后即迎刃而解，一面于所得之地，建立新中国之组织，一面整旅而进。新中国国民兵之所至，直可如学校远足队之过境，孩童妇女，相率出观，无异幼弟弱妹，观其兄长朋友之遭赴征兵营也。如是则满人知势不可为，亦遂俯首帖耳，穷蹙出关而去矣。既去以后，彼能自立可也。愿为新中国之保护国，或日本及俄罗斯之保护国，均听其自择而已。

我等之所以必取新中国以代旧满洲者，杂以目前小事为譬，则必知消长之数，决不可以道里计矣。

（一）假如中国人今日之不足与人竞存者，财政困难，是其一大原因也。然中国民间之实力，较之日本人。凡曾莅日本之境内者，无不能言我之优胜矣。而何以日本庶事皆举，吾民则庶事皆隳？

（二）吾民亦知非路矿制造种种实业，渐臻发达，则财源无所自开。路矿制造等等，必集巨资，始可以兴事。巨资之集，全赖信用。

---

* 初刊于 1910 年 4 月《新世纪》第 120 号。

我之同胞常诉中国人为无信用之民族。乌乎！何其诬耶！凡吾华商，如与西人交涉，西人且称为信实远过于日本人。乃无论何人，熟闻之而熟知之者。此不必居为吾民性质之独良。因信用之不肯失坠，出于好善者半，出于虑患者亦半。若以粗迹而论。虽谓西人今日之宝爱信用，尽出于虑患之一念，亦无不可。盖信用一失，而困穷终身之患随之。所以人必兢兢焉不敢肆也。华商之守信于西人，独较守信于国人为强者。亦无非因西人之为患于其不信，无可幸免而已。

若满洲政府，则常为不信之魁。非惟不为患，而且为利。姑无论加捐房税等，明明言以厘金相抵也。而厘金之抽纳，且苛于前。又无论昭信票及国债票等之全为欺妄，即如招商电报等股票，有利则夺而有之矣。尤可笑者，明明为官铸之钱币，而完税等皆不收用，此无异家喻户晓使人不必有信用耳。

此等政治上之弊窦，若根本不清，能改良欤？决不能也。总而言之，彼决不愿人民有好人，而后其灵祚乃长。故彼所选之官吏，苟非至猥琐者，无敢信用。以至猥琐之官吏，而欲行至整齐之政事，所以徒多文明之章程，为纸上之谈兵而已。

至可怪之事，中国无论兴何实业，其创始之人，皆非有官衔不可。其民之劣根性，明知官之无信。然转念之间，又必以其人有官衔者，方成为社会之一人。于是年来稍稍亦集股矣。主事者无一非官，即明明商人，苟为公司之总理，亦渐渐入官。所谓商部顾问官等皆是也。吾非为商与官有何分别。入官之社会，即无官之头衔，自有官之性质。投资之人，莫不视公司为奸谝之媒介。脱有不利，亦莫不随即遁入于官，而人即无如之何。无论若何得罪于社会之人，官场无不容纳。盖如奕劻等之老饕，天下信其贪矣，犹不恤罪言官而蔽之。故凡不信用之人，苟能献纳小赂，即不患无人蔽。否则彼此相扶持，有所谓官官相护者。自然决无以经手股票等之细故，而为其同官所不容及不助也。

且又可不必尽咎主张集股之人。即使其人初念极欲爱好。譬如将集股百万，以举一业。乃竭其久久之运动，止以十万。欲以十万而举百万之事，自然顷刻消耗而完。至无以为继之时，则亦不得不同出于亏负。此等人往往有官者。遂亦鸿飞冥冥，向官途而遁。且投此十万者，往往亦为亲戚朋友。出钱之时，已明知投之于东流，后则果然，亦即付诸一笑。

然社会之信用，无论出于何途，终归失坠。故必破此旧官之局，庶几易一新官之局。有如西洋者，则人民所虑之祸必不爽，不能不以华商之对待西人者，对待其国人。于是信用以立，信用立，集股不难，集股不难，然后实业盛而财源开，竞存之力充矣。旧官之局之与满洲政府，直如臭虮之与草荐。欲尽除臭虮，非尽焚草荐不可。

（三）假如中国人今日之不足与人竞存者，智识短浅，又其一大原因也。然智识之所由来，亦正与信用相等。出于好善者半，出于虑患者亦半。亦可曰若以粗迹而论。虽谓西人今日竞进于智识，尽出于虑患之一念，亦无不可。

所以吾人互以高等学问相劝勉，人每迂之者。其间接之故，社会既不以智识相贵，则愿助他人之能卒其学者自鲜。其直接之故，人苟得一浅尝之学，已大足见重于社会。于是虑将以学问之故，而得其久学之困难，而愿深造者去其十之九。又虑将以学问之故，而失其富贵之机会，而愿深造者又去其一，遂始终变为无人。

此一言以蔽之。亦由满洲政府利用猥琐之人，而不愿人之智识高明也。吾友尝以此言为吾存心之刻薄。然无如事实如此，不见留学生之归国者，徒委蛇于郎署乎？如明知徒送彼等之日力，盍不稍选能事于学问者，用日本派遣大学助教等留学他国之例，更令出国研学。无论此必不为，即内国所谓高等学中学之人，且日诱以科名官衔，裨尽浮沉于茫茫之孽海，而后甘心。

挟智识而无用武之地，则壮夫为之怯懦。如非将此利用猥琐人之政府除去，则社会之智识，决决无望增进。吾惟请问留学诸君子可矣。诸君子如急于求售，挟其一知半解之学问，以谈洋务。愿在留学生手中作事乎，抑愿在假新党手中作事乎？此不待再三计较，必曰假新党。其所以然之故，则因留学生之与诸君子，智识相等夷，而无以售其欺耳。故粗以俗语所谓内行外行论之，便觉俗情所注意之吃饭，自有难易。所以既易新中国，其内阁议会之人物，不必果有如何之高明。如其载沣、奕劻、那桐、鹿传霖、吴郁生等无一人，而留学诸君子中之矫矫者皆在其中，则今头顶学校之招牌，略具通事之小技者，即无以为唥饭。贤智之竞争既烈，而智识之相引自高。

然满洲政府而一日存者，彼于袁世凯、岑春萱之徒，且畏之矣。不求有功，先求无过。始终必惟陆润庠、吴郁生辈，乃视为正当之人格。勉强参用留学生数人，亦若有洋人迫而为之。彼之意中，固视为盗贼之不可近者也。

即以此区区之两端以为例，而其余可推。中国不革命，中国必无翻身之一日。世界各国之竞进，方如风掣而电飞。吾民汰之愈后，则比较之程度，必愈以差违，将久而久之，生活非复人类之生活，智识非复人类之智识，种种皆不合于人类，即为可淘汰之畜生。

同胞乎，不闻尔之将待子孙耶？尝曰：今之成年者已矣，必望儿童。所以小学教育宜急急也。其言似甚美，然不知我之祖宗，用其懒惰，久待于我等之不肖子孙，我等又欲诿之子孙。是明明以革命为断头流血之事，互相推诿〔诿〕，为父子间之贼恩也，思之当自失笑。

故欲贻断头流血之祸于子孙，无宁以我等之老牛代之为牺牲。此必同胞舐犊之情甚深，常为子孙作犬马者所极赞。惟或虑革命将召大乱，则必再三晓然于心曰：二十世纪人之程度，决不可更以数十百年前之历史比较。如其不信，则前年安庆之变，有不借民物之事。河口又有之。今则广东新军固忍饥受缚矣。乌乎！此革命党之光荣，真我中国人类之光荣也。因百拜以志之曰：此庚戌正月王先生占魁余先生"倪映奎"等所赐同胞之光荣也。

乌乎！此非熊先生成基乎？英俊哉，吾族之良。仇雠目之为贼，而陨其首者也。乌乎！同胞负先生，先生不负同胞也。愿贵报并刻之，使有腼面目之"媚满贼"愧焉。

致蔡鹤卿论学书[*]
（1911）

（前略）先生学问愈高，则不自满足之处愈多，此即进步锐速之证。圣哲以智识道德为富足幸乐。尘境窘人之际，真可引以自喻者也。先生谓"乐天观"强自排遣，实则即是纳履踵决，歌声出金石之意境，莫能喻诸流俗者耳。虽然先生处境之困，社会有人，当引为罪，数遇谈者，皆兀然不自安。共知先生固堪之，而至真不可支，亦殊太苦。惟此毛细，既不撄先生之心，亦即置之可矣。过一日算一日。因吾人之死所，尚不知也。……（中略）……先生奋进之勇，其纷瘁更可知矣。即弟者佣书而食，竭蹶之情，莫可言状！故昔日所倡：且学且佣之论。今知事实有不尽合者。弟闻先生半佣之说，为之搔首踌躇者久之，益见先生之困状也。……（中略）……以言佣书，以政府剿绝新机，何书可佣？先生虽久不看报，或略见一二告白中，尚有几种新书续出耶？无非涵芬楼古文十八元一部之类，否则法书右画之玻璃版印而已。甚而至于近今之状况，续《金瓶梅》、续《痴婆子传》等，皆大书特书。此非书贾之过，乃无聊之极思，以求糊口而已。内国饮博冶游甚豪，而束书不观，此谁之罪耶？后当别论。……（中略）……弟近以佣书，换几个不死不活之钱。唯从前不佣书不知其苦；今一佣书，方知随便涂涂，尚可换得一饱。如欲字斟句酌，除非有严几道之资格，能换上数十元一千字，方可任意斟酌。若计数论字，一钱一响，日影移于墙，灯火涸于壁，一日写了二千字，粗粗胜好，已一事不能更作。连为五日，即头昏脑胀，一阁便是数天，平均计算，得千字一日，至矣尽矣。磅价又贱，止得□□磅耳。□磅之数，为房饭等等。衣物酬应，均不在内。所以终日健好无

* 初刊于 1911 年 2 月《民立报》。

病，勉强一饱。若欲兼佣且学，此议真创之刺谬。因笔墨以外，个人之游散等等，皆已甚缺。惟区区小乐，如阅日报一二小时，记几个生字，写写信，或任意翻翻杂书，必当留此余地。所以治学一层，竟无可奉告于先生。且译书，于一知半解，自然因之而增。正于西文，全无助益，且有损害。其理非颇有经验者不能言。……（中略）……何言译书之弊害？因取西文，翻译中文；遂全副精神，止求中文字面之有当于西文。凡多识了几个中国字，尚往往苦于习写西文，皆用华意在脑中传译，致有全不能得彼中意味为之苦。不若教会学堂之学生，彼中文一字不识者，摇笔即有西腔。若再加译书之一番斟酌，遂将西文亦铸成中文精神。故看书或有进步，而写述西文，将益远益困。……（中略）……弟前届所告小学校四处，小工厂四处，弟乃于千百端中举出一二端。其意若曰：我辈虽志大言大，所求于前途者，实一"说不出画不出"之黄金世界。然慰情聊胜无，将我国人所同欲者，果能做到，我等亦即释然曰：已能如是乎？则我等痛心疾首之情态，可蠲可减，可安然看我等之死书。所谓国人所欲者，即：

小学校林立；

小工厂林立；

路矿齐开；

印刷业兴盛；

外侮可略已；

社会恶风俗可稍除。

诸如此类，即立宪，竟以为政府可以了之，我们断定决不能了者。现在不能了之实凭实据，已充满于种种方面，即以小学校、小工厂论。小学校者，已全入劣监刁生之手。能存章程躯壳者，已不多见，甚则止有匾额而已。其内容或不如从前义塾。言及小工厂，内国虽民穷财尽，然迷信益深，而饮博游冶，则益盛。故即以乡镇之细民而言（因此辈即应为小工厂之分子者），好讼及崇拜绅士如故；迷信风水等如故；专注意于放利钱，囤谷居奇，即以为正当营业如故；而嫖赌吃著，凡洋货之足以悦其耳目心志者，则好之过于前，下等之蠢愚，既无人导为手业等等，竟设果摊菜摊，争极薄之利如故。（吾乡来信因人口日增，谋生更难，故有利即觅。果摊菜摊设至大道，不能通行。卖者过于买者，亦遂无利可获。然不知有所可作。）于是不能谋生，而赌博盗窃纷如加于前。彼政府之足以欺一二调查不审之人者，则与学堂同。以为学官今日已倍设，学生之出身，遂倍广矣。于是及于工厂，以为习艺所照设若干，出洋赛会者岁有增，注册为工厂者，有籍可稽。殊不知此特与学堂为义塾之变相，同一空中楼阁。习艺所之位置闲人，称其所费之钱，论其所做之事，比出洋购取者为贵。此官中之事，人人所知也。若社会之事，如内国赛会、出洋赛会、注册为工厂等等者，诚多于前，然此与弟所期之一般民业，亦有不同。且即就彼言彼，就中最结实而热闹者，乃主持于最少数之新党；此等新党，本皆能作新中国之主动者也。因大都不甚强悍者，故屈于时势，无可如何，遂遁为小小布置。于是建赛会场，而赛会尚可睹；设实业教育，而成绩尚可呈。然彼中十八九，已皆为争体面派，并非高品。

至于又有一部分，即向为刚八度之富商、囊橐已饱之贪官与投骗之流氓等等。变其向日开当铺、设钱店、买盐票、开大行等等名目，注册而曰工厂。况就使赛会盛于前，工厂多于昔也，此言商界之实业，亦无与民间之事。……（中略）……弟向日欲以童子师雄视天下，今发见其误。以为改救中国，非勉为大师不可。弟见人即告者有数事：其一，则治高等学问，勉为大师是也。如其果有大师，颇足立一"有学可学"之学校，则必选国中之才俊教之；而后大师之资格见，其学说足以满天下之效果亦出。若好龙而好其似，不敢为大师，即仅为蒙师；不敢教才俊，而止教蒙童。又牵引蒙童教育，为似是而非之自慰，真一场好梦。已矣哉，先生亦熟知蒙童之性质矣。十六七年以前，皆无邪气之少年，故所施之教，必可目的全达。惟我不能为大师，一过十六七岁，彼必另向种种社会交涉，即得种种之结果。好与坏几于全无关于我等之教育。因教育之大权可得，其时之社会亦良。当教育在恶徒手中之时，而社会必恶。才俊之士之于大师，本铸造社会者也。故可不畏社会之势力。若蒙师铸造儿童，送入恶社会，向日区区所得于小学者，可变为毫无影响……（后略）

何谓真知识 *
（1912）

　　数年前，弟因事至欧洲，得闻浦东中学之名，因西洋各国均已知有此校也。可见杨锦春先生之毅力，足以令人起敬。弟久慕其为人。今欲体杨先生之意，略述卑见以告诸君。十年前，弟见我国危险，常与同志研究其原因，乃知中国所以不振，由国民之知识不如人也。德国人言无真知识则无真道德。此言诚确。何谓真知识？殊不易言。勉为假定之词，则有系统的学问是也。盖学问有系统，则一切妄想迷信可祛，谓为真知识，亦无不可。然试问吾国人中能有邃于系统学问者有千万人乎？无有也。各科学之发达，可与欧美列强争胜乎？不能也。然则如此之国而立于地球之上，不亦危乎？今有他国人谓我等曰：彼等非优等人种，乃劣等人种也。我同胞闻之，度无不忿然作色者。然诚问可以何术雪此耻乎？则惟有力求吾人之知识，与世界列强之国民相等而已；否则终被淘汰，虽忿争亦无益也。世界学问，虽萌芽于十六七世纪，然实可认为进步者，不过十九世纪而已。其进步之速，尤以十九世纪下半期为著。吾国自古相传之知识，在十九世纪以前，在一小范围内，未始不足用。但近数年来，文明之进步更速，以后之二十五年，视前之二十五年，其相悬已甚。而最近之十三年中，以前之数年与以后之七年，其相悬又愈甚。而吾国以自封故步之智遇之，无怪乎百孔千疮，常忧劣败矣。吾人处此，无他善法以补救之乎？照敝人之意见，增加吾人知识，为最善之法。吾国人犹有执旧见者，以为吾子有钱可读书，汝子无钱不必读书。不知一群之内，有不读书之人，吾即受其害。但所谓读书，或非指系统的学问而言。吾国人知识短浅，或反认系统的学问为无用，而以八股工

---

　　* 1912 年 6 月在浦东中学校纪念会演讲词。

夫为有用。以为出身八股者，可以当书记，可以为某事某事。学堂内教物理、化学各课，未见成何事业，故疑系统学问之无用。此非余之妄诬国民也。试思中国如此之大，应有中学堂三千个。然今果何如？有设备如浦东中学者，实不满三千个。以中国之大，峨冠博带者非常之多，不能设备如此之中学，而杨先生能毅然决然为此。何耶？因其脑力强也。若但为虚名计，则有挂一中学牌子者。有始设中学渐变为小学，渐变为无有者。由此可知杨先生决非为虚名矣。推杨先生之心，则大学之设，亦其心愿中事也。吾人若以杨先生之心为心，则当各事不管，捐一身体以研究学问。例如学理化各学，当造诣精深，可供实用，可利民生，不独仅效向者资为谈助之故习，庶克有济。盖向者学堂内所学各科，都欠深造，故仅可助谈资，遂自命为文明。实则五谷不熟不如荑稗，故反令颂扬八股者讥我为不适用也。

然亦有学问甚深而与民生国计初无直接之关系者，如达尔文、斯宾塞，非吾国所已知者乎？彼等之功，不在直接与民生有关系，而在间接有大关系。何则？非国民程度高，不能产斯宾塞、达尔文，亦自有斯宾塞、达尔文，而更为国民程度一日千里也。或詈，我中国人为劣种，我等穷思极想，求有力之解答，以证詈我者之诬。将谓我有袁世凯、黎元洪，遂可为非劣种之证乎？识者有以知不能也。无已，则举二千年来之宗师孔夫子，以表示我国民程度非低，故能产如此大人物。然孔子之学，近世已嫌其稍旧，不完全。且何以只生一孔子，而不能多生若干孔子？是无以自解于劣种之嘲也。假使达尔文生于中国，斯宾塞亦生于中国，凡十九世纪以来学界之泰斗，我中国占其多数，则虽欲妄诬我为劣种，亦不可得。由此以思，深造之学者，岂非我中国渴需之人物乎？今者有人能著论登于西报，已足纠正一切，例如李登辉纠正闸北某事是也。世界之学者，往往秃顶无发，一见似可轻，实则其价值甚巨。昔我中国算学家华衡芳，终日凝思算学难题，然令之算零星小帐，殊觉拙钝。店伙称柴毕，速即将柴帐算出，而华先生尚握管以为笔算，或以其拙钝为可笑。讵知彼之能力，固在千万人受其支配，而不在区区小帐乎？外国公司中，每聘深造之学问家，与以上等薪金，平日毫无所事。然至有大疑难，则非此等学者不能解决（中间引英美交涉一事例）。此吾所以欲劝青年为持久用工夫之计也。若在前清时代，则有官场派人，以似是而非之言，助成不悦学问之风，谓现在急用，不及深造。此大谬也。英国夜学者，志在得二三十元以谋衣食，此等人原属多数，毋庸提倡者也。今假定甲乙丙丁为寻常谋衣食者，戊己为好学者，庚辛壬癸为发明家，为希世之学者，则甲乙丙丁居最多数，自不待言。若劝人共为甲乙丙丁，则戊己且莫由产生！遑论其他。若提倡戊己，则庚辛壬癸且陆续出，而戊己固不可胜用也，何患急用时之无人哉？吾有一语奉赠诸君："以食著嫖赌之精神用之于求学。"此语须认清，切勿误会。余之意，以为不独学问事业要极好的精神去做，即彼做坏事者，亦用极好的精神去做也，惟误用之于坏事耳。其精神实与圣贤豪杰无二。试举例以证吾说：热心发于中而不能自己，阻力生于外而视之如无，习惯成于积久而甘之如饴。彼穿窬者，见金而不见捕我者；嫖赌者，牺牲性命财产而不悔。均此好精神也。若移此精神以求学，则亲友阻我，我可不被所阻；贫穷窘我，而我不为所窘；则学问安得不日进乎？取证不远，校主杨先生，即其例矣。彼以积年辛苦之财产，捐建此学堂，犹浪子之一掷千金而不惜也，岂无亲友在旁劝阻者？犹浪子沉溺于嫖赌，虽有铜墙铁壁，不足以阻其热心也。上海有一种人，其技术绝工，能博巨资，然一旦掷巨资于嫖赌而不悔者。彼若曰：我左手得之，右手失之，固无与他人事也。杨先生具伟大之眼光，欲令中国增多数之学者，其热心亦若是而已。惟愿诸君勿误用此精神。人心甚险，须用许多力量，管住自己。虽平生言行无瑕，为世人所信，然偶生一恶念，即可做一极不名誉之事。朝为人所敬礼，夕腾笑于国内，惟一念之差而已。世界中诱惑之事甚多，古人云："如朽索驭六马。"此之谓也。欲为高等学问，即有许多魔鬼阻我，吾人须用十二分管住自己之力量，战胜魔鬼，庶我国前途可望，而可免劣种之讥乎。

中国之社会教育应兼两大责任[*]
（1912）

国民常识之有无及完全与否，质言之，即国之文明野蛮所由分，其常识之输入法，约略有二：

一、对于人生最不可缺之知识，又几乎为全世界人类普通所应知之事物，可以编成系统者，则输入之以学校教育。

二、各适乎四围之现象，又四围现象所随时变动呈露之事物，不能悉循系统者，则输入之以社会教育。

故无论如何文明之国，学校教育如何兴盛，其注重社会教育，仍不遗余力，因人生自二十至于七十八十，既离学校之门，而欲其人与世界相见之常识，永永趋合于完全之状态，不至甚露窘缺者，非资于社会教育不可。

社会教育之重，与学校教育相等，不可粗率蔑视，固无待言矣。然组织中华民国之国民，为何如之国民，我等国民所不能自讳者，其大多数皆年过二十、从未入学校之门者也，或曾入旧式学校之门、未曾得有有系统之普通知识者也。

所以今日中国之社会教育，应兼两种责任：

甲、为学校教育之补习科。

乙、为社会教育之本科。

大部分绝无常识及常识不完全之国民，俨然为组织一泱泱大国之分子，以如是之分子，成如是之国，其为危险，尽人可知。

欲免此危险，非先开学校教育补习科不可。以学校教育补习科之责任论，则今日中国人之提倡社会教育，人人脑海中，即当先有一绝明显

---

* 初刊时间为 1912 年。

之意影，应视社会教育若遍设无数露天补习学校于通国县邑之中，尽驱市人而教之，市人皆不啻为小学生徒，一日不可缺此露天补习学校也者。人人脑海中之意影如此，斯足以重视今日之社会教育矣。

不然望子弟为龙蛇于学校，乃任父兄作鹿豕于社会，是失施行国家教育之重心者也。因以如是帝政束缚之古国，猝然欲转变之为民政自由之新国，施行教育之方法，岂尽有前例可援者。

复蔡子民书*
(1913)

　　子民先生于今月二十一日放洋去欧，其少子柏龄君数岁即读群书。数年前由法返国，读所携法文书已罄，不可续得，即读《大百科字典》。其遗传文学之头脑有如此。乃先生此去，特遣柏龄君习工艺，且将置之于比国一甚低级之工校。来书欲得舍甥马光辰等合居。恒感伤于年来国论之不定、教术之谬误，聚盈千累万政客式之学生，而行洋八股之教育。有道之士，更昧于孔子富后教之次序，欲以空言挽世运，杂以孔学、佛学、理学，扬扇其毒波。呜呼！使伏见丸凌湘波南下，就曲阜大学，文化学院，遣斋居静坐之人生观学者，坐长沙城楼上，左拥玄学林，右列创造队，可以对付者，吾可以无言。否则吾安能辞举世之唾骂，而不为号泣以谏耶？先取所复蔡先生书，以见吾意。或更将于此处彼处，多所反抗，以毕吾说。

（上略）此次陡闻先生以爱子弟习工，愉快异常。弟以为吾中国人民，群以为思想及道德，不弱于人，弟亦可相对赞同。然科学工艺太后于人，我等不能为人类亦尽备物致用日进无疆之义务，于人道终觉得有亏。如此，对于二者为积极之提倡，乃吾民之天责。科学在二者中为尤要，但工艺则向与我国数千年士夫之气习不合。故仅仅提倡科学，尚恐依着旧习惯，而为坐而论道，科学家亦陷入玄谈。倘经最高等之名流，出其子弟，多趋工艺一方面，于是旧式之稍矜门第者，亦观感而不以习科学为鄙。若锐意革新之一部分人，尚止有勇气习宽袍大袖之科学，而门第自矜之徒，仍必以文哲为可尚。此所以弟对于先生遣文郎等习工

---

* 初刊时间为1913年。

艺，以为将大有影响。

今内侄等之素学，弟未深知。文郎则弟所素佩。文学之美，非寻常少年所及。彼之习工，诚乃大奇。然弟尚有大言，欲为文郎进一解。非曲阿先生，而高视文郎。文郎之习工，吾将望彼为工程界惟一大师。非若时论所谓人必籍劳力自食，于工则食力较易。不若习哲理文艺等，入世往往不免于依赖。此虽亦是一义，却非弟所注意。弟所注意者，犹吾素持之说，惟大学问家，可以提高一切。今国人言战业教育者多矣，吾敬之重之，然不愿其为教育终极标准。就职业中之工艺而言，倘造就甚多之普通食力人才，若无大工程以容之，其势必大为难。惟于一方面，更造就多数大工学家及大工程师，虽实业竞进之烈，谈何容易，而能即刻有发生多数大工程之希望。然既有多数大工学家及大工程师，经其热情野心，作困斗之膨胀，或有万一之希冀。所以一方面造就普通食力之人才，先救赤贫；一方面又造就大工学家及大工程师，以图永进。自应双方并驰。然国人贫迫之状况，救死皆恐不赡。故为稻粱之谋，止图一纸文凭，不恤捐其子弟，陷入牛马官场，作万劫不拔之勾当，尚且忍为。（世家大族拔茅连茹，以官场为本营，辄笑穷措大子弟习职业为寒乞，几所在皆是。一等第一名之名流张啬公，尚不恤以"又使其子弟为卿"之陋习，强二十余岁之爱子，争议长，充专使，反令年少堕落，流为败坏国家之一分子。彼老不知，新近尚用其力与自己抵触之旧道德，漫骂新政客。此真可云楚固失之、齐亦未为得矣。）安能穷年累月，担任其子弟之学费，俾从容以成大工学家及大工程师乎？凡入职业学校之人，无非寒微之人，无力竞胜于官场者耳。偶遣子弟海外习工，亦因其不适于文哲各科，聊以解嘲者耳。故亦有人以为十数年前，公家重视实业，所派工学生亦已不少。我则笑而应之曰，在国人目孔中以为不少，在他人心理上几等于零。大胆计数，三千工博士、工学士头衔者，我可相许。然有三人能跳上世界工坛，对世界工学团，自命为大工学家及大工程师乎？吾恐面皮虽长成一尺厚，无一敢自命也。呜呼！伤矣。故真欲佑助子弟得为大工程师及大工学家，必望有最贤之父兄，能历万困以遂其子弟之志。先生即最贤之父兄，文郎等即大工学家及大工程师之选。所以弟进此大言，深望先生寄语文郎等，在此从容而进，勿更摇动。非区区洒罗埃工校，即算一生事业。将来深望多历世界名校名厂，与世界大工学家及大工程师相与携手。

但弟又以为推而广之，自当有无穷奢望。若要脚踏实地，又不妨就最低之限度，从容以进。文郎等肯习工艺已一奇，习工而仅往入比国洒罗埃所谓工术大学者更奇。然吾且愿倘至彼处，或因初到而语言未熟，或因普通学问有小端未娴，不妨竟入彼之中等工学一二年。因文郎等非但负有大工学家及大工程师之责，且将负有彻底担任提倡工业及一切工业教育之责。我不入地狱，叫谁去地狱？若自己止入高等学校，讲高等学理，绝未经历一切创造始基之组织，于经验为不完全，办事亦或失之高远。所以在先生之子弟，未欲使之刻期毕业，靠文凭生活，遽以字畜累之者，正似可不必置此浅尝之滋味，以为徒耗日力也。且弟近来思之思之，留学局面，亦可惨伤。即使卑之无甚高论，文凭即算终身之事。然按步就班，扎硬寨，打死仗，得步进步，亦未为失计。吾以为无论上了日本、欧美之岸，第一先将外国语说得熟溜，第二再将外国文写得畅达。吾所以教猱升木，不恤授以撒烂污之秘诀者，以他年作恶在是，而入学听讲亦为重要。无此程度而入学，皆挂招牌，骗自己者耳。欲于斯二者有益，就按着程度，缩浅一点，为游刃之有余，终比勉强躐等者为从容。吾将授以撒烂污之秘诀，设不幸而从此辍学回国，吾不劝彼为颜惠庆、顾维钧、王正廷诸大外交家，借口舌得官也，吾亦不望能如刁信德、陈友仁、马素诸君子，能以时论争国利。吾但望彼作一外国文教师，亦良教师矣。较之揠苗助长，变戏法，借讲义，强购一文凭及头衔而归，作一世欺人勾当者，似乎远胜。至较彼并助长而不得，憧憧扰扰，一年迁移数处，群聚而为哄争，思吃天鹅之肉，闹得鸡犬不宁者，自尤远有益也。此虽不必告诸文郎等，然弟则言乎进可以战，退可以守，乃凡为有意识之留学生，所可共同注意。不必志在远大，即鄙弃粗浅。弟因区区洒罗埃，岂足以彼之池中，可长羁蛟龙。故一有普通谬误，而不可终日之势成，即入憧扰之境矣。普通谬误之甚可笑者，可举一例，以结吾言。最近有仅挟所谓中国学校上中教育程度者闻我，彼云：言乎教育之方法则美胜，言乎教育之学理则德优，我学教育理，我将安适？弟笑谓之曰：二者皆无与于公事。公所欲者，仅区区所谓大学智识而已。于美于德，皆足以答公。公但酌乎自己之现状，去美便即去美，去德便即去德，迨至究及胜与优之时，美之方法家不懂得德之学理，安称大师？德之学理家不懂得美之方法，亦安称名家？德美仅隔大西洋一衣带水耳，公今任往何一国，从容毕业其所谓大学。迨说得到胜与优，更往来各地研究，此本来不可少。其人乃不甚了了而去。凡国内不自量力之学子，及一窍不通之父兄，无论对何学问，皆先作此计较。

而且许多留学生即本此观念，而为欧美之相非，东西之互讼。此正如止在总监衙门及将军衙门里挑水，倒各自铺排那一衙门的体面，何与于公等之事，而为此扰攘耶？此更属于旁文之旁文，然日久必有以为洒罗埃是什么地场者，甚足以起扰攘，此亦少年人不可不知也。

学问标准宜迁高其级度说[*]
（1917）

　　设有海外之妄人，藐吾国之积弱，并鄙夷其人种，而曰：此实低劣之人种。此时不胜其忿忿，则将何以为对？吾知猝然之感想，断不仅注意于坚甲利兵之不若人，屈于人之威武而已。因仅仅坚甲利兵之不若人，屈于人之威武，则有成吉思汗其人者，武力之强，能奄有东欧，吾族亦曾屈服之。然贵视吾之人种，而下视人种之属于成吉思汗者，梦寐中不以为泰也。何也？自以为文化程度，比较为高耳。今忽来人种低劣之诮，必不待转念，直注意于文化比较之问题。仓卒注意于文化之问题，其相对手方之雄武人物，所谓拿破伦、威廉第二类者，不过成吉思汗等夷者耳。将欲平视其人而贵视我，果否同于比较成吉思汗人种者之泰然。盖狼狈之情形，实有足以怜悯者。谁则为文化之代表？必求其人以实之，而后可实地比较。求诸宿德，所谓硕学通儒，以一知半解，介绍数十百页之译籍者，彼方第四五等之人才也。求诸新俊，所谓博士、硕士，在课本讲义之中，讨得生活者，彼中数十仙令一周之价值也。知就现在之人，以定今日之种，与人相提并论，必无一幸。于是试淋漓尽致而形容之，所谓："人穷则呼天，疾痛则呼父母。"不得不返而索之战国，能有苏格拉第、柏拉图、亚利士多德同等之学力者，墨翟、庄周、孟轲其选矣。更溯诸春秋，足与德黎、额拉颉利图辈为并世之哲人者，老聃、仲尼尤隽矣。至此而在人种问题上，吾人之意气稍舒。乌乎！学问之彦，岂不可重？国以之而华，种以之而贵，吾人谢天谢地。吾之先民，幸尚有老聃、仲尼、墨翟、庄周、孟轲之伦，不至如巫来由古人之堕落，荒儳无所可述。妄人若指之为劣种，莫敢证为优种。故吾

　　* 初刊于 1917 年 2 月《东方杂志》第 14 卷第 2 号。

人当谢天谢地，谢我先民。虽然，德黎、额拉颉利图辈之后民，拔其尤，超居一二等；而拔老聃、仲尼辈种人之尤，则落四五等。设此境为暂而不为常，稍过短时，而能追迹于他人；则后之视今，数十年学力之相差，仅隔旦暮，犹得视为两种之人智，齐驱而并进。否则他人绝景而驰，而吾常守其幼稚之状态，更百年则无可追步，又十纪则俨若异种。盖春秋战国之世，知识同级度。至二十世纪差数等。至三十世纪，等差必以数十记。两人之知识，并立于世而差数十等，虽欲不巫来由我，其可得乎？

十九世纪以后治学之情形，大异于老聃、仲尼、德黎、额拉颉利图以来之二千五百年。譬诸经商，前犹开设村店，今犹组织合资会社。譬诸治器，前犹造作帆船，今犹建制航海邮轮。其为繁简之不同，所以耗用人之劳力与心思者，亦什百相倍蓰焉。（劳力心思既已多耗，而生命健康反增者，即亦知识有以补充之。此别一问题，非此文范围所及讨论。）我国自外交屡挫之后，由制造坚甲利兵之倾向，渐觉悟于学问。于是游学人才，普及教育之声，岁月浸高。然以庠校求学学子，以知识普国民，在柄国政者之义务则尽，在社会自相期待其人种，似去之犹远。以今日繁博精微之学术，劳力心思，将什百倍蓰于攻治旧学而后能贯彻者，而谓能以攻治科学，帖括术之薄弱旧精神负荷之乎？

仲尼喻道，而曰知之不如好之，好之不如乐之。而论学亦可从同。乐之之状态，直以满其好奇之欲望。所谓无所为而为耳。好之则有上人之意，知之则有义务之心。下此则惟借之而已。有若近今达尔文之研究硬甲虫，以达进化。巴斯德之好窥显微镜，以成霉菌学。顾亭林之载书骡背，以治群经。江艮庭之篆书帐帖，以研小学。皆乐意最多。而上人及义务之见，不过稍参焉。故古今中外举玄间质之三字，卓然著其不刊。间接而至于利物前用，广被世界，高贵其种族者，要其为功，无非由于乐此不疲者十之六七，得好上人之力者一二，其有能知义务者亦参其一分。其乐于学与夫好上人知义务者，何种蔑有？而其盛衰得失，则在乎数量之多寡。以彼较此，于古且勿轩轾。近今三百年，如其人者，西方比较适为多，中国比较适为少。无已，则必归咎于借之者之多矣。

借之云者，即谓以筌求鱼，得鱼遂弃其筌，寄于学以有所干者也。夫孳孳学术，以得饱暖；借之之人，他人何尝不于其种为多数？且借之之义，以功准食。用别法以论定，亦不能为甚可非。然而他人学之级量，准于食之级量，亦每相借而愈高，而从未有若中国人借径于科举学之甚。科举学之准其食，所准之隘，止准于仕宦之一途，既已甚别异，其准之之法，又极可怪。取之以其学，而用之不在是。质言之，食者以资格相准，非以学之功能相准。故学也者，借以取得资格，并非借以助其功能者也。即借焉而已，而其虚假也如此。

科举虽变而为学校，而积毒深中于人心，无可骤拔。就国家植才而论，仅植其最足应用于当前者。以时势缓急，财力屈伸之限制，不能不有如此之规定，本无与于全社会之自治其学问。乃学子借之之心理，即有以揣摩而适合之。今日甚可陋之大学校教育，大普通而已。无非取其组织较易，能具体而以有规则之方法，扶助学子。此暂为今日之最。过此而有更高扶助之机关，尚为今日人力所未能具体完备。且应用于当前，大学校之学力，需之十实有其八。故国家植才之时制，姑暂悬大学校为最高鹄的。悬此最高鹄的，其有染毒尤深，用横通之法，摭助而取得资格以应者，斯其下矣。虽居多数，且可勿论。论其少数之功能实副资格者，徒以应之而所用仍不在是。遂相戒以为功能既不相准，斯学问已无价值。求其反省无负资格而已可，应之效不效，委之不问。然今日学校之学问，与科举之学异其趣，非仅给足仕宦，将给足于社会百务。知之者亦已颇多。惜竟以应付仕宦之习惯，用其精神，应付社会百务，此则流毒孔甚矣。所谓以应付仕宦之习惯，用其精神，应付社会百务者，亦即预度功能之无可准。相应者但在资格。故开矿也，造路也，纺织也，制造也，学校教员也，银行管理也，诸如此类之种种，不问己之功能，果否已胜其任，但自反而有真正大学校资格，即无惑乎可与百务周旋。乌乎！借之之流弊，其能举贤不肖而扫荡空之，竟有如是。

此将商榷于借之之人，求其着意功能，以准百务，然后废学乎？惟其中于借之毒，终有最后废学之决心，则其所欲干者，既可以资格相取；彼欲释于其学之意，如将释其重负，安肯既可有所取而相释？犹因功能之稍不准于其所当务，而仍负之也耶？因是之故，不得不望有高于学焉而仅借焉者之人，庶功能为其目的物，而资格能退听为附属品。稍高借焉者之一等，则其学焉而知之为义务者。知今日中国社会国家之百务，有需于功能者甚急，当以真正功能相应，不可但以真正资格应之。更高之一等，则其学焉而好求上人。知今日中国不惟百务衰落，而人种且有下劣之问题。此不在坚甲利兵之不若人，止在文化之不若人。文化之不若人，即分子个体之功能不准于百务，而实学子之学力不若人。至此尤高一等，而求自然乐于学。此少数之异人，固皆由于天笃，而亦结果于人事。如先有知义务好上人者，勉强以造其深博。必有少数者嗜此深博，而生其乐意。此可设浅譬以明之：譬如有人自少失学，困于田野，及长而能孜孜攻读浅俗文史，不知劳疲者。使此人而自少生于诗礼之族，或有读书之缘，即必成为昔年旧式之学者。笺经注史，哦诗属文，孜孜不倦，而能不骛于外物，与顾亭林、江艮庭辈比德。尤进而使此人自少即生今日世界学术深博之社会，其必为遍搜硬甲虫之达尔文、日守显微镜之巴斯德，亦足相期矣。故欲粗造一勉强深博之社会，以适产生乐操今日世界繁颐学术不生疲倦之人物，其必先请愿于知义务好上人者，肇开蓝笮。吾文突以文化比较，贵贱其人种起义；非徒用感情为激楚，让步而为宁卑毋高之论也。良以乐所学者，实由天笃，非可以言语征求。可以言语征求者，终亦止于知所学或好所学者而已。

况知所学与好所学者日多；不惟乐所学者，自然循候而发生。而且百务渐准于真正之功能，则其借焉之上者，亦将迫而舍其仅借真正资格之成见，不得不进借真正之功能。其借焉者之下乘，所谓用其横通之法，揠助而取资格者，亦知非有真正资格，且不足应百务之助手。国家悬大学校资格而植才，能得真正大学校资格以应者，为教寥寥。及社会学子自悬一深博于大学校数倍之功能，而拶逼大学校资格之普遍；始真正大学校资格之人才，可以车载斗量，不可胜数。人种贵贱之问题，随文化比较之问题而消灭。其奢望皆集于知义务好上人之学者而已。此等学者惟一之愿力，即当不由国家督促，但应社会需要，迁我国学问之标准，而急高其级度。

假若学问级度，有其甲乙丙丁戊己庚辛壬癸之十等，应当前之用者，自可取足于戊己之人才。然他人之标准，立于壬癸，故戊己之才至多。我但立标准于戊己，自然戊己之才且甚少，但得甲乙丙丁充国中矣。所以壬癸虽骤然不可望，而勉进于庚辛则至急。庚辛人物，如何而发生？即望有多数学子，认定："学也终身之事，非可因有所取而暂借。"或在内国，或在海外，完其大学校之教育，仍继续而为博深之搜讨。视有时因百务要求其功能，间出而相应，实为不得已。任事为其表，研学为其里。斯庚辛之级度，必渐有臻之者矣。乌乎！学问之彦，岂不可重？国以之而华，种以之而贵。舜亦人也，我亦人也，宁无所动于中乎？

予之个人今日外交观[*]
（1917）

外交必当有操纵机警锐敏秘密等之手段，运用于无定无方之间。此所谓外交手段。世人迷信之者坚矣。然略道理而论利害，外交手段止强国可用，而弱国不可用。诚意者，弱国应尽之义务；正义者，弱国可用之保障也。

曷言乎诚意？盖我国而以国家人格论，庸暗腐败，负世界多矣。昔日外交上之丧失公平言之，几得谓为应受之惩创。与其仇恨他人而增长虚骄，不如鞭策自己而宁一奋作。充乎宁一奋作，修养国家人格之精神，有其良习惯，人亦自知我之既臻健全，得复人格之待遇可止，不屑行侵欺之危道。（以侵欺而日处于黄雀螳螂之危境中者，即今日欧洲各国与日本是也。）是则我而今日必与世界各国无不亲善，我自有应致之诚意。而最近忽纷纷聚讼，隐有所谓亲英之计划者，有所谓亲日之计划者，有所谓亲美之计划者。欲亲善甲国而借以抵制乙国，渐为乙国所持，复欲改亲乙国，而姑委蛇甲国。人方以操纵机警锐敏秘密等之手腕弄我，而我一二疏阔大言之政客，欲博外交能手之好誉，亦欲弄此等手腕应之。譬如今之某国，彼明知政府诸公，无亲善之诚意，然畏其相持，则遣特使以联络，先发国书以探询，力示以卑屈。然尽献其无诚意之卑屈，欲拉扰而终得滑达，则何如示人以冷静头脑之诚意，使人明白而知彼此唇齿相依，某国必为世界众亲善国之中，亦为应亲善之一国，我惟修养我之人格，决无恶意待人之为愈乎？

曷言乎正义？盖用诚意而亲善，亦必有其限度。不尽人之欢，不竭人之忠。尽欢竭忠，自有相当之否认。于人有然，于国尤可致谨。吾而

* 初刊于 1917 年 3 月 23 日上海《新华日报》。

既可有国家之人格，随中立国起而抗德之战略，无满意答复，即为暂时和平待遇之绝交。纵异日德意志混一世界，必执此为罪以惩，我尽可抵抗视其力，力竭亡国而无悔。我既以德之战略为不合，以绝交者与协约国共表受侮之同情，于协约国自己曲尽其亲善。德人既未尝誓师以临我，我将何所应过其限度，必罄其粮食，苦其子弟，无故而构战？纵异日协约国扫荡德意志，亦不能反罪绝德之一人，从而充我正义之限度。我既以中立国之名义，与人绝交，当然得与与人绝交之中立国，取同一之态度。如此，今日绝交之际，以美国之行动为行动。异日讲和之时，以美国之资格为资格。无所谓有特别亲美之嫌疑，而必欲相避而解人之忌嫉也。盖在我止当实无特别亲美之诚意。亲美者，一如亲甲亲乙，斯吾之正义，自为吾之所当守，如是而已。如吾政府而果信外交手段，惟强国可用而弱国不可用者，似诚意与正义之外，更无别物可言外交也。

朏盦客座谈话（节选）[*]

（1917）

　　客问：俭学会有六百元西洋留学之计划，果能不妄乎？

　　答曰：用钱之事，至无一定。繁华之城邑，比例之相差尤甚。不必言其荒唐者，即言其正当者。假如上海学校有三四百元一年方敷浇里者，亦有百十余元亦能敷衍者。三四百之学校，不尽为上材，而百十余元之学校，亦不尽为废物。一皆以其为学之勤惰，而为其人成就之深浅。假使其人生长僻邑，无学可学，其家境又不能有巨资可措，能胜百十余元，不能胜三四百元，将来上海学乎？抑因不能入三四百元之学校，反甘心蹉跎于穷乡，从而辍学乎？则智者必不待踌躇，而挟其力所能胜之资，就上海百十余元学费之良学校而自进矣。推而广之，在家本穿青布长衫者，至上海而必效同学穿"熟罗"（一种有空线条夏日所穿之绸）长衫乎？在家本青菜黄米饭者，至上海必嫌三色一汤之校菜未佳，频往马路酒馆会食乎？在家本安步以当车者，至上海必数驰车出游乎？在家本熟读课本或借书诵读者，至上海必见书则购，所有预约券不肯放过乎？凡此所谓穿熟罗长衫、吃馆子、坐黄包车、上棋盘街，至商务印书馆、中华书局买书，皆至平常之事。即上海至高等之学生，不以为非，我亦不以为非。然必出乎在僻邑出门时之预算，与百十余元之力量，我将多所反对，则断断然也。平心而论，其人挟百十余元之始愿，特止欲得某校之功课耳。而熟罗长衫之华美，馆子菜蔬之滑适，黄包车之安闲，罗列群书之富丽，乃又一事。不能因百十余元之预算不敷，遂根本推翻，归咎建议之未当。甚而浮慕之人，必且得陇望蜀，欲并迁于三四百元学费之校，方为快适。盖此等面筋学生，深信高价之油锅，炸

---

　　* 初刊于 1917 年 6 月、7 月上海《中华新报》。

成大个，更可不费自己脑力，谋之而不能，反至放废无聊，辍学而归其
僻邑，始叹故我依然，百境皆非，则悔已晚矣。今不必提起苏州之夜航
船、绍兴之乌篷艇，如豕满载，你之脚大指抵于我之酒槽鼻，为人境之
至不堪。且亦有"失风"（落魄）师爷、土头财主，旅行其间，视若寻
常。今加一等，为长江轮船之三等床架，又进而为香港天津之统舱，或
房间，则除今之议员老爷、毛头政客，造孽有钱，洋气直冲外，余所谓
"曲辫子"（上海骂人之语）之词林文人、初赴考之青年学生，皆资为惟
一交通妙境。望大菜之间，过官窗之门，皆不甚生其比较之情感者也。
乃俭学会学生，初闻日本三等舱价，莫不欣然。语其实在，其待遇实优
于长江之床架、天津之下间。如安心作为内国旅行观，方当满足之不
已。然登舶而见头二等之快美，加以长途之厌倦，颇有人忘其乘行之本
意，甚且羞诟之曰：不是人境。充此论而处处为龃龉。明明无所谓不可
俭学者，竟亦可诬俭学为理想。此则天下事皆在有志者自为之矣。

客问：子所谓三等舱者，为价几何？其实状果奚若？可闻其详乎？

答曰：日本有恒言：凡人当分利之年，或为分利之人，旅行例当以
三等舟车为合格。分利之年则学生，分利之人则军人。故军人与学生，
乘坐三等舟车，走尽世界，皆不以为非。非如外交官等服御不饬，乘坐
街车，则伤辱国体也。例当从俭之人，更有教士。昔年有日本教士，以
同教之谊，挈湖北矿学家曹亚伯君西行。该教士自充头等舱之侍仆，而
劝曹君乘坐四等甲板。此教士抵英后，到处争迎演讲。因彼实为一日本
有名之牧师。其西行之目的，即欲以演讲所得之钱，归建礼拜堂。后闻
得资三四万元始归。由上海至伦敦、巴黎、柏林，资费出入有限。因既
抵西洋，到处止有一半日之车路，多亦一二十元耳。欧战之前，有定期
之邮船四家，皆两星期一发。四家更迭而行，近乎每星期皆有在上海开
行之船，曰英、曰德、曰法、曰日本。英船无三等舱。德法三等舱，其
待遇有中国内海轮船官舱之身分，故需价二百七八十元左右。日本三等
分两类：曰特别三等者，等于德法之三等，故为价亦需二百五六十元；
寻常三等则价止一百八十元。即余昨所言之长江床架，或天津下舱房间
者是矣。与上海往日本之三等舱，无甚异同。惟上海、日本间之轮船常
小。欧行者较大，而舱中饮食，似亦略略较优也。由上海至新加坡，三
等颇拥挤。因有广东南洋之华人，及往来南洋之日本小贩卖商，而日本
龟奴与妓女，亦颇不少。既过新加坡，终止有寥寥数人十数人而已。常
能遇日本学生一二人，大都赴德。无论如何，每一客人，终能占得极阔

之席，如岸上独睡之床，较长江之架子，大而且高。新加坡以后，一人可占一二床铺。睡其一，其余则陈设书籍、食物、玩具、小箱等等。若善于收拾之人，亦能"罗罗清疏"（极有条理），安排得别有天地。三等虽不供被褥，然旅行适在热带之下；虽在冬间，一抵香港，直达地中海，皆如夏令。彼本有土席，所谓"挞挞米"者是。更加一东洋折席于其上，即光软无比矣。携布单及毛毡毯各一条，尽足供此四五十日之舒服。食物每日白米饭三餐，光洁可食。惟肉烧洋芋、菜烧鱼之类之饭菜，皆东洋风味。久居东洋者，甚以为适；未尝东洋滋味者，莫不唾之。故若预带酱油、麻油、皮蛋、火腿、腊肠、冬菜等爱食之品一二十元，而又广带茶食、饼干、糖果等等，长途消遣，亦即比于神仙。且三五六七日必抵一埠。停泊登岸，就酒馆小酌。携回水果各事，又添无穷风趣。聊用以慰辛苦，皆廉而不费。海行之极可羡慕，较长江内海之船为适。三等或较头二等为自由者，长江内海之船，三等无宽大之甲板，可供憩息；而外洋轮船，则头二等固特置宽大游步场，即三等亦在大舱之面，建搭帆布之棚，任客倘佯其间。海行最不可少者，为一二元一具之藤躺椅。近乎每日十许小时，皆躺坐其上。啖果饵，观书籍，谈空话，望海天之浩碧，嗅海气之洁净，若无世俗之见，浮慕头二等之虚荣，亦几南面王不易其乐。而且酷暑之时，三等则科头箕踞，惟不露赤膊等之恶相而已。尽可御日本之道袍，宽博迎风，行坐自如。若头二等舱，则会食必整西装，挥汗必袭重衣，拘苦或亦如狱囚也。若在头二等舱而失其仪节，反受外人之耻笑矣。

客问：六百元俭学生之饮食起居及学校修业，可闻其略乎？

答曰：学生西去必程度至不相一。今当以预备完足，可以径入大学或专门学校者为甲类，语文及普通学各有欠缺者为乙类。今先言甲类之学生，其饮食起居及学校修业，虽因俭学之故，略当从俭，然究与寻常官费学生等亦可无甚分别。因用钱从宽从紧，决不在乎饮食起居及学校修业等之正用，惟在乎零钱。零钱之为名，虽终若不过为附带之费，但尽可指大于股，股大于腰。譬如我等在上海包饭，一月止须三五元。然一月应酬朋友数次，共上酒楼，反可不止三五元。诸如此类，可见销耗之巨敌，惟在零用。倘专注意于学校修业，不必十分刻啬其饮食起居，惟与零用为严格之相持，则零用真为零用，俭学正有余地矣。假如有甲类学生，筹取二百五十元之旅费，乘日本三等舱，抵英国之伦敦（二百五十元船资与小小整装费皆可在内）。船到时必有介绍友人来码头相接，或竟在船边雇一汽车，与行李同载至曾经介绍之华友寓所。其友必知来意，即为觅一廉价之寓所。大约华银八元一星期。此寓必在一中等人家之家中，普通有中国六架大小之房间一间。"局运"（运气）佳者，以如是之价，能得较大之房间。房中上有光洁之白垩平顶，下有华美之地毯，壁糊精雅之色纸。照相画架，必大小十数。炉钳插排列整洁，精铜耀目。窗光净明，白纱花帘双垂。书卓靠窗，上覆五色线单。软绒交椅数事，或壁角有大躺椅一具。非有特别衣橱，即有特别壁橱。雕花镂嵌，可贮书籍。独睡铁床一张，铜柱精擦可鉴。羊毛毯为被褥，白竹布之被褥单相裹，温软光洁。被顶罩以白花线单（此单乃覆被之饰，我国最近流行，取为客寓中之褥单，已属可笑。更有妄人，用以罩桌。西人见之，必作呕三日。西人吃饭桌上白花单，乃平花无边须，绝非同物。且惟吃饭时罩之，余时止覆色线之单。我国习惯桌上罩一白竹布，名为洋式，此等洋式，实出杜撰）。鸭绒之枕，枕罩与被褥单，皆七日一换。白磁便盆或盆箱，或简便置于床下。一壁有大理石之面盆台，嵌宽大之磁盆。能含斗水之磁壶，满贮洁水。漱口玻杯，肥皂磁缸，位置于台角（惟牙刷、肥皂必自备）。面布两条，搭挂小架。每晨十时至十一时之顷，客必出房，或往客堂，或步出公园，让女主人或下婢整治其床铺，倾洁其便盆，更换其水壶，拂拭其窗牖。如不依时出房，非但此日即百物不为整理，且被看轻为妄人矣。夜睡之时，将所着皮靴，提置房门之外，明日房主亦为拭净而上油。（有包在房金内者，有另给一辨士一天者，大约包在内者为多。）如其有衣领等应当洗濯，即于晨间出房，让其收拾时将应洗之衣物，卷置床中，彼即取去。（不置床中间者，彼为叠好，以无欲洗之表示也。洗衣大都另给钱，惟局运至佳者，亦能得包入于房金。）终之所有卑亵之劳役，皆以惯例之方式表示，不可以言语使令。虽语下婢，皆为谬妄。以上即八元一星期之寓所。房间大约占有三元五角之价；尚有四元五角，则算入饭食。以三元五角一星期之房间，铺设至道台之签押房，亦不过如此。西洋俭学较诸北京俭学，租寓旗人家中厢房煨着沙锅，实天上矣。

答问：八元一星期之俭学客寓，而其饮食又奈何？

答曰：世上之饮食，以中国为最秾郁而油腻，伊大利次之。以日本为最清淡，而英国次之。两岛国之饮食，皆清淡寡味，而颇合于卫生。然吾国寒士家风，黄米饭香，青菜熟。大多数之人民，亦何尝不淡薄？深印一青菜黄米饭之观念于脑中，则尝日本白米饭黄萝葡之滋味，固无所谓不堪者。而食英国之简便大餐，更如登天矣。英国俭约家风之食物，以晨间及昼间为优，夕餐则淡薄。惟富贵人家，始夕餐尤丰于晨午，恰得其反也。今就俭学生八元一星期之客寓而言：早八时或八时半，主妇设早餐于客堂，叩客之房门曰："早餐已设矣。"客应曰："唯。"至客堂就坐，每人盘中油煎鸡蛋一枚，火腿两片者，其常。有时薰鱼一尾者，其暂。面包切片已涂牛乳者，陈于桌心，任取多少。茶注于杯，和以牛乳方糖。一杯与两杯，听客之所嗜。平花白台单上，盆盘刀叉整如。瓶花中设。且食且谈。问题大都出晨报。是曰早餐。午十二时半，又叩客之房门曰："午餐已设。"其时台单益洁白，盆盘刀叉益增，瓶花益灿。主客毕坐，主妇割牛羊之肉或鱼块或杂脔，约拳大者一品，置大盆献客。番薯或菜或齑，另置大碟，遍传桌上。各色取少许，和肉以食。调味架上之盐缸酱瓶醋樽椒盒，任客自取。肉食既罢，乃进糖食，所谓"补丁"者是也。此为英人之特色。补丁凡数百种，新妇必以能作补丁为贤慧，一如我国闺中学作饼饵，为大家女子之天职。补丁之常食者，无非杏子或苹果补丁、蒲桃干补丁、细米或凉粉补丁、大米鸡蛋酪补丁之类是也。（西洋粮食店亦售大米，即作补丁之用。在彼人视大米，一如吾人之视苡薏也。惟价格亦止倍于上海米价。运往者为南洋日本。而米质则以爪哇为最佳，日本次之。）肉食一盆、补丁一盆之外，各得面包一块，不涂牛乳。饮则清水，贮于玻盏。是为午餐。非有能如上海之番菜五六七种，连连而进。虽餐馆与富室之餐，亦与上海番菜相同，品类繁富。然寻常中户之食，决无有过两三品者。俭学之寓餐，果则绝迹不见面。（惟水果甚廉，间可自购，晨夜作消遣品。）午后五时，名曰吃茶。茶和乳糖一二杯。面包涂牛乳或糖酱数片。客气者复加蛋糕一盘。夜八时半或九时，又有茶一二杯，面包与糖酱，或加饼干，是名晚茶。或局运佳者，晚茶与午后之茶，并在六时。另加冷肉或鸡蛋或油鱼一盆。于是九时则进咖啡或可可一杯，饼干一二枚，是皆可称之曰晚餐。一日之食料乃备。大食者惟以面包为进退。然据卫生家所说，吾人食物，但嫌太多，不嫌过少。则英人俭学生寓中之食饮，于养生之料，固已绰乎有余。此八元之权利，除房间饮食外，又有一余福可以享受者，则每星期得洗浴一次。今日英国之住房，虽中下户人家，莫不各有绝好之澡房。即上海洗清池所谓洋盆者是矣。便房则洁净精微，机关抽送，不见纤毫粪迹。又必近于我等卧房，夜半清早皆便。

欧洲嗜茶之国，以英吉利、俄罗斯为最。大陆视茶，仅如我国之视咖啡，偶饮之而已。俄罗斯之状况，吾不能言，而英国则视茶为主要之食饮。故晚餐则名曰："茶"。我国救荒，则烧施粥，佐以咸萝卜。英人振贫，则送面包及茶叶。故若茶价之上涨，一如吾国米价之涨，使人愁叹。茶饮如是之普，亦不过七八十年以来。吾于五六年前见伦敦《日日电报》一报告：言一八五〇时，华茶进口七兆元，印茶仅半兆元。一九〇九华茶增至二十二兆元，印茶则增至四百五十兆元。如此次大战声中，粮食以缺乏为忧，不应反阻华茶。某先生曾以欧洲阻止中国丝茶进口为问。余愧于商货未有调查之经验，尚未能一答。据西报之传说，则因潜艇万险之中，欲载其急者，而暂置其不急者。华茶本为上等人家之饮料，在所不急。故暂多载印茶，少载华茶，此必为确因。若丝则为奢侈之品，更遭暂禁，又无可疑。然丝但进口于法国，闻法国不欲于战时减少女工之生计，并不禁运华丝。若英国则本少大票华丝入口也。英国华茶之价，平时至少两元一磅。若印茶止六七角一磅。故茶店印茶止售五分或一角一杯，华茶每杯至少角半。故如小茶馆及中下户人家，华茶绝迹。彼中人未尝不珍视华茶，无如力抽重税，使其价至昂，以保障印茶。故华茶欲其如何发达，恐终暂无希望。

客问：住此八元一周之寓所，饮食起居，则已无问题发生矣。其学校修业之法，则将奈何？

答曰：每年星期五十有二。四百一十六元之房金，并年终致送小小礼物，对于房饭钱一项者，共支四百二十元。无论习法政、文学、工科、理科，皆能选得年费一百元之专门学校入之。其余八十元，则以四十元为添补衣履、洗濯领衫等之用。二十元供给邮票车费。二十元供给笔墨书籍。若夏期旅行、购买书报等，当然皆止可以近边公园、公家书楼等代用，不复能与资费宽绰之同学相比例矣。若有人但欲于校修业上多得利便，而饮食起居能自减损，尚有自炊爨之一法。此法不惟省钱，在不佞与李石曾先生之理想，以为新时代之人物，于饮食一项，应当设一简便法，以适于旅行。不当煎熬包炒，务为繁琐，使口腹一项，造出许多不便。故即如圆心火油灯，在欧洲俭约之家，仍复广用。因其价较电灯煤气灯终止得半。火油灯加一文明烧架利用之以为个人之煮饭炉。配以华美轻巧之锅壶，颇不碍于观瞻。置之书桌之上，一面烧煮，一面写读，亦不害于时间。一人之食物，若"料量"（计划）周到，配搭精审，于食器可无赘余，于卫生可无妨碍，于滋味可无厌倦。余曾介绍二三人，在伦敦实行此法，皆称无少费事。内有两人，因房东止供电灯，且皆以火酒点之。每人每星期，约费两元，能使食料不减于寓主之所供给。且偶参家乡风味，于口福略增，足偿手足稍忙之劳。如此觅一三元一星期之房间，但管床铺收拾，不管食饮者，亦甚易易。以三元之房金，加上食料两元，不过五元一星期，年止二百六十元之房饭金。剩下三百四十元，供给学校修业及添衣买书零用，便精神上大增愉快矣。我等方拟配置精美之烧饭器具一副，总括而置于小皮包。又配合食单一纸，购办食物简便法之说明书一小册，以供愿就简便生活法者所采用。不惟可适于俭学也，且并适于我等之旅行，及轻便之家居。如内地食物店之不洁，直以性命相委托。方知个人自炊爨之风尚成，亦社会不良时之卫生法矣。

客问：所谓乙类之俭学生，其赴欧之情状则奈何？

答曰：乙类之俭学生，则于详述居欧状况之先，有可以讨论者甚多。所谓乙类之学生，即指预备工夫不甚完足，不能直接竟入大学或专门学之人，或简直尚有不识字母之丁东者也。昨得某先生书，欲仆详答英、法、德、美之学制。浅陋如余，安能缕答。且一部十七史，从何说起？即调查书籍，详细开列，必成巨册，非杂俎栏之谈话所能容。况此等烂朝报之章程，书肆必已有译本。然仆揣某先生之意，必非泛问学制。其意必代为亲友访问，欲知如何程度，能入如何学校，有所准备耳。此仆可以简单之词答覆，且可并于讨论乙类学生之时，夹带而出之者也。今最要者，又当分乙类学生为三种：

（一）年龄幼稚者为丙种。

（二）已成年而欲得一种系统之学问者为丁种。

（三）无论已未成年，限于境遇，止能于杂艺杂学，随便猎取者为戊种。而党人游子墨客奇士与夫顶出洋之招牌、吸文明之空气、尚非荒唐鬼者，当附庸于此。

今当先定丁种学生之标准。此等学生即欲由乙类成为甲类，入大学或专门学校，学习有系统之学问者也。其预备至何程度，方能合格入学？则可武断言之曰：无论日本、英、法、德、美，即走尽世界，当先有三件要事：

（一）学于何国，必何国之语言十分精熟。此即不系乎发试尽可"七缠八纽"（乱七八糟），南腔北调，勉强混列学籍。然至上课之际，但能心领神会。考试之时，不免借抄讲义。一样半生半熟，得毕业文凭而归。其毕生之受用与否，惟有个人自觉之矣。

（二）学于何国，必何国之文字，看读写作，比诸中国旧学，有高等秀才之程度。而且因试验之关系，于该国之地理历史，亦当勉强研究，熟其大概。

（三）算术则于数学、代数、几何三者，皆有今日国中中学校最优级之程度。

此三者为基本。倘于此三者无所欠缺，不必问英、法、德、美学制如何，皆可有有系统之学问可学。否则必归于戊种学生内计算。三者之外，又有两事：

（四）无论古文如希腊拉丁，或今文除所在国之文字外，假如去英国者，英文之外，或法文或德文，必当兼习一种。其兼习之古文或今文一种，程度虽可稍低。然照例亦必看读写作，皆有规模。否则虽二三两项，已经入格，此第四项或可通融，尚有以华文替代等之把戏。当于自己前途之学业，甚多吃亏。

（五）于理化博物中，必有一小门特别研精，毫不歉于中学之程度。

二者虽于前三项预备充足之后，补习至易。然欲正当而习有系统之学问于入学之先，亦不可不一并预备也。

故若上五项工夫，出国时已经完备，是曰甲类学生。若犹待出洋后添补不足者，名曰乙类学生。自小出外添补者，乃乙类之丁种。无论丙种丁种，无法于五项添补满足者，即无系统之学可学。是即乙类之戊种。其人尽亦有此项有系统学问之招牌，实皆野鸡学生也。野鸡学生，何尝不能成"家造博士"或"发明大家"？然此为别一问题。论及戊种办法时，或再讨论之可也。

客问：如子之言，乙类丁种学生之程度，似皆可于内国预备满足，成为甲类学生而后出。

答曰：此乃正当之办法，虽然事有未易一概论者。一国之立国，自有一国合理之办法。譬之如中国之中学校，照情理而论，极能造成出洋入大学之甲类学生。无如在理论上与实际上，皆未易造成出洋入大学程度满足之学生。因出洋求学，乃一时之现象，必非永久之事局。苟将成其为一国，必计划内国有学可学。此理论上之中学，应当为正式中国之中学，不能看作出洋预备学校者也。出洋求学，终为至少至少之数。全国多数中学之青年，但求受一中等教育，而供其一生职业上之应用者，乃居百分之九十。此实际上之中学，应当为中国中等教育完全之中学，又不能办成出洋预备学校者也。故必欲于中国中学，求达预备满足，无歉于甲类学生之程度，在势定有所难能。惟有特别供备出洋之学校，如北京清华学校之类者，可以副此目的。然昔年吾乡胡君敦复主该校教务时，即微嫌办事人无意使程度切合。建议欲增高其学程，至龃龉而退。乃发愤集合同人，至沪上发起大同学院。极数年之擘画，一意倾向此目的而进行。无如往学者多数皆非有直接出洋之计划，仍止以一良中学或高级文科视之。办事人欲周旋于二者之间，心力乃为之愈劳。舍此以外，惟一二外人所设之中学大学等，差亦易副预备满足之希望。然而学费亦几等于出洋之俭学。惟其人苟于经济有精密之计算，殊亦值得少安毋躁。在此等内国之校中，预备满足，然后出洋，三年止需两年外洋之费用矣。但有最要之一言，贡诸学生之自身者。无论在内国学校，或外洋补习，真能满足其程度，且生许多之活用者，必其主要恃自力。切不可委之于学校照例之功课，以面筋学生自待。以为学校中照例功课之力量，能使我等自然发展，自然满足。若但委其运命于学校照例之功课，在内国悠忽岁月，满足无期。遂思揠苗助长，或入西洋之火油锅中，可以不劳而获，则大谬大谬。成年学生至西洋预备普通中学之困难，乃异乎寻常之困难，在俭学为尤甚。因其为成年之人，而正式之官立中学不得入，止可入私立中学。因其为俭学，高价完备之私学不得入，止可入饭桶私学。（法国公立中学虽成年者亦可强入，然此等能许成年人强入之公立中学，其情形亦与饭桶学校相等。）所谓饭桶私学者，乃吾臆造一游戏之名词，形容其真相者也。其立校之宗旨，直如我国从前之私塾。乃一种之营业，专门供失风文人，为无聊中之饭碗者也。而在英国为尤甚。英国社会，表面上之阶级虽平。而心理上之阶级，实为世界最重之国。虽今日官立之中小学，日良一日，其功课远胜于私学。然官学则平民子弟必多，而高等社会之父兄，必不愿其子弟，与平民子弟相周旋。故宁出高价，就学于有名之私学。中等社会慕效之，却不能胜高价。于是荒谬绝伦，舍却甚良之官学，情愿入饭桶私学。供求相应，饭桶私学即因之而盛。每至暑假后第一学期开校之先，广告中登载某某私学招盘，或某人欲于某处租一私学，或买一私学，触目皆是也。（私学皆为中小学之程度，其受国家之监视，自亦不必说。然有名无实，必为经济困难者原谅，中外所同也。）

客问：然则成年之乙类学生，初至外洋，可入者即此饭桶私学乎？

答曰：在俭学生之预备好区处，即此饭桶私学为最佳。客或骤闻之而骇。然讨论终结，或又颇增想望。倘其人不耐内国中学之旷日持久，即竟赴外洋预备，亦无不可。内国三年之费，固止能供给外国两年。然亦未尝无意外之捷获，可偿费用之稍增。惟其两事，仍当留意：

（一）必具独修精神，富于自动之力。此即在内国学校，亦所倾重。至外国为尤要。非惟饭桶学校，其照例功课之敷衍，远甚于我国腐败学堂。即良好之官学校中，亦少硁硁讲解，大都侧重自习，其名即欲发达其自动之精神。

（二）无论如何，文字必粗通文法，算学为略有根柢，然后可以成行。若不识字母之丁东，不知数目之多寡，冒昧而行，除是其人甘为戊种学生，否则若有作系统学问之希望者，未免吃亏太巨。因其人虽有自动之力，然动无可动。当言语不通之时，虽至浅之讲解，饭桶校长，亦愿效忠。而无如彼有其口，我无吾耳，亦穷于指点。则初习一二年，或至非常困苦，亦未可知也。

倘既具自动之精神，又有浅薄之根柢，且行箧中多携良好之字典文法书等等，则坦然成行，必收好果。

客问：子将述乙类学生到欧之生活，即指生活于饭桶学校耶？

答曰：正即指此。前述甲类学生之客寓，若乙类学生，非为戊种，而为丁种，则断不可住。吾人亦已深知预备不足之学生，若赴日本住于下宿贷间之中，即断送其留学之生涯。即甲类学生，纵使号称预备满足，然至少有过半之数，于语言终未精熟；或有一二项功课，亦未针对于系统学校之试验，不得不稍有补习。有广东刁君作谦者，上海约翰书院之特班生，功夫为全校之最。约翰操语素熟，然彼于十三年前赴英，尚先住饭桶私学八九月，然后方入剑桥大学。若乙类学生，非特功课诸多欠缺，而于语言一项，必更形幼稚。若居私家客寓，终日止有三言两语，甚少讲话之机会。其余则遍国无与立谈。理想中以为置之庄岳，齐语自来。此或齐楚同在域中则然耳。实验之于域外，语既成熟，亦或多此机缘。若在格格不吐之时，必当择地甚善，庶讲话之机会较多。富人则择地易，而俭学则必以住宿人多之学校为最好学校。而有住宿生者，惟私校而已。（成年之乙类学生，官中学固不能入。在英则官中学且不留宿。大学则如看戏然。上课时，毕集而听讲。课罢则各散。若言语格格不吐之人，有谁耐与共话耶？）故即戊种学生，为言语计算，亦以先居饭桶学校稍久，最为有益。

客问：饭桶学校之情形，姑请隔一日而再谈。吾子近数日之谈论，似于学习外国文字，极如"刚八度"（沪语：洋行买办。英语之音译）

声口，注意于语言者甚至。然何以吾子平日劝人自习外国文，又以计较声音为多事，毋乃自相矛盾欤？

答曰：孔子有言："言非一端而已，夫固有所当也。"昔日"细崽"（洋人之雇佣）、"刚八度"等之学习外国文，仅注意于语言，并不曾由文字而进研学问，故相承而为习外国文字者之诟病。然此事大可相恕。以昔年此等学习外国文字之子弟，其父兄之希望，本以细思刚八度为一种之职业。此种职业，最适应用者，即普通之语言，及浅俗之文字而已。对其职业之应用上而专注研习，亦何所病？即细思刚八度，至今毕竟为一种正当之职业。吾即有子弟，如其不堪大就，而性质实近于细崽，或近于刚八度，吾必劝其计对应用，仍专注于普通语言，浅俗文字而止。此实为特别之另一问题，非可与学校学习外国文字，一概比而同之，混而言之也。然毕竟因数十年前，我国开始学习外国义字，有此一段之历史，至今留遗两大谬观念，为绝相反之阻碍。吾之矛盾，正欲针对两谬，而求各适其所适。

其第一谬曰鄙薄语言，

其第二谬曰拘滞声音。

鄙薄语言之结果，凡我国官学校之学生，皆以不作外国语，矜持其高尚之声价，在号称侧重国文之校为尤甚。彼夫满口钩辀格杰，作小滑头之形态，不惟词林文人恶之，即我亦必为之忍俊不禁。况厌薄作他种之语言，以语其所亲，古今中外，皆有此特性。故六朝人之痛恶鲜卑语，乡父老腾笑仕宦回里者之作官话，与今日官校不说外国语，为同一之条件。但平心思量，矫枉实有其不可过正者。揆以"执事敬"之要义，吾人既耗费宝贵之光阴，研究此项之文字，以为参考学问之资。此种文字，又实有接近语言之性质，为以相当之场合，加以相当之习炼，一既可为交换外人之资，二复足为考询学问之助。倘有出国邀游，吸收世界学问之机会，尤为惟一之要素。如此设想，竹头木屑，皆为有用之物。矧已捐弃时间而习之，而不顺收其旁效，岂智者之所为乎？且不惟内国官校因诟讥外人"教校"（教会学校）之故，有此不语鸣高之趋势。即挟此性习之人，往往流行其病于外洋。一至外国，贪与二三邦人为晨夕之相伴。好高务远，但闲闯街头，购买门面之书籍，以不求甚解之法读之。欲求其避地乡僻外人之居，先以家常闲话为生活者，不可耐亦非所屑也。实则彼所谓研究有得，或毕业学校者，因此口耳不重之故，暗中失却无限效果，为其势力所应得之物，而仅得其十分之六七或四五也。仆之言此，乃为公言。因仆亦诞诞拒人，格格不唾之一物，与不语鸣高之诸君子，素赓同调者；并非舌底澜翻，挟其所长，攻人之所短也。仆实见夫在外国入学，不熟外国语，真撒木屑于头上，自称锯匠者也。

客问：所谓拘滞声音者奈何？

答曰：学外国文字，而望兼习熟于语言，此固我之所主张。既欲从此语言，而声音自不可不重。但吾意则又以为文字自文字，语言自语言。世俗惯语，以为西洋文合一，此实似是而非。世界无论何国文字，莫不相同，皆有高深与浅俗之分别。浅俗之文，则与语言密切相近。近世纪之谈教育者，知高深之教育，能受者必少数。倘以艰深文字，作普通教育之器具，而大多数实受其敝。因此普通教育，皆主张以近语之文，撰述其课本。西方遵此目的而改良者，已有数十年。中国近来有经验之教育家，自编国文课本，亦群趋此说。我等学习外国之初等课本，本皆近语之文。细蕙刚八度之目的，又止借粗浅课本之文字，作为熟习语言之资料。于是西洋语文合一之说，群然遂奉为典要。且吾人素性自大，以为外国蛮夷之文字，照例自不能脱其语言粗俗之本质，故中心已预断其语文之合一。语文之合一不合一，乃为别一问题，我今不必屡论。且即其人信仰合一之说，于吾薪求学习外国文者，必兼熟语言之旨，亦无抵触。惟牢固此说于胸中，而有两种人，则大受其阻碍：

（一）为境遇不能得良师佳校之人，则姑牺牲语言，尽可任声音之小舛，而在文字上多记生字，精核文法，实大足为异日得遇机缘之预备。惟中语文合一之毒，以为今日声音之偶乖，即全般工夫之徒作。若将声音不密合之文字，自由研究，非徒无益，而且有害，此真不通之谬说。自小习中国语言，尚能改读外国文字，岂有偶乖声音，异日得良师或外人之指导，不能追改？从改之之时，略生困难。然较之辍学以待时，坐失辨认字体，研精文法之许多工夫，岂不大为可惜？况语言即习于内国之佳校，亦不过粗得大概。若欲声调腔口，为彼中人所许可，仍非久居彼人之中，不能为功。故声音之事，究如何而能得其正确，非索居内地，任一二良师之指导，即可圆满。至于声音之规则，在今日西文字典，及独修书籍，颇多精确之昭示，而大端不谬，实闭门亦能达到。故拘滞声音，而苦学之士，为之阻碍研读外国文字之兴会。其弊一也。

（二）为年岁既长，或职业相拘，其人实富于学识，而有考文治学之能力者，此实不必再习语言。但视外国文字，如钟鼎篆籀，治之如

《说文》，则有华解字典及独修书籍，横七竖八习之。其人若富于记忆力者，一样一二年之岁月，即能看书读报。尽可自辟一参考之途径。吾以为老少积学之士，无不可自治一二种外国文，作为消遣之品，自亦收其多解外籍之效。惟又中于语文合一之毒，以为字体固可自辨，而声音必经师傅。一若声音谈乖，即文字难通也者。故以为我辈名流，与彼教西文之流氓，曰师曰弟子，有所不屑，遂于此节事无意问津矣。岂知四十年前江西有吴子登者，算术名家，曾国藩之畏友。我国初次派遣出洋幼童百人赴美，吴即为监督，而以粤人容闳氏副之。吴之治西文，非但不屑谈其音，并且不屑写其字。ABCD而以甲乙丙丁代之。然颇能读算书，看日报。吴之迂顽固可笑，然其不为声音所拘，不愿从师，以玩索之自力，了解外文，实非今日受欺于语文合一，不敢无师津者，所敢及矣。故拘滞声音，而积学之上，又为之阻碍研读外国文字之兴会。其弊二也。

观此二弊，则吾所谓鄙薄语言不可，拘滞声音又不可，各有一义，非矛盾矣。

客问：乙类学生之饭桶学校，请言其状。

答曰：此等学校，为我被之以饭桶之游戏名词，未免令人有不快之感，实则其内容甚有足述者。惟吾若不先予以贬词，恐一言学校，而客遂以为外国学校尽属此类，而又不免贻误。今则又有一问题，而于详述饭桶学校之先，所当略论。吾国风俗，惟旧日有远道受业名人之家。不惟承受其学业，而且薰炙其品性。除此以外，其寄食人家，皆因贫困以倚亲友，或因游观以候朋好；从无有为慕效他人之言论丰采，行动习尚，忽议借居其家者。因中国除客舍厢宇之外，亦断断无居家留寓客人之事。西洋则不然。凡纯粹之住家，皆可留宿一二外客于家中，与之同其起居，同其饮食，视若家庭之一员。在英国尤为普通。欲觅上户稍艰难，必得介绍，而中下户则几乎十家有五，皆如客寓之招客。有空房者，则悬帖于窗际。此等中下户，前述俭学生八元一星期之寓处，即包括于此类之中。每一街巷，人家数十百，而窗上悬有招客寓宿之帖者，多必二三十少或十数。寓宿之目的，异乎客寓（伦敦客寓大小亦有数千），大抵不出乎左所列之性质：

（一）亦有近于客寓之客者，则由他城邑而来，游观至一星期以上，适朋友在左近，遂亦寓居此等人家，即费用亦可略省。

（二）因在商店作伙，或在学校作学生，或去家太远，或来自外方，而终年住宿一人家，有至数年者。

（三）简直并无家室，其职业则为伙计、为教师、为工匠、为报馆主笔等种种事业者，即寄宿人家为此家家庭之一员。甚有同居一世，迁居即随之同迁者。故所有不娶之男、不嫁之女、已鳏之老人、守寡之老妇、为儿媳所离居之老夫妇、为父母所析出之小夫妻，皆可自由选择，寓居人家，享一室团聚晨夜笑语之乐。不似中国鳏夫寡妇，及老年无倚靠者，即广有资财，独立门户，尚为仆婢所欺。如其仅有过渡之资，则尼庵僧庙，皆至感不便。吾人亲友中颇有似此孤独之人，常为之无法安排，搔首不宁。所以今之社会改良家，颇议中国之家庭，应当改变组织。其事固甚不可缓，然而社会生活之法，若不能先变，则新式之家庭既出，必有一时，甚感困难。

（四）即青年子弟，或外方远客，欲熏染性习，择一良好之人家而居者。

其第四类，本亦为留学所急要。惜有名诗书之人家，地位每居中上，非有二十元一星期之费用，不能必得。必富家子弟，或公费学生，始能备办其资。至于俭学生，甚难如愿。若八九元一星期之寓，人家亦尽可善良，大都必无学问之顾问，或理道之商榷，及仪式之讲求。其补救之法，欲觅上等之穷人，古今中外，惟有教书先生而已。谚云：十条黄狗九条雄，十个先生九个穷。西洋亦复如此。故又可曰：饭桶学校者，不惟可以读书，并为俭学生良好之寓所也。

客问：洵如子言：饭桶私校，又可为俭学生之良好寓处，不知比较于八元一星期之宿舍，其得失若何？

答曰：此又一言难尽，姑先略叙饭桶私校之情形，而后再与寻常宿舍，为比较之讨论。所谓饭桶私校者，即个人或一行人，集资设校，得学生之束修，藉以开销，而此个人与一行人，复倚以为生活者也。其等类亦至不一，尽有校长学问高明，声名佳好，而建设已几代，规模甚可观者，则其校修亦可年需千金，非俭学生所能入。俭学生所能入者，其等类皆居中下。中下却亦不尽以功课分，而分在饮食起居而已，甚或止分于声名之微著而已。虽为中下之饭桶私校，其房舍之外貌，必远较八元一星期之寓舍为阔绰。且以招徕学生之故，往往皆建设于清雅之僻街，或山水之佳处。此等私校，全英国不下二三千处。年来以俭学之目的，曾细细调查，且曾约得十数校，皆许以学生源源而去，约成一至廉之价。学校本论学期，以暑假后九月初开学为第一学期，正月初为第二学期，四月中为第三学期。年假半月，春假半月，暑假两月，例当别纳高修。吾人近来所约者，乃不论学期，不问假日，某日入学，扣算至两月后之某日，为十足三个月，纳费一百元。束修膳宿洗衣，一应在内。如是则每年实纳四百元。较诸八元一星期之寓舍，反廉二十元。间有教法稍优之一二校，则年纳四百八十元。此等校舍，皆在乡僻，或在他城邑，却颇有属于名胜之区者。如英伦南海边第一名胜，所谓白丽登，黎庶昌、薛福成等皆为之作记者。亦有约定俭学之校在彼。徜以消受山水而论，富翁或有费数千金一月，方能居此。何物俭学生，居然与享幸福，四百元真极廉矣！惜此等约价低廉之私校，在绝大城市，相近大学或专门校者甚少。故甲类学生，已入大学或专门校之后，即无从寓居此等学校，不得不住八元一星期之宿舍矣。（最近于伦敦城之西南郊，觅得两三校，近处有大学及专门校可入。此后如有愿受私校之拘束，而得顾问之实益者，或于入大学之后，亦可不寓寻常寓舍，而住此等之私校矣。）私校饮食起居之不如寻常寓舍者，每晨不能天天有鸡蛋火腿，止间有火腿一片。大都则面包奶茶之外，复有麦粥等而已。午餐之肉食，亦不能如寓处之丰，晚餐止有面包奶茶，间有糕点，此饮食之略菲也。住房因华人喜在房间作事，故曾与订约，给一房间以独住。虽桌椅床铺俱全，然不能如寻常寓舍之华美，此起居之稍逊也。（然亦有开明之人，因图说话之便，喜与英国学生数人同居一房。效法西人之性习，愿在公共之地作事。自修等等，皆在课堂。此尤为饭桶校长所欢迎，因不必供给房间灯火矣。华人非关门不能作事之恶习，实为受累，且与新时代公共生活，甚多冲突。故颇有人不愿要求独居之房间。）而所得利益，则疑难有所顾问，身体有所约束，说话能多得朋友，乡僻能多得空气，洗衣不要钱，看书颇可借。而且名为预备，自力强者，真正大可预备。

客问：然则饭桶学校，遂无功课可言乎？

答曰：此又一言难尽。以饭桶学校，而遇面筋学生，虽竟断之曰绝无功课可言，亦非厚诬。因此等学校，除校长一人外，多则二三帮教，少乃一二而已。常有中学一二班，小学三四班。故并师母世姊，一同帮忙，亦觉人人日不暇给。所谓成年乙类之学生，以年龄而论，中学已嫌难插。以彼中功课而论，语言尚不尽达，小学亦且不合。故在彼校，本止能作为野鸡学生。此等野鸡学生，中国人本为少数。普通者为德、奥、法、比之少年，特来英境熟习英文英语者。而尤多者为西班牙、南美洲及印度之人，或来专习语文、或亦预备求学。故往往中小学诸班之外，又有野鸡学生数人，即或多给钱文，或廉价预约，必求校长于课余，另给功课。自然亦颇有恳切施教之校长，或热心指示之师母。然亦有名为教书，使学生循读课书一过，先生一面看报，不问错误与否，但以 Very well 等之应酬语，敷衍了事者。其各班讲堂，野鸡学生之权利，例可自由选择，随意旁听。然彼中亦止剩柴瘦之鸡肋，弃之可惜，食之无味。盖旁坐惟闻发问演习等事。几乎彼中教习，全不知详细讲解，究为何物也。（彼亦自有彼之长处，乞勿误会，致嫌我国教习过于认真。不学李太白做诗，但学李太白吃酒，介绍短处，往往容易普遍。仆恨双管不能齐下，但随手各举其实，若与他处谈话，互相参观，自无弊病。）必得自动之学生，随处皆能发问，逢人便相请益，又能纳交于帮教之先生，或同校之高才，自能开此门径。则此饭桶学校之利益，又几乎为内国最佳学校所决未能得者。故即冒昧出国，舍内国恳恳之讲解，而易客居寂寂之自修，亦不为过于吃亏。盖其优点约略有三：

（一）发生于自然，不与饭桶学校相干者，在内国所读外国之书，虽意思亦能了解，然未尝目睹情形，颇多不知所语云何。迨身入其中，日日亲见其社会之生活、书报之争论，则于所读之书，甚多目注而即心通。此于进步之时间，可望缩短也。

（二）一"齐"为傅，而休以众"楚"，于语言固受敝矣，即属文尤少佳望。盖虽内国良校，教以西人，于文归词格，讲解入细，然鼓荡于故乡空气之中，文情文思，俱有乡味，不合殊俗。充其量，作得高等中国腔之外国文而已。惟日沉浸于彼中富有诗书之气者之中，方能落笔即成洋调。富有诗书之气之人，俭学生之所能遇者，惟饭桶学校中之灶君校长、夫人师母（校长常有硕士、学士之头衔，开校时必戴"灶君皇帝"之帽，师母常扮成 Lady 式以壮观瞻）、维新帮教、进取同学而已。故饭桶学校，足为俭学生变化文章气质，乃为惟一之道路。

（三）熟习语言，非至外洋不可。俭学而求其语言稍高等，非住宿于饭桶学校不可，前已论之略备，不必更赘。

若我前所谓养成甲类学生，能入大学或专门学校，其满足工夫，若全恃饭桶学校，或仗自力，即亦殊难达到。惟饭桶学校，实为预备之第一段，断不能不先入者耳。

客问：饭桶学校，既不能备得满足入学之资格，而乙类学生，究何从而变为甲类学生？

答曰：若仗饭桶学校之力，文笔能圆转，口耳能灵便，第一难关已过，不但无虞于入学功夫之预备，而且毕生之受用无穷。至于自力甚强之学生，预备入学工夫道路类多。方其在饭桶学校之时，一年之费用，止需五百元而足。尚有准备之百元，最好充为函授学校束修之用。在英国如剑桥郡之函授学校，不惟入学资格，可由函授而预备；即学位考试，亦可由函授而通过。且饭桶学校之教师，大都如我国八股冬烘，谈说考试，口津欲滴。闻其野鸡学生，兼从事于函授学校之工夫，非惟不妒，而且必从旁指示，深以通过入学考试，能进专门学校等等，为彼校无上光荣。惟欲速则不达，倘语文并未在饭桶学校中，得有把握之时，不必急想天鹅肉，勉强从事于函授。且苟索居饭桶学校，自力与耐心，皆足成就笔舌，使之达于佳境。即脱离饭桶学校，适都会而改入大学等之预备科，亦仅有学费在百余元之数者。倘其上课而讲解领略至晰，讲义抄录至完，预备科中自无预备不成，亦无预备不速。故饭桶学校者，实为成年乙类学生根本之根本也。

客问：乙类学生中之戊种学生，本不求预备入学满足之工夫，惟随便猎取一材一艺，或为党人游子墨客奇士，止求吸文明空气，或为异域之游观者，当与饭桶学校无缘矣。然耶？否耶？

答曰：是何言欤！凡适异域，无论所求何事，如其书报不能畅读，语言不能通晓，必将一步不可以行。

惟目的真止求游历一周，或不得已而避地海外者，此又另一问题。旅行西洋，除伊大利、西班牙、俄罗斯等文明程度稍下之国，或多欺人之事外，余皆宾至如归。即为哑旅行，亦全无困难。较诸旅行内国偏僻之乡，尤安全快乐也。

书报或能仗自力而乞灵字典，久久亦或通晓。惟语言则非蛰藏于相当之场所，耐有短时，与国人离索，几莫能自修。甚有数年流寓而依然哑巴者。所谓相当场所，穷人之力量，亦惟饭桶学校是求。至于青年而往习一艺，欲求速成而归，尤需严格的先独自住一饭桶学校，最好一年，少则八月。故饭桶学校者，实为乙类学生出洋后必过之要关也。

客问：乙类学生中之丙种学生，即指年龄幼稚者而言，亦与饭桶学校有缘乎？

答曰：此断断与饭桶学校无缘者也。饭桶学校，必其人已有自治力者，始能入之。如年龄幼稚之学生，必托管理之人，始能出国。既有管理之人，而学生之年龄，又适合中小学，则竟入官立中小学。其功课之真足，断非饭桶学校所可比伦。倘在内国，得有高等小学之程度，其造此程度之时，又或稍偏重于洋文算学。洋文读过读本三四册，文法能了解其大概，无多错误。寻常算术各要法演习略完，又稍解代数。如往英国者，于英文已有上举之程度外，复于法文或德文，读过一二册，拼法甚熟，而又略知文法。如往法国、德国者，德、法文程度稍高外，对于英文，当知其粗浅者亦同。年龄十四或至十六，如是而出国，竟入彼等之官立中学。此等学生，将来所得之成绩，必尤较在内国预备满足，竟入彼中之大学或高等学者为优良。因各国之学校，最致谨于中学。因彼中合格之中学（不合格者即中下之饭桶私校）循途而入大学，如在铁线孔内抽过，当其为彼中大学学生之时，自然另有一种针锋相对之合格。惜此等学生，若无父兄或负责之亲友，可托管理，则必高价而托之于上等之西人，甚难由幼稚生之随众而自往。因公立中学除少数特性者之外，大都无宿舍。使年幼之人，自由寄居人家，终不妥善。亦有特别强有力之少年，性行至高明，青年即具老成之资格者，其年龄或已至于十七八甚而达于二十，西人颇有量其身材状貌，可作十五六者。在内国预备之工夫，亦过于高等小学之程度，于吾上文所举洋文算学等等，其程度皆有增无减。此人本为丁种学生，当入饭桶私校，而亦未尝不可寄宿人家，竟入近处之公立中学。但此毕竟为少数。吾侪之所热望者，最好望有开明之父兄，设法携其幼稚之子弟，得有相当之监督，俾能早年就学于外。其足以助长我国能力，教育之发达，结果必不甚小。既有父兄为筹相当之行动，亦且不必限于中学生之一项。即年龄甚幼，需入彼中公立小学者，亦未尝不相宜。其行动之法，大略有二：

（一）竟为子弟读书而迁家海外；

（二）凑合成数之子弟，结团设监以为之。

客问：子所谓移家西洋，以适于子弟之就学，无乃小题大做欤？

答曰：吾人论事，无论何人，皆不能无所动于一部分之感情，而轻有所主张，其实凡一人之主张，必实有适宜于一部分者在，而复实有不适宜于他部分者亦在。假如我国近时受美人卫琴西氏新教育论之影响，致年来教育部遣派学生，取限制主义。卫氏所谓："必须成年之人，年在二十五岁以上，曾于本国受有完全教育者，始可出洋留学。盖留学目的，端在极深研几，或特别调查。彼英、德、法、美诸国学子之互相游学，莫如是。"此与日本派遣留学，限定卒业大学，曾任助教，且限额五十余人，其旨趣亦合。然吾不必多下断语。即以卫氏英、德、法、美诸国莫如是一语反诘之，中国今日之国情，及学界之程度，得比英乎德乎法乎美乎？抑退一步言之，得比日本乎？当无不以为甚滑稽者也。卫氏之新教育论，趋重力役。吾五体投地崇拜之。至于所论派遣留学生法，若作为教育部方面，挑选出洋学生时之鹄的，于此一部分，亦至为切当。年来成年而受过比较完全教育之人，日多一日，教育部取其仅少之学额，多选此等人，自亦在情理之中。若卫氏又谓采取彼之方法："则派遣学生出洋留学之举，直无所用。"此实谬说！其谬点，以我血诚所论断：彼但欲取信其说于吾人，故不觉推挹太过。以为吾人感情既洽，而信其力役之说亦固。殊不知独立文化等之谀词，全不适用于新世界。人类惟以力役优劣之结果，为文化消长之现象。力役之真理，重在真美与真适。必就世界为比较，万不能偏于历史而独立。卫氏抵华，所遇者皆为国拘之词林文人，彼以为大多数心理如此，进言必求先合于与情，故聊复云云。观于彼所专注发挥之力役论，全不与国粹问题有所关连。即可见独立文化等之楔子，皆应酬世故语也。但此问题太大，非今日谈话中所能尽情讨论。且卫氏言论，实有适于一部分之价值。即吾移家留学之言，正居其对面，自亦不过适于一部分。倘执吾之说，以为内国学校，可以不开，皆应移家就学西洋，非特吾无其意，亦即变为滑稽之谈矣。终之，吾敢为大前提而断言者：

今之新教育，皆有觉悟，当趋重力役。

即力役之教育而论，是世界的，非一国的。

力役之智识，是世界的，故交通愈广博，而成就者愈多。

我国力役之教育，既已发达，尚不可忽于交通。当其未发达，尤应多设交通之法，促此教育而进之。移家就学西洋，亦为交通诸法内之一种。

且以力役之教育为大前提，学生岂止学校而已？则移家之说，已殊有可以讨论之价值存在矣。

客问：移家就学之说，甚为离奇，子且姑妄言之，吾将姑妄听之。

答曰：今日中国之所缺者学校教育，与所谓力役教育内之高等能力，皆知出国而求之矣。其实与人类相关之事物，有待乎增进智识，逐一改良者，实为千端万绪，非仅讲学之一事。必事事能多换智识于世界，而后适宜于时势之俗尚成，乃得优存于人群。移家之事，取吾一部分人之家庭生活，生活于世界改良之城邑，取吾一部分人之起居习惯，习惯于世界进取之社会。即无子弟就学问题，已觉移家之重要。况就子弟就学而论，我国学校之骤难完备，尤于高等力役之能力，一时决不能取诸官中而足。而又因社会上四围现状之无所补助，故即在学校中成绩最优之子弟，往往不比于留学普通毕业之学生。（所谓普通毕业学生者，乃指实地学习，特成绩非甚优者耳，决非指顶一留学招牌之面筋学生也。）即因一则于学校外无所闻见，一则闻见于学校之外者甚多耳。就学常赴通都巨市，即取近证而易明。如北京、上海，亦有议之为坑陷子弟之魔窟者。但无可如何，父兄寄托其子弟，或亲率其子弟，合四方而集者，仍比较的视为子弟可望成学之地。虽胜朝之逸老、词林之文人、开明之朴学、寒素之老儒，皆别有适宜于此中之生活，不尽为子弟之学业。然其间亦颇有夹杂此问题而滞留。以北京、上海作一小影，扩而充之，即知有特别之一部分，可以纷迁于伦敦、巴黎，并非离奇。且不惟为子弟得佳校，广四境，终能充其力役之能力而已。即于其父兄之生活，亦岂无可以适宜者在？特上海、北京，不以为远者，习惯而赴之；而伦敦、巴黎，以为甚远者有素，惮于轻赴耳。倘去之者多，共忘其远，又争先恐后赴之矣。比伦敦、巴黎稍近，而较远于上海、北京及东京、神户，二十年前视若天边者，今皆作为槛外也。顽固如不识丁东之京官，亦且贩卖旧书而往。彼特未知伦敦、巴黎，类于旧书之事业，或较可发展之把戏，彼能开创者尤多。所以吾且不暇为种种部分之人计画，但为帝制派如梁士诒、杨度辈设想，彼若全副骨架内有一两根雅骨，改其伺隙香港、天津之陋观念，挟其多财，为伦敦、巴黎之生活，超全家于海外实业，世界学问之途径。彼之所以兴家者何如？而间接即所以拯国者又何如？即若二太子之袁克文，以其一生中在上海为恶浊生活之化销，移而为海外改良之度日，其前途及家庭之结果，亦必大有影响。故其人而不安于穷乡僻壤之老生活，输送其资，为内地洋场之浪费者，皆可劝移海外。比较的所得结果，不至为洋场下台之下劣也。虽然此等移家，亦为一部分耳，非即吾所希冀移家就学之一部分。吾所希冀移家就学之一部分，仍就力量仅足之人着想，或简直又为穷措大作好梦耳。

　　客问：移家就学有若何之状况，可名曰力量仅足？若何之状况，则称为穷措大？

　　答曰：此止能大概言之耳。所谓力量仅足，所谓穷措大，随人之观感而异。终之及吾所谓力量可名仅足之人，决不是富豪。此亦客之所能会意者。且吾昨日之谈话，虽有盼望梁士诒、杨度、袁克文等，亦可移家域外。然此终是痴人说梦！况自维新以来，凡能弃八股而就学，冒百险而远适者，其初皆为穷措大。故今日面团团活画官僚态之学生，向日皆窭人子。未尝经官风味时，痛骂官场腐败。十许年前我在南洋公学，对此辈寒乞子弟，即劝彼等未吃烧烤，且勿乱骂。今日果然。颇有若干寒乞鬼，已为政治上之大蠹。即梁士诒、杨度，十许年前，亦寒乞队中之人物。今日适从何来，遽集于此，居然亦称元老矣。今且勿说闲话，凡与新事业奋斗，必先为穷措大，而贵官富人之子弟，初皆勿屑也。必至大势所趋，无可如何，于是方施其近水楼台之手段，亦使子弟滥公费，行捷径，读外国八股，就外国考试，而十八九仍用以为进身之阶。真实研究者，仍让穷措大。迨穷措大成学而归，即如弹词中破窑内人物，中了状元，招赘于宰相之家。故无数旧式官僚之千金，许配寒乞子弟者，今亦成为流行之佳话。此即表明世家大族门当户对之子弟，鲜有成学者之实证也。且今日旧家子弟，拼命拥戴张勋之徒，必欲复旧式政治，不管与世界适宜与否，为民国之大梗者，毕竟即为彼等仍不屑从事新学。即有出洋者，亦银样蜡枪头，所谓留学生游荡，即彼辈居多数。一部份旧家子弟，富有旧学者，其脑中止有官缺幕僚，期得替大帅相国，发挥电报谋有位置，即算了事。彼辈亦尽有聪明钞袭法政书，翻撷张册报，居然亦有争法律谈政策之大文章，颇可传诵。所以倒楣之国，每由世家大族，笃旧不化，贪吃现成饭，死保老位置。而方兴之国，即从世家大族子弟，嗜学如命，藉登高易呼之势，而成才众多。乌乎！此中消息，向谁痛哭乎？故移家就学等之廓落语，为贵人世家富翁等所掩耳不欲闻。谚云：患病人向鬼商量。仍止有商之于寒乞相之穷措大，或反兴会淋漓耳。故所谓力量仅足之人之状况，与夫穷措大之状况，初无何等分别。吾自议论俭学而及移家，总而言之，统而言之，皆对穷措大言之而已。故后此谈话，姑名力量可仅足者，称曰高等穷措大；力量不能定者，称曰普通穷措大。

客问：所谓高等穷措大者可比况而说其情状否？

答曰：假如其人夫妇子女五六口，住居上海，租寓两幢或三幢之房屋。子女三数人入学。自身略有补助之事业，每月一二百元之开销，可合其家本有之出息，支持之而宽然有余者。此即为高等穷措大矣。以彼寓居上海之费用，寓居西洋，断无不足。第一次出发之费，及到欧置备家具之费，约需二千元。倘此款不能特别增多，则可于三年内，将在欧之家用撙节，以资弥补。今姑略述生活情状，合于此类之高等穷措大者，以便与上海比较：

（一）住房；

（二）饭食；

（三）家用；

（四）学费。

客问：住房奈何？

答曰：上海两幢之屋，合巡捕捐计算，常至三十元左右，三幢则需五十元。今以伦敦同品类之房屋比较，同于两幢者，止需二十四元，同于三幢者，止需四十元。惟二十四元之屋，大都工人居住，客居之读书人，必住四十元者为宜。伦敦之屋，本无所谓三幢两幢。今以三幢两幢比较者，指其间数之作用言之耳。伦敦之屋，自然即上海洋房之款式。四十元之住房，虽比于上海七八十两租金之洋房，外貌不能如彼之大，而内容之便利华美则过之。约有正房六间，副房如灶间等三间，一律皆裱糊上等之花纸。旧则由房东改裱。楼上楼下，有厕房两所，亦裱糊精致。抽水管子等，样样俱全。浴房一间，装置新式之洋浴盆。一壁另装自来水之洗面盆。四壁皆糊上油花纸。洗浴洗面之热水，由厨房通来。需热水者，将热水龙头旋放。冷水龙头，即在热水龙头之旁，更可自由开放。浴罢则提起橡皮之塞，不必再管，秽水自然流去。（次等住房中之浴房如此，其上等者可知。而上等之客寓，且每一客房，即于套间内备一浴室。故西洋无澡堂之必要。略有公澡堂，皆备下等穷民之用。）厨房中烧煤之铁灶。烧煤气之铁灶，皆装备完全。其铁灶等均位置精整，铜柱铁座，灿然耀辉。非如上海煤气铁灶恶陋，直军营中，供布帐内用者耳。煤灶之上，安置一巨大铁箱于壁间，约可容水两担。铁箱通于冷水管，满则有塞抵住。稍空则冷水流入补之。另有管条，以放热水。煤灶热火，一面可以煮菜烧饭，一面即将铁箱之水，腾灼而热，常至于沸。故不惟供洗浴等等，而且终日热水不断，不啻开一节俭之"老虎灶"（上海专出售开水之灶）于家中。因厨房惟有炉灶等耳，然其位置得宜，与房东做现成之雕花玻璃门壁厨等，相映成趣。窗明几净，简朴之家，将客堂关起，即就厨房为小客堂，兼充饭间。好在英国绝便宜之煤，终日炉灶之火融融，热水取足焉，饮食取足焉，一室之暖气取足焉。假如夜餐之后，电灯通明，三数子女，围桌而坐，补习夜课。父则倚窗下大椅读晚报；母则就炉旁，躺椅休息，抚弄狸奴，观彼跳跃花毯上。即此厨房之生活，已胜过三幢房子内厢房之生活矣。若上海所谓亭子间，所谓屋，真地狱也。厨房近接后院，其外必有套间。壁上装有冷热自来水龙头，下承以大石盘。凡菜物盏碗，皆就盘内洗濯。秽水由盘底自然流去。通宅之内，装自来水龙头者三五。到处自由取水，万无取水院中。至于拖泥带水之事，石盘之旁，煎衣之大锅灶在焉。西洋洗衣，皆用大锅之水，浸衣于中，加入碱粉，热煤烧煮，略搓于棱板，复以清水淋之即毕。凡一切家用之要具，皆由房子内预备完全。大门之外，必有隙地，密植常青小树，略辟花圃。临街缭以短垣。铁栏铁门，花色翻新，务极美观。后院必有一进房子之宽，什莳花草，或成游步之场，各随寓客之意而布置。故四十元之住房，虽号称间数作用，仅抵三幢；而精美之与恶陋，安适之与阻难，迥不相侔矣。

客问：饭食奈何？

答曰：饭食问题，若独客异域，自然俯就他人之食物，尚当生出适口不适口等之分别。至于移家海外，无异即移家他省，食品之不能甚繁，种类之不能无异，西洋客居之中，自有此感觉。但较之道路不通之边徼，与生产不富之穷省，定当彼善于此。故若闽、广、江、浙之人，欲在陕、甘、晋、豫等之腹地，备具闽、广、江、浙之食，略有为难。若陕、甘、晋、豫之都会人家，迁居闽、广、江、浙之中邑，欲备具陕、甘、晋、豫之食，终能略得近似。因原料尚易取求也。至于西洋贵重之食物，真可称龙肝凤肺，无所不有。然此必非措大所能问鼎。但举寻常食用必需之品物，较之上海，必不及上海之多；然较之天津，决不能算少。故无论其为陕、甘、晋、豫之人，为闽、广、江、浙之人，必能自由备具其陕、甘、晋、豫之食，或闽、广、江、浙之食。或丰或俭，各照在上海旅居中一样处办可耳。惟实行措大风味之限制，必当牢记：若如上海一月中必有数次宴会，竟享富豪盛席，此或不能无所牺牲。假如仆本江苏无锡之下等穷措大，即照无锡普通穷措大家之食物备具：

早上无锡人食粥，我家在伦敦，则改食苏格兰之粥，加入白糖牛乳，即省去咸菜。苏格兰之麦，名曰Oats。上海惟福利公司等有之。西医劝人病中买食，富人得尝其味。因上海值昂，半元方得一小罐也。上好之白糖，新鲜之牛乳，皆彼中俯拾即是。此岂不卫生之至乎？

午间实行三色一汤，一荤两素，或两荤一素之老套。佐以净素之白米饭，全是"惠泉山"（无锡之山）下风味，毫不杂一点西洋气。

晚间吾乡简陋，将日间之饭泡煮，名曰泡饭。佐以咸菜三四碟。几乎通于无锡、常州之上下。饭时所剩饭菜，西洋、日本例当倾入垃圾桶，吾乡则宝之，以为泡饭时特别之佳肴。此虽泄漏于外人，殊欠文明。然好在此种谈话，惟一二同志之穷措大能读之，亦不妨一述。乃其有合乎孔夫子宁俭之旨，或文人硕德，亦有取焉。如此晚上食物，更穷形画相，为纯粹之乡味矣。

岁时令节，与夫星期日休息等日，或做饼饵，或下汤面，或具多肴，亦聊代家乡之宴会。至于碗盏锅罐之属，彼中皆色色灵便，可用者多。惟华式之碗筷、煎包之浅锅等，必国内携去，较为受用。且略带小石磨、煮烙器等杂件，磨豆腐，烙面筋，溉豆牙，切刀面，到彼想念华物，自然不学而能，而且决不惮烦，以为甚有味之工作。可见鲁滨逊漂流海岛，变成百工皆备于一身，决非人类之不幸也。至于华用器具，应带何物，此乃南北嗜好不同，待客真将移家西行时，自度处备家乡风味，何器必不可少，开单问我，再答西洋有无其物，以便将缺者带去可也。至于食物之品类，明日再谈，亦可藉博一粲。

论善恶之进化 *
（1917）

大千世界何物乎？肤浅言之，即"空间"之精神与物质在"时间"中变换式状而已。吾之地球，即大千世界之一；吾之人类，即地球上变换而出之一式状。

进化又何物乎？即一式状自"发育期"至"成长期"将完全一式状于一时间内之片面名词也。自"成长期"至"消灭期"之又一片面言之则曰退化。

善恶又何物乎？即消息于一式状之进化与退化间，而为之"发育力"，为之"成长力"，为之"消灭力"，以尽其变换之能事者。

一式状有一式状可名之善恶，善恶每互趋相胜，而变换之能事以出。惟善恶无一息不互趋于相胜。故一大式状内所层包叠含之群小式状，每于大式状"进化期内"为无量数小退化，于大式状"退化期内"为无量数小进化。因其大小包含之繁复，进化与退化之观察，遂易生歧误。

吾者，含于人类之一"小式状"也。就吾之式状言，由成长而趋于消灭，是退化者也，可不必置议。

人类则含有吾者之"较大式状"。人类一式状，无论据何种之学说，为天演为神造，书契以前，年必以巨万数，此为尽人所公认。然则书契肇进之后，仅仅七八千年，其为止由"发育期"方趋"成长期"，必非谬想，是进化者也。

地球，则为含有人类"又大式状"也，自星气而至凝固，科学家之推测，为年者必千兆，于是由含生以至于无生，由无生以至于消解，为

---

* 初刊时间为 1917 年。

年将倍。今为第二千兆年之开始，盖含生至今仅百兆年耳。是地球一式状又进化者也。

既地球方为进化，而人类又方为进化，故谈人事者，而有进化说，是于一时间内对于一式状言之，非故为乐观以慰悲观也。不可因群小式状之繁为退化，而遂致疑于较大式状，如地球上人类者之方进化也。

吾之论此，非敢于朝生暮死日报体之论文中，为此干燥无味之谈，平添读者晨餐桌上之思索；吾盖伤夫时论有"善亦进恶亦进"之一说，论断不密则纠纷于进化论，从而影响于时事者非小。故吾将继此以论"善亦进恶亦进"将继此以论时事之影响。时事之影响，正论文所注意，遂先作此篇，立之论据，而后分论以毕吾词。

论国利民福[*]
（1917）

何谓大国民？时之人言曰：居其国而国利日普，对于己而民福日完，斯之谓大国民。中国人对于国利民福，有矛盾之特征二：其为词也，必先国而后己，好言国利，而耻言民福。故以剥夺民权为号召，得效殊小以丧辱外交相攻击，为力常大。课其实，则往往有己而无国：耕凿于己力，即不问其邻，秦越于国事，竟反以为高。

虽然，二者虽矛盾，终之于民福为消极的则一。前则以消极法制止，后则以消极法进行。以消极观念对民福，亦即以消极观念对国利。故必俟外交丧辱，而后哗然骚起，其表证也。

故欲中国人能造国利，必先望中国人能重民福。

民福者，非特家给人足、含哺而嬉、鼓腹而游而已，必所居处者为人境。建高堂大厦，而杂于曲街隘巷、粪壤积洼之间，非人境也。所行使者为人权，据贵势高门，始危于豪族污吏、非法不情之辱，非人权也。所享有者为人格，以贤人哲士，亦蒙有下种贱族、戮民腐物之感，非人格也。居人境，行人权，享人格，乃为民福。民福完而国利自普。

故切近言之，无所谓国利，但有民福而已。无所谓大国，但有大国民而已。人其国，其居处皆为人境，其行使皆有人权，于是不得不共许其民，为享有人格。斯何如之国乎？即世俗所谓国利已普之国也。如是，益见国利者，即以民福组成之者也。

所谓人境，道路自道路，城市自城市，园林自园林，造作皆需钱也。所谓人权，机关自机关，手续自手续，保障自保障，完具皆需钱也。所谓人格，教养必有教养之资，抵抗必有抵抗之力，交际必有交际

---

* 初刊时间为 1917 年。

之费，一一求备，又无不需钱也。

无他，变法维新云者，劝吾民出钱买民福，从而即造国利，得一大国民之头衔，不做狗奴才而已。民福云者，必非如吾民之心理，止出仅少之钱，操一蹄而祝满车。望有老法子的圣人在上，于短时之间，予之以含哺鼓腹之乐也。

今日之世界，可乐者能不止含哺鼓腹。欲仅仅含哺鼓腹，乐不可得，而苦必随之。故以仅少之钱，虽予老法子的圣人，圣人亦无如民福何。不如索性一钱不出，省得反上圣人之腰也。

论善亦进恶亦进[*]
（1917）

就极小之范围以论善恶，其应用于人事，而有适当与不适当自分为两种之"行为"。若其能为适当与能为不适当，止是一种之"力量"。力量由相模拟相冲动，以至纷极颐之牵互，随智识发达，浑合而增长，模拟与冲动，换言之：即为教化。时人之言教化，但就希望之目的言之，故觉教化之能事，所以进人于善，退人于恶。殊不知教化欲使人进退善恶之先，必先予人以分辨善恶之力量。分辨善恶之力量乃增长于智识。而智识之应用丰于适当者，自亦必丰于不适当。故若善进而恶不进，而教化之能事，遂不信矣。

然如何而名之曰适当而善？如何名之曰不适当而恶？此本不能扩之于任何之范围而皆通，止于时间之一节，由空间之一部，而特别为之界说。在此一节此一部之所谓善者，必合于此一节此一部之进化者也。所谓恶者，必为其退化者也。

如是，地球在今日，既为进化之一物；人类在今日，又为进化之一物。则彼教化所祈响之善，所避免之恶，虽由智识之应用，丰于适当者，亦必丰于不适当。不免相互而并进。然就善恶之杂糅纷进，每过一短时而为之综合，而都计善所被之区域，无有不进于恶所被之区域。此因其为进化者也。

此未许向壁虚构也。当继论"恶之力量进而区域不进"，而以实事证明之。

＊ 初刊时间为 1917 年。

论普及教育[*]
（1917）

  一国之盛衰，今之推其原者，莫不比较之于教育。以受教育者之多寡而论，如德、如美、如英、如法，就人民百分数为比例，受教育者皆数至八九十，故其国盛。他若俄罗斯、若西斑牙、若土耳其，受教育者之分数递减，即国势亦以次而递衰。返顾吾国，已受教育之人民，百分中止有数人。与西方之土耳其同其状况，而国运之衰落，亦同其情态。此为全世界论国是者所言之凿凿。然吾人口虽不敢辩，而心则滋惑。

  一则因国家得其盛衰之果，虽有其总因，而亦甚多旁因。教育于国家之盛衰，似否为其总因，疑若犹未论定。再则因已受教育之人，似乎衰弱其国家，反多力量，转不若浑朴者之不为障害。此二观念，吾料颇往来于普通一般人之心理。故虽日日昌言普及教育，人人不非普及教育，实则此类之惶惑，不能解除，止皆其取教育为门面语，而冷淡则牢固于隐微。

  吾今直答其第一观念，则曰教育之于国家盛衰，实为其总因。全体成于分子之说，已为科学定理。分子无一毫残缺，即全体有茁壮之观；全体失其精彩，必分子有萧索之事。故国家之兴盛者无他，开明而已，才强而已。鄙谚有云：欲得开明才强之国家，必先有开明才强之人民。开明才强之人民，舍得之于教育，而其道莫由。如此，国家盛衰之总因，非教育而何？

  然第二观念，则不易率答。不破吾人之第二惑，则若今日中国之所谓开明才强者，适皆捣乱行恶，使国家益以不开明，益以不才强，则所谓教育为国家盛衰总因，用以直解第一惑者，亦且为之动摇。所以此惑

---

  * 初刊时间为 1917 年。

不解，而鼓吹普及教育之勇气，必不能完固。答此第二观念，稍多屈曲，宜分为三解：

其最要之一解，国事大小千百其种类，即应受千百等级之教育者，分配负担分配各当，而后开明与才强方显。今日中国之所谓开明才强者果否足任今日较大之国事，必为一疑问。曾在伦敦聚谈，谓若今日尽逐伦敦之英人，代之以华人，明日能否所有银行公司市政工场，轻便而悉理？众皆结舌。然则代之以日人如何？众略首肯。日人无他，多三十年教育而已。中国今日之已受教育者，分配而任中国今日之国事，大半失其当。开明与才强，何由恰生其相当之效果而自显？如此，归咎于虽有受教育者，亦无补于衰运。此一谬也。

更下一解，善进恶亦进，为教育必生之效果。虽如何兴盛之国，亦有近半之数，假借开明才强，欲实施其捣乱，实遂其行恶。所以不得逞，即过半之真开明才强者裁制之。能得过半开明才强之真国民，皆教育发展之力，中国今日教育之所产，假借开明才强者反过半，则捣乱行恶者方制人。故真能开明才强之少数，同□于令人厌薄之现象。如此，正应奋斗之以教育如何。而以教育未能自进时所产生之恶果，反致疑其本身。又一谬也。

终进一解，则所谓浑朴不生障害者，特比较于已受教育之人转捣乱行恶，愤激其批评，为消极之断定耳。若明乎水长船高之理，苟全体之教育不发展，而部分之增进，亦必停滞，所谓开明才强者，固止于平常之级度。国事之大者，永无人担任，即大者偶有特殊之人物，发生于不规则之教育，竟能出而担任之矣；而千百毛细之行动，皆因多数人民之浑朴，尽遭枯废。正如漆身为癞，塞全体之毛孔，虽注意于呼吸溲溺，卒之呼吸溲溺皆受影响，而消瘦痿痹矣。故不惟能任国家大事之人才教育为要，而实凿开浑朴之粗浅教育为尤要。如何而因开明才强者，尚不满人意，竟直举全体人民之读书明理，而一概蔑视之，此更为一大谬也。

明乎此三解，而第二惑乃融；第二惑既融，则国家之盛衰，如何非教育为之总因，自无第一惑。教育既为国家盛衰之总因，如何不先注重于普及教育。

论道德教育[*]
（1917）

　　教育而以道德为目的，此无可驳也。即道各人之所谓道，德各人之所谓德。既是以道德名，又可以无深究也。惟吾之所欲问者，道德将如何而教之也？道德者立之模范，得同感，而互相师而成者也。既非不良之家庭，能以教科书信其子弟，亦非不良之教师，能以管理法欺其生徒。今具体之学校，虽不言偏尚道德，而修身教科书，字字根据于所谓孔孟之道德也者（即国文教科书等，亦何尝不同一倾向），实无不粗具其属于训练的管理法，用教师之门面语组织而成者，亦无不粗具。则道德之教育，既无一人敢提议不必备具于学校，亦无一学校不争先备具，而且无一办学校者，不隐夸其注重于道德。

　　然何以年来谈社会者，每疾首蹙额，叹道德如江河之日下，则将何以教之乎？教以孔孟之书耶？读孔孟之书，上口而成诵者，孰有如曾做过八股之所谓官僚与名士。今试屈指而数之，时人期望读孔孟之书，而能孝悌忠信，有礼仪有廉耻者，能数得几人，吾不忍言也。凡近代赫赫有声，闹尊孔，闹读经，闹以孔道为修身大本，抽象论之，当令人空空洞洞，莫名其妙。若连带其大名而想像之，每令人疑及孔孟亦不过这么一物，并且疑世上肉体人止有这么一物。

　　教以舶来品之道德耶？凡亲购舶来品者，孰有过于出洋之所谓外交家与学生。试屈指而数之，时人所期望久居外国者，皆富有自由、平等、博爱之习惯矣。岂知可屈吾指之人数，又不忍言也。其所争之自由与平等，皆义务也，所博爱者权利，此亦司空见惯矣。最可使人脑子欲裂者，引经据典，"吉栗各六"，如何云云，"几里咕噜"，如何云云。若

---

* 初刊时间为 1917 年。

连带其自己小传而读之，每令人疑及世界伟人不过这么一物，并疑我们东方人自然止应止有这么一物，故以野蛮之声口太息之曰：气数！以文字言语教人，不但不能成道德，并恐教之以为伪。

设世界止有我一人，本无道德可言。道德者，由有我之外，尚有其他而生。故仁之古训曰："人相偶。"人我间交涉之恰好随时地而不同，故由之醢一义也，参之发肤不伤又一义也，非矛盾也。墨之摩顶放踵一义也，杨之一毛不拔又一义也，非矛盾也。执一执中，界说殊不易定，遂各尊所闻以为标准。于是当新旧乘除之际，尤嚣然各有毁厥大防之惧。旧者常睹不合于其故，宜乎恐恐然相骇曰：道德日非。新者又以不餍于所接，亦复窃窃然相疑曰：道德或落。其实吾敢断言曰：以中国人自身言，今之道德进于古，返而与世界比较，以我进于古之今道德，尚不如他人所造之程度，相形遂以见绌。既已见绌，不服他人之有所增，自止能认吾人之有所堕。而道德日非、道德或落之声，遂以益高。且以善亦进恶亦进、半数善半数恶之两原理，均无可移易。而半数恶者之不道德，又日日引惑吾人之注目，使吾人或骇或忧或叹或笑，于是不但觉中国人之道德日非而日落，并觉世界之道德亦日非而日落。而且疑中国人道德之日非而日落，即由于世界道德之日非而日落。吾又敢笑而慰之曰：绝对不如是，绝对不如是！

道德之原动力，无古今中外之分，分以时地，而得其恰好者，不过发挥原动力之方式各不同，如是而已。道德在世界进化时期，有进而无退，此一问题，吾前已论之。世界近代之教育，忽尔骤盛，故道德骤超于中国。（即此已到了问题，言教育必言不加作用，而智德体兼备之合法教育，无所谓某某教育也。）中国之教化，最后而益积，其道德亦遂继长而增高。既如是，决无有迎合世界之新道德，反令中国人之道德日非而日落。即中国人自身之道德，亦决无有日非而日落者也。

今不必抽象相争，可具体争之，例如中国道德最重孝。吾异日请言孝。

致钱玄同君论注音字母书[*]
（1918）

玄同先生执事：

读先生大著论《注音字母》篇，欣喜无量。此事若多经通人引论，其发达之速，必能别出意外。大著平允精核无伦，虽犹未卒读，于要点已见多所抉正。自三十年以来，外人之著作勿论外，国人之从事于此事者，有数十家，任择一家而用之，二五犹之一十均可合用；当日王小航、劳玉初两先生之所作，尤近适当。若早经政府社会合而欢迎，则今日普通教育，已久有利器矣。无如一事之创起，虽属毛细，必经千回百折，由于应当审慎者半，由于彼此未谋者亦半。此事言其简单，固简单已极；言其纷杂，而纷杂亦甚。在学问范围之内，旧则有古音学家、韵学家、等韵学家、词曲家，新则有发音学家、外国语学家、符号创制家、通俗教育家等，彼此不同研究，遂亦不同见解。范围之外，普通一般人又有或"神奇"、或"怪诞"、或"肤浅"、或"僭妄"等之批评。所以民国二年，教部遂有开会讨论决于法律性质之手续，即得先生所论之三十九母，对以审定八千字之音；其实犹夫诸家之旧，特就其异同而整理之而已。惟所取较当，与诡其合理，皆当日会中同人之志也。然教部所以迟迟未发表，会中编理其结果之人，迟迟未将全案清缮者，即正欲将会中所经历，如何而公决为较当，如何而群认为合理者，略报告于多数学者，并以语于普通之国人。其条理纷错，叙述较迟之故也。去年复经范静生先生长部时郑重催促，当去发表不远矣。今就大著半篇所及可以略说者，先承教于左方：

八千字之音，虽由三十九字母而审定，实则三十九字母，为此八千字音所产生。（审定之字虽八千，而同切者可类推；准而用之，无不可取得其音也。）今即舍无字之音，仅言有音之字：合古今南北不同之字音，非此三十九字母所能概括而尽；故浊音无母，"喻"纽无母等，皆必然之数矣。字母之数，止对其全国统一，及现行之字音而定，为凡用字母国之所同；虽注音与造字异其趣，而准于所需之音，俾莫或阙赘，则一也。

八千字之音，何等之音耶？曰：所谓"官音"是也。虽不必有《北史》李冲其人，指帝言为正，然八千字中百分之九十九，又所谓"京音"者也。盖出于口而言者以为滑熟，入于耳而听者以为适当，有莫知其所以然，此即古今字音所以成变迁。故每一时期，必有一种特殊之音声，积渐而著，莫反其初，非人力所能制止而矫正之也。

汉、魏之音，虽不同于殷、周，而论者以为犹未若齐、梁间变古之甚。齐、梁方标其音韵之盛轨，迨陆法言综厥成，行至唐末，即受攻驳。宋、元间，刘阴方以并韵为适时，而周德清辈之《中原音韵》，已借曲韵而崭露其头角，乐宋因以造《正韵》；虽增《中原音韵》之部十九为二十二（二十二部，谓若平上去之每类），文学界与之相持，似《正韵》于五百年间不显功能，实则潜势之增长至于今。而注音之韵母止剩十有四。（"几"母特别未数。）"江"、"阳"固并，"麻"、"遮"固分；而又"友"、"齐"莫辨，"萧"、"爻"无别，"真"、"寒"、"删"、"先"并而为二，且吸"侵"、"覃"、"盐"而入之矣。故古音虽经卫古之士，时时争执于纸上，而节节失败于口中，今所谓咬字甚清，音正腔圆，作西皮二簧之"剧评"者，固不足道，其如实际正相承认之何哉？且文人学士以纸上之清浊，作南北之杂腔，亦复无形中自惭其为"蓝青官话"，则又何哉？盖今日八千字之官音即古今流变中一段之音，将取用于现时，以为齐一全国之用，固应时之骄子。殷、周莫可如何于汉、魏，汉、魏莫可如何于齐、梁，齐、梁、宋、元莫可如何于明、清以来者也。

以上言"韵"耳，而"声"亦有然。孙叔然固未示其声系；同时李登虽有所作，今亦徒存《声类》之名词，残辑之稿，莫能审其类也。直至陆氏《切韵》，存其例法于《广韵》之中，经最近陈兰甫氏考定为四十类。至舍利造字母，谬并为三十；守温复增其六，乃为三十六母，沿用于《切韵指掌图》、《七音略》、《四声等子》、《五音集韵》、《切音指南》诸书，至于今而似犹确定。殊不知"门法"等方增繁于元世，而元吴澄等已辗转不惬于“知彻澄娘”等之独立；自明以来，张位、兰廷秀、方以智等之二十母，复大惬心贵当于时人；樊腾凤、李汝珍之徒，且以把持于一般流俗之社会，势力伟大不可言（李母虽三十三，实则十九，正二十母之嫡系）。近代新化邹叔续，通人也，犹拜倒于二十母下，张目甚力，可谓异矣。然何异哉？注音字母之结果，其声母名虽二十四，若以“ㄐㄑㄒㄏ”四母依常法复之，固刚刚二十耳。辗转必入其玄中，此莫可引避者也。

故若音之存于纸上者：高之而求先秦之音部，自郑庠六部以迄今日章太炎先生之二十三部；“侈敛”，“阴阳”，“对转”，极古音之奇观，精之而推等韵之母数，由舍利之三十母，而复至于今日劳玉初先生之五十八母，统“清浊”而辨“戛透轹捺”，又盗声纽之能事。然此正皆为音学界谈话名理，研精古籍之所资，决非可以圆满之理论。造一美备新语，强群不熟于其耳之人而使容易出口者也。故先生大著引及当日会中之论述，以为于“平仄”、“清浊”等等，颇望有所矫正，此实有之，恒亦其中之一人。然迄今详思而博考之，而知经典主要之声韵，尚莫能返古，则晚近美例，又何妨略多变除。劳玉初先生，即深致此忠告者也。

即如“知彻澄”与“照穿床”，先生亦已允许合并为大牺牲矣。若详加讨论，不惟古音“知彻澄”合于“端透定”而“照穿床”包括“精清从”，我国学子固斤斤分别，即日本采用吾文，“知彻澄”之字与“端透定”皆在“タ”行，“照穿床”之字与“精清从”尽列“サ”行，不相混也。况以发音状态而言：北方能读“知彻澄”，以“照穿床”合并之也；其读法，以舌尖略略返抵上颚，音之感觉在舌叶（叶谓近舌尖之面），不在舌尖。感觉于舌尖，则为不规则之“端透定”矣。中部能读“照穿床”（遍于全中部否？则未深考），以“知彻澄”合并之也；其读法，以舌尖平抵龈后上颚之边脊，音亦感觉于舌叶。若感觉去舌尖稍近，则为不规则之“精从清”矣。以理想言，如混合中北两部而各存一系，岂非将于三十六母可无所缺？然而群不属意于此者，非以此一问题为较浑，而别有问题为较画。浑则可任其吞并，画则当出力保存欤？然浑画之间，正未易定其程量也。

“知”、“照”等音，南部闽广皆合并于注音字母“ㄐㄑ”诸母之中，论者称其即为“知”、“照”等之古音“ㄐㄑ”诸母，不属于牙音之齐齿，另当独立，乃断然可决。昔日部中吾乡杨奂之先生曾言之矣。今以“ㄐㄑ”诸母之发音状态而言：当舌尖略着于下齿之背，以舌前（舌前者,谓舌面中部略前之处)抵上颚之深处,其出声与牙音各母出音舌根者固不同,即与北中两部读"知"、"照"等舌出于舌叶者亦不同。于古既"知彻澄"之与"端透定","照穿床"之与"精清从",可相出入,"端"等音出舌尖,"精"等近舌尖,若微缩而成舌音叶,有是理矣;深入舌面腹部,不应有此理。以恒揣想之:南部读"支"如"几",必如中部人读"支"之状态,舌忽下垂,而考之感觉,则移诸舌前,成为"ㄐㄑㄒㄏ"一系之舌前独立音;北中两部人牙音之齐齿亦读于此系者,齐齿韵母"ㄧ"字之势力在舌前,其声母"ㄎ"字之势力在舌根;闽广人能加多舌根之势力,故齐齿字犹读在牙音本系;而北中两部人之发音,为舌前韵母之势力所胜,故遂变入"ㄐㄑ"诸母之系矣。惟《释名》云:"天,显也,以舌腹言之。"若舌腹正如舌前之部分,则"显"同"ㄒ"、"ㄐ",或果曾为"端"、"知"之古音矣。且西方对于"ㄐㄑ"本有以为以"ㄉㄊ"连结"ㄐ"音而成也。

"知彻澄"之与"照穿床",其较浑者。而母之清浊,与声之阴阳,则较重然。"阴阳"也,"清浊"也,"长短"也,"高下"也,"广狭"也,"缓急"也,"轻重"也,"快慢"也,"大小"也,"尖圆"也,"钝锐"也,"强弱"也,诸如此类之词类,皆为谈音家所惯用。实则有时而若绝有界限,迨有时一生连带之关系,则又彼此融晕而相入。虽声为长短,母为清浊,如此之辨别,至今鄙意犹然,且不得不然;因无此分别标定之名词,则将穷于言说而莫可形容,惟年来反覆穷思,其不妨假借之观念,日积增强,亦有足为先生告者:

(一)四声究以何者为标准乎?今不知出诸当日周彦伦、沈休文等之口者何如。若取今日所可质论者论之:除每地之四声,或则递高一等,或则递下一等,无有恰相符合者勿论外,又除变声之字,单读则副其标向,复读则意其为动为静,其位则为上为下,皆可变倒其声格,亦勿置论外(他如闽广等有七声八声,大都合清浊而累数之,尚未发见有价值之研究。今日伦敦大学讲师英人阿猛斐尔氏著一《普通发音学》,据广东吴君之说,以"分"、"粉"、"困"、"焚"、"奋"、"份"为六声之分别,谓系大发明,即此类也),即四声自身之长短,向分两派。甲为考古派,音论以平为最长,上次之,去次之,入又次之。古音去入相变,秦陇则去声可为入,梁益则平声可似去,皆其明证。其读去声,皆主不甚着力;解"去"字之意,大约即谓其声将去而不留;今日南北主此读法之地甚多,而北方更溥。乙为通俗派,则以去为最长,平次之，上次之，入又次之。神珙所引《元和韵谱》谓"平声哀而安，上声厉而举，去声清而远，入声直而促"，《玉钥匙歌诀》谓"平声平道莫低昂，上声高呼猛烈强，去声分明哀远道，入声短促急收藏"，皆此派之所本。其读去声当清，则与不着力为相反；曰"远"，曰"哀远道"，则诞长可知。是彼解说去"字"，盖谓送其声而远去。吾郡即如此读法也。

（二）入声果当于四声之分配乎？今日读入声而最明晰者，为长江流域之中部。然其收声，概含西方 H 母，故西人译我入声即一概殿以 H 母为讫事。此非齐、梁以来之故物，则不可讳。盖东邻之音，传自六朝、唐、宋，无论"吴音"、"汉音"，其入声例有语尾：如"屋沃烛觉药铎陌麦昔锡职德"之字则用 K，"质术栉物迄月没曷末黠辖屑薛"之字则用 T，"缉合盍叶帖洽狎业乏"之字则用 P。返而证之于《音韵阐微》序例等之所论，今日粤人等口中之所说，正复相同。然则"屋"、"质"、"缉"等之用 K、T、P 收其声，与"东"、"真"、"侵"之以 ng、N、M 收其声又何以异？且"东"、"真"、"侵"等所含之音母，与"屋"、"质"、"缉"等所含之音母，在西方十八九统以为"短音"，又相同也。然则胡为"东"、"真"、"侵"等之鼻音有平上去三声可分，而"屋"、"质"、"缉"等独无之乎？（试就入声一字，而以平上去读之，似无人不能道其区别也。）故若谓周德清辈以入声分隶于平上去为不合古音，似矣。而谓入声自亦可有其平上去，必非无一论之价值：盖以

"东"、"真"、"侵"等为一团，

"屋"、"质"、"缉"等为一团，

复以"东"、"真"、"侵"、"屋"、"质"、"缉"等所自出之，

"支脂之微鱼虞模齐佳灰皆灰萧肴宵豪歌戈麻尤侯幽"为本团。

三团皆有其平上去，非较周、沈等之分别为善乎？近世北方即有如是之倾向，惜"支脂"等皆西方所谓"长音"，而北人读"屋"、"质"、"缉"等同之，终为美中不足耳。（然平上去之分别，恒亦非敢认为"天经地义"。如按音理而细分，恐决不止于三阶；若仅适于声歌词章，似长言短言而已足，即所谓"平仄"是也。前有浮声，复有切响，齐、梁发明四声诸字，其功用亦止于此。惟宋、元词曲家有云"上去不可无辨"，其然岂其然乎？）

（三）北方之"阴阳平"果何自来乎？大概言之，"群定澄并从床"等六声母，平则通于"溪透"等而为其阳声，仄则通于"见端"

等而同为阴声（虽江慎修等有异论，而事实则然也，至"疑"等十二母别论于后）。故分配母之清浊，自来不一其见解：有以"见群"为配者，有以"溪群"为配者；近时劳玉初先生则坚主"见群"为配，而谓"溪"亦自有其浊音，特中国缺之耳。恒略考之，两配皆在，未尝有缺：玄应所引《大般涅槃经》"比声"二十五字中，即具此证，当时钱竹汀、陈兰甫诸先生意不属此，故未注意，不然，"阴阳平"之为物，早略有着落矣。今取其舌根声五字，复以英人梵文注音并列之，自灼然可见。

迦　呿　伽　暅　俄
K　Kh　G　gh　ng
见　溪　群　奇　疑

姑取"奇"字以为配"溪"之阳平，则"见群"一对，"溪奇"一对，合南北而分配之，自无所缺也。西方发音家呼"见溪"为"气子"，"群奇"为"声子"。"见群"为狭类气子、声子之一对，斯惠脱氏谓法兰西之子音皆狭类是也，如 K 读"格"，正即"见"母。"溪奇"为广类气子之一对，斯氏又谓英国之子音皆广类是也，如 K 读"克"，正即"溪"母。所谓狭类者，发音紧；广类者，发音舒耳。如英法等，或广或狭，皆止有其一类。而我国之于"气子"，南北皆兼有广狭，斯为异征。惟于"声子"，北方仍有广而无狭，南方亦有狭而无广。

（四）阳平之广狭果归一律乎？十八浊母之性质，以发音状态而审测之，固彼此各异其趣："群定澄并从床"者"断子"，"奉微邪禅喻匣"者"续子"，"疑泥娘明来日"者"流子"也。惟"断子"之阳声，南狭而北广。至"续子"六阳声，似南北皆广；因"非敷心审晓"之音，其价值等"溪"（"影"则杂有母音，其子音擦颤之状态难于吐发，参详下文"影"母之子音条）如是，则"奉微邪禅喻匣"等之音价，自然亦等于"奇"此因此类"续子"，每由擦颤而成，音气啴涣，不易狭读之故也。其"流子"六阳声，似南北皆狭；此六母者，自周德清以至樊腾凤，皆有阳而无阴，与南方之有浊无清为相应，仅执阳声浊音以相求，殊不易定其广狭；惟自李汝珍辈定为阴阳兼有，王润山先生之《国音检字》因之，由所谓阳平若"声欧尼浓摩蛮隆来戎茸"等求之，其音价自等于"见端"；阴而清者如此，则其阳而浊者若"挨昂倪农糜曼龙雷"等，亦将等价于"群定"。此因"流子"有半母之性质，易广而易狭也。惟"流子"六母，在南固纯粹似狭，若北方则断其甚纯，因北方于狭浊，本有倾向于广浊之势；且"流子"之狭量，决不能比"断子"，故以"疑泥"较"群定"，即南人口中狭量，亦自有差别，所以等韵家亦以"群定"为全浊，"疑泥"为次浊。如是，或北方于此六母大半为狭，少半为广欤？惟其阴平，似南北皆绝无广音；倘北方果于阳平杂有广狭，而广无所配，亦一特例也。

仅举上陈四端而审量，似周、沈在齐、梁时之定四声，亦止为一种之分配，而条理其当日之现状。非不有不可动摇之界画，足以范围古今，使尺寸不可轮越也。故以"阴阳平"与"上去入"为"五声"之阶系，是杂衡系于纵系，自多可议。但既浊音仅异其广狭，而实际存在，而"上去入"之名称，依然无恙，则五声者见其为五声，四声者见其为四声，能各满所愿以去，"阴阳平"即"阴阳平"可矣；且南方于"奉征邪禅喻匣"诸母，亦有阳平也。

况吾人所以今日犹必致谨于"四声"、"五声"者，于单文只义之字，视此每略减其郑重。惟质有精粗，谓之"好上恶人"，心有爱憎，辨为"好恶皆去"，当体则云"名誉去"，论情则曰"毁誉平"，南北学者，皆计较之必审。是四声五声，功用如一。即或因四五之异同，而致称别之混淆，又将为说经家所容许；因此等无谓之区分，古无其事，不过萌芽于汉代，渐盛于葛洪、徐邈以来耳。

昔人不明乎"支脂"等为 A、E、I、O、U 之一团，"东"、"真"、"侵"等为尾音，当加 ng、N、M 之一团，"屋"、"质"、"缉"等为尾音，当加 K、T、P 之一团，援入声于四声，叙述宜其周章。考诸经传而入声独立，不与二声相混，有清诸儒，以为足当一声之据。殊不知彼之不相混，乃与"东"、"真"、"侵"等之不相混于"支脂"诸韵同一理由。"支脂"诸韵，固因发音宽广，而字数较多，有其平上去。"东"、"真"、"侵"之尾音为"流子"，有□母性质，而发音尚舒，其字数亦多，亦有平上去。惟"屋"、"质"、"缉"等之尾音为"断子"，发音迫促，字数既少，平上去亦不易分别，遂若与"支脂"、"东"、"真"、"侵"等异其趣，为"团"者降为"声"矣；亦与"阳平"之本为"音类"者变为"声类"，沈休文固与周挺斋同一不求甚解也（入声或细按经传，自其不相混用者而分别之，可得"平屋"、"上屋"、"去屋"亦未可定；惟"支脂"、"东真侵"等，经传尚平上去多其混用，则"屋质缉"等止有少数之字，其混用愈可知；然则欲得古人入声之平上去，殊不为易事，且古人似亦本无平上去也）；顾亭林氏首先致疑，有"入为闰声"之说，其机捏于其分配乎四声，情态如见；复于四声相配之，亦不以《广韵》等诸韵书为然。恒则以为陆氏等韵书之配法，与顾氏等古音之配法，两各有当：陆氏等则以含有音尾者与含有尾音者相配，且分配适均，惜其见解能达此点，竟未悟入声之为一团，是时世为之。顾氏等则以配于彼此有语尾者，后以佩于所含之音；双配之法，尤合三团一贯之理，在学理为较陆氏等为进步，惜仍未悟入声为一团，其分配亦不完整。（就中似以江慎修为最当，然与宋、元等韵家之双配法大同小异，未甚改良也。）

段玉裁谓古无去声。江晋三则谓古音有去无入，平轻去重，平引成上，去促成入（江氏所知之四声长短法，似即吾郡之通俗法；用以论古，不免扞格）。上入之字，少于平去，职是故耳；北人语言，入皆成去，至今犹旧。按二说似异而实同：段则入转去，江则去转入耳。段所据者，经传多去入相变之字，最为其所注意。惟入之变去，乃"屋质缉"等失其音尾，变入"支脂"等耳，与"雾"之并韵于"东"、"侯"，"寅"之两谐于"真"、"支"，为"东真侵"等失其尾音，转入于"支脂"等，正相同也。故去入转变之说，不足为去入惟一之关系。入之变去者固多，其变而为平上者，亦未为少。如"祝"可为"州"，"蒲"可为"毫"，殆难悉数也。至江氏并以北人语言入皆为去，援为去促成入之证，则疏谬殊甚；北人入声之转变，略以《中原音韵》迄于《李氏音鉴》诸书所载者考之，大约等韵正清之字变为上声，次清正浊之字变为阴阳平，浊次韵母之字方变为去声，何尝入皆成去乎？惟段、江之是非，不在今日讨论范围之内，姑可从略。恒所以引上说者，彼等认许四声可增减，如陈季立所谓"上去仅轻重之间"云云，其意皆有足取者。恒辗转以思，约有如下之概念，然仅附论于同志之通信，聊当剧谈耳，决非提议有所改作也。吾意入声则自为一团，与"支脂"、"东真侵"等并立为三团。于古，于今之北方，其实皆止有"长短言"："长"即谓"平"，"短"即谓"仄"。求入声平仄之法，即以经传中人之韵于平上去者推类求之可也；或如今日注音母，实际已失去音尾，转入"支脂"等，即照《中原音韵》等之法，分隶于平上去而求之，亦可也。今惟就"支脂"、"东真侵"两团而论其平仄，则周颙、沈约等当日之分上，无异即周德清等之分阴阳平。何也？周、沈"上"其名，实即古之"阴阳"；"去"其名，实即"阳仄"而已。试为表于左以明之：

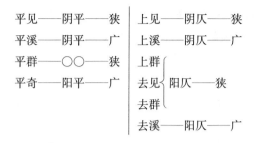

　　说明右表者，即刘士明等谓"北方读浊上似去"，是其重证也。虽江慎修等争之，此与钱竹汀言："'影'毋之字引而长之则为'喻'母。"陈兰甫亦力辩其非，而西方发音家则言Ⅰ母引读太长，起舌颚间之擦颤，则成Ｊ子，是"影"母引长，确可成为"喻"母；先儒不以发音状态为要，故多拘执。浊上挟其峻促之势，若以广声子之法读之，固不成散短，不能不变而为去；即以狭声子之法读之，亦必驰而莫保其上声之音价。今于实际，固以狭声子声法读之者也，无如其已似于去。就是以推，考古派与今日北方之去声，皆主驰短；则清去浊去，虽勉强与外来之浊上同以狭气子狭声之法读子；驰且短，声带即不能无颤，适皆成为狭声子矣。上声次清，因峻促而保有其广气子之音价；若去声次清，吐发尤驰，遂以广气子之资格，适成为广声子矣。细审其转变之结果：上声适成为广狭两气子，去声适成为广狭两声子；上声为阴仄，去声为阳仄者也。而尤可援以证明者，即北方入声正清变为上声，其次浊变为去声，清浊对待，正是阴阳仄，而何上去之有？故五声之法，非特阴阳平为音系而不为声系，即上去两声亦为阴系而不为声系也。若辄以吾郡通俗派之四声长短法律之，鲜有不极诧者；然追迹于先秦"长短言"之时代，又正有可讨论者焉。

　　又先生郑重于三十六母之存废，谓"影"非声母，"喻"不可缺，其论固精核矣。惟三十六母自身之分类，实有其不尽当者；先生之所以发现，则为"ㄐㄑㄒㄏ"当独立于三十六母之外；复以发音状态纠之，似"心邪"、"审禅"与"精清从"、"照穿床"同列，"非敷奉微"与"帮滂并明"相配，均不合法。当日会议之时，惟汪怡安先生颇持精要；而劳玉初先生向日之著作，亦多所变改，惟喉鼻舌齿唇之音类仍依旧法，则迁就"戞透轹捺"太过分法遂失其自由。今姑以自然者分类之表于后，自见其得失也。

　　声门音……续子一对晓匣（黑等）

舌根音……断子两对见群溪○（格克等）流子一对○疑（兀等）

舌根兼唇音……续子两对影喻晓匣（乌呼等）

舌前音……续子一对影喻（伊等）

舌根兼唇音……续子一对影喻（迂等）

舌腹音……断子两对见群溪○（几溪等）续子一对晓匣（希等）流子一对○疑（睨等）

深舌叶音（甲）断子两对知澄彻○ 流子一对娘

深舌叶音（乙）断子两对照床穿○ 续子一对审禅

浅舌叶音……断子两对精从清○ 续子一对心邪

舌尖音……断子两对□定透○ 流子一对○泥

伸舌之边音……流子一对○来

翘舌之边音……流子一对○日

唇齿音……续子一对非奉

唇音……断子两对帮并滂○ 续子一对敷微 流子一对○明

所谓舌腹音者当稍前于舌前一几微。然舌前"伊"之浊音，与舌腹"舌"之浊音，即甚不易分，惟能心知其意而已。"舌腹"之名，即因释名"显为舌腹"言之，借以名焉。

发音家论轻唇字，在英文为唇齿，在日文为唇，今似中国之"非敷奉微"，当分属两类。"非"、"敷"两气子究应谁属，则不可说；李安溪以"非奉"、"敷微"为配敷，樊腾凤则作"敷奉"、"非微"，姑从李氏以见意耳。"非敷"之字已相混淆，不可理而当也。惟"奉"则必属于唇齿，微必属唇；两声子之关系有可言者，北方"微"皆归"喻"，即为同是唇音而互变，日人读共"フ"母，有时若我国南方"无"，亦此关系之所致（若谓古音"并奉"、"明微"相对转，此乃轻重唇转变之关系："奉"以唇齿与"并"相交涉，而"微"以同在唇者与"明"就近相交涉，皆无害其为各分音系也）。"非敷奉微"为续子，中国续子皆非若断子之兼有广狭，则"非"母万无必以与"帮"母相当之理也。胡仰曾先生为我国知音巨子，其注"微"母等西音，皆极精当，先生故皆依之。

发音家之论子母，如"鸟"字发音在舌根，而唇虽近于密合，不起擦颤者，母音也；唇上起有擦颤之感觉，则子音矣。其论"伊"、"迂"亦同："伊"之擦颤起于颚，而"迂"亦在唇。故"影"母不当列母音，为正当之论断。且吾人不能读"鸟"、"伊"、"迂"为次清之音，以配"喻"之广子，仅假借母音读若狭子，尤与"非奉"、"敷微"、"心邪"、"审禅"、"晓匣"等之同宗系者相乖迕。"影"之一母位，殊与余之三十五者不相当；惟在其位上，当有一子音，则又事实之所不可缺；不得已借母音当之，乃图适于施用，无可如何而已。而"喻"母既为"影"母之浊声，当然与其他浊母同为阳平之牺牲矣。

实际字母之数当存在者。就上表断子十有四对、续子十对、流子七对而言，即对于北方广浊不为之地，去其空圈，亦应有独立之母四有十八；而旧日之三十六母，固为不甚完好之分类也。如此，则迁就保存之意，又无妨稍洽谈也。

终之，音声之学，亦与诸科学相类。积今日之人智而日昌。故即吾国"古音"、"韵学"、"等韵"诸学，亦必有推求日密之观；将来著作之富，应千百倍于向有之卷数。惟学问则必有论争不定之音。而国语则期其及今可行，疏密之异势，盖有无可如何者也。

故如代表母音之笔画，尤为微末。不加深察者，往往看作郑重。前年闻国会中曾有山东某先生欲专为笔画之讨论，列作议案。其实除采用西母，或另采简易速记术等之字，甚难分别不适于通俗教育者外，如其止仿日本"假名"之体式，采用汉字偏旁，终与今之采用最少笔画之字毫无异同，徒失却附带而得之历史的价值也。试取各家偏旁之字母详细比较之，自可见矣。故先生亦于"答第一问"中深切言之，谓"借用古字，实比新造符号为好"。恒之意，且以为但以所定之简易古字便于浅学记认者作为基本；行之已久，其笔势欲趋于简单，自可由美术上之工巧成之。如日本之"平假名"，如彼其累坠，尚能书以狂草，使飞速有致，则何有于所定注音字母之本较简约乎？至于行之域外，可仿日本之法，拼用罗马字母对照为之，诚如先生所书"应读兼用"者也。但恒视世界之趋势，罗马字母，亦将与我国《说文》等早晚必为博物院之陈列品。盖一个符号止代一音为今日发音学家之定论；限于二十六母，一字必将如先生所虑"或需七母"，此岂新世界应得存在之物乎？今日改良之音符，普通者已有两种：一为万国发音会之所定，沿罗马字母而修改之者也。用此音母注读各国文字之势日盛一日，将来第一步之改良字母必或以此为代用。当时"世界语"因迁就时好，所用字母，尚多可议，异日亦必迫而修改。一则为发音学祖师佩尔氏之音字。依发音状态而成，在实际尤为美善；惜以习惯上之关系，字母终将止用然专门学术中，不易即成为代用罗马字母之一物也。但罗马字母决不为惟一之通用，则或承认此说者已多。于则我国注音，且取我国固有之简易字而用之，恒亦与先生同意也。欲就商榷者，不尽百一，惟愿先生常教之！

论工党不兴由于工学不盛[*]
（1918）

　　自分工之学说，大明于斯密亚丹以来，而资本势力，亦即因之以鸱张。盖欲善分工之能事，则必由于资本之集中，几乎在学理上为无可如何之趋势。且集中资力，以之制造人生所必需，亦新世界共同生活所应有之组织。然则制造大工场，本人类进化中不可少之产物矣。

　　顾当教育能力薄弱之世，道德之理性，不足胜欲望之兽性。大资本之事业，适足以为野心家垄断一切、蹂躏人类之资藉。此又资本家世界所不可讳之事实也。

　　观于欧美二洲，方寸之地，皆为大地主所管业；一廛之屋，尺布之巾，皆为大公司所营制。寻常人民，无非田之佃、市之佣而已。总而言之，皆谓之工而已矣。

　　夫以工自食，因亦吾人仰不愧天俯不怍人之良好职业。然而在大资本世界，彼资本家心计之工，减工值而轻其成本，不问他人有八口之待养，加工力而减其数额，不顾他人有一夫之不获者，固又趋势然矣。

　　故野蛮国仅以怠惰而失工，而文明国并勤苦而亦失工。野蛮国人所谓诛茅结庐，钓水而樵山，捆屦而织席，责怠惰人而以勤动得食者，在文明国皆不可能也。其佃人苦力，为田主厂东出节省之计画而屏除者，止能仰视云日，待尽其生命。寸草不能拔于野以为炊，一物不能成于巧以为市，以赡其须臾之生也。所以野蛮国之工人，可以贬值加工，媚悦于资本家，倾轧其同类。而使或则食粟于工，或则食贫于野，各行其所是，在文明国则不能。倾一人于工外，无异挤之而入于死路。未几即向之挤人者，倘为人所挤，亦即入于死路而无幸。此工党所以发生，而群

* 初刊于 1918 年 3 月《劳动》第 1 卷第 1 号。

以公平之理，与资本家相持。以互爱之道，与其同类之工人相恤。庶不致酿成资本家之专制，作践人类之勤苦生活而无余。此正与政治上人民与政府争其公平，以保有其人权相同。

吾东方本享有野蛮幸福，无所谓工人与资本家也。无如西势东渐，文明潮流，相逼而浸淫。外国之资本家，与内国之资本家，如春笋之暴生，已密接于海内海外。我工人若仍以野蛮智识，欲常于媚悦倾轧中求生活，数年之后，其不至多所自杀者几希矣。

其惟一预备救济之方，如政治而有政党，则工人必有工党。然我国政党之终不能盛，即现所有者，亦以不良见讥。其理由所在，识者皆归咎于教育。一言工党，则尤可浩叹。我工人之蚩蚩，完全醉生梦死于媚悦倾轧之中，未尝知有所谓工党。即或有之，其暂时之不良，亦可推见。其理由所在，岂不仍在于教育。但所谓国民工人者，皆出学龄之外，与学校教育无关。故以之为国民而教之者，必恃有一种通俗国民教育。以之为工人而教育之者，必恃一种工人补习教育。

今与我工人而言工人，所谓工人补习教育者，书报与设夜校，为欧美各国所通行之法。故近来工厂中，每设补习夜校，而工人住宿区域内，亦必由工人自设书报阅览部，等等。凡此皆所以增进工人教育，以求结合良工党，而后工人得争存于资本世界。

今吾之工党，固寂寂无闻也。悉由于吾国之工学，我工人曾不措诸意。然则我工人将何以生活于此资本势力所成之文明潮流乎？

机器促进大同说
（1918）

　　仗着先代的遗产，或倚靠垄断的资本，号称富人。牺牲了无量数的同胞，使他们少衣缺食，暴露奔走，方供给得几个人能够衣是必需温厚，食是必需鲜洁，居是必需轩敞，乘是必需飞速。惟其这样，所以凡是温厚、鲜洁、轩敞、飞速的东西，都被有道的朋友，看做可以伤气，看做可以痛心。而对了制造温厚、鲜洁、轩敞、飞速各样东西的器具，尤其好像多余，不该有在世上。古代若周朝的老聃，近世若俄国的托尔斯泰，一班主持消极道德的贤哲，他们论调偏激起来，似乎必要剖了斗，折了衡，毁坏了机器，世界才会正当。

　　我亦以为耕着田而食，凿着井而饮，天地可算庐舍，鹿豕可算朋友。羲、皇以前的人世，未尝没有至乐。但是人类的祖先，仅仅块然的一条小兽，演到成了猴子，尚不知道耕，亦不知道凿，庐舍的思想也没有，朋友的往来也极少。自从变了野人，慢慢的将演成羲、皇，食就忽然要耕了，饮就忽然要凿了，庐舍没有，庐舍的思想有了，朋友不多，朋友的往来多了，这也算得会多事了。为怎么要这样忙法？不才区区，是答不上来，恐怕就是一等有道的朋友，也统是答不上来。

　　然而若照在下信口开河，卤莽灭裂的回答起来，如果我们单从人类抽象的着想，把他要耕、要凿、要庐舍、要朋友的欲望扩充着讲解，他实在是一种不怕烦恼的动物。定要仗着劳动，而且定要仗着工具，替代他的劳动。不耕，做到耕；不凿，做到凿；没有庐舍，做成庐舍；没有朋友，结起朋友。而且衣是必定要做到最温厚，食是必定要做到最鲜洁，居处是必定要做到最轩敞，往来是必定要做到最飞速。而且希望制

＊　初刊于 1918 年 7 月《劳动杂志》第 1 卷第 5 号。

造那温厚、鲜洁、轩敞、飞速种种东西的工具，必定要做到最精良，愈可以替代他的劳动。由于替代一分，至于替代得十分，替代到人类不要劳动，止让工具劳动，乃为愈满足。列位如不信，试就他的耕着看，最初是用一枝树干，叫做耒耜，后来他用铁犁了。又就他的凿着看，最初是用一片火石，冒称斧头，后来他用铁锹了。这就是叫老聃与托尔斯泰两位先生去耕凿，虽决不愿上美国去购办耕田机器，也必定采用铁犁、铁锹，决不再用木耒、石斧的。由此看来，仗着最精良的机器，替代劳动，把温厚、鲜洁、轩敞、飞速的东西，制造得完备，叫人类统统享受，是人类所希望。有道的朋友忿激了，要人人返到耕田、凿井的地位，不替穷人去争富人的享用，却拉富人去尝穷人的滋味。这未免是癞狗下水，拉鳖猫也下水，变成吃砒霜药老虎的局面了。若问享用是什么东西？难道桎梏于温厚、鲜洁、轩敞、飞速的东西里的人物，必定是快活过耕田、凿井的么？这我可回答的，一定未必。然我又有疑问，难道耕田、凿井的，一定快活过于蠕动喙息的么？不才区区是答不上来，恐怕就是一等有道的朋友，也统是答不上来。

所以世间梦想大同世界的，就有两种：一种是爱好天然，让他一团茅草乱蓬蓬，使山川草木，疏落有致；在清风明月之下，结起茅屋，耕田、凿井，做着羲、皇之梦。这种空气，自然清高的境界，在下也十分赞成。然而到了狂风苦雨，连绵旬月，我庐、我田、我井漂荡无存；否则蓬蓬乱草之中，蚊、蝇、跳蚤，叫苦连天，毒蛇猛兽，惊心动魄，就不免有些踌躇了。所以在周朝井田阛阓，已经修治的世界，在俄国城郭宫室，尤较美备的人境，偶然有我们几位别致朋友，快活着村庄生活，自然好像羲、皇已经接近，浮生大是可乐。若真正是羲、皇以前那种耕田、凿井的大同世界，恐怕只是片面的。

又有一种是重视物质文明，以为到了大同世界，凡是劳动，都归机器，要求人工的部分极少。每人每日止要作工两小时，便已各尽所能。于是在每天余下的二十二小时内，睡觉八小时，快乐六小时，用心思去读书发明八小时。在这二十二小时睡觉、快乐、使用心思之中，凡有对于温厚、鲜洁、轩敞、飞速等条件的享用东西，应有尽有，任人各取所需。到那时候，人人高尚、纯洁、优美，屋舍皆精致幽雅，道路尽是宽广九出，繁植花木，珍禽奇兽，豢养相当之地。全世界无一荒秽颓败之区，几如一大园林。彼时人类的形体，头大如五石瓠，因用脑极多之故。支体皆纤细柔妙，因行远升高入地，皆有现成机器，遍设于道路，所需手足劳动甚少之故。这并不是乌托邦的理想，凡有今时机器精良之国，差不多有几分已经实现，这明明白白是机器的效力。

可惜机器的力量，毕竟单薄。那单薄机器的力量，又被所谓富人占了。仍役许多人工劳动，帮助那单薄机器，专门为少数人觅得温厚、鲜洁、轩敞、飞速等的享用。于是一若机器无与于人类全体幸福。但是这少数人占据机器，又是别一问题。多数对于少数为正当之革命，推翻其根据之组织，凡是我们有道朋友的书报中，已此处彼处讲个不尽，在下现在也无须赘杂。别讲我现在所要说的，是那占据机器的富人，固是我劳动人的魔鬼。若机器自身，毕竟是我们人类减少劳动的天使。我们人类有发明机器的能力，自然有那一日，我们不用劳动，但请机器劳动。故我劳动家，一方面对于占据机器的富人，为继续正当之反抗；一方面又须帮助机器改良。机器改良发达，至于不需人工之时，即使彼时对于富人占据之革命，未能完全奏功，而工人既无工可食，切肤之灾愈甚，其革命必非常剧烈，所谓置之死地而后生。机器公有之日子，即在最后一天。否则有如今日机器力量单薄，需我们劳动之处还多，则虽反抗时起，止要加几个工钱，便安然无事。甚而至于仇视机器，一若我们一种人类，应该劳动如牛、马，止需多给草料，便已满足也者。这种直觉的状态，未免太可怜了！况且惟其止有劳动的精力，没有机器的智识，一到抵抗之时，但能"毁器"、"加薪"，便结不起"劳动组合"也仗机器为吾工人作劳动替代，得公平的衣食了。

故总括一句：便是说机器是替代人类劳动。机器到力量充分，可代人工之时，乃为全般人类制造温厚、鲜洁、轩敞、飞速等享用的东西，绰绰有余，断没有人类尚需用着手足劳动，博些草具，苟延性命也。

补救中国文字之方法若何？*
（1918）

　　近接钱玄同先生来信，对于补救中国文字的方法，问我好几条，并且又说，李飏丞先生在《太平洋》杂志第一卷第八号引我的话道："万一拼音文字一时办不到，不若先采英文为学校人人必习之文字，庶藉以吸收世界知识，而谋一切实用学术之发达。"这些问题，本是我素性爱谈的，常常刺刺不休的乱说。既如此，今天何妨再来说它一下呢。

　　第一，我们先讲用汉语拼了音，另造一种新文字。

　　有人问："这样办法，行不行呢？"我可以不要思索，回报了"不行"两个大字。我生平是最反对用汉语拼音另造新文字的。我们且慢讲着理由，先想那情景。假如有一天，大家决议：用汉语拼音另造新文字。自然"粤若稽古"、"惟初太极"，上能翻义，更不能翻音。因为倘使翻起音来对着"粤若"的音、"惟初"的音，要说明这些声音应该是何等解说，那更麻烦。所以到了这步田地，止能"六经"、"三史"当柴火烧，《尔雅》、《说文》糊窗子用。总而言之，统而言之，不管他"歇后"、"点鬼"的好手申申怒骂，汉魏唐宋的文豪哀哀痛哭，所可翻音的，止剩着"太阳"、"月亮"的名词，"什么"、"那个"的话头，拼着音，重做起一个世界来了。

　　在那怒骂痛哭的一方面，我也能硬着头皮由他去。因为它早晚总有那一天。在那"太阳"、"月亮"的一方面，我在另一个问题上，也很愿意赞成。可是在这个问题上若公平判断，就很有些奇怪了。既是小题大做，对了几千万的老顽固下决心辣手的战争；舍得烧掉他的"六经"、"三史"，撕破他的《尔雅》、《说文》，而争得来的，止是"太阳"、"月

---

　　* 初刊于 1918 年 10 月《新青年》第 5 卷第 5 号。

亮"、"什么"、"那个"。那"太阳"、"月亮"、"什么"、"那个"，是不错的，叫做汉语。汉人应该说汉语，那是了不得的尊重"母舌"（国语），可以激起爱国心的条件。这好比从前李鸿章的幕友、考察宪政的大臣于晦若先生，他的粪，必要将油纸包起，挂在墙上。其故，因为那些尊粪，是出于他的尊肚，不容不尊重的，必要挂得多了，挂不尽了，方才扔掉几包，也就不再追究。现在那要用汉语造拼音新文字的，就是把那"粤若稽古"、"惟初太极"的几包旧的扔了，还留着那"太阳"、"月亮"、"什么"、"那个"几包新的。

这情景，就不用再来形容，也够得觉着很好笑的了。

但是这是情景，不是理由。我尽晓得他的理由，也决不是单单注重着无价值的母舌。他有毅力，烧掉"六经"、"三史"，撕破《尔雅》、《说文》；他既懂不得国粹，如何还顾着母舌？他所以要留着"太阳"、"月亮"、"什么"、"那个"，无非一则向汉人改革，用那汉语，是比较的便当；二则汉语用什么替代，无论何人，在现在是下不下断语，汉语又变成惟一承乏的东西。但这些理由，其声口，是从便当上计算，汉语不过拿来应急。就是揣摩他的心理，也必定拼音字母须采用欧母；"哲学"必不拼做 Cheshno，必然仍用 Philosophy，这就是日本人鼓吹的改革。把这种改革解剖起来看看，所争的，无非"太阳"不用 Sun，拼做 Taiyang；"什么"拼做 Shima，不用 What 而已（按：用英文比较者，不过随手掇拾以为论料，非主张英文可代汉文也）。这种半降伏的状态，果然单为权且便利起见么？或者可以永久，也有计算永久的心思么？

果然单为权且便利起见，就是所谓向汉人改革，用汉语便当，而且难寻替代，汉语止好承乏。既如此，须要晓得废却汉字，单留汉语，另造新文字，要叫"太阳"与"腿痒"生出分别，"什么"与"石马"变成两样，制作时候的麻烦，就算不必计较，而条例繁多，自在意中。拼音文字国的文字，不是"拼音"两个大字可了，这是读过几句 ABCD 的人没有不知道的。不然，俄罗斯、西班牙难道不是用拼音文字么？何以说教育不良，不识字的百姓会有百分之七十五呢？难道二三十个字母，教他拼拼音，止是一半月工夫的事情，就没有力量施这教育么？这因为成了一种文字，必定有许多条例，不是"拼音"两个大字可以了事。所以弄到没有力量，简直生不出良教育结果，叫不识字的人满街走着。因此，若果然单为权且便利起见，尽管有比另造新文字简易万倍的法子可以用着：便是先用汉字说起白话来，旁边注着声音符号；"太阳"

与"腿痒","什么"与"石马",都请汉文去分别。他们的声音,就简简便便的用着无条例的符号拼起,岂不省事呢?这问题,反正下面还要说着,现在姑且阁一阁。

若说现在费一点麻烦,就是多些条例,如果汉语的拼音文字可以永久,也未尝不可计算起来图它的永久。这就是我最反对的焦点。各位想想看:(一)一点一画一撇一捺可以变做 ABCD 了。(二)"哲学"又仍用 Philosophy 了。(三)我们固有的一部分,如"尧舜禹汤黄河泰山"的专门名词,"老庄道德,孔孟仁义"的学术名词,他人本要援 Typhoon(大风)、Kowtou(磕头)等成例,用 ABCD 拼了,纂入他的字典;我们自己也先把 ABCD 拼起了。如此,我们一本汉语新文字的字典,七分重要的,已一齐与人公共;所剩三分,止有甲记号的"太阳",乙记号的"腿痒",丙记号"什么",丁记号的"石马",为了这一点与别人立异,叫世界上添了一种七分相像、三分不像的"拼音文字"。倘我等有新发明的学问,用这种文字写成,又叫世界学问家增一参考上的困难。这算什么一种"恶狗当路睡,人己两不便"的把戏呢?窥到最深的内容,无非有于晦若先生挂他尊粪的意思;为尊语毕竟出于他的尊口,应留着三分罢了。而且要得到那三汉七洋的怪物,说不定,当着烧掉"六经"、"三史",撕破《尔雅》、《说文》的时候,"苏木水"(血)会流得不少。既然肯出流"苏木水"的代价,难道不好加进大同的计划,要制造这种怪物么?这真是城隍庙里的拆字先生,别号"天下第一糊涂"了。

第二,我们来讲教育部的注音字母,如何叫它跟汉字永不相离。

说起拼音字,像现在西洋各国的文字,它早先呢,原也不过拼凑声音,简单得很。在希腊以前,我想尚还没有现在蒙古文、满洲文的文明。蒙古文在元初创造,满洲文在清初创造,到现在无声无臭。这就因为创造文字之后,没有许多思想学术,把他的文字发挥。止有些"太阳"、"月亮"、"什么"、"那个"的普通话头,所以连文字都萎枯了。然希腊罗马因为有优美思想,高深学术,把他文字作用起来,经着无数曲折,无数习惯,就把文字的规则条例弄成非常繁复。到了今日,却不能算做单单拼音。就是近来 Esperanto 等,把他的规则条例,发狠的简易起来,使他近似单单拼音。然而他所承袭的旧文,也就很得了现成所有规则条例,够得发挥优美思想,高深学术的材料,都暗藏在内。决非拼几个音就算了事的。

然而一班糊涂虫,就相传有"拼音文字止是拼音"的一种见解存在脑子里。自从与西洋文字接触以来，因为我们汉文的繁难，众口一词，都想造起一种拼音文字，造法又竭力要想简便。故凡是打算造拼音新文字的人，没有一个不是简简便便把拼音的原理应用起来：管着一子一母，叫两个音扛一个音；做足一种改良反切，便手舞足蹈，大声疾呼，说："拼音文字，唾手可成。有最简最便的法子，为何不造拼音文字？"据我所知，最初是西洋教会，借罗马字母拼切土音，供教民使用。三十五年前，我知道有苏州白、宁波白、上海白等，后来又见有厦门白。华人仿造，我所知者，在二十年前，香山有王亮畴君的父亲王炳耀君，侯官有现在在议会里做速记长蔡君的父亲蔡锡勇君，厦门有卢戆章君，吴县有沈学君，他们的著作，都有单行刻本，或刻在《时务报》跟《万国公报》等。冷了一阵，在十五年前，便有宁河王照君造"官话字母"，经吴挚甫先生带到日本，北京有几位也替他鼓吹。当时袁世凯做北洋大臣，并且曾发到营盘里，叫兵丁学习。不多几时，桐乡劳乃宣君把"官话字母"整理一番，名叫"简字"，端方替他在南京设立学堂，大张旗鼓。此外到处有人制造，约有数百十家。伦敦学生林君，曾刻书教授伦敦大学英国学生。伊大利留学诸君，曾发印杂志。西洋人如丁义华君、戈裕德君、贝尔君等，也各有华文字母。这都在十年内教育部读音统一会拣定"注音字母"之先。总而言之，统而言之，或是读了一阵西文，或曾研究发音学，或精于中国的等韵，或略略知道一点反切，就不约而同，走到一条路上去。上面寻一个双声，或叫做子音，下面寻一个叠韵，或叫做母音，一子一母，把口舌相撞起来，生出一个新的声音，就欣然色喜，唤做拼音文字。简直有几个尤其谬妄的朋友，以为得了不传之秘，"仓颉第二"唾手可得。兀自可笑得很！并且入主出奴，议论笔画，比较个数，人人皆称自己为"神圣"，称人为"狗屁"。其实尽是胡闹。甲的十六两，乙的还是一斤。既然并非文字，讲些什么优劣？所以教育部的"注音字母"，也就是数十百种里的一种，与他种都是哥哥弟弟的一物。不过用它注注音，便当便当"灶婢厮养"，不能数十百种并用。终要牺牲了其余的，留起一种，方能大家通用。那"注音字母"，就是教育部打算留着的一种。

但是自从二十年以来，闹动了拼音文字。双方无意识的朋友，好似泥中斗兽，闹得一个"不亦乐乎"！一般社会，几乎至今莫名其妙。若传到后世，我并时的人物竟如此痴愚；彼时就是摇篮里的小孩，也能嗤之以鼻。

一方面，那般自命"仓颉第二"的朋友，拼命的定要说成是新发明。称为"传音快字"，为"减笔字"，为"简字"。不是想代用大小篆，也至少想列做"第二汉文"。所以南北热心推广"注音字母"的一班同志，至今还是不能把观念弄得很清楚。往往有无谓的设施，引人疑怪。借着注音字母，教教一班"灶婢厮养"（按：屡言"灶婢厮养"，我意并无亵视，不过借以形容最苦恼、无机会能受教育之人；下此四字，为人所公共承认苦恼者耳），任他单独应用，原足补助通俗教育，发生很大的效力。但有最无谓的一端，即诸君定要在字母上面赘附"四声"，这是承了"官话字母"以来的一种赘疣办法。因为若从教者施于受者，教者必系文人学士。所有教本，大可尽列汉文，把字母附注。希望受者于认识字母之外，汉文常进眼帘，也能识得一二，收起加倍利益。既有汉文作主，四声自有汉文自己掌管。若由受者一方面执笔，请教何处"灶婢厮养"能通透四声？假如说："今天我上北京顺治门外注音字母传习所去学习注音字母。"能从"今"字到"母"字，一一注得四声不错么？从前秀才还要"失黏"，何况他们苦恼的粗人！要晓得苦恼了，弄得要用注音字母单独达意；自然所写的决不能当做契约，不过达意而止。达意，是从上下文语气接连听进耳朵，彼此帮助，合成意思；虽四声全行弄错，也能达意。如其不相信，我将官音拼起若干来：假使说"众话命锅低伊柯纵通、交、巽问，低而柯、交、冤师咳，低散柯、交、里怨哄，低思柯、交、奉果丈"（中华民国第一个总统叫孙文，第二个叫袁世凯，第三个叫黎元洪，第四个叫冯国璋），诸君读下，定能懂我意思。虽加多四声，自然止有好处，不能算做毛病。但显出一种精神，似乎辗转想出法子，要求分别精细，能令这拼音独立；所以不惜增多教授时间，想吃那天鹅肉。纵然实际上并不能加增什么效果，诸君的野心，是随在显露（效果不加增者，如"北京"与"白荆"，均为入声及阴平，此类不一而足，分别甚有限也）！

一方面，那班国粹的老顽固恐慌到没有理由，有如恐怕白狗咬人，见了白羊也怕。当初劳玉初先生在南京推广简字，倘推广到如今，通俗教育必然已经受赐不少。说不定，大多数人民的智识，可以不是现在这样一个形状。然而彼时如《中外日报》等，大肆攻击，好像有了什么深仇宿怨。度量他们的隐微，也实在怕有洪水猛兽的恐慌。直到现在，这种朋友还是不少。其实别没有什么理由，不过他们的见识，也同那自命"仓颉第二"的一样。总觉得拼音文字是容易制造；并且制造了，是容易代替了文字的。他们惟一的理由，不过如此罢了。

然而我要请问双方，制造文字，果如此容易么？那么，请诸君去买一册和英（或和独和佛）字典上面所有日本语，完全都用欧母拼着，通行全国，没有不能读着声音，便晓得意思。如此看来，日本的欧式拼音文字，是已经成功了。何以他们对着（这种日语欧母拼音），一点文字观念也没有？就是那醉心欧化的朋友，也另外有打算，不愿意拿和英字典等里面的"日本语欧母拼音"，便算文字。

如此，现在我们大家须要懂得："拼音"是"拼音"，"拼音文字"是"拼音文字"。二者相似而不同，相去有十万八千里。古时斐尼基之为"拼音"，希腊文为"拼音文字"。今之日本假名为"拼音"，欧洲各国文为"拼音文字"，就是所谓蒙古文、满洲文，皆"拼音"，并非"拼音文字"。朝鲜的"谚文"，自然更是"拼音"。惟其日本文为"拼音"，故终脱离不得汉文。因"拼音"而非"拼音文字"，一不能述高深学术，二不能为契约。今日日本的高深学术，旧者用汉文，新者直用欧文。其契约，我常说：日本语读"广东"叫做"コト1"，读"行东"亦是"コト1"；倘拿"コト1"写上契约，假使实在是用三千银子卖却一个经纪的行东，而买的人要来索一个广东，这岂不大生阻碍么？所以他契约的条件，也必要附着汉文。然则拼音是辅助文字的东西，决不能代替文字。用拼音补助着一种文字，此日本所以俨然得文字之用，且效力增加。若以拼音强作文字，为蒙古文、满洲文、朝鲜谚文等，不但不收文字的效用，弄到思想学术样样无可称。便是那冒充文字的拼音亦且渐渐消减，必至送到字纸篓里完结。如此说来，拼音的不能代替文字，即使大家抬举，他自身总归站立不住。

至于有了文字，再有拼音帮忙，我相信他效力反加增。即如日本既有了汉文，又有假名帮忙，或者他的教育容易进步，就是这个缘故。这个虽然不敢穿凿的乱说，但有了文字，再要有一种拼音帮忙，实有理由。就是现在欧洲各国的拼音文字，也宜乎再造一种拼音（即现用之万国音标），帮他一帮忙。这句话，初听虽觉得奇妙；若细细说明，也很平常。因为一种文字的成就，都是经过无数习惯、无数曲折而来。到成就的时节，规则条例必然繁多。就如英文中 Tail 说尾巴，Tale 说故事，Tael 说中国的银两。声音同为"发音学字母"（万国音标）的 teil，近十年以来，把发音学字母注着旧文字的读本，一天多似一天。这就是"拼音文字"还须"拼音"帮忙的证据。假使俄罗斯、西班牙能把发音学字母，简简便便，将七十五个不识字的国民，每个教上两月；无论Teil、Tale、Tael，都把 teil 一拼；让他群盲众聋用来互相通问，卤莽灭裂，如"众话命锅"（中华民国）之类，连着上下文，相合而成意，慰情聊胜无，岂不强于没字碑么？且即把发音学字母的拼音注成浅近读本，使他自己阅读，岂不事半功倍么？这种心思所以不发生，大约一则是狃着他们已经是"拼音文字"国，故不屑更乞灵于"拼音"；二则凡是因循久梏的人心，总从皮肤上着想，恐怕"拼音"去乱了他的"拼音文字"。然而现在时机已来，或者彼中已有人提议，也未可定。

所谓"拼音"帮忙"文字"者，就是文字止能用长久时间，耗重大费用，养成一部分人的学问；不能在穷困时候，用最少日力，超度一班"灶婢厮养"也增一点智识。能够当此责任者，惟有"拼音"。然而使"拼音"脱离"文字"，独立而进，必失却智愚贤不肖，隐隐中为一条鞭的联络。且恐"拼音"独立，所加之职责，过于"灶婢厮养"的限度；误当他为"拼音文字"，请他养成无限量的学问；彼亦就笑而不答了。

故依我的愚见，中国果然要用"拼音文字"，决不要再将汉语来制造。当现在只好用汉语的时候，莫妙于把汉文留着，将一种"拼音"帮他的忙。所谓注音字母将与汉文如何不相离，请条举于下：

（一）所谓"六经"、"三史"，老古董的一部分，让汉文独立，不必与注音字母交涉。

（二）青年所读古书，其应用旧反切之处，皆以注音字母反切之。

（三）通俗书报、小学读本，一律附注音字母于其旁；凡晓示大家之文告广告同。

（四）凡致"灶婢厮养"之函牍，手写者可单用注音字母，印刷者必加以汉文。

（五）"灶婢厮养"互相通问，可单用注音字母。

其传达之法，就是先由公家强迫师范学校及小学校限期教授。此期于读音一律，为统一全国口音之预备者也。余则社会上竭力鼓吹传布，如北京注音字母传习所之类，推广于各地。此即实造福于"灶婢厮养"者也。惟传习者观念宜正确，乃是传习"拼音"，并非教授"拼音文字"。我说这句话，毫无意于迁就老顽固，冀得其首肯，使减少阻力。这是我自己心窝里要正其名实而已。

第三，我们来讲对于 Esperanto 怎样安放。

　　钱玄同先生问我："倘不用汉语制造'拼音文字'，我们能否简直就采用 Esperanto 来做我们的文字？"我可以权且先答一句，说："倘使做得到，真是一种可以要得的东西。"我们先来想，人类到再过多少时候，果否总得要说一种言语、写一种文字？这个答案，恐怕止有早晚的问题，决没有否定的问题。凡语言文字，有种人过于相信都是"习惯"演成的，过于不相信有可以"人为"的。其实什么叫做"习惯"呢？也不过聚了无数"不成文"的"小人为"，受了许多小人为的转变，演成一个"有名目"的习惯罢了。并且那小人为中间，也有万有不齐的力量。用力量大一点，转变得多一点；用力量小一点，转变得少一点。虽还有种种复杂的原因，有出了力量，没有转变的效力的；也有大一点的力量，止得到少一点的转变的；也有小一点的力量，却得到多一点的转变的。这却必有间接得了助力，或间接失了助力的缘故。总之无论如何大的一个习惯，必要如何多少"人为的力量"才转变得成，这是可以盲断的。从盲断上立起一个"十死笨伯"（笨到绝顶的人）的定义来：假使要用十万个一斤、两斤、十斤、八斤、三十〈斤〉、五十斤、一百搭八十斤、一千搭八百斤的"小人为力量"，才转变成一个习惯；也未尝不可用数个一万搭八千斤的"大人为力量"，造成一种同等的习惯。所难定的，惟有那个目标的习惯，不知那无数"小人为"，到底共总用了若干斤力量？我们用"大人为"替代的斤两，到底够不够？又，无数"小人为"的中间，有间接得助力的，有间接失助力的；现在的"大人为"，当间接得助力否，间接失助力否？他的比例，应当如何？这也极难估量。所以必定有用起"大人为"来，比"小人为"所成的习惯，差着几分，不能成得刚刚恰好的同等习惯。以后就或者自成一种不满人意的习惯；或者再加着"小人为"，成了似是而非的习惯；或者更加"大人为"，过了力量，成了出乎意料的习惯。这都不能知道，或者都可以受人批评。叫做："人为的"不曾成得目标的习惯，简直算做失败。但由盲断的一方面着想，恐怕出了灯油，决不会放他暗处坐的。出多少力量，必有多少转变，可以相信得过的。所以姑且承认从前的希腊腊丁英法德俄文都由"小人为"用习惯造成；则今日的 Esperanto 即用"大人为"演成习惯，乃毫无二致。且各国习惯演成之文字，其中间所用"较大人为"，都可指说。如汉文、十世纪以前的旧英文、诺曼以后的新英文，皆有特意改作的人，即如我国李斯等的小篆、周颙等的四声、韩退之的"文起八代之衰"，日本的"目的"、"义务"、"手续"、"场合"，不二十年满于华文的著作，皆凭票用过"大人为"的功夫者也。故止有力量够不够的问题，决没有"大人为"止能叫做"人为"，不如"小人为"能叫做"习惯"，而有可不可的问题。

那么，现在 Esperanto 的力量，到底够不够转变成一个习惯呢？这个我不敢乱答。所以陶孟和先生有"五十年后看世界语如何"的疑问。我也曾经有过同样的疑问。钱玄同先生来信说，有人言："Ido 的势力，比 Esperanto 要大。"这就是力量够不够的问题。惟我从乐观一方面着想，世界语之为世界语，终是无恙。就使五十年后有 Ido，今日已经有今日的 Ido，其为十六两还是一斤，又可以盲断。先把一笑话说明：倘有人问："徐锡麟的革命，力量够不够？"竟在安庆校场杀头，形似不够。但毕竟做总统的还是徐世昌。总之成了有姓徐的做总统的民国，决不再是有姓爱新觉罗的做皇帝的帝国。更着一个近似的比方：有如蔡锡勇用缩写做了"传音快字"，沈学又做"十八笔"，王照又用偏旁做"官话字母"，劳乃宣又做"简字"，教育部又取笔画最少之字做"注音字母"，近来西教士的内地会又用偏旁改什么新造字母。其实说穿了，总是那一直一横两三笔的笔画，"阿伊乌哀"、"子此知尸"等的声音。换汤不换药，一种所谓官话的传声东西罢了。

照这样看来，我不要搀杂起来，先发两个问题：

（1）对于我们汉语发一问题：

　　a. 是否可以听凭十八省的土话终古的各行其是？必回答说：不能。

　　b. 是否可以用闽广的土白，或吴越的方言作为标准语？必又回答说：不能。

那么，所谓汉语，虽有中州北京汉上夏声的分别，不过十有八九相同，所谓"蓝青官话"的罢了。

（2）同样的可对世界语又发一问题：

　　a. 是否中、日、英、法、德、俄、回回、巫来由的语言文字将终古不变？必回答说：不能。

　　b. 是否中日的象形文字可以为后日世界通行之利便物，又是否拼音字母必将以回回、满、蒙、巫来由等所用之字母代替今日之所谓欧母？必又回答说：不能。

那么，所谓世界语，虽有 Esperanto、Ido 等等的分别，也不过是杂取全世界的语文,"先"用所谓欧母,或近似欧母的字母,做成一种驴不驴、马不马的文字,使我辈兴叹五十年后将夭殇的罢了(着一"先"字者,千百年后,欧母终必蜕化;别有一种良好之面目,拼切将来的世界语也)。

所以 Esperanto 到底可行若干年?我不敢答。敢答者,无论尚有 Ido 不 Ido,终之十之八九还是今日 Esperanto 的一物。换汤不换药,十六两还是一斤罢了。

但是有人驳说:"便是你讲世界语应当杂取全世界的语文。然今日的 Esperanto,就使斟酌了英、法、德、俄、意及其他欧系的语文,小小心心的选择起来,在欧美是满意了;别的不管,单是中间没有我们汉语,怎么叫做世界语呢?"

我说:这到了问题咯!倘使有一种国粹的名士,有于先生挂粪的见解,必定要拿象形文字来统一世界。无论世界何种专门名词,学术名词,如"欧洲"必改称"大秦","英吉利"必改称"红毛","逻辑"必改称"名学",否则宁可不与世界相通。我敢翘起一拇指,称他为"有志气的好汉"、"爱国的志士"、"母舌的护法"、"保存尊粪的有情感朋友",我止有钳口结舌,不敢再说世界语。又倘使有汉语"拼音文字"家,必要避去欧文面目,用注音字母等的一物算做世界语的底子,于是强人就我,将来 Philosophy 必改为"ㄈㄧㄌㄠㄙㄨㄈㄧ",London 必改为是"ㄌㄣㄉㄣ",我也称他为"有趣的别致朋友";就也不赞一词,由他去造他的世界语。所以我们对于这两种人,都要提开算,不可泥中斗兽,连他也讨论在内。

我们所要同他讨论的,便是那赞成欧母的朋友。不过他的甲组,要世界语包括了汉语在内;他的乙组,要将"用欧母拼音的汉语"做着底子,包括欧系语文在内。这甲乙两位,都是个"欧迷"朋友。其实多多少少,终要做成落在 Esperanto 圈子里的朋友罢了。仓颉终将对他痛哭,沙士比亚等亦当恨他刺骨。他是终要送世界旧日各国语文进博物院陈列的主顾。

甲组的问题,就是恨现在 Esperanto 不包汉语的问题。这不算做 Esperanto 的缺憾,不足为推翻 Esperanto 的条件。有如"尧舜禹汤"、"黄河泰山"、"大风礳头"之类,凡是汉语的专门名词、学术名词、特别惯语、现在习见的英文,已经慢慢地收进字典。这是自然而然,别人也不肯轻易放过的。在英文收进这些词头,不碍算做完全英文。那么,

Esperanto 也把这些词头慢慢的收进字典，怎么就会碍着算做完全的世界语呢？所以慢慢地吸收汉语，扩大 Esperanto 的范围，是顺理成章的事情。如在礼有什么"禘祫烝尝"，在乐有什么"黄钟太簇"，在学有什么"儒墨名法"，在术有什么"阴阳五行"，在惯语有什么"不行"、"像煞有介事"，种种可以供参考，及历史记念的，没有不能慢慢的加进Esperanto。Esperanto 也必欢迎这些词头，热切得利害。

乙组的问题，就是要把"用欧母拼音的汉语"做个底子的问题，虽然似乎要打得 Esperanto 成个落花流水。但让一步说，就算 Esperanto甘心受打，还是要在中间占一大部分的势力：

（一）是欧文固有的专门名词、学术名词、特别惯语，"我们汉语做底子的世界语"也不采用；采用的时节，杂取英、法、德、意文来特别制造，费却大手脚，结果还同现在的 Esperanto 是哥哥弟弟。故必落得省事，多分采用 Esperanto。

（二）因这一采用，所有我们的专门名词、学术名词、特别惯语，也就事同一例，采用 Esperanto 的拼合规则。

（三）于是普通词头，所与人为惟一争竞的东西，那拼音的规则，亦必强迫而同于 Esperanto。不过"太阳"不用 Suno，改用 Tajjan；"月亮"不用 Luno，改用 Jojan；"什么"不用 Kio，改用 sima；"那个"不用 Tio，改用 Nako；吃饭的"吃"不用 Mangi，改用 Ci；喝茶的"喝"不用 Trinki，改用 Hò；"大"不用 Granda，改用 Da；"小"不用Walgranda，改用 Sjaü；"然而"不用 Tamen，改用 Janl；"如此"不用Tiel，改用 Juci 罢了。

但是就照那样办法，现在的 Esperanto，不已经是一个重要的参考品，不是仍旧落在他的圈子里么？

但我要质问一句：彼此的专门名词、学术名词、特别惯语，是原来各不相妨的。所断断可争的，止是那些"太阳、月亮、什么、那个、吃喝、大、小、然而、如此"之类的普通话头。这一齐要用汉语，又"怎么叫做世界语呢"？倘满、蒙、回、藏、日本、朝鲜、印度、安南、巫来由等各各出来主张，又如何安排？我以为既然专门名词、学术名词、特别惯语，欧洲固有的，仍遵着欧旧了；中国固有的，也改用欧式了。所剩的，止是那普通名、状、动、副、介、连等的话头。这些话头，不将欧洲旧物，其语根与欧式文字相应的充着，反要将语根与欧式文字不容易相应的汉语充着。这又是什么一种拗执的把戏呢？又所谓"恶狗当路睡，人己两不便"的办法咯！所以苟其"尧、舜、禹、汤、黄河、泰山、大风、磕头、禘、袷、烝、尝、黄钟、太簇、儒、墨、名、法、阴阳、五行、不行、像煞有介事"，皆已可闻声而达意；则其余的"太阳、月亮、什么、那个、吃、喝、大、小、然而、如此"之类，就又何妨竟困着 Esperanto 呢？我是一个懒汉，或者迁就得实在有些过当；亦无妨对我们"欧迷"朋友互相谈谈，本不曾敢向"国粹家"、"母舌家"开口。

上面说了许多话，说来说去，到底是什么意思？不过说：无论在欧洲，在中国，也不必争着 Esperanto 不变做 Ido，我盲断他还是这样的一物。现在的 Esperanto，极少总有做一个世界语底子的价值。无论那一国的人，如果盼望将来要有一个世界语的，就该把现在的 Esperanto，在有工夫的时候，分一点神思，理会一理会，扶助他畅行，是第一希望。进了他的门，倘见着不良的，可以改良，是第二希望。真要别创 Ido，把他做个底子，是第三希望。好在他也不费得我们许多脑力，他又尽是些英、法、德、俄、意的文字，读了也不算白读。

至于钱玄同先生信上所说的 Ido。我很鄙陋，所跑的国都也太少，学问界的情形又止算全不知道，这新产物，倒还没有听见。我耳朵里聒着的，有人说，二三十年以来，同 Esperanto 一道出风头的，还有二家：一个叫做 Volapük，一个叫 Idiorn Neutral。但近十年中，我在伦敦、巴黎一带地方，止听见 Esperanto 在那里独出风头。有好多人对我说"那两家是偃旗息鼓得好久了"，不知五十年后到底如何？若据我一人的经历，自从一九○五年在巴黎看他慢慢地兴旺起来，到了一九一五年我回国的一天，是止有一天热闹一天。自然不能像摩托车那样暴兴，但是衰败的样子是决不会显出的。他也不仗评论之评论报社一家鼓吹；他自有首要的发行所，在勃烈颠博物院左近。当然这些新事业，那国粹的名家、词林的文人，虽心中也有意思讨论，然决没有纡尊贵降，肯失了他的身分，随便赞成的。这好比一家同是姓徐，那揎拳攘臂，做出暴徒的行径，止好苦徐锡麟不着；那徐世昌先生，总得要到了制礼作乐的时候，才好垂绅缙笏的请他出场的。所以 Esperanto 是还不曾开了牛津大学的课堂，戴着博士帽子，天天教授。热心赞成的，多半是那些中下流的人物。止有那利害直接的商家，能够招来买客，愈便利愈好，故店铺伙计学习 Esperanto 的，很是不少。因此，普通的夜学校添这一课的，也就日有增加。至于伦敦公园有"传习所"，这是孙蒂仲先生听了我的话，不曾深知欧洲情况，故误"传布"为"传习"，且添了一个

"所"字。公园中如何容得传习所呢？陶孟和先生以为"走遍公园，也没有看见"，自是确情。但是一种演述社会主义等的"乞丐"朋友，在城内海岱公园、城南克腊贲草地、城东维多利亚公园向人鼓吹 Esperanto 是司空见惯的事。大凡上等学者，都不屑留意。我因为常欢喜调查那些"乞丐"朋友，故接触略略多着一点。"乞丐"二字，是民国元年饶孟任先生在上海共和建设讨论会上给伦敦社会党的徽号。他说："我在伦敦，从没有见过什么社会党，止有几个'乞丐'闹着罢了。"

闲话少说。那采用 Esperanto 以为我们第一步代用汉文汉语的问题，若问我："究竟赞成否？"我所可以复说一遍，说道：倘使做得到，真是一种可以要得的东西；并且倘使做得到，我总是第一个赞成。但恐这件事情，是不大容易做得到的。果然能把老顽固说得眉飞色舞，相信起来；或者简直掩耳缩头，不屑抵抗。这样说法，那造"汉语拼音文字"，决不如径用 Esperanto 为好。管他有五十年气候没有五十年气候。我非敢与陶孟和先生、陈独秀先生、胡适之先生等故意捣乱。我的心头真意，无非相信 Esperanto 是用得的，"汉语拼音文字"是不必造的。但我以为对于 Esperanto 的进行，可以和平进行。现在的 Esperanto，就使不必果为大同时代的真正代用物，终是那代用物的幼虫。凡世界上的开明人类，皆有把他传布，对他讨论的责任。凡相当的学校，皆当采做一种必修的附属功课，比之于地理、历史等科，决可有此价值，而且有此时间（因其易习）。至于代替汉语的问题，似乎把他作为两个问题尤其妥当。这是我十年来固执的意向，请在下一条再来细述。

第四，我们来讲采用一种欧洲文字作为第二国文的问题。

我是一个谬妄的物质文明崇信家。要问"有那物质文明，到底干么？"我是不能答。物质文明，又是我的贱骨头所消失不来的。但是我的信条，终以为死亡绝灭，人人以为不好，那就是说："没有是不好"。粗陋恶劣，人人又以为不好，那就是说："不精工是不好"，"不好看是不好"。故就盲从着乱说起来，以为"有"是好，"多有"更好；"有得精工"是好，"有得好看"是好。这种肤浅的思想，自然不值一驳。就是我虽没有学问，也能寻出几句高尚的门面语来，驳得我自己哑口无言。但我的实在信仰，终是消灭不得。

有了这种信仰，就鄙陋之心不能自抑。总"眼热"（羡慕）不了欧美那区区可笑的一点物质文明；而且深信不疑，认为这是人类进化阶级上应有的文明。我常常胡言乱道，把世界扭做一起，以为书契以前，且阁起不必谈；书契以来，可分做三时期：

（一）中国从伏羲到帝挚，算是二千年，叫做上古一时期。这个时期，虽然有像伏羲等一点画八卦的理想，然这种理想，究竟止能造出一点粗浅物件。自从伏羲造网罟、神农造耒耜，到最后五百年的黄帝时代，那城郭、宫室、舟车、衣裳，造得极热闹了。在西方，恰是埃及、巴比伦时代，也是这么一个状况。

（二）从尧舜到秦庄襄王，又算是二千年，叫做中古一时期。这个时期，是理想发达的时期。把那没机器的物质文明，好比如上古的粗浅物件之类，慢慢地扩充完全起来。这个时期的理想，也仿佛如上古时期。起初如尧舜等，略有一点伦理法律的思想。极盛也在最后五百年。就是到了春秋战国时候，老、孔、杨、墨、庄、孟之徒，方才一齐出世。西方希腊七贤，若德黎等，是与老、孔同时。雅典学者，如苏格拉底师弟，是与庄、孟同时。最奇的，文学每先哲理而兴。中国商周之际有雅颂。彼中亦有鄂谟（荷马）诗篇。两种文学的古董，都出于诸子百家之先，好像互相约定的一般。

（三）从秦始皇到清宣统帝，又二千年，叫做近古一时期。这个时期，补缀四千年无机器的物质文明，造到无可美备；而又发挥中古的理想，酝酿出科学，使发生第四期机器的发明。什么叫做科学？就是有理想，有系统，有界说，能分类，重证据的便是。这二千年，也是起初稍稍的萌芽科学理想，末后就科学的理想大著；不过不能如前两时期的样子，发达极盛，整整的都在后五百年罢了。汉儒说经重派别，罗马生出政法学说，中国也有西汉人伪造条理较精密的周礼。这都是科学理想的萌芽。这时期的中间，如西方的黑暗时代、东方宋元学术的荒陋，皆状况无别。惟西方自戈白尼推翻日局（太阳系），直接竟向科学线上进行。我们就倒楣，走向歧途。但是科学理想的细胞原虫，未尝不潜伏在吾人脑子之中，与人类的气化相应。即如宋儒之说"诚"，说"敬"，虽他们的学术自有误谬，然他们极寒俭的冥想，界说自极森严。就彼论彼，决不容信口开河，实有一种特色。遂间接而开清儒考据的局面。于是应用在他们考据中间的，系统、界说、分类、证据，皆应有尽有，虽号称汉学，实非汉儒所能梦见。

从此以后，倘使还是二千年一个时期，那么，从十九世纪初年，或从民国元年起，到民国二千年，我们可以题他一个名目，叫做粗浅机器时期。再从六千年的后面看上来，现在认为的这些惊人的机器，就同伏羲的网罟一般。现在认为的这些高深的科学理想，就同伏羲的八卦一般。若正式的粗浅机器，抵得黄帝的舟车的，尚要等一千五百年，方才出世。至于真正科学理想，抵得春秋战国东西诸儒的哲理的，应在三千五百年之后。

我为什么百忙中插这一段无根盘的冬烘讲义，引人发笑呢？我的意思，无非要表明：今日欧美的物质文明，并非西学，乃是人类进化阶级上应有的新学。这种所谓科学理想的头脑，到这时期，已由叫做什么"上帝"的遍赋于东西人类的脑壳里面。不过在这发脚的时节，西方人已经直接的应用在科学与机器。我们止间接的应用在汉学考据，尚未直接的应用到科学。早晚应用起来，或者一千五百年后的"未来黄帝"还生在东方。那么，现在初期的发脚，东西相差一百搭八十年；六千年后的人类当然无所感知，看做我们同时发脚罢了。但是我这几句宽慰的话，不是奖励我们的惰性，引我们再慰一下。是要辨明我的"眼热"（羡慕）欧美物质文明，断非因贫弱了，震惊别人的富强，为一种虚骄的感情。实见得发生这种物质文明，是我们人类到此时应有的天职。我们间接"误应用"于汉学考据，已迟误了二百年。再以"中学为体，西学为用"，又迟误了目前的二十年。抛弃人类天职，实是可惜。但恐怕我们自己懊丧，故想出几句"往者不可谏，来者犹可追"的话头，一面慰藉了，叫我们定着神。如小学生早睡失眠，误了上学时间；及唤醒起来，既睡眼朦胧，又性急慌忙；所以替他摩着面孔，安慰几句，定定他的神。到他清爽了，望他拔脚就奔。快！快！飞快！你若再在路上游玩，便不是一个好学生。那么，我说完这一节，我们向欧美物质文明上奔去，也该快！快！飞快！若再迟回不进，便不是一个好人类。

所谓"来者犹可追"，我们当从"追"字上着想。"追"字是如何情态？就所谓快！快！飞快！这才到了我们采用一种欧文为第二国文的问题。上面从进化线上着论，在数千年后看来，今日的欧美物质文明，殊不值一笑。但是若我们同时代的人实地比较，实已相差得太远。仿佛从前我们是踱方步的前进；他人始而是乘了牛车前进，继而是快马前进，现在是汽车前进。本来快马的时节，离他已隔数程；今日他的汽车飞驰不息，简直十万八千里的跑得毫无影子。数年前"中学为体，西学为用"的教育，是一种雇着牛车追赶的法子。近来主张多采新法课程，改良学校，是改雇快马追赶的法子。一班所谓志士，想出多派留学生，改造"拼音文字"，用白话文体，是购买自转车，或坐火油船，旁求捷径，升天入地，四路追赶的法子。倚靠 Esperanto，是向单轨火车发明家预定将来新建物成功，可用它一飞就赶到的法子。前几样嫌它太无速力，后一样又嫌它缓不济急。所以正门道路，采用一种有力量的欧洲文作为第二国文，是追赶汽车也用汽车的法子。假如取了法文算第二国文，再把英、德文作为大学及高等学校必修的辅课，把 Esperanto 作为高等小学及中学必修的辅课，仍将英、德文作为中学可增的辅课，如此，庶几乎世界头等文明国的书报，如替中国做的；印刷厂、报社，如替中国开的；各种学校，如替中国立的。此外汽车以外，火车、飞机，帮着并进，庶几乎可以追到同等的地位，真能同负了粗浅机器创造的责任。否则懒惰朋友真能靠了"气化"，自然前进么？

试观我们"苗大哥"的远祖共工氏，继着伏羲拿"水德"称帝，多大局面！后来蚩尤一战而败，三苗已格而窜。想来他在那时节，已崇拜"踱方步"主义，"苗学为体，夏学为用"，自以为允当，变成缩进了贵州内山。所谓配德黎者有老子，他不曾有谁；配科学者有考据，他又不曾有"么"。他不曾得文明的徽号，尚小事；他竟不曾尽人类的天职，是大咎。

有人说："学校可以自立，印局可以自设，报馆可以自开，书报可以自编及翻译而成。"曰：唯唯！否否！我仰天大笑，冠缨索绝。学校有什么一个程度？印局、报馆什么资本？自编的书报什么一个大著？反正各人都有手镜，让他自己照了好笑，我不必再费口舌辨论。惟有那翻译一端，"中学为体，西学为用"的腐儒，抱有《盛世危言》、《庸盦文编》见解的朋友，都在那里做这一场好梦。至于稍微读过一点东西洋文字，出出国门的，才心里明白：凡是"快马"程度的，或者还可仰仗翻译；至于那"汽车"程度的，连美、法、德诸国尽有译手，也互相不及翻译。所以他们进大学而便参考，已有必修一种外国文的规定。

至于第二国文应采何种文字？钱先生问我："法文是否较适当？"我以为法文本来旧日曾有世界语的资格。果国人一朝而有第二国文的信仰，也必有群焉倾向之势。即彼向有英、德文之癖者，法文本不过与国文并重。视各国文，英、德之文，本在大学及高等学校为必备的辅课；其高等学子，既于小学、中学精读法文，由法文而进修英、德文的辅课，视今日经习英、德文，且事半而功倍。如此，当法文课为吾国第二国文的时代，所有情愿精习英、德文，学于纽约、伦敦、柏林者，必可多于今日。所以这一问题，容易解决。

　　以上所说，不过是钱先生提起了，搔着我的痒处，不由自主的，写了许多行数。此外钱先生还有想买一辆自转车的办法，就是想要杂用汉文、西洋文、注音字母，商量出一个简易便当的法子来。这法子，依我的理想，也觉得可以不成空言。我真乐于讨论。但是说起来，又必定话头甚长。这回写得手也酸极了，因此，暂且请阁一阁，下次再谈。

"他"、"我" 论 *
（1921）

在没有宇宙生物以前，原没有甚么我与他的。有一天——不知那一天，但总有这个时间——在一个地方——不知那个地方，但总有这个空间——开了一个会议，说我们下个决心去做一场罢。于是星球哩，蛆哩，尘埃哩，各奔前程。经过了许多奋斗的时间，便做成了现在的宇宙，滋演了现在的许多生物。这时星球便见得自己是我，蛆和尘是他。蛆同尘埃，也我着我各他着他。但是各个的我，也知道没有他是没有生趣的。所以第一个意思要保全生存我，接着便有了第二个意思，是因为要保全生存我，便不能不去保全生存他。这生趣的话，大家很容易明白的。那蛆想着道：假使用我的能力，把种种的他全去了，单有我一条巨大无外的大蛆，孤零零的混沌中，有甚么生趣呢？拣最浅近的说：我有辆摩托车，没有开车的他，还能自开去！若没有了朋友的他、亲戚的他，与种种我坐着车去看的他、看我坐车的他，我还有甚么生趣呢？所以他是一定要保全生存的！

释迦牟尼是个绝顶聪明的人。他见有了他，然后有我；因为要保全生存我，不能不去保全生存他。这种现象是危险极了。于是在菩提树下，聚集善男信女，开了个会。说我的他，都是他的我，要保全生存他，不如先没有了我。这便是佛教的正觉。释迦牟尼是从正面落想的，他见因全我以及他的现象，是不能长久的；与其以后有因我而牺牲的他，不如现在先去了牺牲他的我。但从反面落想：只要大家发愿全我以及他的我，不怕再有因我而牺牲的他了。明白了这个理，释迦牟尼是佛，军官也未必不是佛哩。

---

* 笔名为稚晖，初刊于 1921 年《新声》第 1 期。

就批评而运动"注释"（节录）[*]
（1923）

（一）

最近在《学灯》读《批评翻译的批评》一文，觉得那倭铿一部《人生之意义与价值》，他绪论开头几句寻常文字，于无意中倒结了一个大因缘。先是余家菊先生翻译了那本书。忽而《创造杂志》第二期郁达夫先生的《夕阳楼日记》因为要批评译书，无意中随手借引了余先生所译的几句。并且替他改译了。忽而胡适之先生的《努力周报》也高兴起来，又把郁先生的改译，加上批评，并且又替郁先生改译了。于是《创造杂志》第三期，郭沫若先生又批评胡译。他自己不曾全行改译。又有成仿吾先生不但将胡译细细评定，而且也改译了。过了些时，才又有戈乐天先生的《批评翻译的批评》，登入《学灯》栏，也向胡译商榷。戈先生似不曾见着《创造》第三期，他也改了全文。张东荪先生似乎各家的议论，却曾过目，所以他又在戈先生的文章后，加了一个注语，而且也改译了。这几句寻常文字，经许多大作家，一若不能自已的，为他费了无数笔墨。就叫做文字自有因缘，不必有所为而为，却牵引着，都不知不觉，开了一个咬文嚼字的大会议。也算翻译界小小一段佳话。

然而到底也更用不着第八人添进去，再加讨论的必要。况如我的瘟外行，更不配参加；我今又要就着批评，有所云云，实与本题无关。止贪图借着这个恰好的例证，做我另一运动的材料。省得更就别人的著作上去举例，又弄到打草惊蛇。所谓另一运动，即运动叫做"注释"是

---

* 初刊时间为 1923 年 4 月 6 日。

也。我前年曾在《民铎》杂志上，做过一篇《移译外藉〔籍〕之我见》。主张为中外翻译界，开一新天地，将译界一部分相当之书，用我国注疏体，辅以日本的汉文和读法，注译起来。既不直译，也无需义译。怀了这种见解三四年，逢人便说，有唯有否。总结一句，大家都还牢守成见，不大注意，无非以为事无前例，而且麻烦，故不尝试。

然译籍短处之不可掩，也成为通论。各国大学，必令学生通两国以上文字，皆因欲使不仗译籍，能自由参考外国书之故。照这样看来，何不在译界另想进步，以收两利呢？（一是注译了比较容易发现错误，二是并助外国文的研究，冀有多数将助成自读外籍，此所谓两利。）适此次郭、成两先生皆坚言倭铿之书，宜直从德文原本翻译。虽这种严格的限制，在事实上定通不过。倘然《易卜生集》，必要从那威文译出，《泰谷儿诗》，必要就印度文译成，何以至今那些好东西，一脔也尝不着呢。然成、郭两先生精研德文，有见乎英译的不大妥当，我实深有同感。我们不懂外国文的人，用耳朵或别人的嘴巴，来做我们的参考，自然不能多有好翻译书能做评论的材料。然凡有我国汉译的东文西文书，少有一部，不听见甲乙互相指摘。又外人英译、法译的汉文书，我们做过八股先生来的，也觉没有一部没有话柄。最近我在欧洲，曾买过两部英译的卢骚《民约论》，请懂法文的把法文原本指点，对勘了几张，觉得我们不懂的，英人也没有懂。止是像煞有价事的，字对字，句对句，直译过去，就算完事。此或是较古之书，移译不易。往后又购法译达尔文《种源》，与英文原本对勘，购英译柏格森《创化论》，与法文原本对勘，这两个译本，比较有名，且皆经达、柏二氏自己看过，然粗粗对勘一两页，觉小小吹毛求疵，有若此次余、郁、胡诸先生的受诘，皆不能免。译籍这样的淘气，真是一件遗憾，所以在昨天我又向几个朋友发牢骚，周鲠生先生也说把许多英、法、德的译籍对勘过了，方信译本终要不得。必要有一个空前的改良，不当牢在那圈子里奋斗。而且有个最现成的比例，可以发见译籍真相。即是我表同情于郭、成两先生，欲译倭铿书，最好直译德文。假若余先生等竟就德文而汉译，倘日人又欲移译，将就德文原本乎？抑就汉译乎？我辈必不待转念，而答以最好还从德文。则因汉译必无法避免小小的不可靠处。照此严酷的推论，译籍之终竟不可靠，乃为无可逃遁之缺点。所争如何译法，止争缺点多少，非争有无。所谓"注释"，也不过是理想的，可使缺点较少而已：

（一）因把原文并列起来，发见误点的机会较多；

（二）要预备详细注解，便不能纵笔直下，译者的用心，自然加倍；

（三）原书必有本来不容易了解之处，照理正需下注，现在刚好曲折的说明。

诸如此类的长处，还很多很多。或者因注译之故，在他自身，另生缺点。也不能说是一点没有。现在无篇幅可容细说，姑且引了一个端，候有机会再论罢。以下要就着这番大家的批评，做个比较，还先回到寻常译书上，慢慢讲下去。

（二）

就着译书论译书，我表张东荪先生的同情，亦说惟达为要。就达而论，我个人以为摘译最好，义译犹为其次。自然直译是最欠妥当。

拿一词相当一词，叫做直译。张先生谥之曰呆板，换言之，即毫无生气，贯串不来是已。而且在事实上，甲文移为乙文，次第必应颠倒。颠倒实亦有正当规则。惟要严按规则，容易变成"不词"。若在注译，另有旁证曲引之疏解，终能救济到明白。若在直译，词句少能伸缩，欲救不词，止有任意颠倒，强求一达。这就是成先生所谓"只管一句句译下来，译到不好译的地方，便乱七八糟，改造一下。把人家先后，完全颠倒"。这形容直译家的手忙脚乱，颇合真相。因此直译的书，在一毫不懂外文之人，终是叫苦连天，喊着看不懂。便在有点欧化意味的朋友，也似水中看竹叶，模模糊糊。直待对了原本，方原谅他也具有苦心。所以生起这个原谅，就因为觉得即使换我们来代他直译，恐也半斤搭八两，不能十分改良。所以李石曾先生也曾说过："译书照了字数，信笔的写下去，因当时外国书在我们脑里，但把中国字义去替代了他，也颇觉头头是道。惟过了一阵，外国书已经辞别了脑筋，再偶尔翻看自己的译本，往往连自己也懂不起来。"这又是一种真相。所以直译是最要不得。然当此智识欲甚炽之时，慰情聊胜于无，拿直译书杀杀火。我在《民铎》上也曾说过，当初日本有一个时代，直译书也曾大出过锋头，极有相当的功绩。而且惟直译，可以摇笔即来，足以对付书商论字给值的要求。而出版便亦容易。

准此，也可羼论这回的笔墨官司。张先生总名之曰呆板的直译，其意一定就是说六人虽有留意不留意之别，却无需判分优劣。吾意亦然。照颟顸的下个判语，自然余先生最初一句句老实译下去，留意必然最松，郁先生注意的批评，自然较留意，胡先生自然更较留意。郭、成、戈三位先生对批评而批评，自然更较留意。至于张先生，脱却直译羁绊，变为义译，非但更较留意，而且自然比较更看得懂。然就是六位的直译，后一个当然比较前一个留意，他的优劣，可以不分者，因为命意止是鲁卫之间。他们的遣词，偶有公认为不当者，也无不可相恕。请列举于左：

"有自知之明"，此语按之于直译，似毫无着落。如曰在句外补足意义，则亦犹云"我们大家都是明白"。

"烦扰我们"，亦与"在我们面前"，语气略分轻重而已。下语重了一点，恰似误认 confront 为 confound。

"以前各派说"，大家都言"现代毫无把握"，皆指解决人生之人而言。如此，截止现代，尚少能具把握之解决人，推想现代以前，更无其人可知，扩其义以求周匝，亦不可厚非。此段文字，戈先生言"凡中校毕业生可完全看懂"，我意不需毕业生，亦能看懂。岂有能执笔而译如是一书之人，在最浅显处，反不懂了最易知之现代两字？可以证明他别具心裁，有意改作。

"所以"，此若拘于直译之词必对词，可云汉义不合英字。然安知此处译者非止自由达意，并无对解英字之必要，则与他人用"故"字无异。

"造就"，此为选字稍欠熨贴。有如发明发挥，发字皆合，不如阐发之尤当。择字稍差毫厘，反若远到千里。"造就"一字，胡先生改为"说明"，经众允许，然胡先生亲告我，却说应带"创说"之意尤善，余大韪之。因余宿有坚持之见解，以为解释中外字义，皆当就本义辗转引申，不应突改毫无关连之解说。此字实不当脱却。

"造"字的本义去引申。不过连属就字，为仓卒中未加推敲而已。

"并不存什么妄想"，与"并非为幻想所驱使"尚不过于悬殊。

凡此皆非我之曲解。因有无误点，彼此皆不甚相远，非可强分优劣也。

至于义译之所以较胜，由甲文变为乙文，能不受甲调拘束，但取甲义，以就乙调，读之必远较畅达，固优胜矣，而且在执笔之顷，欲融会贯通，其惨淡经营之苦，所费劳力，自必加倍，独得优劣，实非幸获。所谓义译，其实举凡各国有名之译籍，皆用其法。义译直译，亦无截然界限。义译乃加过匠心之译，直译则苟且迁就之译而已。但义译虽善，终有原书轮廓在胸。固不屑于词以对词，然往往章必对章，甚而至于句对句，若将为原书优孟之衣冠。如此，非但拘惜尚多，迁就于甲，俾不能痛快于乙者，必然非少。并使他人绳墨之者，终亦拘执原词，指所增删，以为不信之口实，甚而至于自己亦无方法，实知有难"达"之苦衷。此即无论何国译籍，终不满意于能读原本之故。因此求较义译更自由，而又有某特别长处者，又有摘译之价值，可以论定。

什么叫做摘译，即如严几道先生译《天演论》，是个义译。吴挚甫先生改为节本，无异一个摘译。严先生又义译《原富》，梁卓如先生又为摘译于《新民丛报》。别人对了严译，常要加着苛绳，因章之对章，常有小不信，可供指摘。对于吴、梁节稿，则没有批评。因无原本小节目比较之嫌，但达大义微言，反似亲切有味。较读严译，更似容易得窥纲要。故又若最近章行严、张东荪、张君劢、胡适之诸先生暨许多高材博学，在杂志小册，自由摘述政论学说，无不予人以深刻之意影，明快之解喻。而整部著作除严译外，尚未有惬心贵当之成书也。说至此处，我将发一奇突之论，此实非整部译籍，不易得名作之故，实整部译籍，其自身恐即为古代遗传的不进化办法。古代书籍无多，治学又当墨守一经，因此慎译一书，便于奉为矩矱。而今文化极盛，穷研一学，既非广参博考，不能为功，而精造学问之人，又非仅通一文，可以了事，则整部译籍，将何所用。

一个新信仰的宇宙观及人生观[*]（1923）

小　引

我做这篇文章，是拿着乡下老头儿靠在"柴积"上，晒"日黄"、说闲空的态度，来点化我，超度我，解释我自己的一霎那的。我固然不配讲什么哲理，我老实也很谬妄的看不起那配式子、搬字眼、弄得自己也头昏脑胀的哲学。他的结局，止把那麻醉性的呓语，你谝我，我谝你，又加上好名词，叫他是超理智的玄谈；你敬我，我敬你，叫做什么佛学，什么老学，什么孔学、道学，什么希腊派，什么经院派，什么经验派、理性派、批判派等等，串多少把戏，掉多少枪花。他的起初，想也不过求个满意的信仰。跟手，变成了"学"。一变成了学，便必定容易忘了本宗，止在断烂朝报中，将自己的式子同别人的式子斗宝，将自己的字眼同别人的字眼炫博。学固然是学了，学者固然是学者了。问他为什么串那许多把戏，掉那许多枪花，也就不如靠在柴积上的日黄中，无责任的闲空白嚼了出来，倒干脆一点了。所以有人对我说，德国人讥诮哲学家，常说"哲学是把做成系统（所谓式子）的话，去妄用他的名词（所谓字眼）的"。这固然是言之太过，然形容哲学家闹得人太凶，不能叫人简单了解，存心摆他学者的臭架子，也是有几分实情的。

但是，从又一方面讲来，我的对于学者，颇能懂得应该要加个相当敬礼。其词若有憾焉，其实乃深喜之。我知道"虽善无征，无征不信；虽善不尊，不尊不信"，学者要维持一点门面，不能卤莽灭裂，在柴积

* 初刊于 1923 年《太平洋（上海）》第 4 卷第 3、5 号。

上日黄中，把无责任的瞎嚼蛆，乱喷出来，求一时的痛快，遗无穷的笑柄。学者非但不肯干，也不应干。故止好说了半句，留了半句，耐耐性性的经过几百年几千年，经过几十个学者几百个学者，才一点一点的愈加分明出来。于是有的东西，在从前，圣人也糊涂的，到如今，柴积上日黄中的老头儿也知觉了，还有连现在的圣人也懂不来的，自然现在柴积上日黄中的老头儿更梦也不曾做着，又止好让学者摆起臭架子，乌烟瘴气地去整理整理，整理了再千百年，再叫往后柴积上日黄中的老头儿看做平常。这种逃不过的麻烦，我也是懂的。然因为如此，我这篇文章，也就有"予□得已"的气概，把"义不容辞"的责任心，强迫着写了出来了。

第一理由是简单的：就是为那无责任的痛快瞎嚼蛆，不免遗着无穷笑柄的闲谈天，止有柴积上日黄中的老头儿，也懂不得难为情，可一说径出的。

第二理由是繁复的：积了无穷学者，一个明白过一个，才在绵延的历程中有个比较的明白。这也就是我肯崇拜学者的惟一缘故。故学者的后胜于前，并不是后人聪明才力一定过于前人，止是许多前人代他积了智识，他容易暴富。所以好像如梁卓如、梁漱溟两位先生在任何一方面，都超过我们的孔二先生。并且也是孔二先生在天之灵（聊尔云云）愿意"他俩"胜过"他老"的呀。因为世上没有一个父亲不盼望儿子"跨灶"，没有一个师父不愿意徒弟"青出于蓝而胜于蓝"。若偏是孔二先生妒忌有胜过他的两个梁家小后生，那中国止好一代不如一代，这无异说中国人将由痴愚而禽兽，禽兽而蛆虫，止剩他巍巍然高坐大成殿上，他老也有什么显焕呢？他从一贯而大同，好像他的教育，立能化腐臭为神奇。然教了二千几百年，止是愈教愈劣，便是两位梁先生数年前自称一个筋斗已跳出十万八千里者，现在承认还是在他手掌之中，这又无疑承认这位"走方郎中"止是说嘴卖假药，并无起死回生的本领，所以对他愈加佩服，无异把他的教育招牌投入毛厕，撕破他的假面。两位梁先生自己个人的谦光，自是美德。最好笑的，众口一词，物质文明掀起了此番大战。此番大战乃是空前的大战（好笑），又是最后的大战（更好笑），所以有个甚滑稽的罗素，信口胡扯，一面发发自己的牢骚，一面拍拍我们的马屁。口气之中，似乎要决意愈了他欧洲的物质文明，来寻我们"中国的精神文明"。（罗素是滑稽已极的滑稽，他胸中是雪亮的然。欧洲像他那样口气的傻子，真也不止一人，无非止是臭肉麻的牢骚。）于是吹入我们素有夸大狂、喜欢摆空架子，而又久失体面的朋友们耳朵里来了。这种恭维，无异雪中送炭，自然不知不觉，感动入骨，相信入骨，也把自己催眠起来。纵使两位梁先生的文化学院曲阜大学，在理都是可有，而且应有，但似乎太早了一点。恰恰好像帮助万恶的旧习惯，战胜新生命，替孔二先生的大吃牛肉，加写了一张保单，却恰恰把他老人家子孙的饭碗，无意中可以一齐敲破。因此我这篇文章的直观信仰，也或者间接的对于最近中国思潮，献着一点号泣而谏的愚诚。

新信仰

大家都说，"凡人不会无信仰"，这是对的。有人说，"人人有个信仰，便是人人有个宗教，信仰便是宗教"，这是不对。这是名词上向来太笼统的谬误。古代把一切哲学、伦理学、教育学、美学等皆混合于宗教，现在他们一一脱离了宗教，自己独立起来，宗教亦没有话说。宗教的范围，就自然的缩小。但现在还不曾立一个信仰学，把宗教附属在他底下。毕竟仍让宗教一名词代表了一切信仰，反把种种非宗教的信仰隶属在宗教学，惹得多数学问家而非宗教家的，常说宗教可以不信，宗教学殊有研究之价值。其实彼所谓宗教学，即指信仰学的全部。故宗教一名词，最好严格的限制了以神为对象。这又是宗教家求仁得仁，最所赞同。本来若将许多无神的信仰，属入宗教学，虽是学问家所许，必非宗教家所乐。所以真要清楚，顶好是立一信仰学的名词，把宗教学管领了起来，其式如左：

如此，信仰学是学问家所当研究。彼所管领的宗教学，宗教家固在必应研究之列，即非宗教家，为其有人类进化史上相当价值，亦极可研究。

闲话少说，我所谓"新信仰的宇宙观及人生观"，不过说这两宇宙观及人生观，并非哲学家的宇宙观人生观，乃是柴积上日黄中乡下老头儿信仰中的宇宙观人生观。这个信仰是一个新信仰，非同"虔城隍拜土地"宗教式的旧信仰。然未下这解释时，我又怕把这新信仰三字标了出来，避开哲学范围，终竟被讲信仰学的先生们拉进宗教区域，那未免驴头不对马嘴了，故表明几句。

宇宙观

举现象世界，精神世界，万有世界，（有）没有世界，（无）适用时间空间的，不适用时间空间的，顺理成章的，往来矛盾的，能直觉的，不能直觉的，合成一个东西，强加名言，或名曰本体，又曰一切根源。照我合成的成分而说，既应统括万有及没有……则又有所谓"一个"，所谓"本体"，所谓"根源"，下这样的具体名词，自然于理论为极不可通。然我拿玄谈家滑稽的老把戏来做回答，可说照我上面的界说，理论自身，配算什么一个东西；既明白的指出包括"往来矛盾"，便也何妨有所谓"本体"等等不合理论的矛盾。若迁就理论，做一个老实的回答，就是由我执笔而写，我即万有的一分子。写了要诸君赐看，诸君又不过是万有的一分子。我能写，你能看，便非用个名词不可。到了我们超入没有我们，自然用不着名词，我也用不着写，也没有诸君要看，更定然没有这篇文章。自然而然，便没有这种"一个"呀，"本体"呀，"根源"呀等的名词了。现在姑且用了他们，好在柴积上日黄中嚼着白蛆。

如是，放之则弥六合，变为万有，是这一个；卷之则退藏于密，变为没有，也是这一个。（凡此文偶引成语，皆取其恰合下笔时之论调而已，非有心表示同意。因我此文，止表示个人信仰，非所以言学。不敢诬古人拉偶象，在柴积下扎彩。）陈老古董所谓万物有生，原质是风水地火，或金木水火土，是这一个；新西洋景所谓绵延创化，是片断而非整个，止有真时，并无空间，也是这一个。所以不消说得，煤油大王家的哲学主义，名叫实验，吴稚晖拼命做这文章，鼓吹物质，是这一个；就是那低眉菩萨的涅槃，悲观少年的虚无，也是这一个。我不管什么叫做无极太极道妙真如，又不管一元多元玄元灵子，我止晓得逼住了我，最后定说到"一个"。

先要插说紧要而又不相干的几句。我这篇文章，也可以如丁在君先生的说法（丁先生《玄学与科学》一文见《努力周报》），的确是玄学鬼附在我身上说的。然而我敢说附在我身上的玄学鬼，他是受过科学神的洗礼的。这种玄学鬼一定到世界末日，可以存在，不受孔德排斥的。附在我身上的玄学鬼，没有附在张君劢先生身上的那种"无赖"。他不敢说到"初无论理学之公例以限制之，无所谓定义，无所谓方法"。他让想要求科学神占领的区域，把丁先生所谓可知道的，占领了去。可知道区域里假设，尽科学神用论理去假设着。把那丁先生所谓不可知的区域，剩下了，让给玄学鬼占领了。不可知区域里的假设，责成玄学鬼也带着论理色采去假设着。虽这种带些论理色采的玄学鬼，必定被那"大摇大摆"的鬼同胞，笑着矛盾，笑着浅薄，但因为他能竭力要想帮科学神的忙，所以闹这个玄谎，也便定可免得丁先生的一"打"。

第一便要在这插说中交代明白，凡说到是"信仰"上的"一个"，容易有"无赖"的玄学鬼来赠送徽号，叫他做上帝，叫他做神。可以混同夹账，拉扯着三百年前的笛卡儿先生们，说道你所说的"一个"，便是无所不在的神，无所不在的上帝。那我要恭恭敬敬立起来，唱着喏摇头道：这未免太亵渎了。我说的"一个"，我自己固然就是他，便是毛厕里的石头也是他。说我便是上帝，便是神，已滑稽得可以了。并且说毛厕里的石头，亦是上帝，亦是神，不嫌太难堪吗？所以纵使我请我的玄学鬼，"无赖"一下，让一千步一万步，承认有个上帝，有个神。上帝神非即我，非即毛厕里的石头。不过有个我，便有个上帝神来鉴临了我；亵渎点又说，有块毛厕里的石头，便又有个上帝神去鉴临了他。那就上帝神也已降尊得极略。充其量，上帝神止是那"一个"里面的贵族。我与毛厕里的石头，是"一个"里面的落难者，沦于卑贱的罢了。上帝神之与我，之与毛厕里的石头，还是同屈于"一个"之下。上帝神决非便是那最后的"一个"。如此，既然上帝神不过"一个"的一分子，则我与毛厕里的石头，也忝为"一个"的一分子，肯承认上帝神独为贵族吗？我们自己肯永屈卑贱吗？这便定有问题发生的呀。这种凭空的，推戴同一分子，来做我们的上帝神，止有让宗教家去贱卖。在我同毛厕里的石头皆受过科学神洗礼的玄学鬼，到底不肯太"无赖"，全把论理抹煞。所以在论理上还是不肯让步，完全否认着有什么上帝，有什么神。

或则另有蒙混着说道，上帝神是有超绝性的，超出于你所谓"一个"的。哈哈，这是"大摇大摆"的"无赖"玄学鬼常作口头禅，用来把人催眠的。可惜那无赖玄学鬼的伎俩，弄不出什么神通，能跳出"一个"的圈子之外。"一个"是包括了"没有世界"，换言之，便是已经包括了超绝。区区止有一点超绝性的上帝神，真正要叫何足道哉、何足道哉了。故尔，那种骇得煞人的显赫的名词，上帝呀，神呀，还是取销了好。否则，惟有我吴稚晖毕竟还笑笑罢了，深恐毛厕里的石头，块块都出来争称上帝，争称神，那就上帝神的尊严，终要扫地的呀！

把以上得罪上帝神的插说，完全交代明白，意思就是说：我以后说下去，倘然有些离奇得太好笑的名目，假设出来，决非大讲神话。止是要说得浅薄容易听懂，好让环着柴积在日黄中的听众，听了像煞有介事罢了。

那我便劈头的假设着，我所谓"一个"，是一个活物。从他"一个"，变成现象世界，精神世界，万有世界，没有世界，无论适用时间空间的，不适用时间空间的，顺理成章的，往来矛盾的，能直觉的，不能直觉的，恒河沙数的形形色色，有有无无，自然也通是活物。

又应急要的插说几句：有人问，笑话了！别底先不要问，请问既说没有，叫做"无"，如何还去装上"物"，更说"活"呢？我就笑答道，因为"无"也是"一个"的一分子，"一个"是活物，所以他也应是活物。你不曾看见我写了一撇三画四竖四点，如此的不惮烦，我才能说，你才能懂；我才能肯定他"物"的"活"的，你才能否定他不该"物"的"活"的。这简直还可以六合之外，圣人存而不论吗？你若再说他是超绝，他是不可思议，对咯，更圆满了！但是你更疯了，笔画却更多了。刚刚更替我证明白应该注意了。注意所能及，很浅近的便是包括在"一个"里了。"一个"是活物，他就确确实实，也是活物了。

又自从"一个"变成了万有世界及没有世界，照论理是但有万有世界及没有世界，更无"一个"存在。必要有到绝对，无所谓万有，更以外无"无"，止有一个不大不小不长不短不硬不软不白不黑……的东西，才复返于"一个"，否则无到绝对，我且搁笔，你亦莫问，也便复返于"一个"。除此两途之外，"一个"乃无从存在，你倘然要看看那"一个"是什么东西，就拿我看看；或者就拿面镜子拿你自己看看，或者就拿毛厕里的石头看看。说得阔大点，更用着千里镜显微镜等拿世界万有看看。你若看得厌烦了，更闭了眼睛，拿浩浩荡荡杳杳冥冥，所谓道妙，所谓真如，所谓玄元，所谓灵子，许多带麻醉性，超绝及不可思议，算他"无"的，拿来想想。皆足以见"一个"的一斑。我目前却要大声而疾呼曰：整个的"一个"，已是瓜分了。你莫认他存在！你不要当他老祖宗看待！又引起了一大错误，以为可以代用上帝神，遇有疑难，又向

"一个"去磕头求拜，你要完全明白，"一个"就是我，就是你，就是毛厕里的石头，就是你所可爱的清风明月及一切物质文明精神文明，就是你所可憎的尘垢秕糠及一切蛇狼虎豹政客丘八！

言归正传：有人问，你所谓"一个"是活物，乃正经讲话呢，还是滑稽一下，开开玩笑？我三薰三沐的再拜而答，说我是正经讲话。他说，我想你是也想"大摇大摆"，不惜"无赖"，尽着附在你身上的玄学鬼，尽量的说笑罢了。我说，我的玄学鬼最不高明，他是最低头服小，那里敢大摇大摆；他是最拜倒科学神的脚下，总要附会论理，岂敢无赖呢？他说，那么你所得"一个"是活物的结论，有论理吗？我对曰：有，有！我的那位玄学鬼，论理学是一定不精明。但他讲起话来，至少也总喜欢用着老古董的三段论法，才肯出口的。他说，凡活物才能产生活物，换过来说，亦就可说活物乃产生自活物。吴稚晖是活物，推原他的产生，可以直追到"一个"，所以知道那"一个"亦是活物。他说，你先想想看，你的前提到底靠得住靠不住？若说凡活物才能产生活物，无异就是说活物必定产生活物，那么从"一个"产生出来的毛厕里石头，也是活物，岂非大笑话呢？我说毛厕里的石头，自然也是活物。我同你去科学庙里游逛游逛看。你先跑到博物学殿上，自然止看见动植物标做活物，金石标做矿物。你若转到化学宫里，便差不多看见金石都活了起来。你又走向物理学的宝塔上面去，看见了万有引力菩萨，及相对性大神，你才把万有没有，一齐都活了起来，自然直活到"一个"身上去了。

我今且再把那毛厕里的石头先活了起来，自然见得我们那位玄学鬼，还是懂些逻辑的呢，还是一味无赖的？凡活物的界说，拿最浅薄的话来讲，就是说：

（一）是这样东西要有质地；

（二）是他能感觉。

人是活物，有十四种原质，一只苍蝇有若干原质，一棵玫瑰树有若干原质，这都不能去骄傲毛厕里的石头，因为那石头也有若干原质，立于相等的地位。所以质地是搁过了，不必讨论。人有感觉，苍蝇有感觉，玫瑰树有感觉，是大家承认的了。请问毛厕里的石头，他的感觉何在呢？是如何状况的呢？我说：要我的玄学鬼回答这问题，他先要问人与苍蝇与玫瑰树，他们的感觉是同等的呢，还是差等的？我所问的同等差等，不是问程度有什么高下，乃是问状况有什么异同。我不相信程度的高下，止相信状况的异同。譬如我们"人是万物之灵"，不是天天有这种声浪进耳朵，又不是吾人一开口便居之不疑的吗？如何证明白他是万物之灵呢？便是感觉最高等。此即执程度之说，及问嗅觉及得狗吗？视觉及得猫吗？听觉及得鼠吗？便又遁而之他。谓人则不但于外有感觉，而且于内有理智，故结为思想，形成计画，因此高出于庶物。然问彼何以拙劣野人，对织物不及蚕之一茧，对建物不及蜂之一房？便又恍惚周章，遁而之他。谓物之本能，实胜于人，但因是便无创作。人之所以由粗至精，多劳思虑，全欲玉成其创作之伟大。哈哈，"伟大否乎"，那场官司太大，不是插说几句可以了事，也不是本问题所急要。在本问题，又最好是相对的含糊承认着，可以与吴稚晖主旨的提倡物质文明少点歧误。就是人为万物之灵，吴稚晖是个人，恭维他为万物之灵，固然一定可以甜蜜的承受。便是在多尽点义务上着想，也尽可替诸位贵"人"，相对容认了。有如陶斯道先生要拿人为万物之灵，做他的安生立命的药方，我何忍笑他老人家痴愚呢？我要极骂恶人，我也止好脱口而出，说道你还像个人吗，如是而已。我良心自忏，也止有在被窝中细想，恐怕我若如是如是，人便不当我是人。觉得不像个人，不当是人，终于不好，即隐隐不肯失了万物之灵的地位，所以这句话，做个尽义务时候督促物，实比上帝利害。但是宇宙除"一个"外无绝对性的东西，止有相对性的罢了。从又一方面说，若把这句人为万物之灵，享受权利，顿时可觉人的狰恶，谁还忍说，谁还忍想。梁漱溟先生最佩服孔子的地方，便是直觉之"仁"。仁是一定要解做无私心合天理。宰我不仁，那是要在他父母新死，食稻衣锦。这种食稻衣锦，便是任着私心内最要不得的忍心，是最伤天理。所以孔子也没有法子，止好冷峭的问他道于汝安乎。宰我乃说安。所以孔子转沈静了，止能说汝安则为之。此如从前我在巴黎力驳无政府主义，他现在幼稚的信条，便叫做"各尽所能，各取所需"，譬之于物理学，孔老先生的"施之己而勿愿，亦勿施于人"、耶老先生的"爱人如己"便是牛顿的万有引力说。这"各尽所能，各取所需"，便是恩斯坦的相对原理。我当时老实不客气，竟说我将不尽所能，止取所需，我不愿烧饭，我止愿吃饭，你奈我何。李石曾先生心平气和的对我说道："你吃就是啦。"而且他背后并不曾再说"吴稚晖之不仁也"，我明天便挂了无政府党的口头招牌。梁先生慧眼看孔子，而且在觉海茫茫之中，捆握住了直觉，替孔子的"仁"下了的解，我不能不相对承认。但是孔二先生同梁二先生，及我吴大先生，各挟了万物之灵的资格，倘或不遭亲丧，则制锦之蚕，结稻之禾，一若天理之天，皆为我辈而生。推至牛羊鸡豕，无不由于天心之仁爱，以彼等见惠；故我等报天，亦牛一羊一豕一，制为"齐之以礼"之礼。我辈竟也老实不客气，割不方正不食，馁不食，败不食，要生烹活割的才好。从而食不厌其精，脍不厌其细。并且我们是无私心而合天理的君子，值不得将或有不美之名，加在自己身上；让一个稍下等的万物之灵，所谓厨子，让他代担了责任，所以我辈尽可"远庖厨"。照这种的做品，真正叫做汝安则为之，我们的颡上有泚了。这个问题，我们在人生观里，还要详细讨论的。这里屡说几句，未免太长了。也不过要显出人有理性，超过禽兽的止有本能，是自己吹着罢了。人的无私心而合天理，自矜为最高的道德，亦不过尔尔。如是那所谓万物之灵的徽号，到底为万物各推代表，公举的呢，还是我们人自己卖弄着的吗？就也不免莞尔的呀。我说这一大篇，无非表明我所谓万物的感觉，是差等的，不是同等的。差等乃是状况的异同，不是程度的高下，人有人的感觉，苍蝇有苍蝇的感觉，玫瑰树有玫瑰树的感觉；感觉的状况，各各不同，各有特殊发达的条件。甲之所有，可为乙之所无，丙之所适，非即丁之所需。如玫瑰树挟其所有之感觉，因人与苍蝇所无，称玫瑰树为完全，或苍蝇取其适用之感觉，笑人与玫瑰树不知所需，称苍蝇为高等，皆定然为自吹而已矣。自吹原亦相对的可以容许。故分感觉之高下，而有进化之一说，亦人生观内假设所难免。惟就宇宙观，推论而至于"一个"为活物，则不容有此差别。

　　讲到这里，第一层可先用不值钱的玄学理想，近乎游戏的，说道毛厕里的石头亦有感觉。苍蝇的感觉，非即人的感觉，他们感觉的状况，颇极差等。玫瑰树的感觉，非即苍蝇的感觉，他们的感觉，又极差等。如是焉能禁我来瞎说，毛厕里石头的感觉，非即玫瑰树的感觉，他们感觉的状况，也极差等。若欲强分高下，则石头有其寂然不动的感觉，真所谓无私心而合天理，所以贞固永寿。一块毛厕里的石头，可以阅几十代人而依然如故，见数百兆苍蝇存灭，看千万棵玫瑰树忽而芬芳，忽而萎枯。彼如曰毛厕里的石头为万物之灵，理由亦未尝不充足。彼另有彼之可感与彼之可觉，人与苍蝇及玫瑰树之感觉，皆非彼所需，故亦非彼所有，如是而已。然这种蹈空的掉枪花，我们中国古代的玄学鬼常用"孰为正色，孰为正味"等的论调，闹得甚嚣尘上。自然受过科学洗礼的玄学鬼，不肯就把这种空言，来作惟一的搪塞。所以说到第二层，他就要戴上科学面具，正正经经，板起了面孔，来断定毛厕里的石头亦有感觉。他不是说能够按着分类，代毛厕里的石头，做出一部石头心理学。他简单的止要问：我们人类的感觉，是否科学家承认为完全出于神经系？神经系的脑质纤维等等，是否由血液营养，才能做工？倘然我们好几天不装煤（不食），血液枯竭，神经系失其营养，亦即失其感觉，是否为必信之果？"三咽，然后耳有闻，目有见"，这是无论何人承认的呀。那么我们万物之灵的人，吃饱着暖了，神经系才能作用兴奋。一位才子，遇了一位佳人，才臭肉麻的直觉，不识羞的吐露出来，所谓天上人间，独一无二，全为爱情冲动，始有此亲和力。但是，你不见毛厕里的石头么，一旦为化学家检入玻璃瓶，用火酒的食料供给着，他就排斥一部分故伴，一部分去寻着新的她，发起大大的爱情。他的冲动的爱情，何尝少异于才子佳人？而且他的冲动，能受理性的节制，可结合的结合，不可结合的完全不结合。他的意志的坚强，几远过于人。这样的显然明了，还说毛厕里的石头是没有感觉的东西吗？他：

（一）是有质地；

（二）是有感觉。

非活物而何？

好了！把毛厕里的石头活了起来，我的宇宙便有着落了。有人说，石头有感觉，理论上固然可通，但博物学家终嫌感觉的名词止限于动植物，若并矿物而赋予之，分类时便诸多淆乱。你的意思无非说石头有质有力，力的表显于化合的亲和，无异感觉。我说对了！我本来止承认万物有质有力，言质则力便存在，言力则质便存在；无无质之力，亦无无力之质。质力者，一物而异名。假设我们的万有，方其为"一个"之时，就其体而言曰质，就其能而言曰力，加以容易明白的名称，则曰活物。及此一个活物，变而为万有，大之如星日，质力并存；小之如电子，质力俱完。故若欲将感觉的名词，专属于动植物，亦无不可。惟我还须作一甚可骇怪之词，我以为动植物且本无感觉，皆止有其质力交推，有其幅射反应，如是而已。譬之于人，其质构而为如是之神经系，即其力生如是之反应。所谓情感、思想、意志等等，就种种反应而强为之名，美其名曰心理，神其事曰灵魂，质直言之曰感觉，其实统不过质力之相应，苍蝇之神经系；有如彼之质，生如彼之力，亦即有如彼之反应，成为苍蝇之感觉，苍蝇之心理，苍蝇之灵魂。玫瑰树神经之质大异，力之反应亦大异，遂为玫瑰树之感觉，玫瑰树之心理，玫瑰树之灵魂。毛厕里的石头，神经系之组织，绝非吾人所能识别。则其质之构成，我等不能言，而其力之反应，我等亦不能言，遂为石头之感觉，石头之心理，石头之灵魂。其实毛厕里的石头呀，玫瑰树呀，苍蝇呀，人呀，何尝有什么感觉，什么心理，什么灵魂，止质与力之构造及反应，各各不同罢了。所以我的万有有生论，本来止取乎两言曰：

万有皆活，有质有力，并"无"亦活，有质有力。

感觉一名词，便让生物学家叫动植物去专有了，亦尽可不争。然设或借给毛厕里的石头用用，也毫不足奇。□给我们大家的"老本身"所谓"一个"者有时亦感觉着，乃更平淡无奇呀。

写到这里，我本可以将我的宇宙观正文，总括了简单的说一说。但我不曾先将灵魂明白的斥除，定然留着小小理障。我刚要插说一番，忽然小病了十几天。这几十天内，刚刚张君劢先生也调动了科学兵，保护了他的玄学鬼，与丁先生在《晨报副镌》及《时事新报·学灯》上开起火来。梁卓如先生还替他们制定了"论战公法"，预备双方都有附加军队，延长战期。但我看了张先生的反攻队，所谓上篇中篇，那是他们学者搬他们学者的货色。止是摆着行头做戏，没有真打仗。想来就是他们真打起来，设或添了无数的好角儿进去，也离不了玄学科学，搬弄许多名词，点点鬼，引引断烂朝报，做个秀才造反罢了。本来没有我们柴积上日黄中的事。可是，我现在要同灵魂算账，倒可以借他来插说一说。

张先生的一篇清华讲演的《人生观》，我本不曾有机会拜读。现在《晨报》也把他披露起来了。他反攻丁先生的下篇也发表完了。及读了他的《人生观》，我方才微微觉着张丁之战，便延长了一百年，也不会得到究竟。因为张先生岂但不无赖，而且不单是个玄学鬼，简直是一位科学大神。所差的，他小心谨慎，不敢排斥空中楼阁的上帝，他意中定然有个"灵魂"。我想丁先生的意中，灵魂是不存在的。然而他也定然想不着专门与张先生的灵魂轰斗。

我这篇文章的动机虽已酝酿了五年，最简单的几句话，也尝看见了什么朋友，都扯着乱谈。本来以为写也好，不写也好。自从有什么新文化运动，中国人谈宇宙观、人生观的日多。（文学家的，照例可以信口开河，不能与之计较者除外。）接着有什么东方文明、西方文明、物质文明，于是谈着宇宙观、人生观的更多。虽然学问是愈闹愈进步，可是，头脑却愈闹愈昏沌。我做这篇文章之先，意中有四位先生，认他们是最近时代中国思潮的代表者：一是胡适之先生，我批评他是一个中国学者而有西洋思想。于我的新信仰，虽无具体的相同，却也不曾寻出他的异点来，丁在君先生怒打玄学鬼，也定是同胡先生携手着奋斗的。二是朱义之先生，我批评他是一个印度学者而有西洋思想。他的论调，叫人完全可以否认，也叫人完全可以承认。三是梁漱溟先生，我批评他是一个印度学者而有三分西洋思想、七分中国思想。四是那位老将梁卓如先生，我批评他是一个西洋学者而有中国思想。张先生的人生观，就不免受了二位梁先生的暗示，否则张先生亦是一个学者里的暴徒，不应缚手缚脚到如此。虽然他亦有苦衷：一则在清华学校的讲堂上，那里可以否认上帝同灵魂！二则他以为对将赴美国的学生说话，这是一服清凉散。不晓得恰恰掉在二位梁先生的玄中。二位梁先生的人生观，不免大大的太可斟酌了。所以我在我这篇文章的开头已把二位梁先生的大名标举了出来，隐隐也见得我的下半篇要做的人生观，也自有目标。二位梁先生的上帝观念、灵魂观念，究到什么程度，若用名词去讨论，定要遭他们好笑。惟擒住了张先生所引英人鼎鼎大名欧立克的"精神原素"，我想张先生满意了，二位梁先生也无不首肯，这就是一个变相名词的灵魂罢了。张先生引欧氏之语曰："第三曰精神原素之作用，此为一种深远能力，非常人所能察知。"这正用得着丁先生所谓无赖玄学鬼的攀谈。他不过有了一张社会哲学家的牌子，否则什么"深远能力非常人所能察知"的语气，何异南池子口头文王八卦摊上的话。高等一点看，也不过福音堂里外国先生的讲道理一样呀！我辈固是常人，欧先生难道便是天人，既不会察知，如何老了面皮，竟"大摇大摆"把"精神原素"一个名词写了来。但是我们要原谅欧先生。他是一个绅士。在欧洲社会里不信上帝，无异在我们社会里不信有天。我们说到道学先生对了屋漏，在那里寅畏，什么人都悚然起敬。他们若举念动足，说有上帝鉴视了他，也庶几像一个穿燕尾服的人物。这正可以如陶渊明所谓"不求甚解"的呀。因为反正终是解不透澈，不如不解，落得保存着身分，否则成了无法无天的"狂徒"，便不能在中国绅士队里厮混。做了不信神的"恶汉"，也便不能在西洋上等社会里存身。因为认有上帝，就不能不连带认有灵魂。认有灵魂，更不能不说"人为万物之灵"。横了此等魔障，于是进化确亦可以言有所谓向上，可惜不免上其所谓上。创造确亦可以有所谓超人，可惜不免超其所谓超。而张先生等的人生观，一若含无穷悲悯，本着欧先生的精神原素作用，起而救世；果适类于抱薪救火乎？张先生等未计其责任也。其实精神元素自身没有着落，止是一种绅士应酬上帝，有麻醉性的谰言，岂但欧氏独为之；近代破天荒之哲人，若裴根、笛卡儿、斯宾挪萨、康德等力可以推倒上帝，其地位非特不敢斥言，并止可显然反与拉拢。惟孔德、达尔文、赫胥黎、海格尔等现于声色矣，终未忍大决裂。尼采是绝等聪明人，然其意正欲利用上帝。柏格森的胸中最是雪亮，然不能无所委蛇。故尼采主张创造是出于权力意志，这是千对万对。然而又有什么"由我们内部深处流出，决不是机械论所谓的力，支配我们肉体的团结"机械的力，止要支配得出你的权力意志，亦何嫌何疑，必要寻个"内部深处"？内部深处，便是变相的精神原素。柏格森主张"宇宙是一个大生命，永远的流动。生之冲动，故……"那更千对万对。然又有什么"向上的本能的过程中——为植物动物。下向的解体的过程中——为矿物"。又云"人类不是大自然的完全点，乃是大自然活动的顶点"，这个顶点，又就是人为万物之灵。尼、柏两位实在都是委蛇了上帝，所以有一些不澈底。尼氏的超人，徒然做了强权者的护法。柏氏的哲理，也就做着玄学鬼的有滋味材料，没有影响于人生观。介绍到了中国，却被深通"鬼神情状"的易学名家，证明了他的"生生为易"，以为孔二先生实是二千五百年以前的柏格森。柏格森反做了孔二先生人生观的经纪人。其实用着尼、柏二位洋先生的几句话，也就够开除了上帝的名额，放逐了精神原素的灵魂。一样还是可以向上，可以超人，并且在责任上讲，也可以权吹着人为万物之灵。（前已说过，后当再说。）我们止要说"宇宙是一个大生命"，他的质，同时含有力。在适用别的名词时，亦可称其力曰权力。由于权力，乃生意志。其意是欲"永远的流动"，及至流动而为人，分得机械式之生命（质与力），本乎生命之权力，首造意志。从而接触外物，则造感觉。迎拒感觉，则造情感。恐怕情感有误，乃造思想而为理智。经理智再三审查，使特种情感，恰像自然的常如适当，或更反纠理智之蔽，是造直觉。有些因为其适于心体，而且无需审检，故留遗而为本能。如是每一作用，皆于神经系，增造机械。遂造成三斤二两的脑髓（这是戏语成趣，因吾乡俗说"头大九斤半"，脑髓当居三分之一，故云然），又接上五千零四十八根脑筋（亦戏语，五千零四十八，亦吾乡极言数多之市语），中惟直觉经理智审查情感而生，约略如胡适之先生所谓"直觉是根据于经验的暗示，从活经验里涌出来的"，甚为张先生所不服。张先生看直觉与意志同，以为皆出于先天。虽然我们这种瞎嚼蛆，终之要被什么心理学家等笑到前仰后合，然一根鲠已刺在喉咙口，也不能不随便一吐。譬如孟老爹说"羞恶之心，人皆有之"，羞恶确是直觉之一。然天津祝寿的或对靳云鹏说"我来替你老太太做个媒罢"，靳先生一定红涨于脸，勃然大怒。然若对"劳爱乔治"说之，彼亦止笑谢曰：伊想无此兴会了，伊想无此兴会了。则此羞恶之直觉，实曾赋自环境，并不出于天然。丁、张两先生皆以电话室作譬，互相诘难。其实电话室亦聊用取譬云尔，何足深诘？三斤二两脑髓，及五千零四十八根脑筋，彼构造的繁复，岂人力一时所能弹究？一原子大小，假如截头发丝一段而为立方，足可容原子四百兆。每一电子游离于原子"核心"之旁者，其小又止得原子十万分之一。照这样说来，一粒原子，他自己带动了核心及电子，已经如太阳带了行星卫星，自成一系。把这种兆兆兆兆的原子，构成这三斤二两的脑髓，五千零四十八根的脑筋，他的机关复杂，还有什么粗重的电话室可以拟议？他那发动出来的能力，什么高等意志、极等理智、超等直觉、上等情感、头等感觉、优等本能，皆有何难？那里用得着什么精神原素所谓灵魂者，来做隔靴搔痒的帮助？

所以他腐烂了，或割除了，亦便冥然罔觉。一位个人的宇宙，便算终了。几千几百个蛆虫的宇宙，从而开始。那里有许多闲空的堆房，去存贮许多"得意精虫"（人）的灵魂。（一次性交，解放着二百兆条精虫，止有一条得意着做个万物之灵，不知一百九十九兆九十九万九千九百九十九条失意精虫的灵魂，又堆放何处。一笑。）

我排斥灵魂，却止举张君劢先生引着欧立克先生的"精神原素"说破他是个变形妖怪，不曾来得及引着杜里舒先生簇新的豆人儿叫做"隐得来希"，这不是我的遗漏。因为上帝那位"大摇大摆"的"无赖"，久矣无处逃生。虽然他摇身一变的方法，自然比孙悟空还多，但他变化到灵魂，打算屈居偻罗，可以衬托大王，已想出一个极苦恼的苦肉计，以便推附在人身上，用三位一体的故智，糊里糊涂，作个同命相怜的奋斗。且利用吾人自大好吹的弱点，比人于禽兽，已怫然大怒，何况比之于无情顽□之机械，自然坚决的不屑。见着炉火灼天，像煞有介事的动作，似乎竟有点私叹不如，故又气又羞，一定要清清楚楚，明明白白，辨一个完全没有关系，才保固了"人生观"的尊严。不料上帝在大罗天上，拍手笑乐，赞同他的尊严，水涨船高，我才牢居着神圣不可侵犯的地位。〔但痴人并忘了机械是积着几百年人智，用顽铁造成的，你是积了几百兆年，用兆兆担的蛋白质壅培起来，进化得来的，不必瞎吹，你栽培自己，与你栽培你的机器，化的时间经费，那就巧历也不能开清账的比较了。当然千年狐狸（人身），决不必降尊与浆糊三脚猫比例。可以不必着急。〕人身要与机械论出身的贵贱，最便当，自然是多个灵魂，同少个灵魂，有如挂了一等大绶宝光嘉禾章，去立在施衣棉□队里，不必自读脚色手本，便迥然不同。因此灵魂又摇身屡变，多方撑持他的架子。变到精神原素，已戴上科学面具，况且精神原素，便是精神元素。老实不客气，也不配何人去问他来历；这种大摇大摆的无赖，如何轻易便混同夹账，放他过去。至于"隐得来希"，名目的混成，纵然还逊我们苏州的"像煞有价事"一筹，然他的面目，突然之间，似乎还比精神原素来得特别。但是这把戏，不是滑头演出来的，是一个老实的吃香肠的老先生演出来的。所以手势不大灵便，一方面把这只猴子着起纱帽圆领，像煞一位官人，一方面又自己把尾巴拖到台面前，因此也可以不用理会着了的了。因为杜先生是一个博闻强记、色色懂得的学者，他最富的特长是分类。他不是卖膏药的江湖，口齿不老。他是极能耐的天桥衣摊学徒，假如说"马褂一件咯，止卖一元钱，领子值三毛，钮子五吊钱，里子值四毛，送了一个面"，这便是他的演讲。所以他一方面□"隐得来希"同物质"争持"，成立个二元论，一方面又说"隐德来希之意欲，即要机体构成"。"隐德来希"是"初式"构的，"心是次式的"。呀呀！"隐得来希"既被机体构出来的，还要同爸爸（物质）争个二元，真傻小子。

好了！现在真要将我的宇宙观的紧要话头，交代明白，便将这篇文章的宇宙观从而结束，而这篇文章的人生观可以在下期《太平洋杂志》上开始。

在无始之始，有一个混沌得着实可笑、不能拿言语来形容的怪物，住在无何有之乡，自己对自己说道，闷死我也！这样的听不到，看不见，闻不出，摸不着，长日如此，成年如此，永远如此，岂不闷死人吗？（请恕我这几句肤浅陈腐的帽子，而且是柴积上撒着诳，但加这几句想当然的话，非但说下去才不突兀，庶几叫他是主要的天机，一旦泄露，才澈头澈尾，亦无不可。）说时迟，那时快，自己不知不觉便破裂了。这个破裂，也可叫做适如其意志，所谓求仁而得仁。顷刻变起了大千宇宙，换言之，便是说兆兆兆兆的我。他那变的方法，也很简单。无非拿具有质力的若干"不可思议"量，合成某某子。合若干某某子，成为电子。合若干电子，成为原子。合若干原子，成为星辰日月、山川草木、鸟兽昆虫鱼鳖。你喜欢叫他是绵延创化也好，你滑稽些称他是心境所幻也得。终之他是至今没有变好，并且似乎还没有一样东西，值得他惬意，留了永久不变。这是我的宇宙观。

自从我们不安本分，不甘愿做那听不到、看不见、闻不出、摸不着的一个闷死怪物，变了这大千宇宙，我们的目的何在呢？我是不敢替我们自己吹一句牛皮的，却逼住我不得不说他是要向：

真美善！

但是尽管你一样一样认着"真"，要做到好看叫做"美"，做到不错叫做"善"，毕竟叫做终不合意。所以秒秒分分，时时刻刻，把旧的变去了，从新换着新的，正如下棋一般，下成了，又投子在盒中，揩着棋盘又下，这种"无意识"的轻举妄动，变到如此"一塌糊涂"，收拾不来。（我是戏语。）于是众兄弟们，自然而然，要闹出三种意见：

（甲）

他说很有趣的呀！我们本来嫌闷死，才来这样变换。换不好他么，我抵死也不相信。就是换不到顶好，当换一个较好，也就很够消遣了。

（乙）

他说算了罢！多大的失望。要这样的麻烦死了我，还不如闷死了我，什么能叫做较好，值得我来忙！便做到了顶好，那时节一动都不好动了。五光十色，都像嵌在玻璃球里一样，不依旧闷死么。有勇气，何尝不可连那听不到、看不见、闻不出、摸不着的一个境界，索性也牺牲了。

（丙）

他说，不要太高兴，亦不要太烦恼，我来折中，我来折中。什么叫做真美善，与其毕竟达不到，不如说苟真矣，"苟美矣"，苟善矣，我说达到，便算达到，岂不停当？他又摇头吟哦曰："他人骑马我骑驴，仔细想来终不如，蓦地回头挑担汉……"

这三种人，就是梁漱溟先生所谓三条路，他把三条路做了西洋、印度、中国的三代表，胡适之先生虽嫌他包含过多，然也可以拢统的代表一代表。固然要仔细的分别，不但一民族之大，决不会共走一条路；就是一个人，在一世之中，或一日之间，也不是止走一条路。那三条路是容易随着环境，时时变换走的。可是环境的力量能成功一个总算账，却竟有一大民族，共上了一条路，中国向来走的是两路，所以孔二先生以前的民族心里，会造成孔二先生的学说。孔二先生又能隔了二千五百年用间接直接的方法，来逼住了梁卓如、梁漱溟、张君劢、章行严诸位聪明绝顶的先生，进他的圈套。虽一路有什么庄周、墨翟、胡适之、丁文江、任鸿隽等许多异端，全不济事。我们在柴积上日黄中搅扰着，那更不相干了。不过我们自己把小锣镗镗镗的敲着，唱个道情儿罢了。你老有什么人生观？朋友呀！下文再详细说罢。

人生观

什么叫做人？先要恭敬的又好像滑稽的对答道：人便是宇宙万有中叫做动物的动物；人又便是动物万类中叫做哺乳动物的哺乳动物；人又便是哺乳动物许多种类中，后面两脚直立，前面两脚脱除跑路义务，改名为手，能作诸多运用的动物。这是就外表上说着。人的脑袋，其大九斤半，有三斤二两的脑髓。人又有五千零四十八根脑筋。把什么哺乳动物脑袋的"大"量，来同那动物自己脑髓的"多"量，作个比例，所得的额量，都比人少。什么哺乳动物的脑筋，也没有人的五千零四十八根那么样多。（我的三斤二两脑髓哪，五千零四十八根脑筋哪，在上半篇"宇宙观"里已经加过注，止是用游戏的俗谈，作一个约略而干脆的报告。一笔确数的清账，自然要问博物学家。我们在柴积上日黄中谈闲天，止要大段不荒唐也就罢了。）还有许多生理上的组织，比较着什么哺乳动物，都有细微差别。但供着我们紧要的谈话，就是三斤二两脑髓，五千零四十八根脑筋，也就够分别这个是"人动物"。这是就内容上说着。概括起来说，人便是外面止剩两只脚，却得到了两只手，内面有三斤二两脑髓，五千零四十八根脑筋，比较占有多额神经系质的动物。

什么叫做生？就是无论你说上帝造成的傀儡罢，"隐得来希"串出的戏法罢，真如幻起的妄想罢，直觉悟着的变动罢，绵延不断的罢，片段分割的罢，或承认吴稚晖所谓"漆黑一团"（另注下方）破裂了、变起大千宇宙、至今没有变好中的一变罢，终之我们讲话，止好大胆的把绵延的，分割着，说道，这便是兆兆兆兆刹那中，那位或造或幻或变的赵老爷，或钱太太，或孙少爷，或李小姐，从出了娘胎，到进着棺木，从吃起三朝汤面，到造了百岁牌坊，他或她，用着手，用着筋脑，把"叫好"的戏，或把"叫倒好"的戏，演着的一刹那，便叫做生。于是我又敢通着文总括一句，说道，生者演之谓也，如是云尔。生的时节，就是锣鼓登场、清歌妙舞、使枪弄棒的时节。未出娘胎，是在后台。已进棺木，是回老家。当着他或她，或是未生，或是已经失了生，就叫做择吉开场，暂时停演。

"漆黑一团的宇宙观"，是北京《晨报》替我起的标题。这漆黑一团的名词才叫干脆。因为我要把无始之始、非有、非非有、听不到、看不见、闻不出、摸不着、混沌得着实可笑、不能拿言语形容的怪物，所谓整个儿的"一个"，简括地，而又活泼地的说出，甚不容易。若止说"一个"，或变称"一团"，便囫囵呆板，终不痛快。又或者开口闭口，动辄称做"本体"，或言"太极"，那是在柴积上日黄中谈闲天，却扮出玄学先生的面孔，冒着讲学的招牌了。犯不着如此迂腐。所以我们信口开河，自由说笑的谈话，宁可犯了漆黑两字，稍落着边际的毛病，叫做"漆黑一团"，便活跃着，说也得神，听也爽朗。但听的人若竟把漆黑两字，真当着石炭，当着木炭，当着烟煤，当着墨汁看待，那就糟了。止希望当做"非有非非有"的代名词，才刚刚恰好。

宇宙有四谜：一是叫做怎样起头，二是叫做怎样完结，三是叫做大到怎样，四是叫做小到怎样。这四个谜我们常说绝对不可知。现在敢说惟有那整个儿的"一个"，乃是绝对。此外更无绝对。有"有"又有"无"，有始又有终，有大又有小，都是相对。知道绝对是"一个"，便是已知一切。无所谓更有什么谜，更有什么绝对不可知。始终大小，止要拿中国老玄学鬼的滑头套话，他们有他们用套话的目的，我们有我们借套话的理由，恭恭敬敬的说着，就什么道妙，一齐拆穿。更有什么谜，更有什么绝对不可知。假如：

有始是有，无始是无，有无相对，同出于绝对的"一个"；乃就说个"无始之始"，始也已经知道。

有终是有，无终是无，有无相对，同出于绝对的"一个"；乃就说个"无终之终"，终也已经知道。

有大是有，无外是无，有无相对，同出于绝对的"一个"；乃就说个"无外之大"，大也已经知道。

有小是有，无内是无，有无相对，同出于绝对的"一个"；乃就说个"无内之小"，小也已经知道。

从"无始之始"，到"无终之终"，这条时间线，就是宇宙万有唱戏的季候。"人生"也在中间占有演唱的钟点。从"无内之小"，到"无外之大"，这个空间场，就是宇宙万有唱戏的台盘。"人生"也在里头占有舞蹈的角隅。

无始之始，我们已经不管三七二十一，把"漆黑一团"去说明了。那无终之终又如何呢？现在可用四个譬况，表明三种结果。我在宇宙观的结末，说是我们宇宙万有的众兄弟们，虽然都是那漆黑一团，所谓整个儿"一个"的分裂的变相。然而既分裂了，便自然的各有个性。有的是"常常高兴者"，他愿意尽变不歇，便是梁漱溟先生所谓向前要求的。这是甲。有的是"死不高兴者"，他到底不愿再变，便是梁先生所谓向后要求的。这是乙。有的是"也能高兴而到底退缩者"，他很盼望不必尽变，便是梁先生所谓持中的。这是丙。我所谓三个结果，就是因为甲乙丙三种的个性。何以三个结果，却用得着四个譬况，他的理由如左：

第一个譬况是"下棋"，得到向前要求的结果，所谓进步，属甲。甲以为真美善是有的，是无穷的。变起来终能较真又真，较美又美，较善又善。向前不歇的变下去。很好玩。从当初漆黑一团，变到现在的局面，虽极不满意，却正好再变。这种变个不歇，并非多事。这是下棋人常有的倾向。下得最好，也不恤随手乱却，检子入盒，从新再下。这个精神，应用到人生，即所谓四时之序，功成者退。又所谓已陈刍狗，不必再登。无所谓圣贤王侯，到头皆空，定要不胜其戚戚。

第二个譬况是情愿"漆黑一团"，得到向后要求的结果，所谓灭绝（好听点叫做涅槃），属乙。乙以为真美善是没有的，是幻执的。变起来止有苦趣。若妄执了再变下去，叫众生愈加的沉沦在苦海，不如反到漆黑一团，虽然说不到真美善，也就看不见伪丑恶。倘嫌漆黑一团的气闷，不如努力把漆黑一团都灭绝了，成个正觉。这个精神，应用到人生，便是自杀，便是灭种，所谓求仁得仁。

第三个譬况是"活动影戏"，得到持中的结果，所谓命定，属丙。丙以为真美善是有的，是固定的。宇宙的变迁，止是顺着定数的变迁。活动影戏乃是这个意向的惟一说明。从前惟袁子才《子不语》上，曾经有这种类似的譬况。数年前傅佩青先生在伦敦对我说，英国亦有人相信这个道理。他们相信宇宙好像活动影戏，就是以为宇宙万有，乃是一次铸造停当，好像是活动影戏的胶带一般。这个胶带是很长，胶带在那里转着，就是宇宙的万象换着。周而复始，已过去者，从新再现，止是时间长得不可思议罢了。有如现在有个中华民国十二年，又有个北京石达子庙，又有个吴稚晖在这年，在这庙里，写一篇《一个新信仰的宇宙观及人生观》，从前也是如此，已有过了兆兆兆兆次。以后依旧如此，还要有兆兆兆兆次。这算做滑稽，然不能不说他有些理智。（但恐那条胶带，若也一样要磨损，便恐走样，倒是一个问题。一笑。）这个精神，应用于人生，便是乐天知命，适来夫子时也，适去夫子顺也；吾与汝皆无尽也，而又何羡乎？……一类的哲人高士诗翁，都隐隐消息在这个玄中。

第四个譬况是"玻璃花球"，也得到持中的结果，所谓停滞，也属丙。这又有丙 A 及丙 B。丙 A 是一个"便宜玻璃花球"。丙 A 以为真美善是有的，是要就现实而容易取得的。不变固不可，太变亦不是。（钱玄同先生常笑这类先生终带些从前某冬烘不撤姜食的八股调。所谓神明不可不通，神明亦不可太通。）这种精神，应用于人生，就是把石器时代的茹毛饮血穴居野处，看做文明不够；把物质世界的飞机、潜艇、汽船、火车，又看做文明太过。惟鸡犬相闻，老死不相往来，或扶犁荷锄，载耕陇亩，芒鞋竹杖，相伴风月，或至奢泰，即炉香鼎茗，犊车鱼艇，得此至于宇宙末日，亦可算得至乐，算得清福。这是要把苟完苟美的现实状况，定为宇宙悠久的标准。把这个现实状况，嵌在玻璃，固定不变，他也不问这个玻璃花球到底工料如何，所以止好唤做便宜玻璃花球。

丙 B 是一个"精致玻璃花球"。丙 B 以为真美善是有的，是要想法而赶紧结账的。随宜泛变是纡曲了前途，不如直接的开起一笔清账来，一变就变到顶点，一劳可以永逸。这种精神，应用到人生，就是崇楼杰阁，玉阶瑶柱，名曰天国；奇花美草，青狮白象，名曰仙境。入其中可以永乐，居其间可以长生。或信仰而得救，或薰修而飞升。终之失了变动的意志，止有息肩的愁望。果然如愿以偿，亦永远的嵌在一个精致玻璃花球之中，长此不变，几与漆黑一团的毫不变动者无异。若说天国仙境亦尚有不断的进步，乃便显得天国仙境仍非顶点。所谓一劳永逸者何在呢？

于是可见宇宙本身的所以要变动，所以要绵延，便应有高兴的义务。不如取甲的向前要求，下着棋，不断的进步为好。乙的向后要求，反到漆黑一团，也太负气。至于学丙的持中，弄到做成活动影戏，做成玻璃花球，皆固定了，停滞了，变成死板板的，也就无味极了。

现在闲话插了许多，又要言归正传。所谓人生，便是用手用脑的一种动物，轮到"宇宙大剧场"的第亿垓八京六兆五万七千幕，正在那里出台演唱。请作如是观，便叫做人生观。这个大剧场，是我们自己建筑的。只一出两手动物的文明新剧，是我们自己编演的。并不是敷衍什么后台老板，贪图趁几个工钱，乃是替自己尽着义务。倘若不卖力，不叫人"叫好"，反叫人"叫倒好"，也不过反对了自己的初愿。因为照这么随随便便的敷衍，或者简直跟跟跄跄的闹笑话，不如早还守着漆黑的一团。何必轻易的变动，无聊的绵延，担任演那兆兆兆兆兆幕，更提出新花样，编这一幕的两手动物呢？并且看客亦就是自己的众兄弟们，他们也正自粉墨了登场。演得好不好，都没有什么外行可欺。用得着自己骗自己么？并且卖钱的戏，止要几个台柱子，便敷衍过去。其余跑龙套的也便点缀点缀，止算做没有罢了。这唱的是义务戏，自己要好看才唱的，谁便无端的自己扮做跑龙套的，辛苦的出台，止算做没有呢？并且真的戏，唱不来，下场了不再上场，就完了。这是叫做物质不灭，连带着变动，连带着绵延，永远下了场，马上又要登台的呀。尽管轮到你唱，止是随随便便的敷衍，跟跟跄跄的闹笑话，叫人搜你的根脚，说道，这到底是漆黑一团的子孙，终是那漆黑一团的性气，不丢人么？

我反复的先讲这几十句的老先生常谈，为的是什么呢？为的是我说"人生"便是"两手动物唱戏"，生怕有些道学先生同高明哲人听了，犯了他们的尊严，失了他们的高尚，嫌我游戏得大利害，未免不敬重人生。所以我在滑稽里头，表示出我的敬重人生，还要比他们迂腐。而且正正经经的板着一回面孔的分辨，照我的敬重人生，还比较透澈。我却并不以为止有两手动物的新剧，该当唱得认真。便是什么木石戏、鹿豕戏，都该一样的认真。我与读者先生们，都不是个木石，都不是个鹿豕，止是个两只手的人，所以我们商量着这幕戏，我们应当也唱得精彩，如是的罢了。

两手动物戏的剧评，虽多到不可究诘。我尽管把什么诸子评论、哲学史、儒学案、名人传记等，摘抄起几万纸来，登到《太平洋杂志》第一千期也登不完，还一定是挂一漏万。所以我索性不嫌疏漏，止把三句话表明头等名角的态度。纵然粗看这三句话，好像拉杂，细讲下去，也颇可以算做概括。三句话是，凡是两手动物戏里的头等名角，应当：

有清风明月的嗜好，

有神工鬼斧的创作，

有覆天载地的仁爱。

现在这三句话，好像随便在玻璃厂书画铺里，把乱七八糟挂着的对子，抄上三句便算。但是第一句是诗翁相对赞成，第二句是美术家相对赞成，第三句是宋学先生相对赞成。自从物质文明破了产，现在我们中国新文化造出来的，便是诗翁、美术家、宋学先生最多。皆是精神文明的产物。因此我不能不先尊重这种新人格，为相对的承认。但既然承认了之后，不能不把这三句江湖尺牍调，再解剖了，剥了他们的皮，赤裸裸使他们的真相，用粗俗话交代明白。换三句粗俗话是怎么样呢？便是：

吃饭，

生小孩，

招呼朋友。

这三句话未免太粗俗了。况且这三句粗俗话，同前面三句的江湖尺牍调，又有什么密切的关系呢？且慢且慢，这是到了我这篇文字的中心点了。我这篇《新信仰的宇宙观及人生观》，也可以说就为这三句粗俗话与那三句江湖尺牍调的关系，所以做的。我自然把那关系，在下面分段的详细说明。但我现在却先要插说几句闲话。我说吃饭、生小孩，书本上便叫做饮食男女，再包括紧一点，也可以叫做食色，从前也有人大胆的说道，食色性也。仔细一点的，分别着，叫他这是欲性。招呼朋友用什么手续呢？最周到是要恻隐、辞让、是非、羞恶，完全了，招呼才算尽心。这恻隐等四项，还标明便是仁义礼智四根大柱子。人有这四端，便像人有两腿两手的四体一样。这是人皆有之的良心，亦即是人性本善的善性。与吃饭、生小孩的欲性分别着，这个叫做理性。或者承认欲性是性，理性也是性，不过彼此加个形容词是要的。这就是主张性是善恶混的。或者承认理性才是性，欲性是情。这就是主张性是纯粹善的。或者承认欲性真是性，善都是人为的伪做作。这就是主张性是纯粹恶的。道学先生各自善其所谓善，恶其所谓恶，牢把善恶二字胶黏在胸中，所以性善性恶的官司，打到现在也不曾判决。但是无论那一种的道学先生，都是右理抑情，乃是不约而同。到了文学家、美术家、哲学家的眼光里，大都右情抑理。以为情即是性，理智的确起于后天。故文学家、美术家隐隐承认饮食男女含有至情，即是至性，如此，那讲性恶的道学先生着个恶字，便多事了。哲学家则谓恻隐、辞让、是非、羞恶，都是直觉的情，尚了理智便伪。如此，那是讲性善的道学先生以为四端出于理性，且认是非为智，也错误了。然而尚感情则精神文明将普及，尚理智则物质文明将侈张。现在文学家、美术家、哲学家，与科学家又正是各进诉状，缠讼不休。恐怕这种精神物质的官司，也与性善性恶的交涉，到世界末日，不会结案。我们是一来没有那种学问，二来是没有那种工夫，能把古今中外的案卷都吊齐了，做个大裁判。我们随便在此略略的提及，简直狂妄点，要想把他们的顽意儿加个总批驳，算他们都是梦中的说梦。一方面老实说话，我们说的话，材料还是他们的。不过觉得他们朝三暮四的说着，说得不痛快。我们改个朝四暮三的说品，似乎称了我们自己的心，像煞新鲜点罢了。

我们怎样说呢？我说：（一）我们的老祖爷爷，那位漆黑一团先生，摇身一变，今天变，明天变；变这样，变那样。变的日子已经没有法子数得清。变的东西亦是没有法子数得完。内中有个我。我将占着号称的一百年。那兆兆兆的一百年里有一个一百年，不能没有个我。非但是理论，竟成了事实。然我没有饭吃，七天便死了，如何支持到一百年？所以赶紧给我饭吃。如此，各位听清楚，吃饭便是存在一百年的我。（二）据说猴子变了人，已有三百万年。我若向上些，竟说人变超人就在明年，自然是说得最体面。可惜说不响嘴，怕要打嘴巴，不如索性把细点，说是人的变超人，还有三百万年。于是六百万年便是人世界。那兆兆兆兆的六百万年里有一个六百万年，不能没有人。非但是理论，也成了事实。人是怎样有呢？最便当，就是请人来自己创造。甲人创造乙人，乙人创造丙人，平均三十年创出一个。从甲人创造到我，已有三百万年，我便是第三十万次的一个。那三十万次的老人，都已尽过创造义务，叫做生小孩。（或从国家起义，名曰造百姓，一笑。）从我创造到超人，还有三十万次。我是前三十万次生出来的一个小孩。我又是后三十万次，应该生小孩的一个人。如此，各位再听清楚，生小孩便是存在六百万年的人。（三）在一百年里，宇宙也不是专门止要一个我。在六百万年里，宇宙又不是专门止要我来生小孩，或止要我生的小孩来生小孩。同一百年里，应要数不清的我，又要更数不清的"非人的"我。同六百万年里，数不清的我，都要生小孩。数不清的"非人的"我，也都要生小孩。倘若我竟不讲理性，简直止好有我，止好让我生小孩，那就盘天际地，一物无有，止有"我他"与"我伊"，及所生的小孩存在，无异反到漆黑一团，还那里有什么宇宙。如此，各位格外听清楚，招呼朋友便是存在老祖爷爷——漆黑一团先生所爱变的宇宙。换言之，就是存在万有。

如此，食的性，色的性，恻隐、羞恶、辞让、是非的性，并没有什么善恶，无非漆黑一团先生变动绵延，要扮演万有的作用罢了。

如此，清风明月赏玩之情，裸体美人创作之情，本着良知直觉，以无抵抗，为大同起点之情，并不是什么神秘的精神生活，也无非漆黑一团先生变动绵延，要扮演万有的作用罢了。

好了！我们柴积上日黄中的称说道妙，也止可至此而止。我们急急乎要把三句粗俗话同三句江湖尺牍调的关系，所谓我这篇文章的中心点者，来畅说一番。要头绪清爽一点，可以竟把他分做三节。并且不客气，不管他通不通，做出三个题目，叫做：

（甲）清风明月的吃饭人生观，

（乙）神工鬼斧的生小孩人生观，

（丙）覆天载地的招呼朋友人生观。

（甲）清风明月的吃饭人生观

吃饭这件事，有时被人看做最重要的一件事，所以我们也不必讳言，竟把吃饭列做人生观的重要成分。有时又被人看做最鄙陋的一件事，到彼时我们也实在难为情，竟把吃饭要窜入人生观的高尚问题讨论。

例如东京大地震，有巨万灾民没有饭吃。世界各国都赶快送饭过去。那种风义，全世界什么人都感动。这是证明吃饭确是人生观里的重要成分。

例如中华民国的八百罗汉，境况为难的，实在也居大半。不靠南北奔驰，捧住那只饭碗，简直便有许多人，将憔悴失业，弄得室人交谪，有无穷的苦趣，与东京灾民不相上下。而且东京灾民是等灾象过了，有从新复业、自行寻饭的希望。那些寄生虫的罗汉，并另寻正当新饭碗的勇气，完全被那鸡肋式的议席，销沉到零度以下。因为没有什么事业，再比这种可贫可富、可贱可贵的勾当，逍遥而容易。所以止剩了一个患得患失，不肯另图别业。老实说，那种高等流氓，贪吃懒做，也少有人请教。故彼等的实在，可以算做终身落难的灾民。纵使大选费呀，出席费呀，尽他受用，原有些可恶。至于仅仅发一点北京的打折岁费，受一点上海的客中津贴，存在存在他的装饭臭皮囊，或兼恤他的妻子，也正与赈济东京灾民一样。即使让一步两步说，也不好算有十分差别。然而大家对他那种吃饭，竟有种说不出话不出的鄙恶，全世界无论什么人，没有一个不摇头。这又证明吃饭很辱没了人生观。

又例如黎菩萨前年有句话，叫做"有饭大家吃"。在狗争骨头同军阀吃人的状况中，得到这句很像体面的谈话，一时也确实感动着人心。又证明吃饭问题，虽够不上说是人生观里的重要问题，毕竟还算得上一个问题。

又例如自从了菩萨的暗示，不但占据地盘的、偷窃高位的，公然自诉他的为着饭碗，有所不得已。余如绅士专为子弟谋差缺，学生专为父母求文凭，更看做领了菩萨法旨，十分正当。现在也不必凭着理论，来讨论我们的满意不满意。但凭事实，来看大家的赞成不赞成。那可说赞成的居少数，都以为被吃饭害了。又证明吃饭问题，近乎在人生观里是应屏斥的问题。

这样的忽是忽非，原悉数不能尽。引着两个比较，也够可把一切概括。尽管有如创办实业，叫多数人有饭吃，自是好事。然结局自己面团团作富家翁，便不大高明。又有如勤俭成家，叫子孙有饭吃，也不算大差。然结局造成许多无所事事的少爷，就毕竟错误。诸如此类，皆可让大家空闲了自己推想，不必我来多占《太平洋杂志》的篇幅。总而言之，统而言之，归到实际，吃饭是，完全是人生观里的重要成分。吃饭本身，一毫不鄙陋，一毫无罪恶。

惟吃饭有个标准，我却没有新鲜批评，止有老生常谈。就是：

（一）是吃饭要用自己的劳力换得才是。（到了大同世界，"各取所需"，也要将"各尽所能"做交换。不过人人道德高尚，去了算帐式的交换形迹而已。）

（二）是我的吃饭，若把阻碍别人的吃饭得来，就不对了。（现在的罗汉与菩萨叫人民愈穷，资本家叫别人歇业，少爷叫供养他的增多劳苦，皆阻碍人家吃饭。）

（三）是化了劳力吃不到饭，还是不愿意夺别人的饭来吃，也便算做难能可贵。

（四）是能够想出许多饭来给人吃，自然最好。但反过来，夺了许多人的饭，给我亲爱的去不劳而吃，那就更不对。

第一条吃饭要用自己劳力换来，其原理是：宇宙万有，都从漆黑一团变出。维持各个体的存在，原无从再到宇宙以外去想法。止是采用此有，供给彼有。但其原则，应希望取于无用，以供有用。虽取于异类，亦难免因不能尽知，误取有用者自给。然实出一时所不知，自可相恕。至对同类，既深信自己为有用，即应推知同类，皆为有用，不当互相供给。所以同类相残，什么东西都不肯干。劳力即为生命的一部分。吃饭不用自己劳力，一定牺牲别人的劳力，供养自己，即犯第二条的阻碍别人吃饭。间接消耗人家一部分的生命，无异同类相残。故第一条便是救济第二条。但是尽管遵着轨道而行,仍不免于失败,亦是宇宙变动中所不可避免的实事。因为万有杂然自由出发,各自进行,并不受有划一强制之命令。所共同遵守之大法,惟不许有意为无故的相斫罢了。(以其愿变万有,不愿吞并为漆黑一团而知之。)然惟其甚自由,故无意中之互相阻碍极多。宇宙永无至极的真美善,亦就因为如此。所以个体尽了劳力,竟换不到吃饭,或吃亦不能饱,乃是道理上的寻常之事。到此劳力既尽,吃饭艰难之际,若定要强吃,亦必生有阻碍别人吃饭的影响。因此那第二条,用第一条救济了不够,应当再用第三条救济。说到第三条救济法,吃饭问题遂忽变为清风明月问题了。

吃饭罢,食罢,原不过维持个体存在的代名词。个体存在的需要,类乎饭的很多。譬如饱吃白米饭,固然肥头胖耳。但饱看明月,饱领清风,亦神清气爽。白米饭同清风明月,在生命上同一重要。因此把维持个体存在的需要列举出来,当说营养需饮食,呼吸需空气,肌肤躯体需光热、需衣、需住,目需色,耳需声,鼻需嗅,心脑需愉快。(忧愤则顷刻可以陨命,终夜可以顿老。)概括说之,可曰生活问题。吊诡其词,不妨就说吃饭。侥幸止有衣食住,都要化劳力的高价,方能备物。至于半分钟不可断的空气,一半天不可少的阳光,江上的清风,山间的明月,耳得之而为声,目遇之而成色,都能取之不尽,用之不竭。没有玉米馍馍那么矜贵,没有高粱秆子的土屋那么难得。于是悲悯的哲人,高尚的节士,晓得吃饭常有缓急。劳力有效,自然被纻衣,鼓琴,食不厌精,脍不厌细,"固有"之可也。倘劳力失效,则饭糗茹草,若将终身焉可也。一箪食,一瓢饮,在陋巷,不改其乐亦可也。饮水,曲肱枕之亦可也。即井上有李,三咽然后耳有闻,目有见,亦无不可也。而且饿死勿做贼,尽将出于自然也。而又在平日,一味把取不尽、用不竭、顶便宜的江上清风、山间明月,贮做有客无酒、有酒无肴时的代用娱乐品。还把所谓尽善尽美的,道德礼乐,怡悦心脑,连肉味竟可以不知。索性朝晨闻了道,就不吃晚饭,死了也不妨。把它包括说起来,便是凡人不可无高尚的存在,便叫做应有清风明月的嗜好。他的意思,就是啬于口腹而丰于耳目,一样也可以得到生命的舒适。我虽忘不了吃饭,却也极崇拜清风明月,故愿意两全了,成功一个清风明月的吃饭人生观。其实说来说去,无非要当着化了劳力吃不到饭的时节,能做到还是不愿意夺别人的饭来吃,圆满了第三条,去帮着第一条救济第二条,使第二条我的吃饭,不阻碍别人的吃饭,可以实行就是了。

但是这清风明月的吃饭人生观，既为消极道德的极轨，为至难能的"持中"主义，断无不表一百二十分的相对同情。可惜若把这个主义勉强一般人民，便是衣食未足，叫人知荣辱。便是救死不赡，叫人治礼义。便是不等富之，即便教之。春秋责备贤者，或者可以有效。拨乱世而反之正，亦或因有一二模范人物，只手可以擎天。然结果止小部分自尽其心，为天地留正气而已，无补于生民之涂炭者其常。所以大布之衣，大布之冠，又必务材训农通商惠工，立成器以为天下利，方足以致小康、开太平。因为消极之道德，乃个人之道德，非公共之道德。若因自己要持中，便纳履踵决，出金石的歌声，坐啸于清风明月之中。其君子居于陋巷，致其小人皆群陷豕牢。若还说君子爱人以德，赠之以困穷，无异赠之以高贵，也就滑稽太厉害了！当初漆黑一团，变动而为万有，绵延而亘无穷，时时倾向于真美善，难道整备如此的苟延残喘，敷衍这持中的么？所以反对物质文明，几无异自己萎缩其精神，还有什么精神文明可言。故分析人生观之成分，清风明月一问题，吃饭又一问题，二者不可偏废。况其人非即黄州太守，谁能轻易到江上去领略清风，到山间去玩赏明月？清风吹向无褐之夫，明月照进空釜之室，凄惨则有之，而高旷何在呢？彼物质文明进步之邦，从工厂出门，即入广大花草的公园中披拂清风；执壶浆行市，即在坦平列树的大道上仰看明月。其君子避嚣于江上与山间，其小人行歌于公园与大道，以视曳破胶皮车于泥涂中，啖窝窝头于败厕边，我等为我同胞之设备，果尽心焉否耶？高谈个人私德，拒人于千里之外，绝不顾全体公德，至此而知饱享不取值之清风明月，直即自然界之扒手而已！（望之也重，故责之亦周，幸勿以为忤也。）故吃饭的正轨，应该归结到第四条。所谓能够想出许多饭来吃，那方才使得衣食住略与清风明月等价，虽不能说到不尽不竭，亦足以多取多用。吃饭问题，便解决起来，容易多了。要想出许多饭来吃，不仰仗物质文明的科学，更有什么方法呢？

况且因吃饭之故，对于人与人之同类，即不必用科学去进取，但使人人能淡泊消极，亦确可敷衍解决。至对着供给我们吃饭材料的异类而言，却又有大□□发生。上面不是说宇宙万有各自维持存在，止是采用此有，供给彼有么？不又说但应取于无用，以供有用么？为呼吸、肌肤、耳目计，取于空气，取于光热，取于清风明月，都是不尽不竭的东西，别人用不了，就算无用亦可。取那种无用的空气、光热、清风明月，来供我有用的人，自然恰好。至于为着口腹，以供营养，便不能不取牛羊鸡豚、稻粱菜蔬。难道他们都是活着无用，惟我活着有用，所以取彼无用，供我有用么？真是因其异类而多所不知，不免很错误了。故从浅显的看着，似乎宇宙止是一个相斫的世界，什么竞争互助，全说不上。所以佛做太子时，在郊外看耕田，见犁锄把泥土翻了过来。蚯蚓甲虫便一齐显露。随即鸦鸢三五的下来，把他们啄食了。太子感伤这种相杀，决意出家，把宇宙使他涅槃，仍反做漆黑一团，免得常演绎延的惨剧。然太子时代，科学还说不上，还止见其一，未见其二。若在现在批评，更觉得相杀的程度还高。譬如一鸢啄食三五甲虫，或饭庄佳客点食清炒虾仁，这都是一个杀多个。□尘土飞扬，肺痨病虫数万入口，或饮水不洁，虎列拉菌成队下肠，或三数周年，或三数小时，一个庞大个体，就此涅槃，这叫做多个杀一个。拿着此有，来供彼有，是无从另到宇宙外想法的缘故。倘不高兴的向后要求派有如佛者，他不愿意看这相斫世界，原也大有理由。但他要涅槃，涅槃不了，徒然造成许多待布施的乞丐，简直无意中阻碍同类吃饭，好像是变相的同类相残，也是他初意所不及料。然就着他的实行消极，有两条办法，虽助不了涅槃多少，却帮了我们高兴进行的，也开着一些法门。我们不甘愿漆黑一团。尽着高兴地进行。所有维持万有的存在，无非便在万有中，拿着此有，供给彼有。这是无可讳言，但于无法中想出一条方法，叫做取着无用，以供有用。什么叫做有用无用，没有确实的标准好定，定了也没法强制的执行，也是无可讳言。因为若是标准容易定出，或执行可以强制，岂非绝对的真美善，便真正可以涌现么？绝对的真美善，与真正的涅槃一样，那里有这么一回事呢？所以确实的标准，也是永远没有。惟较有理由的标准，乃是随时可定，随时可改，终有一个尽着心的较好又较好可言。这便是诚能动物，为了"美善"，竭力倾向于"真"，止管据其所知尽心罢了。因此据我们（是指柴积上日黄中的我们）尽心的立起几个无用标准，便是：

（一）是依我们现在的智识，没法想得出他与我们有同样的作用，及同样的感觉，便权且妄认他为无用。

（二）是尚未成熟，暂时分辨不出他同成熟的一样，也便权且妄认他为无用。

（三）是在这一物的自己，亦不知彼所愿弃的成分，到底还是有用或没用，也便权且妄认他为无用。

（四）是这物已经公认为无用，不管他到底确实否，也权且妄认为无用。

第一条的，例如金石及草木：金石是至今被人看做专为动植物的补充品。妄断做无用，虽有吴稚晖代毛厕里石头辨护，说他在理化试验室里，也会闹恋爱自由，到底吴稚晖在另一问题上，又持之不坚。至于草木，从前绿满窗前草不除的道学先生，也已经能够赞他生机洋溢。所以吴稚晖在天文会讲漆黑一团的宇宙观，也虑及和尚留朋友吃素饭，田里的青菜必听见了同留着后拔的青菜泣别。南先生在《晨报》上做食枣小说，也说枣魂掉泪不答。但我现在闭着眼，忍心害理的瞎说，也就可以抄老文章，说"诞降嘉种"，青菜同枣子的作用，止是天爷爷仁爱我们，专为我们而生。况且他们的泣别与掉泪，秋波生在何处，我们尚未发见。所以为我们吃饭要紧，权且妄认他们为无用，暂时我们也不会败诉。这就是我佛慈悲，主张素食的一个办法，他把他作为正觉未圆满时的暂局，我们也可把他化作为五光十色进行中的改良过程。但和尚到底不及博士，就是科学博士要想在金石中取出蛋白质，乃博士使将来能实行古代风流天子辟谷饵金石的仙方，可以免流青菜、红枣的几缸眼泪。和尚毕竟还要咬着菜根，如此要想从佛学进一步，不就是科学么？

第二条的，例如精虫及子卵：死的孕蛋同精虫，有显微镜片子及书本的插图可看。活的虽杀着兔子之类，也能看到。我却同许多朋友看见了人的活精虫。当着他们出了阳性的机体，约有半分钟，便将针头拨一滴在玻璃片，止用一百倍的显微镜看着。早看见这针头大的一滴原精，显现了带尾的蝌蚪虫，不下二三百尾。在透明的玻璃世界内，彼此南行北行东行西行，比北京前门大街在热闹时的过客，还要繁忙。不过精巢里尚无科学工艺，还没有一个"不可徒行"的大夫在内，胶皮车、汽车是都不曾备。可怜忙了三分钟。玻璃世界大约酸化了，起了超过东京地震的大灾，把二三百枚的曳尾客都变成一榻糊涂，一齐超入涅槃。剩着黏滴滴的鼻涕一团。这就是全部的精虫宇宙史。所以叫精虫是无用，老僧摇头不敢答。但是一英方寸肺痨病的痰，可含痨病虫二百兆尾。精虫比痨病虫大上多少倍，我因不是性交博士，没有查考。但曾在五百倍的显微镜里，看同样一滴的肺痨病虫，也有二三百尾光景。（这是我的姨甥马光斗君吐出的血痰，他不到一年便死在比利时了。一个很聪明的少年，因不相信食物洁净等等，便做了多个吃一个的一个。）姑且瞎说算精虫大上痨病虫五倍。如此，每与"老妻敦伦"一次，泄漏半茶杯的原精，够算五英方寸，也是二百兆尾。倘个个精虫都要出世，止要某三爷同某三太太两回团圆，就可以把全国四百兆百姓流放南北两极，尽叫他的少爷来补充。那就总统选举票，投四百兆张，也不必运动，全体通过了。可惜据说某三太太的孕蛋，每回止有一个，至多两个或三个。所以某三爷每次化用的精虫，倒有一百九十九兆九十九万九千九百九十七枚，化给冤大头身上了。不说笑话，这化给冤大头上的一百九十九兆九十九万九千九百九十七枚的精虫，简直可以算是无用废物呀。倘然抽足了鸦片，又要应酬三妻四妾，又要胡同里去偷偷摸摸，伤害了恒河沙数的未来小百姓，还有什么李闯、张献忠比得上他的凶恶呢？然我们那位漆黑一团的老祖爷爷恐怕后面吴稚晖要做神工鬼斧的生小孩人生观，没有资料，竟不肯把性欲绝了。今且按下不表。再说有人说过，一对苍蝇倘然孳生三礼拜，一无夭折，全地球便止能位置苍蝇，更无别的飞潜动植的饭碗可剩。又如播谷一升，得稻三担，倘三担尽要入地传种，也不上数年，地球上止能插稻，更不能并容种稻人插足。到了这里，我们便由不得冒冒失失，暂时要自称得着一个结论，就是漆黑一团先生真是周到，一是对于宇宙万有中的每一个有，预备着恒河沙数倍的候补当选者，做个绵延（传种）的计画，机会较多（他竟化几百万元，去买十万□一元一张的彩票，把额票一齐买了，便什么彩都能得到。可惜一张偏为人买去，偏偏失却头彩，所以也还有不断的灭种），不怕诸有的不绵延。二是把这用不了的，便充别一个的存在资粮。三是本来不过预备着，原知道恒河沙数要遇着天然淘汰，于是宇宙万有，各自有得刚刚恰好，便叫至真、极美、最善，漆黑一团先生就要改名精致玻璃花球了。可惜也做不到，所以谁应若干，还是辛苦的在那里分配。自以为分配常有进步，因此吹做进化。或笑着止有绵延，故定要改称积叠。闲文我们不管，我们此处，止把他所谓候补选不到的，所谓本来充资粮的，所谓晓得要陶汰的，举这些的精虫子蛋，皆权且妄认为无用。因此大米饭三碗一餐，没人非议。红枣儿十枚一吞，止算小事。并且鸡蛋到眼，就是和尚也许流涎。所谓"混沌乾坤一气包，也无皮骨也无毛，老僧送尔西天去，请你喉咙里边跑"，到底比便壶里偷炖猪蹄，罪恶轻些，欧阳竟无先生也必定点头允许，称是"方便法门"。但是除了少数的贺兰进明（？）一流的龌龊怪物，有什么嗜精癖之外，精虫就不得充数杂粮。然而在从前南京考举子的时代，有首传诵的打油诗，叫做"何物秦淮有，妓楼试院通，廪增附监贡，尿屎血脓虫"。然则狼藉秦淮河边的精虫，天然认为无用，自有担粪夫同尿屎一齐收拾去，充做肥料，间接使他化身在谷子、枣子里，供我们大嚼。而且每次性发，制造了二百兆，就是止许有一条放他跑进孕蛋，果真是一条一条无限制的叫他成人有用，人数必然太多，也没有许多白米、红枣、鲜蛋，能供他受用。因此老僧虽偶尔思凡，也要强制了入定。竟叫他在卵巢里暂增二百兆口，顷刻复灭绝在卵巢里，这又是我佛慈悲，主张绝欲的办法。他是用他实行涅槃，我们也可以借他限制过庶。我们倘然凡心未净，偶尔放二百兆大国民逃出卵巢，他里头的最大多数，自然是自讨苦吃，徒然去逐队脓血，浮沈在秦淮河边。就使有一二强梁头目，公然闯进孕蛋，而花旗国又来了一位女菩萨，叫做珊格夫人，竟能用辣手连孕蛋拖进醋浸棉花里，结果他的历史，决不放他成功有用。但这位女菩萨虽学过些科学，还不算甚精。手术偶尔不良，仔细弄点悲剧出来。如此，要想绝欲绝得道地，避孕避得稳当，能够不好好的去请教科学么？（科学家在传染病不曾成功时，想出打针的预防法，也就是替代微生物避孕，并不是一味相斫。科学功用之大如此。）

第三条的，例如牛乳、羊毛：奶妈卖人乳，与胶皮车夫卖腿力，差不多一样。人乳消耗，有肥肉汤可以充补。腿力消耗，有窝窝头可以充补。因此料想大武太太供给我们些儿牛乳，也可以用干草充补。在母牛自己看来，简直可以算做无用，落得供我们的有用。我们两个月不剪发，自然嫌他太长。三十二枚铜子的剪发费，要省也不能。剪下的发，再也没有人用手巾包了回去。听凭整容匠积多了，若干铜子一斤，卖给庄户去充肥料。这正像绵羊因为御冬之计，长了一身长毛。一交夏令，正没有方法脱却那重裘。我们却替他一齐剪了，令他一身轻快，免得学狗子的伸舌取凉。我们那航来的哗叽大氅，从此得到。果否牛乳、羊毛，自身亦有生命，那就敬谢不敏，不敢置答。幸亏目下也无人诘问。拔一毛而利天下，杨朱弗为。那是古代剪刀难得，改剪为拔，自然剧痛。若早说剪一毛而利天下，杨朱定也欣然。照此种的不必难为牛羊，我们居然饮牛乳，穿哗叽，饱享文明之福。两利为利，什么更有圆满于此呢？惟狐貉之厚以居，割不方正不食，就惨厉厉的不堪设想了。便是食夫稻，我们在上面讲过，算是废物利用。至于衣夫锦，那就糟糕。一衣之锦，其来路至少要几千条活蛹，宛转在沸汤里剥尽茧丝而死。所以佛祖爷也不赞成孔圣人衣锦尚绸，褐裘而行。然而他的八宝庄严，也还免不了绣缎宝披，盖在象背，增出大罗天上威仪。即我亦赞成到无政府时代，应该街上皆铺红缎毯子。而且我们不喜欢油盏，爱在电灯光下，讨论玄学，则电线的绝缘，又不能无丝。消极办法，惟有共换布衣，改点油灯，强火车倒开到宋朝。倘要积极进行，周程张朱的格物，他们都不是寻一物来格，叫做格不到区区之蚕。这仲小事，竟也同蚕在汤里，叫做僵了。幸亏二十世纪的科学家，他把药水瓶横和竖和，倒在破茧烂衣之中，居然在法兰西的里昂城里，缫得上好的细丝。于是有了办法，蚕在作茧以后，听凭他在茧里成蛾。他咬破茧头飞去。我们拾他的破茧抽得好丝。电线、缎毯、缎披，合着最美之锦，可以无一不备。虽现在一面药水已经在那里救世。一面仍旧整千万担的活茧，在那里汤煮火炙。这止是我们还怕麻烦。贪图省事，不顾伤天害理罢了。却已不是我们没有办法。有了办法，自然将来蚕国里的浩劫，可以避免。将来恒河沙数的蚕公公、蚕婆婆，都应到科学庙里去磕头谢神。我想我们暂时承认牛乳、羊毛、破茧，于牛于羊于蚕，为最是无用，他的不关痛痒，几同金石一般。但做起我们衣食的供给来，又最是得力。我们倘要不看见相斫世界，我们如何不在科学上努力，把研究科学，看做宇宙间第一义务呢？

第四条的，例如死体遗蜕：这个但拿我们人来一说，不必多赘。人死七日不殓，便蛆出于户。足见第一把我们的废物，光可做蛆的美餐，真是惠而不费。照例不给为蛆粮，亦可得油若干，提盐若干，骨灰充肥料若干，我亦何为而不许？而且纵使竟费材木，并灾土石，建筑了山陵，亦不过早晚之间，毕竟是虫蚁之点心。倘投牒阎罗王，讼将来的虫蚁为相斫，阎罗王必掷状地下，命牛头马面扶出。所以这个死体遗蜕，当然确可承认为无用之物。但此种品物，什八九皆有碍卫生，不合我们供给。除是料学家能消毒利用，则巨额之废物甚可惜矣。所以也是念念不忘了科学。

至此而我清风明月的吃饭人生观，略已说明。我们再来谈生小孩，造百姓。

（乙）神工鬼斧的生小孩人生观

把生小孩子着个神工鬼斧四字，这个题目，就使不算七扯八扭，无理得可笑，便被冬烘先生看做生小孩是名词，加上神工鬼斧的形容词，也就无赖得可以。他定然大吃一惊，预料这神工鬼斧般，生出来的小孩，决非区区徐树铮或吴佩孚，也不像止是楚霸王同拿破仑，至少定是托塔天王或是齐天大圣。这真被他猜得糟了。然冬烘先生的天人化，犹可说也。最怕是被新文化少年去看做神秘化，以为生小孩确有神工鬼斧的奇妙，那就更糟。这就不可不在未入正文之先，百忙中插说几句。

生小孩的一件事，决连不上什么神工鬼斧。生小孩是止是宇宙变动的绵延。狭言之，又止是宇宙万有各个自己的绵延。例如人爸爸、人妈妈，生个人小孩，便是人在六百万年中，绵延六十万次，如是而已。宇宙万有各个的绵延，并不用绝对相同的一种方式。假如下生动物，阴阳便寄于一体，并不需有"他"又有"伊"。我想阴阳具有一体，难免容易缊缊，容易醇化。销耗过频，母体亦就容易涅槃。我们为慎重生命起见，渐渐各自把阴阳两性，随宜排除，减杀其醇化。或偏排阴性者，至于阴性由不发达而沦灭。偏排阳性者，阳性亦积久渐失。于是甲则偏存阴性，乙则偏存阳性，及缊缊洋溢，有需于醇化，必得两物相遇，方可实行。其实恰可救济早衰，得生命之向上。此当为阳物进化的最巨一阶级。质言之，恰如照相显影药水，甲贮一瓶，乙贮一瓶，可经久不败。临时配合，功用以显，而转瞬亦遂变性，以至于无用。设平时亦甲乙共和一瓶，便无法持久。所以"他"也者，不过甲瓶贮精虫者也。"伊"也者，不过乙瓶贮孕蛋者也。他伊交接也者，不过精虫想合着孕蛋，绵延一小宇宙者也。故生小孩也者，并不需有神工鬼斧，绝无奇妙可言者也。其以奇妙称者，有最为臭肉麻之绮语，若曰"夫妇之爱，乃不可思议特别之爱，是真爱之至也"，是真丑之至矣。（一笑）其实止因精虫起了缊缊，要寻找孕蛋来醇化。孕蛋也起了缊缊，要寻找精虫来醇化。一如饥之择食，寒之择衣，皆一种需要时的反应作用。与久病后思父母昔年之保抱，困迫时思良友充分之救济，其因所冲动，而起所反应，完全无不同。此时爱情对此，暂亦加重于床头人者，因其时精虫孕蛋皆不起作用，而痛痒及危急，非卿卿我我所能体贴入微及有力援手之故也。然疾痛困迫其暂，富则想易妻，饱暖即想淫欲其常。两性常易缊缊，又为人类所特别，于是知好色则慕少艾，有妻子则慕妻子，似乎两性之爱，一若甚深不可思议，决非他爱所能并矣。岂知全是生理作用，并无丝毫微妙。倘于此有人，以为"男女出于性欲，可以相对承认。因老爷上胡同里走走，姨太太向游艺园淌淌，原说不上爱。至于高尚之夫妇，同死之情人，亦谓止有性欲，未免侮辱人生"。我则对曰：坚决的说到男女之爱，纯粹止有性欲，可不问其为胡同里之老爷，为游艺园之姨太太，为高尚之夫妇，为同死之情人。高尚之夫妇，乃是用他爱来制限性欲之爱，故得高尚。高尚其因，而夫妇其果。否则赤裸裸一对狗男女而已。决非夫妇其因，高尚其果也。同死之情人，乃性欲横决，被抑而发狂，所以同死。是性欲之爱，不肯受一毫制限之结果。所谓一对痴男女而已。我之如是批评，未含一毫称扬或侮辱，乃恰如其同死之目的而止。但上文置答两事，皆引而未申，易起随便之反对。故止能多费笔墨，再分条详细一说，以罄吾之所见。

一就高尚之夫妇言：世间性欲甚淡之高尚夫妇，爱情甚浓郁者，多至不可胜计，此事实之不可诬也。吾应曰唯。在此我要插了不伦不类的议论，才能讲到本题。

当漆黑一团之际，自然先有意志，才起变动。如此无外之大、无内之小的宇宙，包罗无量数之万有，一部十七史从何说起。若说何不设一预定之计画而动，我可以说至今也不曾计画得好，何论当初。自然先是瞎撞。胆大妄为，全要仗着情感，故意志立而情感随生，必为原始时候的真相。任情而行，遭遇阻碍，遂由思维而生理智。由理智再增意志，从而再增情感，从而再增理智，如环无端，变动而已，绵延不可划分。起二百兆条精虫，去撞一孕蛋，或尽一孕蛋，去撞二百兆条内到底能满意否的一条精虫，其瞎撞之程度，自然过高。而情感之盛，自然可惊。一撞不已，盲目再撞，亦自然不肯自己限制。漆黑一团的能变为万有，且永远绵延，永远瞎撞，全同精虫孕蛋的性格一样。

但情感由你去盛，而制造精虫孕蛋的原料，却自有限制。制造原料不足时，精虫孕蛋为暂停缊缊。停止缊缊，或发生缊缊，其时间的久暂，及间歇的疏密，大约都看原料供给的来源，及醇化时消耗的状况，为各物之不同。所以他种动物皆每年止有一定的缊缊期，惟人则常年随时能起缊缊。故我上文说，两性常易缊缊，又为人类所特别。推原所以致此之故，照我瞎说，一定他的重要原因，其一必为原料的供给较丰，其二必为醇化的消耗较当。（恰恰合度，不浪费也。）又推原消耗较当的一端而言，必是由于人的神经系发达，理智较为细密之故。疏漏点说说，在单纯男女的情感中，又加多了节适生命的理智。因节适则供给富，故缊缊可频。因缊缊频，将消耗多，故节适更密。因需要而循环促进，为宇宙惟一方法。

由此转入夫妇正文，不难说明其高尚。高尚者，一是他们的精虫孕蛋，不肯盲目多撞而无限制也；二是因性欲节啬，而以夫妇名义之道义，以准乎朋友之声气与术方，相与补充也。二者加入男女，遂得夫妇之真。现在男女未到废婚姻程度，故需夫妇之名，需其名，而又行其真，恰合时宜，斯推为高尚矣。究复有性欲媒介其间，因节啬而不即不离，自然趣味更永。粗率认为夫妇之爱，特别微妙，乃不加深察的错误罢了。我为什么要揭去微妙等笼统名词呢？因为笼统说个微妙，等到夹入性欲，往往恃有笼统之微妙，不复能制限极炽之情感，便要弄出甚大的错误。赤裸裸止剩着男女，不成其为夫妇。失夫妇之真，在少数亦或恰能超入无政府世界，其多数定不免于胡同式的对待。

Love 一词，毕竟带有义务性质一半。单用"爱"字移译，原已适当。惟华字独用，往往含义两歧。爱国爱人一爱也，爱嫖爱赌又一爱。所以必帮贴一字，意义才能比较固定。现在往往帮上一"恋"字。恋乃未免多带着权利性质。爱上加恋，恰恰好像固定在爱嫖爱赌方面。恋与慕正同。知好色则慕少艾，有妻子则慕妻子（虽定妻之名义，不过作一己慕到之少艾观），这两个慕，即恋爱之确解。赤裸裸止是男女，未尽合于夫妇之真正。孟子于此有微词，以下文慕君与热中连说，可以见之。惟对了父母，能用权利之炽情，移作义务之永爱，过头一点，因为尚孝，故慕父母可以迁就赞同。换句话说，孔夫子赞成好德如好色，其意亦相似。非慕少艾之慕，因慕父母而妥当，亦非好色之好，因好德而高明也。故名 Love 为恋爱，用之于情人较当，用之于老婆则较失当。还是用"情爱"移译，目前常说的夫妇当以恋爱结合，不如改做夫妇当以情爱结合，毛病较少一点。试粗直的把两语各做一问答，便可分出差别。如甲方曰我不爱你了，你另走道路罢，倘契约是以恋爱结合，乙方止可问曰你竟不恋我了么，自然应曰我不恋你了。乃理直气壮，叫做失恋便算。倘契约以情爱结合，乙方可问曰你竟无情于我么，就不好应曰我无情于你。因无情不大理直气壮，不能以无情便算。虽毫厘之差，而有千里之别。夫妇果以单纯的恋爱结合，恐去高尚尚远。

若全世界之男，及全世界之女，皆用情爱，男女本可杂交，用不着夫妇名义。夫妇者，为男女尚落恋爱时代，故不得已残存。今反说夫妇当以恋爱结合，剩着赤裸裸的男女，仅有胡同式之交关，岂不大误？情爱者，用理智限制情感。大同之世，乃一杂交之世。挟贵挟富，固无其事。即挟贤挟美，亦在所陋。性交之事，直与两个朋友会谈相等。因需要谈话，便聚而谈话，谈竟各散。不因有谈话之遇合，遂衣食、居处、子女，互相牵累。于是不正之性交需要，亦无从彼此相强。今夫妇因性交而有衣食、居处、子女等之共同，牵系多端，性交复多起于需要之不正，乃仅以恋爱，轻易结合，轻易解约，真所谓谈何容易。

废婚姻，男女杂交，乃人类必有之一境。然必在子女公共养育，私产废止之时。又有一大难事，非科学更向上，不能解决。即杂交以后，如何而血统不乱，可使人类更为优种是也。同姓为婚，其生不繁，即前乎今日一万年之野蛮，亦已知之。因血属相交，所以子女往往盲目残缺，乃科学所证明。人类的最高道德，即在改良进种。由人而变超人，其机键在此。血属之分辨，用人类之标志，不如用天然之生理。必待科学一步一步的增进，辨明人类内部有如何的差异，即显现于外部，为状貌之如何分别。男女彼此一望便知，有如今日之辨别诸姑伯姊，血属相同，或肺痨麻疯，不可向迩。皆不待诰诫，自不起性欲。并精细的辨知甲乙交合，虽配偶适宜，然无良于种，而有损于身，皆自惕然冰冷，不待另加检制。如是则杂交自行。杂交既行，无家室之私，则节孕益周。过庶之患，亦由此而救。世乃可以大同。大同之效，惟课之于科学而能实现。

二就同死之情人言：精虫孕蛋因绸缪而欲醇化，以图厮并，冀造其小宇宙，常常至为热烈。故无论夫妇情人，凡为性欲之情感所用，即有搏起两块泥，造成一个我，造成一个你，再把并合了，再造一个我，再造一个你，你中便有我，我中便有你之概。故当佳晨月夕，感事伤往，往往相互拥搂，恐百年终有差池离散之苦。欲如泥之搏而为一，又不可得，故觉同衾复得同穴，差可相代。不如早遂同穴之愿，庶几诉合无间，可以早些成就。所以无端涕泗交颐，愿即相抱候逝，一若至快。这种不识羞的肉麻丑态，虽彼此相笑，然闺房之内有甚于画眉时，谁亦不免。因此神工鬼斧的大文豪，亦遂借此"至情"，造其至文。有人讥议，必吐之为伧矣。其实我来拆破板壁说亮话，无非精虫孕蛋欲厮并混合之度至强，因此感得他们贮藏的两个瓶子，亦想厮并混合，如是而已。夫妇则同穴之希望大，故能忍而有待，不以自杀急进。情人则有种种阻难，离散在不可把握之间，于是断然同死，了此不可说之苦趣，遂其说不尽之感恋，也不问到底有他们所想的一回事么？他们也不愿问。吾故以不狂为狂，正正经经谥之曰痴男女。

终之男女罢，夫妇罢，情人罢，杂交罢，都是生小孩惹出来的枝叶。因生小孩而有精虫孕蛋。因精虫孕蛋而有强烈的绸缪情感。因强烈的绸缪情感而有奇妙微妙等之批评。因奇妙微妙等之批评而有恋爱男女、高尚夫妇、同死情人、科学杂交等之主张。于是神工鬼斧的文学、艺术，及诸多美术品之创作，不但新式文学美术家之解剖，两性实为骨干。即老顽固亦言《诗》首关雎，《易》纪乾坤，害得精虫孕蛋，终是不可思议之大神。实在我来浇上冷水一杓，生小孩的本身，止是一件应当科学化的小事情。原先我们那位漆黑一团老祖爷倘进过了一个甲种科学学校，然后再造宇宙，也便不至于分配万有，如此杂乱。预备补充，如此过剩。岂有造一个小孩，要耗费二百兆精虫。造了一次造成，或造了数十百次尽造不成。浪费也未免太多。并且反引他呀伊呀，芬芳秾郁，甜密得要死；迷离惝恍，神奇得要死；生离死别，辛酸得要死；神工鬼斧的创作，描摩得要死。这漆黑的老头儿，真是恶作剧。照我办法，若早有科学的精密计算，细缊也不必如许之频。细缊出来的精虫少爷、孕蛋姑娘，也不必如许之多。把他们分装在"他"的瓶及"伊"的瓶，自是好法。但亦当用钱先生所诵的不撤姜食八股调，训之曰："你们恋爱，不可不恋爱，亦不可太恋爱。"而且生小孩也不是个个负有义务。如此不必节孕，也就分配恰好，不愁过庶。这就叫做科学的恋爱。岂知这种科学恋爱，不但梁卓如先生早就嘲笑，并且冰冰冷的，简直精虫也睡觉，孕蛋也负气，不客气拒绝做工。各位试想，北大第三院开救国会，忽有一位少年，对众用光亮的小刀一闪，指头割破，写起救国两字。旁观皆咋舌击掌。明晨报纸大书特书。区区半小杯血，就没有第二个人再肯牺牲。一次性交的原精，过于半小杯，消耗过于热血。倘无盲目的过剩精虫，大家各要寻着孕蛋，争一碗饭之故，热烈驱他下水，谁肯化半杯原精，替国家造百姓么？尽管报纸一样大书，也不劝了。所以袁子才晚年得子阿迟，有些老而无子的健羡着，写信请求方法。他回信说："你们学狗。"（在他的尺牍中）亦竭力形容性交之先，若先在祖宗神主前点起香蜡，请祖宗帮同请祈阎王，俾今夜郑重敦伦，必一索得男。于是上床道，娘子，卑人无礼了，阮君答道，相公请便，这种科学式的有条有理，卑劣的精虫孕蛋会兴奋吗？于是知道"你们学狗"四字，真是才子神工鬼斧，镂心呕血想出来的神秘浪漫派的写实作品，真不愧是前清一个文豪。自从蔡子民先生欲以美学代宗教，国人得了这个暗示，年来文学的创作品、艺术的创作品，都用神工鬼斧的手段，叫空气中造成秾烈的高尚感情，使枯寂无味贫弱的中国，有活泼生气，得引出无上真爱，洒满全球，可造永远和平。伟哉今日神工鬼斧的创作，仁哉今日神工鬼斧的创作，高明哉今日神工鬼斧的创作！而两性骨干的原则，洋溢于新文学之篇章，及新艺术之出品。就是国故先生，亦东南学府，京津文坛，弦诵关雎，阐扬乾坤，协助进行。懿欤休哉，新诗赋，洋八股，轶明清，而驾唐宋矣。惟爱情之定则，恋爱之原理，不能不使乘神工鬼斧之潮流，倒灌逆卷而来，终夺美感之席，盛开丑化之门。学狗之徒又复公然打油诗篇，评花文章，助麻将乌烟，在胡同公园作一般之普及。新文化欤，旧国粹欤，老江湖欤，胶黏在一片。还我戊戌前"说空话"之旧物，乃现象所不能讳也。此坐先以生小孩为神秘，摇身一变而为爱情，摇身再变而为美学两性化，摇身再变而为神工鬼斧之创作，使精虫孕蛋，居改造世界之中心。然创造宇宙的原始，亦不过拿神工鬼斧，做一过程。意志生情感，情感起理智，理智定意志，循环为联合，不曾有中心。生小孩之精虫孕蛋相盲撞，自是情感之表现。但分贮两瓶等之作用，又理智之表现。故不必但有爱情之恋爱，尽可尚有科学之恋爱。且神工鬼斧之手段，合以生小孩之始愿，我们漆黑老祖，已以神工鬼斧，造成星辰日月飞□动植的奇观了。我们亦何不可以神工鬼斧，造成铱质炉，以太线，开火星航路，结月球探队，帮他老人家，生些机械性的小孩，助着万有的热闹呢？你若说地球有时而毁灭，即造成了火星航路，必有如横滨为断港。即结成了月球探队，必有如东京为绝地。我应曰：此言是也。然你的令郎几十年后反正要入木，你现在造之之勇，何为竟兴奋如此乎？万物方成方毁，如刍狗然，陈即撤去。下棋式之宇宙观，生小孩式之人生观，方觉意味无穷。此即我的神工鬼斧的生小孩人生观是也。

欧阳竟无先生作生公之说法，说到宇宙及人生之幻，尚要拿梦来譬况，殊不知科学家并不必做梦，已断定无物常存，无物实有，然他呀，的确执了一个物质。我亦不必做梦，可坚言无物常存，无物实有，然我呀，也的确执了一个漆黑一团。欧阳先生的辛苦的做着梦，才劝人知道一切皆妄，万不可执，然他呀，也竟的确执了一个真如，又添上一个正觉。大家所争，止在半斤之与八两。王恩洋先生六根未净，婆心甚炽，忽妄执了一个现在时世衰败，要把真如正觉来救济。我虽一面有个大惑不解，盖因真如正觉，乃教人涅槃。衰败比着隆盛去涅槃较近，正是渐入佳境，何以反要救济？又佛法无边，何以但救衰败，不救隆盛？将救衰败之世，使进于隆盛乎？何以佛之出世，能助人入世？此皆愚惑不解者也。然王先生竟开方便之门，暂认衰世非妄，如此，正可予我方便，进与一商。充认衰世之本意，实即承认万有虽妄，止有物质，止有漆黑一团。止有真如正觉，然当前衰世，姑可并予妄在，舍身入梦，救使隆盛。然后再把隆盛之世涅槃，使归正觉。正与我说现在佛法废话，姑可暂予妄在。执笔做梦，救使人世，使主张科学，烧却亡国灭种之佛经，造成物质文明。然后再把物质文明毁灭，共返正觉式的漆黑一团。彼我固同一主张。若笑造物质文明是妄，则造隆盛之世同妄。又是半斤八两之争。我当结以谐语，使彼此同发一笑。吾十四岁时在苏州玄妙观听"小热昏"唱瞎话，他说："先生吃饭像真珠，吃子下来就变屎，胡勿吃子屎？"这小热昏都比我们澈底。饭便是隆盛之世，及物质文明。屎才是正觉，及漆黑一团。我们若爱正觉及漆黑一团，正应吃屎。吃饭乃是吃妄。但小热昏自己也止是嚼蛆罢了，也不肯吃屎。小热昏罢，吴稚晖罢，王先生罢，欧阳先生罢，皆止管吃饭。有时还偶尔要上禅悦斋呀，六味斋呀，吃至好之饭。因此看来，我们本此精神，止管造隆盛之世，止管造物质文明，也不算太愚。物质文明的破产，还是远哩，好比现在正是烧饭，出恭还要到夜分哪。（这一段很像着谤佛，因为在"生小孩人生观"的文章后，微微触犯着不肯生小孩的出家人，也是顺了口收不住，得罪的很。）

上面两个人生观，都是所谓人欲横流的人生观。岂知说穿了，也不见得同道德有多少的冲突。现在且把天理流行的人生观，叫做覆天载地的招呼朋友人生观者，再在太平洋杂志下一期上拉杂来说说，安慰了别人的精神文明，贡献了理想的物质文明，于是便把一个新信仰，从而结束。再会再会。

（丙）覆天载地的招呼朋友人生观

这个柴积上日黄中的信口胡扯，居然延长了一年。从中华民国十二年在北京日黄中讲动了头，夏日炎炎便辍讲，秋风凛凛又辍讲，直到民国十三年开始，又坐上上海的日黄中瞎诌起来。且莫讲什么叫做覆天载地的招呼朋友人生观，我们来把去年十二月胡适之先生在商科大学演讲的"哲学与人生"开头有几句话，先引了出来，做一个小开篇。因为他那几句话，恰与我这篇东西里的这个"丙"段，大有关系。他说：

"吴某人就在《太平洋杂志》上发表一篇他的一个宇宙观，其中下了一个人生的定义。他说，人是哺乳动物中的有二手二足用脑的动物。人生即是这种动物所演的戏剧。这种动物在演时就有人生，停演时就没人生，所谓人生观，就是演时对于所演之态度。譬如有的喜唱大面，有的喜唱花面，有的喜唱老生，有的喜唱小生，有的喜摇旗呐喊，凡此种种，两脚两手在演戏的态度，就是人生观。"

他带引带补的，把我的意思说明了，他又说：

"不过单是登台演剧，红进绿出，有何意义。想到这层，就发生哲学的问题了。"

他这种提醒，一面使人注意他要讲的哲学，一面还叫人把我在《太平洋》四卷三号说过人是演剧的动物后，附带着一段，也要参考，那一段，虽然已经写在本文的前面，但与这"丙"段有尤密切的关系，故把他复引在下面：

"所谓人生，便是用手用脑的一种动物，轮到宇宙大剧场的第亿垓八京六兆五万七千幕，正在那里出台演唱。请作如是观，便叫做人生观。这个大剧场是我们自己建筑的。只一出两手动物的文明新剧，是我们自己编演的。并不是敷衍什么后台老板，贪图趁几个工钱，乃是替自己尽着义务。倘若不卖力（今按：便是胡先生所谓单是红进绿出），不叫人叫好，反叫人叫倒好，也不过反对了自己的初愿。因为照这么随随便便的敷衍，或者简直跟跟跄跄的闹笑话，不如早还守着漆黑的一团。何必轻易变动，无聊的绵延，担任演那兆兆兆兆幕，更提出新花样，编这一幕的两手动物呢？（今按：这就是胡先生所谓有何意义。）并且看客亦就是自己的众兄弟们，他们也正自粉墨了登场。演得好不好，都没有什么外行可欺。用得着自己谝自己么？并且卖钱的戏，止要几个台柱子，便敷衍过去。其余跑龙套的，也便点缀点缀，止算做没有罢了。这唱的是义务戏，自己要好看才唱的，谁便无端的自己扮做跑龙套的，辛苦的出台，止算做没有呢？并且真的戏，唱不来，下场了不再上场，就完了，这是叫做物质不灭，连带着变动，连带着绵延，永远下了场，马上又要登台的呀。"

这些话，我就是盼望既有了人生，便要讲些哲学，把演唱的脚本，要做得好好的，然后不枉一登场。反正哲学是有胡先生同诸位大哲学家向我们慢慢讲。我们且把我们三出小戏，问一问撒了烂污没有？第一出吃饭戏，唱到了清风明月。第二出生小孩子戏，使出了神工鬼斧。这两幕，还算鬼混得劲。现在要看招呼朋友，如何叫他覆天载地？

慢来，又要打断话头，请问什么叫做招呼朋友？孟夫子所谓"宫室之美"，便是你的吃饭之一端；所谓"妻妾之奉"，便是你的生小孩子的全部。宫室之美，妻妾之奉，现在一班军阀猪仔政客学蠹，电报同宣言上，所谓身死而不受者，到了关头，便居然"为之"了。你请他们跑进清风明月，不要在那里乱使着神工鬼斧，那也有理。然招呼朋友，难道又是孟老爹说的"所识穷乏者得我"么？我笑道，一定不是，一定不是。我所谓吃饭，便不一定是宫室之美。所谓生小孩，更不是妻之奉，何况妾之奉。那我所谓招呼朋友，自然一定不是所识穷乏者得我。况且吃饭同生小孩，是人欲横流的人生观，还不许宫室之美、妻妾之奉去专有。那岂有招呼朋友，是天理流行的人生观，可把所识穷乏者得我去冒充呢？我们既经讲到这个旁文，还索性让我来多说几句不相干话，然后再入正文。我说，普通人的见解，以为世人的作恶，弄得人不成人，国不成国，社会不成社会，都是歆羡宫室之美、妻妾之奉的人太多，至于所识穷乏者得我，止是一点小毛病；并且以为未必人人把所识穷乏者得我，看做同宫室之美、妻妾之奉一样。哈哈，用我个人的观察，这几几乎是一个普通谬误。孟老爹自是一个有经验的聪明朋友，他把所识穷乏者得我，列在第三项，安知不是有注重在结末一项的意味呢？我到了民国元年，住在北京，有大半年，集了许多感触，方悟得世上作恶的人，颇有宫室之美、妻妾之奉，可以相对不受的；独有所识穷乏者得我，竟少有几个人不嗜之如命。弄到人不像人，国不像国，社会不像社会，几几乎全是这所识穷乏者得我在那里作怪。内中的一大半，不消说是借这所识穷乏者得我，来广植党羽，做一个猎取宫室更美、妻妾广奉的手段。然而也竟有一小半，纯粹为着所识穷乏者得我，从而恋栈，从而倒乱，从而出身犯难，从而亡国丧家。这种广廓的谰言，止要每个人闭了眼睛，把世人同自己，一一细想，便好像绘在面前。倘这种毛病，人人能改去三分，便天下自然太平。用不着什么精神生活，孔颜乐趣，将高价的人参去滋补，然后强盗军阀、饭桶官僚、猪仔议员的世界，才会改善。所以那所识穷乏者得我，真是招呼朋友招出来的祸害。可见天理流行，不是绝无毛病正与人欲横流，也不见得绝无是处一样。情感是终要把理智洗炼过了，才许他自由的呀。

写到这里，我的朋友陆炜士先生来说："《论语》上的老者安之、朋友信之、少者怀之，真是愈读愈有意味，恰可以当得你的招呼朋友的人生观，也几几乎是覆天载地的哩呀。"我想，能够如此，还有什么话说呢？但是，我在柴积上日黄中说的招呼朋友的朋友，乃是合着人类非人类，统统在内。单就人类讲，既有年纪大似我的老者，又有年相若的朋友，又有比我年轻的少者，换言之，就说是包括了全人类。所谓安呀，信呀，怀呀，便是招呼的各种方法。招呼全人类的朋友，都有方法招呼他，不能不说孔老先生的周到。然我讲招呼朋友，到底就如法炮制么？那就要说，孔爷爷是圣人，我们是乡下老，如法炮制，"则吾岂敢"？还有他对了少者，板起面孔，用个怀字，那种当仁不让，也是圣人时代，给圣人的权利，我们怎敢僭享。（怀字若用抚育来解说，原也可省却批评。可惜两部皇帝的官书，一是何先生说"怀归也"，邢先生又说"少者归己，施之以恩惠也"，一是朱先生说"少者怀之以恩"，便加了不少色采，应当斟酌。）在我们的希望，止是老者招呼之、朋友招呼之、少者招呼之。对于"是人类"，合着全体，终要想法招呼之；对于非人类，统了一切，又要想法招呼之。招呼得周到不周到，十分难说；招呼得尽心不尽心，一定要问。那就天也在我们招呼之列，地也在我们招呼之列，便叫做覆天载地的招呼朋友人生观。覆天载地四个字，是科学的，是朴凿的写实；并不是玄学的，是海阔天空的吹牛。不是像什么"精神生活，孔颜乐趣"一类的麻醉性词头可以谝得自己来心安理得，也谝得人家去灵机活动，止是糊涂结账。

我以外便是朋友，朋友乃是非我的别号。我的招呼我，大部分已经把吃饭生小孩，所谓食色之性者，刻刻把自己招呼了。然招呼自己，任着食色的欲性，让感情率领了，一味的混闹，还恐给食积伤害了，给色情夭折了，也要请个恻隐羞恶辞让是非的理性，做一个理智的算帐工夫，把我满招呼才是。何况非我？"非我"的食色，我都容易地痛痒不相关；而且容易地为着我的吃饭，把非我饿了；为着我的生小孩，把非我灭了。因此，只个恻隐、羞恶、辞让、是非的理情，即是招呼非我的惟一工具。

有人说，哈哈，你上了当了。你说只个恻隐、羞恶、辞让、是非的理性，即是招呼朋友的惟一工具，却被反对科学的玄学鬼擒住你的破绽了。既这种孟老爹发明的四端，可作招呼朋友的惟一工具，你说四端是理性，他们却是玄学鬼，素称玄学是没有论理可言的。"理性"也罢，"天理流行"也罢，凡词头较麻醉，可以装点他们门面的，他们终可以姑且相对含糊承认——但他们是有自由意志的——一到了他们要发笼统脾气时候，他们定说"理"是错了。虽颇有他们的徒子法孙，随便讲说，也可"发展理智，征服物质"等的话头，这是他们的外道，工夫还未超到老大哥时代的攀谈。他们正正经经承认四端，止是直觉、良知、非量、良心——是灵机活动。惟辞让是非，稍含理智成分，也是要委蛇他们的先圣，开一方便法门。你今承让四端，便无异承认他们的直觉、良知、非量、良心——且承认他们的灵机活动。便无异承认招呼朋友要覆天载地，止有自由意志，并无科学理智可用。岂不是你竟上了大当？

我说，我是愿受科学洗礼的玄学鬼，不是那"大摇大摆"反对论理的"无赖玄学鬼"。除了那灵机活泼，无异"隐得来希"，叫人莫名其妙外，我知道自由意志，相对说起来，是可以承认的。但"无赖玄学鬼"的自动意志，还受着直觉、良知、非量、良心——一物化名千百个的大神支配着，灵机才会活动，那就绝对的自由，他们也承认没有的呀。如今且把直觉、良知、非量、良心四个化名，随便单提一个来问问他的价值，再讲我用孟老爹四端是什么意思；他们用他去自由，又是什么解说；一个不相同的焦点，便显出来了。

什么叫做直觉？若回答道："这便是灵机直接使人觉着，不由我自己心理作主；换言之，便是说上帝所命。"果真这种无赖，我就莫赞一词，拱拱手说道，你到福音堂传教去罢。

什么叫做良知？若回答道："这便是不由经验，推想，或遗传而知；是停停当当由天之所赋，自然而知；换言之，便是说阎王给他带出娘胎的。"果真如此无赖，我又莫赞一词，拱拱手说道，你上两庑吃牛腿去罢。

什么叫做非量？若回答道："这便是梁漱溟先生说错的。梁说，另外有一种作用，就是附于感觉之受想二心所。受想二心所是能得到一种不甚清楚而且说不出来的意味的。如此，从第一次所得黑的意味，积至许多次，经比量智之综合作用，贯穿起来，同时即从白黄红绿……种种意味，简别清楚；如是，比量得施其简综的作用，然后才有抽象的意义出来。受想二心所对于意味的认识，就是直觉。换言之，这真是梁先生说了胡适之先生的话，可戏名之曰'胡说'。岂有积至许多次，简综过了，抽象的意义才出，然后直觉先生才跑到受想二心所，去认识那意义，才圆满了直觉功德，乃是梁先生已经量了出来，还可以算非量么？非量者，止是说非人能量。庶几观音菩萨领了玉皇大帝的钧旨，可以代量，然而天机不能泄漏。"果真如此无赖，我又莫赞一词，拱拱手说道，你到南京问欧阳竟无先生去罢。（因为梁先生本说他的话是"对于唯识家的修订"。似乎又见什么报上，欧阳先生的高徒说"梁先生是不懂唯识"。我们更是外道，所以玄学鬼若不满意于梁先生的修订，便觉非问欧阳先生不可。）

什么叫做良心？若回答道："这不必换言不换言，就是天老爷给你的好东西。有张报纸说笑话，一个小孩跟着父亲，到一座铜像前去闲逛。小孩问铜像是什么？父亲说是伟人。小孩道是什么做的？父亲道是铜做的。小孩道中间有心肝么？父亲道没有。小孩道伟人都是没有心肝的么？你懂得小孩的话，你便晓得良心之所以为良心。"果真如此无赖，我又莫赞一词，拱拱手说道，你进同善社读《太上感应篇》去罢。

假如不是在福音堂传教，不必到两庑吃牛腿，慢点去南京请教欧阳先生的人死观（梁漱溟先生赞印度灭绝的一条路，是人之极轨。我说灭绝是人死观，用不着在人生观里讨论。梁先生所以也暂且不讲，先大讲孔圣人的半生半死观。惟欧阳先生还讲他的灭绝法，所以他是人死观。讲人生观的，且可以慢上南京去），又不肯死心塌地读《太上感应篇》，竟要把人生观一板再板，和着我们柴积上日黄中的兴，诗云子曰的大讲起来，那就决不可用"隐德来希"的灵机活动圈，把人一股脑儿套将进去，就算功德圆满。如此，梁漱溟先生的"积至许多次，简综了，抽象的意义出来，对于意味的认识，就是直觉"，正就是胡适之先生的"直觉是根据于经验的暗示，从活经验里涌现出来的"一般的说法。这种"胡说"，若容我瞒了心理学的科学家，加几句柴积上日黄中漆黑一团的外行话，于是直觉罢、良知罢、非量罢、良心罢，都明明是理智支配的东西，并不是什么灵机活动，麻醉得了不得的神物。

让在下在柴积上日黄中，先从闲话讲到正文。我的宇宙观里，已经说过几句大胆废话，现在再把他述出来："宇宙是一个大生命。他的质，同时含有力；在适用别的名词时，亦可称其力曰权力；由于权力，乃生意志；其意是欲永远的流动，及至流动而为人，分得机械式之生命（质与力）；本乎生命之权力，首造意志；从而接触外物，则造感觉，迎拒感觉，则造情感；恐怕情感有误，乃造思想而为理智；经理智再三审查，使特种情感，恰像自然的常如适当，或更反纠理智之蔽，是造直觉；有些因其适于心体，而且无需审检，故留遗而为本能。（本能到不适当时，要审检改造。）如是每一作用，皆于神经系增造机械，造成三斤二两脑髓，又接上五千零四十八根脑筋。"那种说得像煞有介事，已经说过，"必定要被什么心理学家都笑到前仰后合"，然我们柴积上日黄中，止要把我们的见解达了出来，成了我们的理论，不叫科学家骂是无赖玄学鬼，也就算了。现在且讲下去：譬如我们要出台唱戏，我们若不是在后台习练了好久，然后出台，那无人不晓得要闹笑话。若习练得极熟，及到出台，居然演手堵脚，使枪弄棒，好像行所无事，出于本能，才像个局面。岂有宇宙间的万物，在宇宙大剧场里演戏，能够不如此，就好登台么？因此，鸟能飞，兽能走，鹊能筑巢，蜂能制房，小孩能吃奶，皆积了恒河沙数代的习练遗传，方挟此本能，使登台后，不为人骂为怪鸟废人。即就吾人而言，能看能听能跑能坐，所具本能，不可殚数。这就是本能者，所以适其登台，在台上又各自运用情感理智，天天改良，使彩声日高，一代一代积下去，再成新本能。叫宇宙大剧场兆兆兆兆幕后，脚色愈好。这是漆黑一团老祖爷爷倾向真美善的原则。这种积成新本能、天天练习的把戏，便是今日所争的美学玄学科学。（其详另见下文。）可见本能乃是从漆黑一团先生，变为万有后，慢慢习练而来，并非有什么"隐德来希"的上帝，派阎罗王设立了"本能制造厂"，把整个筑巢的本能，添进鹊的灵魂里，把整个制房的本能，添进蜂的灵魂里，把整个吃奶的本能，添进小孩的灵魂里，他们才有本能。本能止是各个角儿要登台便利，不能不慢慢经了恒河沙数代造成。目前的本能，也并不算满足，还日日在那里变动演进。不过显著的新变化，现在吾人考验得出的，还居少数罢了。科学愈进步，自然就说得出的变化愈多了呀。

如此说来，把本能作个小引，拿来比例直觉：本能便是情感要登台，经理智习练成的动作，作为不能候登台后再整备的应用品。直觉便是情感要盲进，经理智在恒河沙数时代，及恒河沙数环境，细细审查过，遗传了，经验了，留为情感一发不及思索时的救急扶持品。所以新理智计虑未周到时，而恒河沙数时代，及恒河沙数环境，遗传下来，经验成功的直觉，其中含有旧理智，经彼当先审查时，比较的计虑周到，故有时直觉并能纠新理智之失。

好了！说到这里，就叫我覆天载地招呼朋友的人生观所以也用孟老爹的四端，得到了焦点；而且把四端算做灵机活动的玄学鬼，他拼命辟除理智，以人生为不容科学解决，也就显出了误点了。那是这么一回事：因为直觉并能纠新理智之失，故古往今来把直觉算灵机的玄学鬼。就误把直觉放到理智之上（那里知道它不过是理智精细的产物），以为理智是不能批评直觉。岂知直觉固然一定是一种救急宝药，却并非万应灵丹。它也要靠着情感理智，更迭作用，做一个恒河沙数不断的演进。没有理智常川的助他演进，那直觉就可以显出无办法，无意味，闹起直觉的破产。那就"良心靠不住，良知包办不来"的怪声，反聒耳的来了。现在我们且把玄学鬼最看做武器的恻隐、羞恶两直觉，作一具体的讨论。

先讲恻隐：玄学鬼常喜欢引证的名言，最普遍而崇信的，就是孟老爹的"今人乍见孺子，将入于井，皆有怵惕恻隐之心"。其实这个恻隐之心，不算十分难见。然而却劳着孟先生丢了身分，说着许多废话。他接下去说道："非所以内交于孺子之父母也，非所以要誉于乡党朋友也，非恶其声而然也。"他所说的非，至今还是非。就是今日祸国的军阀、受贿的猪仔、杀人的土匪，见有孺子将入于井，起着恻隐之心，亦可"非所以"及"非恶"，同出于自然。如此，孟先生那种废话，何以脱口而出呢？这要在无心流露中，研究其背影。就是当时社会，惟到生死关头，刺激较强，才把恻隐之心，自然流出。至于小小同情（同情就是恻隐之别名），便自然流出的较少。甚而至于都要有"所以"，有所"恶"，才强迫而出。语云千百年犹一旦暮，何况我们信而好古、述而不作的民族，自然孟先生时代的世界，还做成今日的世界。那我就要将我们"灵机活动"的人类，同"算帐生活"的人类，作一同情心的比较。我们且把孺子入井，刺激较强，而且较希罕的同情心，放开另讲。先讲刺激较弱，其实较常用的同情心。假如有一个骑自由车的，在通衢中跌倒，皮是擦破了，泥是沾满了，他自身的痛苦懊恼，也不算少了。然而若在灵机活动的人类中，演此把戏，第一旁观的人物，可以十有七八，先引起灵机活动的忍俊不禁。第二是可以没有一个去扶起他的身体与车子。第三那就更没有人给他贴上象皮膏，刷去他的泥巴。倘这种把戏，演在算帐生活的人类里，我不敢说忍俊不禁的没有一人，但绉眉或震骇出于自然者居多数。急去扶持，扶其人，起其车的，也不问身份高低，惟以距离远近，急遽争为之者，终有二三人。指点药铺，或代去购求象皮膏者，亦如素识之供奔走也。我不敢谓绝无要誉，绝无恶声（孟子注，恶有不仁之声），然大都习惯了，遗传了，出于直觉之同情者为多数。今则海通以来，亲见过算帐生活社会者，亦有少数出而扶助矣，然可以说要誉恶声，在所不免。孟先生时代亦必有此例外要好，也大都纳交要誉恶声，才一为之，所以孟先生脱口而出。然此等小小同情如何可以不经理智讨论，把他养到自然，成了新直觉，叫直觉进化呢？又有关系较大者，当去年我在北京石塔子庙"睡昏"的时节，有一天，有两个清华学校的学生，骑了自由车，从西长安街转入南长街。恰巧有辆汽车，是从南长街转向西长安街。若按照行车规则，都从左边行着，是本来没有问题，可惜那汔车夫贪图靠右转湾，可以抄近几步。于是两辆自由车北去，一辆汽车南行，走在一条线上。侥天之幸，两个孺子，不曾入井，止把自由车一齐擦倒，两位少年跌了些苏木水起来。当地恰有巡警，就把汽车扣住。你说坐在汽车里一位灵机活动的两手两脚先生，如何使用他的直觉呢？他就板着面孔，呼吒巡警道："我是陆军次长金永炎，你敢误我的要么？"巡警一松手，汽车一溜烟的向西长安街去了。于是可怜的两个少年，止好巡警替他雇了两辆胶皮人力车，送进医院。这段新闻，是载在北京《晨报》。后来见《晨报》告白，两位少年还就是梁任公先生的文郎。现在要讲同情，我不是要说痴愚的话，希望叫金次长偿梁少爷的命。终之出了苏木水，送到医院去，愈快愈好，是稍有同情心的人无不赞成的。那么，我们警厅穷乏，不会十字街头处处有载伤人的汽车停着，于是当梁少爷等苦流苏木水的时节，惟一减少他们苦痛的，便是金次长那辆汽车，有此能力。金先生却不要纳交于梁任公，也不愿要誉于吴稚晖，也不恶《晨报》之声，竟不肯表此同情，叫直觉放些光彩。灵机活动的人类，如是如是。我们又要说到算账生活的人类。不多几时，北京《京报》又载了一段新闻。有一天，瑞典国公使馆的秘书，从崇文门外坐了汽车入城，却将一辆载煤的大车撞翻。煤车夫跌倒在地，也出起苏木水来。那个瑞典秘书立即停车，跳下来，叫车夫同巡警，把煤车夫扛上自己车子，开往医院。医生接了去敷治，那位秘书便留下住址，仍坐了汽车，自去干自己的事。虽说这种洋大人，在中国地面上是少数，然他们在自己国里，却习惯了有此直觉。这就是瑞典秘书的祖宗，已算了几十代账；陆军次长的祖宗，止把孺子入井，算做灵机活动，没有算账到少爷翻车上去。所以直觉便有程度差等的分别。

现在再来讲孺子入井：孟先生在"说明语"的入字上，加了一个"副语"的将字，这个恻隐功课，便十分轻松。所以我说军阀猪仔土匪，皆能自然交卷。倘然我来替他换个副语，把将字改为已字，成为"今人乍见孺子已入于井"，那就问题大了。那种难题，我们便不必向军阀猪仔土匪去开玩笑，向他们讨答案。我们并且也不必去穷问孟先生自己。我们可以现成的请顶天立地的玄学鬼孔二先生出来。一天，宰我说了一句痴愚的话，说道："仁者虽告之曰井有人焉，其从之也。"从之是入井救去。当时他的孔老师若恻隐之心更发达点，入井原也是一件相对可能的小事。他尽可说道："仁者其将然乎？其从之也，宜先投之以救命圈，复系己于起重钩；有关联梯，亦可徒下；从之宜不待些须也。故君子将行仁术，宜讲科学；升降可习也，器物必豫也。"有何矜张，必将直觉一脚踢翻，直拒之曰："何为其然也？"从而诡诡拒人，支离为之词曰："君子可逝也，不可陷也，可欺也，不可罔也。"照何、邢两先生替他下的解注，真糟得一塌糊涂。他们说："逝往也，言君子可使往视之耳，不肯自投从之，唯可欺之使往视，不可得诬罔令自投下也。"去看看，还是张开了眼睛上当谝去的，真叫做什么话。幸亏朱先生还有点脑筋，替他改着说道："逝谓使之往救。身在井上，乃可以救井中之人；若从之于井，则不复能救之矣。欺谓诳之以理之所有。罔谓昧之以理之所无。"仁者从井，是理之所无。宰我妄说，君子不受他的罔。但人家掉在井里，要死要活，他不讲救人办法，从井怎样下去；先一味救了自己不仁再说，还把往救，自称君子。圣人的焦头烂额，亦已现面盎背。理之所有，理之所无，要同直觉相打，配享大成殿的大儒，也就顾不得"隐德来希"的灵机，赶向理智菩萨皈依。然而一个恻隐之心，到底还是毫无办法。若平日早动天君，晓得世上有井有人，终有一日，人可入井。人之入井，是一件大不忍之事，"君子"必有豫备。"凡事豫则立，不豫则废"，也是圣门常说的口禅。何以起重钩、关联梯、救命圈，不在井旁随手现成安放？倘早有此种施设，宰我也就用不着设出那种痴愚的提议，也就不叫孔老师那种狼狈。所以直觉还是要经过理智不断的帮助，叫他进而愈进。不可算做神物，做起难题来，弄得惊惶失措。

　　这个恻隐，还有一段袭讹承谬的名言。就是我们无政府主义家老将克鲁伯金，也于反对理智作用太过，犯了笼统的毛病。他有一段话说道："比方一个小孩，掉下河里。有三人立在河岸，这三个人，第一个宗教家道德家，第二个是乐利派，第三个是清白的平民。譬如第一个首先对自己说，以为救那个小孩，今世或来世终有幸福的报应，于是去救他。但是他这样做，纯是一个计算家，再也没有了。至于那乐利派呢，比方他这样想，人生快乐有高尚和卑下之不同，救那个小孩，将给以高尚的快乐，那末任我跳下河里罢。但是假使有人是照样想，他也不过一个计算家，社会能够进步，也不十分依靠他。这里还有第三个人，也不计算那么多，他看见小孩的生命危在顷刻，他就如同一只好狗一般，跳向河里，救回那个小孩。而当那做母亲的谢他，他答道，为什么，我是不能不这样做的。这是真正的道德。"但克老先生说话，虽然说得好听，他却忘了一个紧要问题，便是小孩是在河里了，立在河岸的三个人，一个宗教家道德家，一个乐利派，一个清白平民，是否同狗一样的跳下河去，有把握救回小孩，能同去见他的母亲么？倘三人皆有把握，那道德家、乐利派还要计较，自然可以说更恶。然而这个清白平民，也不过自己确有入水能力，行一个恻隐之心，不费之惠，便夸说自己"真道德"，恐怕也是五十步笑百步罢。至于入水能力，止有清白平民所具；那两个饭桶，虽想来世报应，或想高尚快乐，本止能望洋兴叹，而清白平民原是责无旁逮，又何足卖弄他的自然呢？设或入水能力，三个人中，惟清白平民缺乏；那两人迟迟计较，自尤可恶；清白平民好像好狗救主，奋不顾身，自更可敬。然这件事情的结果，还是教士救了小孩，享他的报应；乐利家救了清白平民，乐他的高尚；清白平民还止做了宰我口中的仁人。舍身为人，自是另一美德，我们下文要讲。我们现在所要讲的，那两个饭桶，一得来世报应，一得高尚快乐，无非平日早有预备。凫水术常常讲讲，就河水中轻轻便便。否则河水里本止一小孩，忽尔又添起一个清白平民，既害了宗教家，为小孩袈裟湿脱，又累了乐利派，为清白平民皮鞋着潮，那种滑稽的把戏，"社会的进步，恐也不十分依靠他"。清白平民无所为而为，所欲全者，止见"小孩生命危在顷刻，不能不这样做"，就是全那恻隐之心。既是恻隐之心，亦仗能力补救，才有意义；于是平日又不能不运些理智，到处设起铁梁铁柱、磁砖白石、温凉水常便的游泳池来，自然大家看做家常便饭。老老少少、男男女女的清白平民，皆是凫水高手；河中拯一小孩，与街中扶一骑自由车跌倒的相等。固然不要别人的母亲来谢，也没有母亲去谢他，社会岂不更自然呢？所以设了许多难题，不叫科学神去轻便解决；偏要玄学鬼竖起清白平民招牌，硬请宗教家、乐利派出丑，这不免又是一种未扩充的恻隐之心罢。（我们古人也有"耻独为君子"者，就是要扩充恻隐之心，所以激起了羞恶之心。）

于是我们再来讲羞恶之心：羞恶之心，较锐利于恻隐之心。所以孔圣常说"小人"，孟老亦言"禽兽"，吴稚晖亦破口而称"军阀猪仔土匪"，调笑而引"无赖玄学鬼"，人家亦以漆黑一团、两手两脚动物反唇相讥，无非要激起着羞恶之心，使人反省。但反省的工具，便是"是非"问题。于是激起羞恶，虽较锐利，然而要想解决他，却靠了理智更多。理智要替他用算账工夫筹备得更劳。

什么要解决羞恶，靠了理智更多？

什么要解决羞恶，理智要替他用算账工夫，筹备得更劳？

要入这两层的正文以前，却不能不先提许多闲话，解说了许多误会，才说到这两层时，容易表明我个人贡献的意思：

（一）我是坚信精神离不了物质。什么真如正觉，也不过用几个物质的麻醉性名词，叫人昏昏盹盹，悠悠洋洋，得个说不出话不出的精神快乐罢了。其余什么清风明月、高山流水，说得像煞有价事，也无非借那取不尽，用不竭，又好又廉，够懒惰，趁现成，拿来安慰自己的精神罢了。甚至于反证着，弃去美衣佳味，甘心饲虎尝秽，也借着外物，做个痛苦的干脆了当罢了。其余浅近的什么窗前草不除的理学，熙熙皞皞的农村，更是无办法而各尽天年的持中罢了。闹来闹去，自己是"有"，还是借些"有"，恐弄明白了是痛苦，所以拿它含混了算精玄。你谝我，我谝你，送完了"有生"便算，真是草草人生。他要多这一轮回，到底为什么？故我以为与其这样的不死不活，莫若止走两条路：一是积极进行，连天地都改造一番，便是向前的人生观；一是消极办法，把什么都涅槃了，便是向后的人死观。那种持中态度，还老着面皮，说是为生活而生活，真是"现世报"——"活现世"。漆黑一团所没奈何他的落脚子孙。

（二）我是坚信宇宙都是暂局。然兆兆兆兆境，没有一境，不该随境努力。兆兆兆兆时，没有一时，不该随时改进。（此言"凡"生观。反此，能到无境无时，便是"凡"死观。惟有不生不死，终古如此，便是苟延残喘。）地球是三百兆年的暂局。人类是六兆年的暂局。皆要从地生观人生观，再到地死观人死观。不过地球未死以前，我相信人类以后，还要有超人类。人类未死以前，我相信孔子以后，还要有超孔子。石器以后，曾有今日的物质文明；今日的物质文明以后，还要有骇得煞张君劢、章行严各位先生的超等物质文明。物质文明非但现在说不到破产，就是再几兆年，还是进行。惟先着地球而变成僵石，或随着地球而化为星气，皆我所承认。

（三）本此原则，批评书契后数千年中的人类，数千年的短时间，本似一个旦暮。所以若说也有少数古人，胜过今人，我可以相对承认。但从大部分着想，就是孔二先生，说不定及不来梁任公梁大先生、梁漱溟梁二先生（我在此文篇首，已经说过），至于一般普通人，可坚决的，断定古人不及今人，今人又不及后人。

（四）我所谓古人不及今人，今人不及后人，不是单就善的一方面说。是说善也古人不及今人，今人不及后人；恶也古人不及今人，今人不及后人。知识之能力，可使善亦进恶亦进。俗语所谓道高一尺，魔高一丈，未免愤激太甚。若道高一尺，魔亦高一尺，或有时道高一尺，魔高二尺；也有一时道高二尺，魔高一尺。皆可信为实在。此即宇宙倾向真美善，永向之，亦永不得达之之原则。人每忽于此理，所以生出许多厌倦，弄成许多倒走。我在民五的《中华新报》、最近的《东方杂志》

上（《东方杂志》民十三正月特刊，题为《二百兆平民大问题最轻便的解决法》），两次写得甚长，今姑不赘渎。

综以上四条，有两个基本观念：一是人类物质文明的进化，还有三兆年；二是人类古今不同，心理亦变迁甚多。梁漱溟先生为生活而生活，不管这许多。所以他有他的基本观念：一是人类永远就是这么一个人类；二是物质文明是有限，今日西洋的物质文明，已达极度，再进便离破产不远。（这是他上别人的当。所以他以为他有许多证据，何不条驳，岂知他所引的证据，如有条驳价值，乃唐焕章的八月十五后天翻地覆。他若引了，难道对面人也有驳正的义务么？）到了西洋今日物质文明的程度，自然而然，便改向持中一路。孔子是持中太早，所以走不到西洋文明的路上，持中便失败。现在中国应当一面全盘的迎受西洋文明，一面持中。过了一个时候，那种西洋文明及支那持中，又厌倦了，便实行印度的向后要求。（不言而喻，便是灭度。或者也就是他的世界混沌观念。从此四大皆空，永永真如。）他常怪人没有看懂他的书，便下批评。即我亦有这个感觉。人家没有看懂我的书，也便下批评。所以我发了心愿，把他的大著，连看六遍，抄摘也有四五十纸。看是一定不能算看懂，却悟了各个人的基本观念出来。说句笑话，他是住在孔圣人世界，我是住在孙悟空世界。他是规规矩矩的世界，我是古古怪怪的世界。说句僭妄话，他是住在哥伯尼以前的世界：一个玻璃壳的天，挂些日月星辰的灯彩，罩在地皮上；玻璃上面，佛坐第一位，玉皇大帝第二位，孔圣耶贤，各有班序，才灵学怪，辘轳回轮；有朝一日，真如放光，四大永空。（梁先生的智识，虽远超于此，然而他的概念，似乎仍在这玄中。）我却自信住在哥伯尼以后的世界：既不曾有天，何来天理；亦不曾有地，何来地位。（人为万物之灵等。）不过无量数变动，及无量数假设。假设成理，谓出自然，名曰天理，亦名词而已，本无乎不可；假设有我，谓灵万物，灵之而已，相对亦足容许。本来无有，如何有空；本来无空，如何非有文明。文明，演进别名，何产可破。两方观念，既如是不同，所以我若驳他的，还是惹他一笑。正如人的驳我。也惹我一笑。我为此文主旨，前面亦略已说过，今再缕述一二。第一，在三四年内，看见厌世自杀之人太多。我终怪他们把生活看得太认真。第二，一方又见做一日和尚撞一日钟的自了派，年来亦不少。我又嫌他们把生活看得太不认真。第三，经欧洲大战，物质文明破产之声，可笑几与唐焕章八月十五后天翻地覆一样。然而群众心理，有口杂分。我想是他们生活的根本观念错了。第四，是前面说过，觉着年来梁卓如、梁漱溟、朱谦之三位先生的著作（朱先生的思想今又改变）都有点害国病民的成分在内。其祸根还是胡适之先生引鬼上门。所以我决意挟了予不得已的气概，要想做这篇拉拉杂杂的文章，向他们哭一场。明知螳臂当车，徒引一笑，也是我尽我心罢了。动笔中间，又遇着丁张开战，章老将归农就并为一谈。更弄得千头万绪，无从下笔，仅仅写三四万字，延长了一年。我明知生在此种社会真是不幸，止好把我自己要说的，尽量说完了便算。苟其人犹有上帝灵魂，"隐得来希"，灵机活动者，根本观念不同，止好任他们去自杀罢。

（五）我信物质文明愈进步，品物愈备，人类的合一，愈有倾向；复杂之疑难，亦愈易解决。故黄帝以前，止酋长各据部落，榛莽秽阻，交通不出数十百里。从城郭、宫室、衣裳、车马、舟楫、耒耜、杵臼、弧矢，物质文明大进，始有国的意味。不多几时，夏禹便操其樏橇畚锸，治工程于数千里之间。至于商周，礼乐冠裳，文明大备，于是部落皆成都邑，并合所谓"万国"者，成立数十大邦。经春秋战国，才智辈出，桔槔而汲，削鸢而飞，驱壁策肥，里粮行滕，周流历聘者，交通大繁，自然趋于秦汉之统一。由是而五百六十尺之巨舟，期年可以毕事，郑元和遂抵好望角；麦智尼哥仑布，亦寻出新世界，环游地球。华特的蒸汽机一动火，轮船火车推进，黄发碧睛之动物，遂如水四溢。交民巷，海大道，静安寺，九龙湾，便尖塔高矗，一万年也不再行矣。故物质文明之于一民族之祸福，我不敢知。惟四千年前舞干羽两阶，七旬方格之有苗，今固高隐湖南、贵州山间之农村，世界人类学小册中，几漏载其名。所以物质文明帮人类统一地球，从而共产，从而大同，是我所坚信。果为何等人类，我耸肩而不敢答。好在今之玄学家，彼时亦成鬼久矣，彼亦可不负责也。因而在这一段文章里头，始可列为悬案，存而不论。我们再讲物质文明帮助人类在地球上大同之进行。前年美总统有选举之说，无线德律风，预备临时添置二百万具。那就人民普遍监察，运用愈周，共和可以愈真。如德国之工业教育，虽全厂工程师战死，工头能代行职务。工头又死，工人亦能勉强开工。于是劳工大学等之设备成为理论。工人智识愈高，合作工厂，将代用资本工厂。业组之社会主义，可不烦流血而成。铁柱日铸万枝，水泥日出万桶，试验仪器，充积厂屋，精铁油木之桌椅，满贮仓库。三十里而峨焕完备之大学，已在面前；二十里而崇闳富丽之书库博览室，又堪趾足。一动车而千亩云堆，一开机而万卷雪垒，人皆为适量之节育，亦各操两小时之工，如此而共产，庶几名实两符。你想，倘要如此"睡昏"的做梦，缚了理智之脚，要想请直觉先生去苦滴滴的进行，他高兴么？回头过去，向后要求，走最高等之一路，是其结果矣。然而地球上自有人类，用不着玄学鬼子孙承乏支那。犹之乎江南自有"吾兄"太伯之吾弟稚晖，能长子孙。用不着断发文身的荆蛮哥哥，舍却湖南山中农村之乐，来实无锡版图也。

至于梅兰芳舞衫上之电灯，"小白脸"面上之雪花膏，尖头政客绒垫下之汽车，公以为物质文明，即指此乎？然而畸形的结果之来，现象自当承认其如此。故昨夜与吾友陈仲英、丁芸轩两先生行过先施公司、永安公司之间，丁先生喟然叹曰："文明乎，抑外国货之贩卖场耶？"既伤消极之无从，复苦积极之难说。此正与玄学先生大做好梦，毅然消极，以为"人且破产，我行坦途，庶几挽此狂澜？"若能得你家第十老祖朱先生所说扶了东边西又倒，还是罢了。可惜东边既不曾扶好，新新公司又将开幕。而西边却同善社、道德社、大同教、吴鉴光、小糊涂、金刚眼，皆猖獗得远超过于戊戌以前。你要得孔颜乐趣，他的坛上，便孔子神位、颜子神位，早供上座。你要致王阳明良知，他乩盘里便王文成的静坐法、王心斋的泰州躬耕诗，早登在卍字杂志。他刮你们的面皮，从老先生的梁任公、梁漱溟、张君劢，刮到小先生的谢赞尧、谢国馨。使我们切齿痛恨，以为弄到蛇鼠黄狼，一齐显灵；廿四夜灶君皇帝的上天，耀武扬威；农民的辛苦米粒，都装入妖巫道姑袋里。皆是《东西文化哲学》、《欧游心影录》、清华学校的《人生观演说稿》，间接直接鼓吹出来。这真是冤哉枉也。也正同梅兰芳、小白脸、尖头政客刮我们的面皮一样。从激昂的陈独秀、李守常、胡适之、钱玄同、吴稚晖等，刮到中正的任鸿隽、朱经农、唐钺先生等为止。使你们切齿痛恨，以为半洋半相的男女、桃红柳绿的创作、无耻苟偷的猪仔，皆是我们鼓吹出来，弄得民穷财尽，子不孝父，弟不友兄，学生不敬老师，真是三纲沦、五常灭。这也有些苦哉冤也。若两面相恕，正可以说大家都无法于道高之一尺，及魔高之一丈。平心而论，那种孔颜乐趣，体验良知工夫，若在十八世纪以前静稳世界，用直觉来压住了理智，不任多事，大家持中过度，实是快乐。现在若个人不负什么社会责任，偶有少数，抽出自己身体，与高隐一般，亦未尝不足以安心定命。所以上举的姓名，除两位谢先生我未识荆外，其余三位，都曾承过颜色。除任公先生人人晓得，不必再加批评，至于君劢先生、漱溟先生两人的人格，实可钦佩。讲起孔颜乐趣来，吾尤服膺漱溟先生。我虽止与同座一次，偕游一次，然四面八方打听，他的内行敦笃，则闻而知之；他的气度温纯，则见而知之。然在我们逼住不能不做乐利派的眼光看去，梁先生终不免做了十七世纪的一个废物。我可以自己权且承认，我或者是言伪而辨，他却也免不了学非而博，正是一对少正卯。我至今代他终想不通的，请条举于下：（第一）持中一路，是要得到西洋今日的文明，才走上去不失败，这是梁先生自己说的。如此，中国不曾有今日西洋的文明，差不多同孔子时代一样。有今日西洋文明的，止是西洋。那么，梁先生的《东西文化哲学》里的中国化，为什么不去专给杜威、罗素等受用，却给中国的梁漱溟、谢国馨等先受用，难道不嫌早么？（第二）孔子当时早走了持中的第二路，所以走不上第一路。西洋不曾早走第二路，所以就在第一路上全跑过了，这又是梁先生自己的意思。而且梁先生的意思，没有在第二路全跑过断不可走第三路，所以印度态度，现在要绝对排斥。绝对排斥印度态度的缘故，无非为要迎受孔子的持中，那么，要全盘迎受西洋的第一路，如何便用不着迎受第二路，绝对排斥第三路的比例呢？这是梁先生自己也要搔搔头笑起来的呀。（他或者持有"根本改过"一语，请看第三条。）（第三）姑且让一步讲，什么持中了能否向前么，什么两条路可以同时并走么，皆不必深究。梁先生的路是"整齐得狠好玩"的。一是三条路皆是世界化，世界人类皆当依次走到。二是先到第一条，然后再走第二路，然后再走第三路。第三路是功德圆满最高的一条路。三是果然把第一路走完，自然转到第二路。（不言而喻，若把第二路走完，自然转到第三路。）照这样说来，非但中国要绝对排斥印度化，印度便更要绝对排斥自己的第三路，且一定还要相对的排斥中国的第二路。因为他第一先要全盘迎受西洋化，若也学中国，跨了一二两条路走。在他于中国化完全不习，定然与中国人不能得同样之效果，而有难逃之弊害。梁先生，你想，印度人要全盘弃了他自己态度，学过西洋，再学中国，然后再把自己态度拿出，印度人不是顶倒霉么？若说也可以同中国一样，把西洋化全盘承受，根本改过，就可以"西"、"中"混合而进。在印度亦可把西洋中国两化，全盘承受，根本改过，也可"西"、"中"、"印"混合而进。照此比例，西洋中国何不援照印度法，大家"西"、"中"、"印"混合而进，令全世界早达最高贵的第三路，岂不于人类进化有大益？何以西洋中国反绝对的要排斥印度化呢？（第四）梁先生个人，止把一个孔子来安心定命，排斥了西洋化，居然也其乐洋洋。（难道梁先生已将西洋化的第一路走完过了么，想决无此滑稽。）就证明个人的安心定命，可以躐等。如此，何以梁先生对于个人，不力求上达？既悉印度化的精微，仍下裔入谷，吃酒肉而乐妻孥，尚支离自解。故西洋化人视你为仇敌，诚浅薄矣，而印度化人斥你为叛徒，先生将何说之解？先生将曰，吾为孔子，即将为乔答摩之预备。然先生不曾成达尔文，如何能做孔子？（此夫子自道。）殆以《东西文化哲学》上抄几条西洋化如何坚卓，当全盘承受，即算已成达尔文，所以尽管自然转入第二路，去做孔子？然则先生描写孔颜乐处固加倍精细于描写西洋化诸条，是先生又成就了孔子矣，如何不急急进而与乔答摩合体乎？终之，梁先生说得整齐好玩，太高兴了一点，便矛盾百出。所以全书尽管天花乱坠，引证得翔实，在矛盾中，不免都成了童骏废话了。一个人决不能包办一切。梁先生既愿吃酒肉，乐妻孥，服应孔子，在我谬妄，则拍手赞叹为进化。全书中描写孔颜乐处，定比康有为、陈焕章不同。可与梁先生的人格，同一佩服。何以欲解其叛佛之迹，阳极尊之，而阴置之死地？（绝对排斥）又恶守旧之名，名则全盘向前（第一路），实则尽之半途（持中）。梁先生之心或无是，而迹实如是，效又如是。梁先生答胡先生言，陈仲甫先生在《前锋》中，说"梁漱溟、张君劢，被适之教训一顿，开口不得"，我不觉得我反对他们的运动，我不觉得我是他们的敌人，我是没有敌人的。梁先生说他没有敌人，在他个人人格上，何消说得，没有敌人。我信胡、陈诸位敬佩梁先生，也是过于别的朋友。但梁先生书中，却不免夹了"敌言"，所以别人也用着"敌驳"，这正所谓大家当仁不让。言敌而已，非人敌也。梁先生说，"我不觉得反对他们的运动"，只真是梁先生苦不自觉，所以别人也不能已于言。梁先生以为西洋化要全盘承受，如是优礼西洋化，宜得崇拜，何反来咨嗟？然此等滑稽，不嫌拟不于伦（实在拟不于伦，惟类例却如一），有一现成的比例可说。若曰，梁先生《东西文化哲学》中的全盘承受西洋化，恰与曹锟完全宣布《中华民国宪法》，无心而相同。梁先生是拿西洋化开玩笑，曹锟是拿宪法开玩笑。我可信先生之志则非是，而先生之实乃有然。道德之价值，空言无益，乃在事实，故孔子罕言仁。倘满口致良知，天花乱坠，求其隐，付诸一叹，则圣言无光。梁先生所言孔颜乐趣，弥觉亹亹者，非他人不能言，乃有人格照映之故。而其"西洋化全盘承受"，人乃置之一笑，即梁先生其实貌视之，而且不屑过问之反响也。倘用意若曰：事必分功，贤者识其大者，吾任持中之道；不贤识其小，让无聊人去承受西洋化。谁则堪此蹂躏，报之曰童骏宜矣。有如王阳明，亦其人格事功，两相辉耀，而后言益见重。否则曾国藩之道学语，周孔教亦言之矣，有价值耶？今之士夫，不以梁先生之模范绍介于人，却欲以梁先生之美词宣扬于世，岂爱军阀政客，及洋八股学生，发电投稿，尚无料耶？今有人焉，内行一准于孔子，或阳明，然而口不一言。口所言者，声光化电，两利公理，竟足与第一路内人抗手。如是，在乡而一乡化，在国而一国化，《东西文化哲学》中之西化全受，中化持中，一定成功。张君劢先生自治学院中，亦人才辈出矣。否则彼此皆以学案语录相欺，麻雀之声，达于户外，西洋之学，断烂朝报，最好结果，多几个教士式的废物；否则简直再烧教堂，重起义和团。梁先生乎，你以为西洋不持中乎？你上了自己的当了，请观下文。

（六）我信道德乃文化的结晶，未有文化高而道德反低下者。虽生才不遇，我亦可以相对承认。然一民族全体总和的道德，合千百年而衡评，谁实分两较高，便是此民族内的分子大半较良；谁实较低，即此民族内的分子大半较劣。什么"持中"、"前进"，不过各民族的哲人构成道德的方术，标一最概略的总目。而其千百细则，如何配造适宜，纤悉有效，则良劣分焉。自春秋战国以来，有文化者四族：一白种亚利安族，即所谓希腊罗马，至于英美德法，西洋化之民族也。二白种闪弥罕弥两族，即春秋前之埃及巴比伦，中古以来为希伯来下至亚剌伯之民族也。三黄白合种，印度民族。四黄种，中国。宗教皆创自亚剌伯民族，印度亦受其影响，故一为神秘，一为虚玄，简直是半人半鬼的民族。所以什么佛，什么祆神上帝，好像皆是《西游记》、《封神传》中人物。其实他的圣贤，皆懒惰蹦蹦，专说玄妙空话。所以他的总和，道德最劣。最相宜的，请他讲人死观。凡懒惰、蹦蹦人接近之。我料三千年后，他们必定止剩少数，在山谷中苟延残喘。（内惟犹太少数流徙者，并入欧族。）中国在古代，最特色处，实是一老实农民。没有多大空想，能建宗教，止祈祷疾病等。向最古传下来的木石蛇鼠，献些虔诚，至今如此。即什么宗教侵入，皆以此等形式待遇。他是安分守己，茹苦耐劳。惟出了几个孔丘、孟轲等，始放大了胆，像要做都邑人，所以强成功一个邦国局面。若照他们多数大老官的意思，还是要剖斗折衡，相与目逆，把他们的多收十斛麦，含铺鼓腹，算为最好。于是孔二官人，也不敢蔑视父老昆季，也用乐天知命等委蛇。晋唐以前，乃是一个乡老（老庄等）局董（尧舜周孔）配合成功的社会。晋唐以来，"唐僧"同"孙悟空"带来了红头阿三的空气，徽州朱朝奉就暗采他们的空话，改造了局董的规条。（六朝人止去配合乡老的闲谈，所以止是柴积上日黄中的话头。到配了规条，便有了威权。）所以现在读起《十三经》来，虽孔圣人，孟贤人，直接晤对，还是温温和和，教人自然。惟把朝奉先生等语录学案一看，便顿时入了黑洞洞的教堂大屋，毛骨悚然，左又不是，右又不是。尽管那种良知先生，已是粗枝大叶，然还弄得小后生看花是天理，折花是人欲，板僵了半边。然而只种民族的真相，还是止晓得擎了饭碗，歇工时讲讲闲话，完工后破被里一攒，一觉黄粱，揩揩眼眦再做工。怕做工的小半，便躲躲闲，去鸡偷狗窃。有福的跟着乡老，在柴积上日黄中讲讲玄学，赏玩赏玩清风明月。虽局董也有什么洒扫应对，礼乐射御，许多空章程贴着；他们止是着衣也不曾着好，吃饭也不像吃饭，走路也不像走路，鼻涕眼泪乱迸，指甲内的泥污积垒。所以他们的总和，道德叫做低浅。止有他们客住一种矮人，性情脾气，虽也大略相同，惟勤快得多，清洁则居世界之上。所以拿他的总和看起来，他家虽有名的圣贤极少，却一定无名的局董，倒是振作。因为他的老大哥（支那）的性质，秒的程度，固然没有超过印度亚刺伯人，懒的程度，却差不多相同。懒则必说大话，又必向内山安闲处乱攒。深恐他们久而久之，也要卜宅湖南、贵州山中。现在要讲一个算账民族，什么仁义道德、孝弟忠信、吃饭睡觉，无一不较上三族的人，较有作法，较有热心。横竖我在下文，此处彼处，把重要的，还要说着，今且不必细表。讲他的总和，道德叫做较高明。请凡到过他们家里，有如张君劢、章行严、梁任公诸位先生，摸了良知，不必偏激，讲与梁漱溟先生听听。我们自己顾些面皮，然后批评人家。我们持中，持的什么？他们算账，算的什么？至于拿善进恶亦进的原则来说，他们算账的恶人，一定有中国没有看见的。并且也是中国维新党，正如法炮制的。然他们多数算账的好人，也有合了两个孔子，都抵不过一个的。难道我们可以盲了目，止当不看见，瞎吹我们的持中，胜过他们的算账么？居乡，人与人不服善，人人知为恶德。难道可以倚仗了"种拘"媚世，不服善？到如此所以"他们物质文明破产，他们道德搁浅在第一路"，据了几个发牢骚人的激言，嚼间蛆人的自夸；或在外国四马路，被野鸡拉了去，就下断语，说外国上海，全城女人皆不着裤子；就引来算金科玉律，著起不朽著作，若曰"你看不懂我的书，你驳你驳，你也不敢驳"。真立直了做梦。这一番的西化破产谣言（西化革新，入于尤高尚的一境则有之，如

帝国主义完全扫地，社会主义将代共和，皆在实现及酝酿中），却引起
了一个新问题。梁先生书中，已把往事详述。说我们对于西化，初但注
意极可笑的物质，后乃得到了赛先生、台先生，就得了归宿，所以断定
他尚搁浅于第一路。因为赛先生是智识；台先生虽是道德，止是公德。
我们这农民民族，对于他四围的乡邻，如西域东夷，在私德素算我们是
讲究，故以私德自豪。及这个绿眼睛的动物东来，观其举止，接其言
动，着实有些吃惊。然不肯降服，便不与讲"行"，而与讲"心"。故称
我曰持中，称人曰算账。又把人伦理方面之笃厚者抹煞之，把他与我们
抵触者诟病之。不幸就是诟病的一部分，算起账来，又算他不过。虽良
知之少年，亦将男女恋爱，看做最神圣。居然把什么王阳明要大哭三日
的有岛武郎与波多野夫人，昂昂然与文天祥、史可法同传。还说是杀身
成仁的良知。这正证明良知破产，算帐奏凯。于是纯正如梁漱溟先生
等，与算账更势不两立。其实洋鬼子并未物质文明破产，道德也并不算
账。少年眼光锐利，称他为杀身成仁之天理流行，确是天理流行。破产
算账的谣言，价值还低过于唐焕章的八月十五后天翻地覆。简直同三十
年前政事一样。有一御史上条陈，言与洋人打仗，止要各肩黄豆一袋，
或挑水担一副。洋人赶来，委豆于地，横担于途，洋人一跌倒，脚直而
不能起，预备绳索捆绑是了。脚直是前三十年御史的话；西化破产，洋
圣人算账，这是今日出洋博士、大学教授的话。民族如此低劣，真要气
破肚皮。若我也怕骂"洋子洋孙"，不揭此黑幕，我真对不过孔仲尼、
王阳明。并且我顺便要向陈仲甫、胡适之诸位先生商量，这是梁漱溟先
生提醒的功德。我们中国已迎受到两位先生——赛先生、台先生——迎
之固极是矣。但现在清清楚楚，还少私德的迎受。（止零星的拣些较可
作恶或胜奇，或细小者，偷偷摸摸，大家拉点扯点，未曾正式的鼓乐迎
娶。）这是什么东西呢？就是可以迎他来做我们孔圣人续弦的周婆的，
叫做穆勒儿（Moral）姑娘的便是。请她来主中馈，亦且无妨牝鸡司晨。
才把我们那位灰葱头的局董，不要老是曲肱饮水。振作点，一面本要天
理流行，浴乎沂边之游泳池（巴黎森河边便有），风乎舞雩之列树下。
一面不妨狐貉之厚以居，食不厌精，脍不厌细，申申如，夭夭如，像个
在文明人境。商羊苹实，陈于客座。鸟兽草木，采作标本。老农老圃，
再不许骂为小人。周冕殷辂，一定要随时打样。货恶其弃于地也，力恶
其不出于身也，不独子其子，不独亲其亲，决不可任梁世兄恐怕抵触持
中，乱说浅薄。（明知借他招牌假托，说得对，亦何妨说不啻若自其口

出。）于是穆太太对一班徒子法孙，温温和和的，常川教导。使得他们出门与父亲亲嘴（孺慕），上车替娘舅提包（服劳）。饭是摊着桌毯吃，还是一粒饭颗不掉；痰是隐在手巾唾，莫说肮脏痰盂宜设；指甲修得烁光；须根刮得皓白。（洒扫应对进退之节。）别人作事，莫好像饿煞仙鹤，延颈而旁观；千人一室，勿好像闲空瘪三，张目而互看。（施诸己而勿愿，亦勿施于人。）小节说不其尽，大义更要效慕。朋友托孤，可千万家财，代管二十年，增产两三倍，积起账簿数箱，一一编号而交付。海轮触冰，顷刻要沉，送妇孺稳上端艇，二千人作乐唱歌，谈笑而共逝。（舍己为人。）算账的穆太太，断断不弱于持中的老"夫子"也。所以迎受了：

> 穆姑娘治内，
>
> 赛先生请他兴学理财，
>
> 台先生请他经国惠民，

如此，庶几全盘承受。如此，专心在第一路上，向前进，开步走，是为正理。何可折回半途（持中），哭哭啼啼，向老迈的孔鲫爷爷，讨索冷饭剩羹，逼得他曲肱饮水；没了法，还止好溜回桃源洞里，直达贵州苗山深处，耕田凿井，强度鼻涕眼泪之岁月乎？

（七）我信"宇宙一切"，皆可以科学解说。但欲解说一切之"可"，永远不"能"。能解一切之可，无异说能知无始之始，能知无终之终，能知无外之大，能知无内之小，这自然不能。惟能虽不能，而可则自可，向可中求增其能。是之为学，不问其可，自信别有所能是，为美学态度；不信其可而愿姑试其能，是为玄学态度；心知其可，不肯自限其能，是为科学态度。

以美学、玄学、科学三态度，包括一切之学，我在民八投文《新青年》言之。当时美学称文学，玄学称哲学。后数月，不记那位先生，又于《北京大学日刊》言之。彼美学作宗教，玄学亦作哲学。玄学与哲学，本为一家。惟哲学之名，古曾包括科学。在此三分别上，不如作玄学为便。第一类则无确当概括之名词。名之曰情学，则较合。然因情学二字太生疏，故姑以美学、文学、宗教等代之。文学不能包美学，美学则能包文学。惟仍不能包宗教，宗教自然愈不能包美学、文学。惟此第一类，实包有宗教在内，所以若称情学较合。今用美学代表之，请读者勿疵其疏漏。且于三者，皆可别立便利之名称，下文当随宜称之。便利之名称如左：

第一类美学、文学、宗教，可便称之曰情感学。

第二类玄学、哲学，可便称之曰情理学。

第三类科学，可便称之曰理智学。

古称哲学为智学，即与科学未分家时，哲学实自以为彼是理智学，与宗教、美学等的感情学为对待者也。惟称科学为理智学，止方便称之而已，实未极贴切。科学固纯然为理智之事，然彼仅接受理智成熟之一部分；而未成熟之一部分，仍隶属哲学兼赅情理的理字中。（又以上三分别，谓可赅括一切之学，仅就性质言之。世间尽有杂有三类或两类之性质，别有面目，而自成其所谓学者。赅而属之则可，画而隶之则不可。故学术家目录家等之分类法，自又各有其自己之门类。言非一端而已，夫固各有所当。）

美学、玄学、科学三者之于人类之学，犹轻养二气之于水，缺一而不可，惟各有其成分。成分将如何，则谨谢不敏曰，止信"可"知，尚未"能"知。现在谬妄断，则美学、科学各四成，玄学则二，似状态正当，而不显其畸形。在今日西欧、北美之态度，美学四，玄学一、四，科学四、六。所以科学家似乎夺了玄学鬼的饭碗，稍呈不安之象，而科学破产之诅咒亦来。以言中国，不就成熟方面言，但就形式方面言之，文学六，玄学三、九。（若就成熟方面言，难道今日中国文学、哲学家有如许之多，必引世界匿笑。）科学〇、一，所以玄学鬼拿了别人医治"武士道"家的方子，来医治新生孩子，不给牛乳奶粉他吃，倒要灌巴豆大黄，便叫科学孩子，不管三七二十一，举起小手，戟指毒骂曰：你这玄学鬼，你在欧洲，饭也没有讨处了，你还到这里来大摇大摆。科学小庙里的香火老老，亦起而应和曰：这个臭瘪三，拿我们先施公司玩具部买的机关枪来，打到他七零八落。这玄学鬼还是捋捋胡子，笑而不动，微答曰：小孩儿！老头儿！不要闹，你们太粗太粗（指物质文明），自有精精精（指灵机活动，"隐得来希"，天理流行）。这就是此次科玄之战的小影。所以我已总批评一句，曰"混闹一场"。至于对各人崇论闳议而言，很给我们许多片段精微之智识，双方皆极美富；惟战争却各不曾针锋相对。而微言多中，却推任叔永先生。彼温和而学科学家名人人格，多数无不伟大，即隐劝君劢先生勿偏信峻肃的理学中，包办君子。恐结果则迁远固陋其报。我于此就本地风光而言，张先生虽自信年来人格之愈高，得力于内外名儒。然丁先生固粗头乱服之科学家，"反对朱陆"，排斥玄学者，何以彼之可敬爱，即张先生所大首肯，并与张先生同。倘议会中尽如丁在君，也决不闹五千元之把戏，不必尽如张君劢、章行严、梁漱溟也。足见人格用"心"造，乃印度之苦行家、黑暗时代之经院教士——今天主教之基督派如故、宋明之道学，试验而效实平常之一方法。孔墨老庄、释迦、希腊群哲，皆不如是之刻狭。至颜习斋等躬行君子，不好穷究"造意"后，至于近世，若曾涤生之类，皆世称君子人，都已变易宋明刻狭之气度，仍归于和易。吾上文所谓如人深深黑暗之广大教堂中，左又不是，右又不是；实因长袍端垂，明晃晃的金十字隐悬胸前，凝然不动，骇得三岁小孩，苦面不敢哭，阎王殿上，殊非人境。故有人疵议。"柏格森的直觉，便是良知"，说他不是，自然不可；然我想"谝谝巴黎时髦女人"，亦是丁先生的戏言；至于柏格森止是谈学，并非谈道，则不可不分别。若援彼为西洋王阳明，充作偶像，大建道学庙，则断断不可闹此滑稽剧。有如佛者，教人出世之道，徽州朱朝奉等倒暗把他来装点人世之道，弄得局董的规条上，生出战栗的威权，真弄了一出悲剧。你看南宋以后，社会多少干枯。经老靼子（元）、小和尚（明太祖）同他们缠夹二先生了一阵，空气里稍有一点生趣。不料他又要嘘冷气；幸亏所谓王阳明、顾宪成之类，也是粗粗粗，就被顾炎武等跑到前面去了。所以新靼子的世界，便五光十色，大放光明。我们的经院黑暗时代，最冷酷的是南宋，文艺复兴是清朝。我在民八《新青年》所作一文，即言东海西海，心理并同，空气不必用舟车交通而能同。西之希腊小亚细亚像春秋，雅典像战国，罗马像汉魏，中古黑暗时代像宋元，文艺复兴像清朝。时域的短长，虽略有参差，而大致符合。故今日社会尚有一种怪声，群谓我们还要从文艺复兴入手。又是骑马寻马，倒开火车的大谬误。我们今日文学美术，自然也当整理改造，正是接连了，令他光大的时代；与欧洲今日去整理改造那三百年前复兴之草创物，其事正同。不必我来盲目瞎说，可用事实证明。今之所谓国学，在顾黄辈远接汉唐，推倒宋元之空疏黑暗，乃为复兴。于是戴钱接顾黄，段阮接戴钱，经洪杨小顿挫，俞樾、张之洞、黄元同、王先谦等又接段阮；接俞张等者，如刘师培、章炳麟等，竟跑进民国，或尚生存。何时黑暗，而当复兴？即文学、美术，但就中国言，清朝至今，亦复兴了汉唐之盛，远过南宋元明。何时黑暗，而当复兴？难道把戊戌以后十余年之一短时，给梁启超的《西学书目表》，打倒了张之洞的《书目答问》，又经陈颂平与吴稚晖，私把线装书投入毛厕，便算黑暗么？然而其时恰又制造了中国斐根、狄卡儿、斯密亚丹等，如丁文江、张嘉森、章士钊等一群怪物出来。乃是文艺复兴后的新气象，何能算黑暗？文艺不曾黑暗，复兴二字，真算无的放矢，泄气下向之谈。只种文艺复兴，科学破产的不根谰言，也竟会同洋鬼子腿直，及八月十五以后天翻地覆的笑痛肚皮话，一同在文人学士口中嚼蛆，这民六至民十三的七八年，真叫黑暗。（空辜负了五四运动。）所以伟人一齐破产，名流异常出丑，猪仔土匪竟滔天撒粪。得罪得罪，我们也太露形，整整衣裤，再向下讲。

正正经经公平判断，美学、文学、宗教等情感学是父亲，玄学、哲学的情理学是母亲，科学是他们的少爷。情感学照性质言，是一个痴愚盲目的女性，为什么反叫他是父亲呢？因为在功用上讲，乾乾不息，冒险猛进，胡说八道，大胆乱讲，简直热烈的像投标一个孕蛋，有不恤糟塌二百兆精虫的气概，只非父而何？倘那种巢居穴处的野蛮，没有一种老奸奇滑，而又想入非非、披了头发、蔽了树叶的野蛮圣人，替他们想出蛇虎有鬼管，风雷有神司，皆可得祭拜而为保障，就如何能入山林，不惧不若，能居旷野，自信无恙？所以宗教实是愚人不必讲理，容易说懂的慰乐妙品。就是到了真圣人时代，虽一面说未知生焉知死，一面还是祭神如神在，迅雷风烈必变。用意自然亦是无恶，不过欲借屋漏寅畏，自雇巡警跟随。纵到了科学出世，还是灵机活动，"隐得来希"，满口抵赖，上帝或无，天理终有；一心糊涂□解，情愿暧昧不明。就其善意而说，终为容易将愚人检摄。因此，不但固狭的理学家，口不言宗教，实迷信寅畏上帝。即明通的哲人，早已不信上帝，尚坚称宗教可以与宇宙同尽。其实彼所指之同尽物，乃为宗教家久假不归的"信仰心"而已。信仰心自然与宇宙同尽。即我自己安慰，亦假设了一个漆黑一团，才算自有着落。而谓我与万有，皆其变形物。暂时有我，即当台唱戏。此戏乃为自唱，无烂污可撒。并且厌世亦是无用，还要登台。暂时万有，即从前之我，亦即将来之我。如此明白晓畅，何用在我书房之中，必雇巡警监我。而且巡警何在，已彻底遍搜而不存在，何能自愚。倘要代用上帝，请一博爱先生，即彼在我心腔，亦在万有心腔，无毛孔而不存在者，做个畏友，是我心悦诚服，决不敢否认者。其人如作恶，即不明以上之理，似别无他故。倘谓究不如上帝之易解，则请问持漆黑一团之理者，止我一人，信上帝者，兆兆兆兆之多，何以上帝亦未全能，古今中外之教士非教士，作恶者如恒河沙数？倘加一极不敢当之恭维语，奖我曰：子之理想，固亦是一义，然不可以遍喻人人。我则对曰：承先生谬赞。我想子之晓然无上帝，固百倍于我。子所不愿明白阐说，为安普乐。其实先生殊误。先生平日笃信宗教之难灭，不但取其功用，并且震其势力。以为如许愚人，即口枯舌干，至高则青年会，绝低则拜蛇，明通则大博士，痴愚则"小糊涂"，无一肯容纳子说，可见宗教之不可少。我则曰：到焦点矣。如其然者，安慰愚人，自大有人在。我等止当尊重彼方亦一是非，敬爱之如常；不必人其人，火其书，庐其居，足矣。此所谓时代尚未至，不可操切。如拜蛇时代，慢慢望他为未知生焉知死时代，又慢慢望他为"隐德来希"时代，更望他为虽无上帝、宗教……时代。从一个杀人而祭时代，渐进渐进，竟使如我无神之徒，也容许在光天化日下做杂志文稿，就皆由有人努力复努力之故。如我无神者，今欧洲社会党，至少有五百万人。无神之人，更强以宗教安慰之乎，抑听其一无安慰乎？则可见别寻一极有趣味之慰安物于信仰中，乃开明人境学者之责。身既不列教籍，而又刚治哲理，如何还把信仰贱卖于宗教，作锦上添花，而不向雪中送炭？信仰之原则，在能贴然安慰，而又饶有趣味。故蔡子民先生欲以美学代宗教，亦是一法。然仅仅美学，情感慰矣，而理智闯入时，尚或未有所对付。倘对付以"隐德来希"，此即三杯"臭麦烧"，把自己谝醉。万一中夜酒醒，布衾如铁，灰冷何如？故欲以美学代宗教，必更助以有着落之无终始、无外内、神通广大之后盾。非我漆黑一团之老祖爷爷而何？如其有人生观者，如下棋然，创造出无穷极、无比拟的玻璃花球，丢去一个，还续一个出来。如其有人死观者，还到漆黑一团，也刚刚恰好。惟不要不死不活。即表面以"隐德来希"，灵机活动，天理流行自慰，甚而至委心美学，口虽言"就生活而生活，"实则自伤其为待决之囚，聊以忘忧，则殊可痛也矣。否则本不曾生，又何用杀？而曰"我于生活认真，我曾要想自杀"，阿弥陀佛！愚痴哉"隐德来希"，可怜哉灵机活动，苦恼哉天理流行！

然宗教实为未进化之信仰学。无论杀牲拜蛇，敬鬼神而远之，或"隐德来希"，及天理流行，其为思想家则同。故哲学是其所恋爱，至结为夫妇。（下文再详。）美学则彼（宗教）为发明家。至今满城高塔，远山红屋，广殿风琴，古寺清钟，什么"佛洛仑斯"，什么天台雁荡，图画家、音乐家等认有丰富材料者，还是他的僵尸或变形。文学则彼为创造家。神话苗歌，洋溢于兽蹄鸟迹之世，于是《雅》、《颂》作而风谣继起，《道德经》、《系辞传》皆未作也。鄂漠之诗，亦前于小亚细亚七贤之名理者六七百年。然美学、文学自身，彼等自有其理想中之热情，不必上帝能创造万物，彼亦自诩别有万状万境，在其胸中及手底。于是世间尚未有此人物，无端而描出此人物，写出此人物。世间未有此境界，无端而造出此境界，指出此境界。而又自认为非真，却莫不赏其神奇。自认为非真，所以自然与宗教分家；莫不赏其神奇，哲学的伊，亦就爱好之，既委身于宗教后，又再醮于美学（文学本为美学之一体），以诞育其宁馨。美学、文学将随信仰学与宇宙同尽，为吾之所坚信。美学、文学且与信仰一表一里，一动一静，所以安定信仰，神化信仰，吾又坚信。惟彼等实一味热情，不恤精虫二百兆，寻一孕蛋，未免糟塌太甚。所以不可使之孤阳独盛，变为虚华世界。质言之，美学、文学家成分是十成之四，决不可过。

情理学照性质言，既能多情，又能中理，似是男性。今谓之为母，亦于功用上言之。坤顺发育，庶物咸备，皆以为基础。彼能耐心与其前夫"宗教"同处甚久。指摘其迷谬，将护其信仰，至于不可忍，方告离异。然情分甚重，与之为朋友，以迄于最近。用其断离时所拨"信仰"之财产，培植理智。且不断情欲，再醮于美学。弹琴哦诗，居室极乐。遂就人境而尽人力，结科学之珠胎。风火地水，点线面体，谈天博物，烧丹炼汞，初止哄传哲学太太多才多艺而已；而太太亦不敢惊世骇俗，常口说"隐德来希"，天理流行，冀勿伤前夫之友谊。然自"后夫"为"前夫"幽禁许久，遭一黑暗；及至天上人间，重寻得美学郎君，遂于悲喜交集中，把科学小官官产出。这位小官官一出世，便专与母亲之前夫为难。其父固不于宗教阿兄，亦不知所助于科学爱儿。惟仍陶彼情，适彼性，表示中立。惟其母哲学太太左右为难，有时"玄学"心肠太软，还是"隐德来希"，天理流行一派敷衍话，阻止宝宝少爷的趁凶。有时"爱智"本性发作，又帮助那小后生发明一科。一科复一科，始而止把玄学鬼笑为物质文明者，量着秤着拆穿西洋镜。近来渐渐把玄学鬼矜为精神文明者，也有许多量着秤着，要想把西洋镜拆穿。简直有好些，差不多拆穿，或竟已拆穿。于是玄学鬼心里着慌，嘴里还是"大摇大摆"说，有"隐德来希"的法宝在，把人生观九端含理稍错综者，骇禁少爷的朋友，说是万万拆不穿。岂知"隐德来希"的九端，有什么神奇，短时拆不穿，长时还要拆穿。至于漆黑一团，他拆是愿意人家去拆，拆又一定可以拆穿。无如他是无始为始，无终为终，无外为大，无内为小，拆了九端，又有九端，又有九兆九兆兆，数下去，又是无数为数，拆穿的工程实在浩大。宇宙一日不完结，恐科学小官人虽强，功课终不能毕业。但是拆到那里是那里，便是哲学母亲遗传给他的性质。他不能叫可穿者变为能穿，穿得不多者变为渐多，也对不过他的母亲。便是母亲还让"玄学丫头"鼓唇弄舌，不请爱智老夫子竭力帮宁馨孩儿的忙，张君劢先生果是个"哲学家的"贤母，也就出尔反尔，大大的说不过去。人生观有九端，尚非科学所能解决，正是玄学鬼要大显神通，指示科学来解决他才对。反帮那假爷宗教，请个"隐得来希"来，威吓科学，真叫做"无赖"。如此，科学者，让美学使人间有情，让哲学使情能合理，彼即由合理合理得到真正合理之一部分。美学随宇宙而做工不完，哲学随宇宙而做工不完，科学区域，亦即随宇宙而日扩日大，永永不完。物质文明之真正合理者，固是他管辖。精神文明之真正合理者，亦是他管辖。如有挟人死观之人，与其诅咒科学破产，毋宁希望世界末日。我所谓许多闲话，竟写了万有三千字，姑止于此，再讲正文内直觉中的羞恶。

什么要解决羞恶，靠了理智更多？我国习惯，采作羞恶之对象者，最不堪的是男盗女娼。二者又以女娼为更丑。故下作人之泄忿，每以辱人之母，使对方内愧，以验其强弱，若屈服者便为无耻。因此，我已在总论之末，设有游戏譬喻，以明直觉非由天赋。若曰："天津祝寿的或对靳云鹏说，我来替你老太太做个媒罢，靳先生必红涨于脸，勃然大怒。然若对劳爱乔治说之，彼亦止笑谢曰，伊想无此兴会了。伊想无此兴会了。则此羞恶之直觉，实曾赋自环境，并不出于天然。"这就中外之环境言之；即就一国男女之环境言之，亦证明羞恶实有异同。倘寿久鰥之八十寿翁，就寿筵而语其子曰：尊大人矍铄如此，实还可续娶一新太夫人。必群相笑乐，了无一人愧耻。足见女子之不可醮，醮则其子将为小龟奴，全由程朱老夫子等造成此直觉。直觉为理智之产物，晓然甚明。今就此至大之羞恶，再引事实，把他申论。范书《列女传》："阴瑜妻，荀爽之女，名采。十七适阴氏。十九产一女，瑜卒。同郡郭弈丧妻，爽以采许之。因诈称病笃召采，既不得已而归，怀刃自誓。爽令传婢执夺其刀，扶抱载之。女既到郭氏，乃伪为欢悦之色，请弈入相见。共谈，言辞不辍，弈敬惮之，遂不敢逼。采因敕令左右办浴。既入室而掩户，以粉书扉上曰，尸还阴。阴字未及成，惧有来者，遂以衣带自缢。"若请程朱老夫子的八股家，看了这条新闻，那荀爽什么还是八龙中的无双，简直是一个毫无廉耻的拆梢流氓。他还是老了面皮，对策起来，有"夫妇人伦之始"等的大言不惭，这只"老忘八"，真正可羞。

然而范蔚宗不过表了荀采一个同情心；把荀慈明的羞恶之心，完全不问。荀老先生也止是伤悲伤悲，懊恼懊恼，一若他那托病谝回，抱上礼车，许多卑鄙凶恶手段，于他的羞恶之心，皆由投胎时阎王并不曾给他，故他还做他的名士。好了，第二条故事，出在一千七百年以后："有位松江的周女士，曾经在上海务本女学校读书，狠是端正。后到一个学校里去教书，因与校长互相惬意，就正式结了婚。不过止有媒灼之言，不曾有父母之命。（好像母命还是有的。）她那父亲周举人，也故作欢悦之色，挈女同舟而归。舟至中途，突然将其女推坠水中。水急夜深，遂与荀采同命，一个做了缢死鬼，一个做了落水鬼。"周举人因为其女做出"不端"之事，辱了他的门楣，就把投胎时阎王叫牛头马面纳在他脑门里的一个羞恶之心，顺了天理，大用特用。又过了十五年，"湖南有位做修身教科书的谢先生，教出了一位贤郎，又得了天理流行家梁漱溟先生的指导，就服膺了阳明之学。凡是修内行的古德，无一不书列座右。日本有位有岛武郎，是个有妻之夫，又有位波多野夫人，是个有夫之妻，两人生了最热烈的恋爱，相约自杀。谢世兄就在恋爱史上，下了一笔特笔，称他们俩是有杀身成仁的直觉。"这第三条新闻一出，不但荀名士、周举人的羞恶之心，发生了问题，连阴荀采、周女士的同情之心，也发生了问题。终之，我们理智家是容易解决，曰：这是时代问题罢了。若在直觉赋自先天家，便十分狼狈了。我想必定有极精微的答案给我的，那精微处，可预料还是请理智先生解围。所以理智审查了情感，预贮些直觉在脑子里，做个应急时的宝丹，是我们人动物（或不止人动物）的一种能耐。然而环境的变动，静隐舒缓，一代一代止把老方子使用，好像只是一个上帝钦定的御方，不是父子传下，乃是开天辟地时造下，也就说得去。若环境变动剧烈，止十五年，便药不对症。一定发见或是前的直觉（周举人的）或是后的直觉（谢世兄的）终有一个假冒仙传。若要说彼此被环境改动，那就要问谁是改方先生呢？方才晓得那改方先生，便是姓理名智。于是理智在剧烈变动的环境中，便门诊出治，应酬一个不了。这就是解决羞恶，靠了理智更多之一说。

什么要解决羞恶，理智要替他用算账工夫筹备得更劳？女娲讲过了，这条问题，便可借男盗来，引条书本，轻便的作答。胡适之先生说："譬如我们睡到夜半醒来，听见贼来偷东西，我们就将他捉住，送县究办。假如我们没有哲性，就这么了事。再想不到人为什么要作贼等的问题。或者那贼竟苦苦哀求起来，说他所以作贼的缘故，因为母老、妻贫、子女待哺，无处谋生，迫于不得已而为之。假如没哲性的人，对于这种吁求，也不见有甚良心上的反动。至于富有哲性的人，就要问了：为什么不得已而为之？天下不得已而为之的事有多少？为什么社会没有给他工做？为什么子女这样多？为什么要老病死？这种偷窃的行为，是由于社会的驱策，还是由于个人的堕落？为什么不给穷人偷？为什么他没有我有？他没有我有，是否应该？拿这种问题，逐一推思下去就成为哲学。"他所谓哲学，便是要向着理智，把直觉细细拷问，引出一个较靠得住又较靠得住的好直觉出来。不要执着"饿死不做贼，你这个东西，无耻已极，打勒罢"，便算完了良心。我把胡先生的话，作个小引，再引圣贤的书本。孟阿爹说："富岁子弟多赖，凶岁子弟多暴，非天之降才尔殊也，其所以陷溺其心者然也。"凶岁子弟多暴，暴是抢东西也包括在内，实做其男盗了。他说非天降才尔殊，就说是人性本善。人性本善，权且也可说便是漆黑一团先生倾向真美善，可无问题。就是胡先生的使人对贼穷想，也是权请这个本善之性在那里作用。但孟先生所谓天之降才，大约说天降以羞恶之才，皆能以暴为非，不过被凶年饿得肚子要穿，所以痛苦陷溺其心，遂妄羞而为暴。这就是主观的以直觉纳入天降，自谓不为暴，于心无愧，全是直觉所赐。宁死勿暴，即致了良知。这套工夫，自了汉用他成仁，原也可取；而且彼以为人人能如此，即真美善完全可达，也算有一点儿理想。今日天理流行的再造家，便抱此种宏愿。但于客观上，终欠些圆满。且于"招呼朋友"的责任上，亦欠些斟酌。不若多用些胡先生的客观的理智算账工夫，尤较鞭辟入里。凶岁为暴，若止是陷溺其心，便是"母老、妻贫、子女待哺，无处谋生，迫于不得已而为之"。胡先生又下断语说："没哲性的人，对于这种吁求，也不见有甚良心上的反动。"孟阿爹便被胡老板一猜就着。他所说"非天降才尔殊"，竟是说天是待你不薄，你耐不得饿死，自作自受，但是说到天降，那贼的"不得已"，及凶岁子弟的"陷溺"，亦是天降。天还并降他那种东西，便天也早自破产。况且在说这话的孟老爹，天非但降他一个羞恶为暴之才，并且还降他羞成凶岁之才。所谓"禹思天下有溺者，由已溺之也，稷思天下有饥者，由已饥之也"，不是尚论古人，也载在七篇之内的么？为什么水发成灾，庄稼欠收，成了凶岁，以禹稷与颜回同道者，竟不负陷溺子弟之心的责任呢？这就是胡先生请有哲性人，要问"为什么社会没有给他工做"等的问题。又天下成了凶岁，何处为暴？暴的是谁？便又是胡先生要问"为什么我有他没有"的许多话。幸而那种凶岁子弟，生在战国之世，他们没有被理智教坏，止好低头承认陷溺其心，就证明为暴是直觉的羞恶所不许。若他们生在今日，给了他一点"哲性"，他就要还问，文王视民如伤，一夫不获是余之辜，尧舜禹汤文武周公传诸孔子，孔子传诸孟轲，轲之死不得其传，现在忽又有了天理流行、"隐德来希"、灵机活动，乃竟使物质文明破产，酿成凶岁。老实不客气，我等不为暴，即放弃人权，才是可耻。你们把火车倒开，将令永永生活于凶岁之中，倒来以暴骂暴，真是不知羞恶，是陷溺其心。天理流行诸公！切勿疑吴稚晖将借此即加暴于诸公。我既无此身手，诸公亦无此资格。不过类似此种话头，固洋溢于"西化全盘承受"的盘里，决非我所捏造。吴稚晖特借以证明天之降才，不是如尔简单。为暴不即由陷溺。在客观中尽可有此理论。倘要解决一般人之羞恶，恐凶岁富岁，不能任天降就算。那就必定要费却许多理智，筹备一个发昏十一章，才天理会流行、灵机会活动、"隐得来希"会土造（不用舶来）。这就是解决羞恶，理智要替他用算账工夫筹备得更劳之一说。

现在四端之直觉，已把两端粗粗说明，证明非先天的胎生之物。还有两端，他自己的面孔，便不像天生，可以省却纠缠。况且直觉也非止四端，不过说招呼朋友的工具，直觉也是一项。这项里的四端，"隐德来希"灵机活动家，看是天理流行。招呼朋友一事，可让吹做天理流行；故顺口标明天理流行家江河不废的四端，我也看做是招呼朋友的惟一工具。惟一是郑而重之之词，不必定是记实。若说上了玄学鬼的当，与他们合伙用了直觉，那上面写了两万字，终算说明了，不是一样东西，不过名目相同。他们是用的天生的，我是用的人造的，有水晶玻璃之别。他们的是古董，我的是商品。

还有在直觉上，有些小小余波。索性费几行，把他带说了，然后结出我的如何覆天载地的招呼朋友，便将人生观收束了，就算完卷。有人说："欣赏美术、文学的热情，也是天生的直觉。"是否直觉，且不必屡说。终之不是天生，更较恻隐、羞恶等显然易见。今举一端略论，即谓"金字塔之流连，人有同情"。姑且权认"开鲁"之驴夫，也与"近东古史家"有同样感觉。然还是含有时代性。再六千年后，倘上海制造局之烟通，尚巍然耸峙于黄浦江边公园古物保存区内，而流连欣赏之人，当与金字塔边等数。所以以此例推无一欣赏，不含有条件而成。终没有那种"天"，辛苦的替他"降"着的呀。

好了，真好了！我们来归结到招呼朋友，如何覆天载地罢。我不必用天理人欲，虚空凿说，妄吹我能招呼朋友，且大吹而至覆天载地，但以我之理论，及我之事实说明，那覆天载地的招呼朋友，即显出了不得的自然，了不得的平常。正该赏彼一匾额曰"天理流行"，又当两边加注曰"只此一家，不许假冒"。你想，我们不曾占有"漆黑一团"，改其牌号曰"人一团"。仅在创造冲动中，以兆兆兆兆造万有，以兆兆兆兆之一造人，足见吾人爱好有天地万有。以天地万有作伴，始顾盼有情，俯仰自熹，足见吾人爱好以天地万有为朋友。我又不曾占其造人之料，止造一个我。止在冲动造人的中间，以兆兆之料，造兆兆之他，以兆兆之料之一造我。足见我之爱好在我之外有兆兆之他。我非人境不乐居，我又常向人多处去凑热闹，足见我之爱好以兆兆之他为朋友。此事实之天然为我证明者也。然交涉而以兆兆计数，不能把如是简单的事实，便算我心泰然。可以"就生活而生活，"盲目的以为顺了天理，便会流行。而于又一方面之事实，谬妄的占有冲动炽张时，常有有我无人，有人无宇宙的气概一。若宇宙止需"人一团"，或则止需"一团我"也者。是直有返于漆黑一团之趋势。或则忿疾其如此，又起了谬妄的创造冲动；欲想法毁我、毁人，并毁宇宙，别创一真如。其实即竟返于漆黑一团。所以就人生观的范围，而言招呼朋友，而求覆天载地，当分四层讨论，理论亦就与事实相符，证明我们新信仰之非妄。四层则：

第一层，人生观不是人死观；

第二层，人生观不止我生观；

第三层，人生观共同他生观；

第四层，人生观才有宇宙观。

曷言乎人生观不是人死观？盖言人生观者，言生非言死。"涅槃"、"自杀"等之毁灭，反乎人生观。"就生活而生活"，"顺天理"而待尽，表面虽敷衍，实则徒存躯壳，亦反乎人生观。我之"大我"，决意不惬于漆黑一团，始由"一团生"，散而为"万生"；因而有人生，因而有"我生"。人生乃宇宙前进之一幕，我生即人生幕里之一角。宇宙大剧场之兆兆兆兆幕中，万万不能缺一我。故一当善其相当形体之我，二当善其相当时间之我，俾我得演唱精彩之戏。于相当之食，相当之色，足以维持我生者，皆斟酌尽善，可取即取。就我为谦词，名曰人欲横流亦宜。就招呼朋友为征实，即我亦在覆载之内，并有一份之食色，以善我生。看花而觉其好，固是天理。好之并欲折之，果用理智，衡以世法，非偷非滥，吾斋有瓶，瓶当有花，亦竟折之，折亦天理。若就招呼而起义，并可正色曰：不折此花无以药吾生，即歉于招呼之量。蚁穴可以崩山，招呼"朋友中之一我"为不周，将结果可以天不成覆，地不成载，宇宙不能前进。以我为朋友而招呼，其自重如此者，所以重人生观也。（但我此说，与近日有持杨朱为我之说者不同。彼意中之"我"，既无此条之横。而进观下文，我于"我"之界说，亦不尽于此条之"小我"。）

曷言乎人生观不止我生观？盖言人生观之名词，乃加于全体生存之人，非止加于我一个之生人。我不曾占有造人之料，止造一我；以兆兆之料，造兆兆之他，以兆兆之一造我；在事实，当矣。因而宇宙大剧场兆兆兆兆幕中，遂出现一幕精彩的人生剧。然仅仅非人境不乐居，又常向人多处凑热闹，爱好兆兆之他为朋友，彼此"就生活而生活"，彼此"顺天理"而待尽，以彼此皆止为我，未曾彼此负招呼之责。并且未曾招呼人生，而至覆天载地，则人生一剧之能否精彩，亦必发生问题。于是取我之食色，皆当斟酌尽善，即恐妨碍他人之食色，歉于招呼之义。此招呼之小焉者也。于是尽量的改进天然，俾人生益益五光十色，即招呼兆兆人生，至于覆天载地。设或人生非特不能覆天载地，而且招呼不了，必捐吾一生，始得光大全人生，拯救全人生者，亦尽可以杀身。杀身无所谓成仁。正同牛羊之杀，全我人生，同一取于此有，以供彼有。惟牛羊则被吾人妄托亲疏而强劫，大有待于讨论。我则自度需要而捐之，不出于盲目，盖当于宇宙前进之理，了不同于涅槃及自杀。招呼朋友而至于捐我生者，又所以重人生观也。

曷言乎人生观共同他生观？盖言人生之一剧，将以他生为灯彩与布景，演之遂更精彩。今则妄托亲疏，杀牛为太牢之馔，烹蚕制美锦之衣，仅仅取彼之生，以供吾生，犹曰"就生活而生活"，"顺天理"而待尽，乌乎其可！痛苦相同之朋友，尚不设法招呼，将使列疏远而宰杀终古；则更疏远之茫然之天，及块然之地，更何暇问其覆载？以亲疏为不得已时之方便，已觉抱歉；况自居万物之灵，竟以亲疏为终古天赋之权，其荒唐为何如？四时之序，功成者退，万物过庶，可以节育。此吾人将行于己，亦可同样绍介于朋友。即是人口将按可居之地域，分配适宜，以节育抑制其繁殖；此法亦可绍介于他生物为之。吾人将于适当时期，望有超人接演第二幕，有如今之人类，可许积渐消灭；此法又可绍介于他生物知之。区区人类衣食问题，如吾前章所云，当暂取于有若人所暴殄之精虫，则有谷实鸡子之类；又有若人所无用之头发指甲，则有羊毛茧衣之类；又责难于科学，至取材于金石。终之竭吾人类招呼他生物之能力，冀日泯其亲疏，斯之为正当。否则倘异日超人者见疏吾人，与今日吾人之见疏牛羊相等，烹人以充超人之食；彼尚曰知有亲疏，乃良知中天理之流行，滑稽将何如？所以招呼朋友，决不可遗他生物者，仍所以重人生观也。

曷言乎人生观才有宇宙观？盖言生而至于有人，宇宙之戏幕，自更精彩。至此而挟极度之创造冲动，及最高之克己义务，始可自责曰：人者庶几忝为万物之灵。（若享权利时，自以人为万物之灵，乃绝大错误。）凡覆天载地之大责任，为宇宙间万有之朋友所不能招呼者，壹由吾人招呼之。如此，岂是"就生活而生活"，"顺天理"而待尽，可以胜彼艰巨？是故人也者，吹个大法螺，即代表漆黑一团，而使处办宇宙。又以处办得极精彩的宇宙之一段，双手交出，更以处办宇宙之责任，付诸超人者也。招呼朋友，实际亦知未能及于宇宙之些须；恃有"科学万能"在，区区覆天载地，正可当仁不让。责难吾人如此，真所以重人生观也。

悠悠宇宙，将无穷极，愿吾朋友，勿草草人生。此柴积上日黄中最诚恳之忠告也。

二百兆平民大问题最轻便的解决法 *
（1924）

敬恒虽然常喜欢吊诡，但标起"这一个"题目来的时节，却曾再三斟酌酌出之。所谓二百兆，所谓最轻便，皆止有"形容不曾尽量"，决未有"一毫过头"。然而这"最轻便"三个字，终怕难得一般人之同情。因孟子说得好："道在迩而求诸远，事在易而求诸难。"人是不遭磨难，不起信心的动物。最剧烈的政争，要抛掷无量数头颅的，大家还肯旷日持久，因不惬意于十六两，最后争到了一斤，才心满意足。何况区区无关大利害的教育，比较的，止多花点"金钱"、"心血"、"时间"，如何不让人城头上去出丧，绕着一周，跑个酣畅，大家能考量径路的价值么？但一条最轻便的径路，我们倘自觉看了出来，若竟不把他尽量饶舌，忠实的贡献着，于心不能自安。因此明知是一个不能成熟的试验，亦就不敢辞着躁妄，姑来曲折的把他一说。所以说起来必要曲折的缘故，就为是那"最轻便"三个字，胶粘在千头万绪的当中；任凭从那一方面简单的说说，便随手被另方面许多问题掩盖上来，决不放他显出真相。止有曲曲折折，彻底的把许多胶粘而不相干的头绪，一概理去了。那就很简单的"最轻便"三字，便没有人看不出来的了。我自觉我的心中，谬妄的自问，还算了了。然我笔下的能力，能否理得去许多胶粘的头绪，那就不敢必了。还止是谬妄的努力一下罢了。

今先列目如左，以后再就每目申论，且把我自己的头绪，先免去胶粘则个：

（一）如何是平民？平民如何是二百兆？

（二）对于平民，什么是最要紧？要紧是补给他们学校外的相当教育。

---

* 初刊于 1924 年 1 月《东方杂志》第 21 卷第 2 号。

（三）教育什么？教育是他们必需的么？依鄙见，有两个大问题：甲、善进恶亦进。求暂时的恶制于善。乙、与世界各国为知识总和的比较，又有若干小问题。

（四）如何实施？用口耳交涉，效大而力小。用笔目交涉，效薄而力大。取力之大，故利用文字书本。

（五）依今日平民的环境，能识得汉字尤善。

（六）"灌输平民以汉文"的试验，自然以最近的平民千字课为最好。他的推行法亦备，算做到了极轻便的地位。

（七）但现今的平民教育，不曾与注音字母合作，就是鄙见所谓不曾达到"最轻便"。

（八）他们忘了与注音字母合作，乃为推行注音字母人不肯分类进行所误。他们以为注音字母止是为着音字，或以为止是为着国语。

（九）注音字母当分四大类：

（甲）中外音韵学家的注音字母。他们用不着注音字母。注音字母，止是他们极陋的参考品之一。

（乙）希望制造音字家的注音字母。注音字母，是他们一张椎轮大辂的草稿，他们将来一定要另造适当的字母。

（丙）统一国语的注音字母。他是解决国语里文字声音的一部，不是靠他解决国语全部。注音字母四十个，是专为国语字音造的。他是对国音字典负责任。他可与国语汉文相终始。国语汉文废，他也自然无存的余地。这一类现在推行甚力。

（丁）平民留声机器的注音字母。注音字母的状貌那种痴愚，便是为这个目的而造。她可以把国音四十字母，随着方音，或增或减。增着的，叫做闰母。平民教育的千字课，再与一座蹩脚留声机器合作了，可达到"最轻便"解决的地位，便是她（记好，丙是他，丁是她，庶几两不相混，清光大来）。我做这篇文章，就为她。从前许多造音字简字的朋友，用意专门为她；不曾替她定了汉字的"家主婆"名分，是诸位朋友们的失策。中国的生死存亡，就看能利用她不能利用她（按：从前人所谓音字，与乙项的制造音字，大异其趣，不可混同夹帐。这一类，是极荒谬，可痛哭的，尚未有人注意）。

（十）平民留声机器的注音字母。她现在锢入冷宫。大谬误是保护国语注音字母的人，以为不与他成家，他能格外专一。岂知他没了她，也陷于凄凉的境遇。小谬误是制造音字人要专将来之利，不许她先来小本经营。岂知她在贫民窟里先出风头，帮助你更得大多数的了解，直比日妓为殖民地先锋，还要有力。

（十一）因她而得之利益，相助乙、丙外，更亦大有造于甲。普及粗浅音理，搜罗残存古音。

（十二）转入本题，她能助平民教育而有合作的价值何在？增多传习的方面，减短教授的时期，扩充汉文的字数，加添复习的机会，又是他。

（十三）妨碍汉字的记忆否？发此疑问，其误似以学校儿童教育，比例成人平民教育。或以学校注入教育，移殖平民自动教育。

（十四）纯粹留声机器的功用：汉字止算她的保护人，不干涉她的自由。教育未发达的音字国，止暗暗地用了留声机器注音字母，不曾明白的准用，真叫失策。任她牝鸡司晨，是朝鲜人的糊涂。请她互相黾勉，是日本人的聪明。

一、如何是平民

平民的涵义甚多。就是现在教育界上，所有什么平民大学、平民中学、平民夜学，及上面目录里提到的平民教育。平民虽都是平民，而"一般民众"的意义，虽大家一齐包括着，然而各有特别的目的，各自做起界说来，可以各不相同。我猜平民教育的平民，与我所谓二百兆平民，止是指着那种人：不曾受过学校教育，或无机会能受学校教育，或略受过学校教育如未受者。这种百姓，虽则大多数是贫穷，然而亦包括很富的年长工人、很贵的高等太太在内，所以不能叫做贫民。为什么要注意他们呢？因为他们都是国民，若无国民常识，便无其实而有其名，很为危险，故要注意到他们。但竟称他为"国民"，若再加上"教育"二字，便要与义务教育习惯称为"国民教育"者相混，所以又不称做国民。如此，所谓二百兆平民者，就是说不能进正式学校，应在正式学校外，要给他们教育的百姓，中国有二百兆也。换言之，在正式学校受教育者曰学生，在正式学校外受教育者曰平民。此则我这篇文章里狭义的所谓平民，似亦即平民教育之所谓平民也。

平民如何是二百兆？平民狭义的界说，既有如上文所言。则更粗率而质言之，亦无妨曰平民者，"不识字的百姓"。已显著的现状，经余日章先生的调查，中国识字人，百中止有七，则中国不识字的百姓，为三百七十兆。最近报纸有人约计，亦为三百余兆。自然这皆不是确数。这个争点，我们且可以不管。据我粗率做一个统计，不但就现状而言，且可适用至未来之二十年内。因为在未来之二十年内，就使内乱马上停止，国政马上振作，教育马上兴盛，而国民不识字的数目，至少还要如我统计内的数目。因建设学校之力，二十年，终不能追及他人百年，或五六十或七八十年者，则断然可决。我粗率的统计如左：

（一）国民四百兆人。

（二）男国民二百兆人：

　　（甲）十六岁以下六十兆人，能被教育者竟算四十兆，失教者必将有二十兆（三分之一）。

　　（乙）十六至六十岁一百十兆人，已识字者三十三兆，继续正受教育者三十三兆，竟已失教者当为四十四兆（三分之一）。

　　（丙）六十岁以外三十兆人，曾识字者十二兆，已失教者十八兆（三分之二）。

（三）女国民二百兆人：

　　（甲）十六岁以下六十兆人，能被教育者算三十兆，失教者必将有三十兆（二分之一）。

　　（乙）十六至六十岁一百十兆人，曾识字者二兆，方受教育者十一兆，已失教者九十七兆（十分之九）。

　　（丙）六十以外三十兆人，曾识字者算一兆，已失教者二十九兆（百分之九十七）。

照右表，我们二十年内，教育无论如何振作，若专恃学校教育，定应有不识字人二百三十八兆。中间必有少数，神仙亦无如之何。姑弃去三十八兆人，不算在内，其大部分应使吾人注意者，当整整的为二百兆人，此即所谓平民二百兆也。这二百兆平民，是学校管不了而丢下的。谁去管呢？或竟不管？国民止有四百兆，成问题的平民，竟是一半，所以就应该成了大问题。成了大问题，则将奈何？也无非把解决他们所最要紧的，大家来讨论而已。

二、对于平民什么是最要紧

最要紧，原是应该给他们学校。然他们便是为了学校不够给他们进而遗下的，而且大多数还是为他们也没有进学校的可能，所以止好失教的。在学校上着想，于他们没有解决。因此，要求解决，自然应当着想在学校以外。

要紧是补给他们学校外相当的教育，在学校外想出教育来，便是解决这二百兆平民的大问题。

三、教育什么

教的，原无非是教他做人类的知识，教他求本领的知识，教他保健康的知识，还是陈旧的分类。所谓德育、智育、体育等所可包括的许多东西而已，学校教得有次序而详细点；教育平民，教得迁就而粗略点就罢了。

教育是他们必需的么？这一个问话，看似问得发笑，实在是一个最要紧的疑问。所以人人口中都说教育是必需之物，而实际还是看得甚冷淡，便是这个疑问，大家不曾彻底根究之故。什么大教育家，及什么热心教育家，也止是被神圣的威权，要劫住了，习惯的美词，束缚牢了。所以必需必需，不啻若自其口出。若有人悍然讼言，教育非必需，人人将叫他狂易，其人定要见摈于人类。其实人人钻进被窝里，独自深思，则必还自问曰：教育而为必需要者，何以远学于重洋之外，得学士、博士归者，犹为卖国贼，犹为贿选猪仔？则彼蚩蚩平民，予以一点迁就而粗略的德育、智育、体育将见什么反应？教育果为他们所必需么？这是人人在被窝里偷着自问，几乎没有人能够自己解决的呀！因此，嘴巴里尽管说得热烘烘，心窝里实在是冷冻冻。讲到公家，教育费终放在末一着，讲到私人，教子弟也终成末一事。不是军阀是特别反对，不是淫博的父兄特别的玩视。推到极处，还是一个"似乎非必需"在那里作怪。我是到了七年前，在印度洋船上，想起一件故事，方自己算明白。现在敢断然答复上面的问题曰：教育是人人所必需，也是他们所必需！

依鄙见，有两个大问题，必需与否，皆就功用言。故所谓大问题，无非亦就功用言。若是泛讲，本有一个更大问题：即所谓吾受教育，本是爱智识而求智识，无所谓需不需。吾予人以教育，亦不过推己及人。吾爱智识，人亦爱智识，亦无所谓需不需，这种阳春白雪，也未尝不可偶尔一奏，予人以清空气，然不在讨论功用范围之内，恕不夹叙。今请止论我之所谓两大问题：

甲、善进恶亦进，求暂时的恶制于善。我在印度洋里船上闲想，想起一故事：民国元年，多人夜谈，丁仲祜先生戏谓我曰："我给你百万元一天的薪金，请你把世界上的人都教好他。"那自然立即摇头曰："我不能。"丁先生说："莫谎莫谎，还是给你百万元一天，请你把世界上的人都教坏他。"我止是笑而摇头，座中亦无一人敢答。这件故事，在四年后触起了我的解悟。便断言道：教育是教好人更好、教恶人更恶的一样工具。善是藉之而进，恶亦依之而进。假有三十学生，同在一班，做先生的，虽是神仙，也猜不出那个将来是做强盗，那个将来是做巡警。假如功课是教他们施放手枪，先生止有尽心竭力，把机括准头，向三十个学生一齐教成精炼。不幸而将来二十个去做强盗，止十个做着巡警，巡警被强盗管了，就算乱世或乱国。倘侥幸而结果倒了过来，强盗被巡警管住，就算治世或兴国。到世界末日，止是如此。就换了一个星球，还是如此。善恶的数目，可以粗率的条举如左。

A　人类一半是善、一半是恶。

B　孔夫子说的"上智下愚不移"，乃是无可驳的真理。所以任举一百人，可以说"正极"有一个上智，"负极"有一个下愚，皆不移。"正极"又有四个准上智，"负极"又有四个准下愚，皆难移。"正极"又有十五个次智，"负极"又有十五个次愚，皆不容易说移。如此，两端去了四十，剩中间六十，可移性次第较富。第以三十个学生，忽会有二十强盗十个巡警；忽又会倒过来，似乎善恶并不平分。

C　任何兴国，至多好人止有六十五，必有三十五个恶人。任何乱国，好人也有三十五，恶人至多六十五。这就是无法把世界上的人一齐教好或一齐教坏的缘故。这又是好人值得奋斗，实有好人占多数的可能。

D　兴国的恶人，一定比乱国的恶人还恶。所以其恶不能发泄者，便是兴国的好人，比乱国的好人尤好，足以制止对方。这就是中国自有出洋留学生，自有受新教育人，模仿高等恶人的机会，所以弄得恶人更恶。然而慢慢弄得法，自有出洋留学生及受新教育人中的好人，来制止他们。不必悲观。

E　大都会的恶人好人，他们善恶的程度，也比较穷乡僻壤的自然较高。譬如极伶俐的三等政客，何以尽在北京奋斗，不上农村里去鱼肉乡民呢？乃是农村所得的造孽钱，不足满其欲壑之故。这便是欧美头等恶人，亦不愿来支那之故。否则倘有五十个头等恶洋鬼子，愿来中国，中国久已灭亡。譬如极愚蠢的刁生劣监，上了城，应对亦不能分明的，偏能在农村能做"大先生"，鱼肉乡民，乡人且畏之辱虎。这便是农村上的好人，其智识程度，不足制止此獠之故。

F　这就到了题目。社会有千百，千百社会皆当希望用好人去制止恶人的为恶。这个法宝斗起来，就看智识的多少。教育本是拼命想助好人的。虽无法可以预屏恶人，然而用尽了心力，暂时的胜利，必可操券。所以教育为必需。

G　因此，对一人的教育，要课善恶的效果，真是不可必。若对全体的教育，求善数的扩充，就可以说未之或爽。所以教育为必需。

H　然一息或懈，恶即反动。所以无间晷刻，教育为必需。

唉！宇宙善境，止有一"暂"。"暂"、"暂"相续，偶得所谓长治。善亦进，恶亦进，乃宇宙之大法。教育家勿因是而逡巡。岂独教育家！善亦进，恶亦进，说过者甚多。但说者皆一味止含悲观，此由不知或制于善，或制于恶，即宇宙生灭之大法。欲善制，欲恶制，又吾人可左右宇宙，而有自由的余地的呵。

乙、与世界各国为总和的比较。现在中国人的脑子里，极不情愿拿狭隘的国家主义看做重大。这原是一点好处。然在权利上着想，薄视国家的名词，自然是对的。而在义务上着想，若也把看不起国家来搪塞，那就不免造出许多错误。当国家的名词尚存在之际——例如中华民国——那便合着所有的土地人民。过问而尽义务上的看管的，止有委之那国。一如一个人的手足头腹，皆委诸那个人自行管理，痛痒都没有自身以外的人来息息照料。就教育一端而言，中国人的智识程度如何，若不由中国人自行料量，还有谁何之国代他料量？他若弄到全体人民的智识，比较别国，太不及格，就仿佛像一个病人，厕于许多壮夫之中，不必说取乱侮亡，招来横祸，例不能免；便是惹同居者掩鼻而过，或深怕传染，岂不自惭形秽？所以中国人愿意不用国家主义去侵略别人，我是五体投地的赞同的。若中国人今日便看自己百姓，止是世界一个动物，愿别人包荒，恕他们的野陋，这是做着中国人说不出口的事呵。

所以若抱狭隘的国家主义，倒止要造就了小部分的大人物，能够杀日本鬼或西洋佬，举一个下马威。他若怕了我们，我们便还是闭了关，做我们八股，吃我们鸦片，过我们豕窟的生活。你若强（反抗），我便拳头不认得人，或者也是个道理。但就是挟了这个目的，也恐怕要靠少数大人物来行霸道。深可惜的是，忽必烈时代已经过去。当此止靠群众智识，甲国乙国来比并（比较），都要把任何一方面全国智识总和来比并的时候，就是手段也要改变。何况我们吹牛，都有世界眼光，那就拖拖曳曳，带了我们无数智识蠢如鹿豕的老同胞，与世界各国相见，把别人每一国智识的总和，同我们敝国智识的总和，来比较一下，我们如何对（敌）得过世界呢？这就是我们二百兆平民，无论如何，终要替他们想想法的缘故呀！

若说起总和，便如同烧一锅菜饭，就是增减一粒盐，也关系全锅的咸淡。所以得寸则寸，得尺则尺，大家可以杂然繁然的并进，不要嫌效果力量薄弱而不为，凑起来，在总和上就大了。

又有若干小问题：例如最近上海美国人的《大陆报》，他批评平民千字课，除热烈的赞同外，归结到中国若照现在不识字人之数，至十居其九，则人民决不能发生开明舆论，及管理国事。故今日中国根本问题，无有逾于平民教育。此就国事而言之也。至于我的鄙见，还有公道批评，即从高等人爱智识而求智识的原则上脱胎出来。我以为对人而给他求智识的乐趣，比给他衣食还好。此又就人类同情心言之。终之，关于平民教育的必要，所有小问题，是叫做不胜枚举，既非这篇文章所专及，可举了两例，不必再赘。

四、如何实施

用口耳交涉，效大而力小。用口耳交涉者便是开设补习学校，多派演讲员之类。用此等方法，给人智识：一则能详细指陈，一则能趣味甚多，自然收效极大。故曰效大。但他有两个大阻力：第一个，此级设备，花钱极多。款项的难筹，万方一概。所以设备此等补习校及派遣此等演讲员，必为数有限。第二个，口在那里说，耳在那里听，必口耳同在一个时间及同在一个地点，方能行此交涉。那就其人能够如期常来听讲，又变成少数。拿有限的设备，与少数人交涉，那就可用的力量，变成非凡之小。故曰力小。

用"笔"、"目"交涉，效薄而力大。用笔目交涉者，便是用书报传布。书报尽管做得生龙活虎，终没有口讲指画的容易感动。所以他本身的效力，比较教授演讲，自然远不相及。故曰效薄。然而他有两样优点：第一样，制作书报，费用既小，辗转传布，推广容易。而且一次未能解喻，再能得无量数次的复读。第二样，用他手来写着书报的人，既可在任何时间及任何地点，把他写起来。用他"目"来看书报的，亦可在任何时间自看及送到任何地点去给他看。那就书报的数目，既可筹备较多，平民与书报接触的数目，亦可较无限量。办这个交涉，能够使出的力量，便非凡之大。故曰力大。

取力之大，故利用文字书本。虽然用文字书本之先，也先要给他一个能读书报的工具，便叫做识字。在给他识字的工具时，自然免不了筹备补习校及筹备演讲员。然但为识字而筹画设施，比较为暂。将来一切灌输不断的智识，便可请文字在书报上做工夫；而常时期之补习及演讲员，可以大减。此所以如何能令平民识字，法子愈想得简省愈好。时贤想到的，已精备极了。我做这篇文章来帮想，或可助千虑之一失，当亦时贤之所许。

五、依今日平民的环境能识得汉字尤善

照识字的速疾，汉字自不如音字。然用音字，将用何等音字？若照朝鲜谚文办法，用注音字母，造出一个"有音无别"的音字来，我个人也可以相对的赞同。但他的短处，便是国语尚未统一，用一种音字，便通行甚难。若要待国语统一，然后为之。则二十年内的平民，止能让他死的死了，老的老了，置而不教再说。若随地拼音，我也是不反对。然对一地，筹备一分书报，便能够使出的力量，弄得过小。而且识了音字的平民，将来止有音字书报，专为他们做的，才得快读。所有无量数的汉字书报，依然毫不能读，岂非他们的幸福，亦就有限？这是他们二十年内，一定对了汉文书报的环境，还是叫苦连天。又高深智识，及契约记载，均非"有音无别"的音字所能担任。日本和文所以夹用汉文，不效朝鲜的谚文，便是为此。就算平民将来，谈不到高深智识——实在少数，亦需高深——而一切田契讼牒之类，想二十年内之官，未必允许独用音字。如此，教了音字，还止能在田契上画一个十字，在讼牒上听状师胡扯，捺个指模。岂非他们对了汉文契约的环境，还是绉眉不能对付？至于商店招贴、卖买单据，尤为契约中日用不断的要品。二十年内，谁能废除汉文，能把一个完全音字的环境给他？

至于有人要并弃注音字母，采用罗马字母，做一种极有条理的音字出来，竟代替汉文。那就不怕高深智识，契约记载，皆可处办。且一定强迫官厅商店，一律承改。所有书报，无不遵用。这种过屠门而大嚼，

后面再或一论。现在止能说，二十年内，决难实现。把他给二十年后的平民享福可已；二十年内的平民，则敛手谢曰：心感之至，可惜没福！

照上述之诸环境而论，所以现今主持平民教育诸公，断然在汉字上想法。我个人是一百二十分赞同。他们置注音字母于不问，亦不曾再进一步设想时的自然趋势。

六、灌输平民以汉文的实验自然以最近的平民千字课为最好

仆于此种汉文简省教授之法，向少研究。于从前所谓限授二千字，或约成六百字等法，无不心向往之。然其作物，都似乎还未能如平民千字课的周匝活泼。后来居上，亦固其所。

他的推行法亦备。传习之法，不惟主要人势力的鼓动，为寻常所仅见。而且帮同想出的良法，报章亦不断的出现。皆从极简效的方面进行。

算做已到了极轻便的地位，解决二百兆平民的大问题，四面八方人想法的亦多。达到这种轻便，已为前所未有。

七、但现今的平民教育不曾与注音字母合作

平民教育，不能专托注音字母，前面已经论过。这是我也板起了面孔要对注音字母说："专托你去办那平民教育，你还没有这个资格。"然而忘了与他合作，乃是极可惜。

这就是鄙见所谓不曾达到"最"轻便。仆替平民教育解决二百兆平民到了"极轻便"的地位，要再换一个"最"字。想来想去，止有一法，就是与注音字母合作。这篇文章的题目，叫做"二百兆平民最轻便的解决法"，就是使注音字母与平民教育的千字课合作。以上说了六七千字，都是浮话。以下说的，就是主要。且容小可慢慢告禀。

八、他们忘了与注音字母合作

乃为推行注音字母的人不肯分类进行所误。注音字母是什么东西？说他是三头六臂的上帝，他也当得起。说他是粪坑里淹死的一条三脚

猫，他也喊不出冤枉。照这样尊视贱视有用无用的分着察看，可分起数不清的类来。如何混同夹账，糊里糊涂，给他一个单独的绰号，叫做字母，就算完呢？然而过去的事实，止是如此。所以平民教育家便对他拱拱手说道："你既是字母，我们另有字，用不着你来母。"把他们的一个朋友，硬看做陌路人。这尽是传达姓名人通报得不好。

他们以为注音字母止是为着"音字"。这是怪不得他们平民教育家有这"以为"。自从注音字母一出世，众口一词，中国也有了拼音字母。革新家拍手拍脚的快活，以为虽比不上西洋字母，也可以比肩东洋假名。老顽固屁滚尿流的着急，以为这就是汉文的谋杀犯；汉文要结果在他手里："郑人相惊以伯有。"莫不以为"音字"早晚终要由注音字母而出现。

或以为止是为着国语。平民教育家都是数一数二的通人。他们又一个转念，也晓得注音字母与"音字"有什么连带关系，似乎还欠几分可能。仅据现状，注音字母与国语的标准音，实生了不解缘。即一般大多数的国语推行家，亦好像注音字母便是国语，国语便是注音字母，乃是一莫明其妙的糊涂结账。

这便是宽一点讲，注音字母或是"音字"的字母，自然要问与汉文千字，有何关系？狭一点讲，注音字母止是国语标准音的字母，汉文千字，不一定要教标准音——这是十分合理——乃就也是想不出关系。

千错万错，要归咎到至今谈注音字母的，不曾有人肯破费些工夫，把他分做几类，分开来加个说明。所以我现在且把他分一下子，再讲我们要与他合作的正文。

九、注音字母当分四大类

注音字母本像孙悟空，他有变不完的像，任把他分做多少类都可。现在分他为四大类，乃便于这篇文章的讨论，止讲一鳞一爪。你们不是替注音字母做行状，用不着说得详尽。

（甲）中外音韵学家的注音字母

便是说：从中外音韵学家眼光里看见的注音字母，他们做何感想？

他们用不着注音字母，他们以为既不合古，不能用他纪纲古音，或等韵，又不合理，不能用他条理发音法。

注音字母止是他们极陋的参考品之一。凡讲音韵的人，无间中外，他们对于一种作物，若已被特殊条件，采用于一时者，自有参考的价值。注音字母为两种很陋的有益条件所采用，应认为参考品之一（两种即后面丙与丁）。

但音韵学家认作极陋参考品之一可已。若抹去其特殊应用之条件，忽欲强进以合古或合理。至事势不可，而复哓哓议其后，此音韵家之蔽也——例如议其不曾用纯粹发音原理制母等，皆痴人说梦。

（乙）希望制造"音字家"的注音字母

便是说：真正要想废了汉文，造一种有条有理，可与现在西文同价"音字"人的企画。这种人决不是止要造日本和文，自然更不屑造朝鲜谚文，尤其万万不是止造什么"传音快字"、"官话简字"等等而已。从他们眼光里看起注音字母来，又作何感想？

注音字母是他们一张椎轮大辂的草稿。他们最先的下手，自然先把汉语的含音调查分明。这是任取一种记号，都可以打那草稿。既然注音字母为汉文标准音而出世，就借他做了打草稿时的记号，也很便当。若说就把注音字母来造字，我先第一个摇头不许，不必要请教高明如造字的诸公。

他们将来一定要另造适当的字母。他们有的主张用罗马字母，有的主张照发音原理制母，皆说得理由充足。现在热烈的进行，先要准了注音字母，或于注音字母之外，做起一副造字的字母来，那件事，我亦赞同之一。但造字自造字，注音字母自注音字母，两件事绝不相关。现在亦有少数造字家，不曾将两造的职务划清；若恐注音字母终有倚仗贿选、谋正大位之嫌疑；急急乎诋诃注音字母，骂他不适当于造字。注音字母若能开口，必慰之曰："奶奶！你不要弄错，下官本来止管吃盐，原管不着吃醋的呀。"而且做了造字，文明字母出来；倘注音字母的功用，先请他来兼代：如把他来注汉字的音，把他来权充简字，这岂非与买了新饭桶，本要候请贵客使用，却先把他权代马桶，同一样的颠倒么？

所以造了一副造字的新字母，把汉语斟酌尽善的造起汉语音字来，果真能代汉文，乃是进了一步——再进一步，自然是世界同文。这少说一点，乃是千年的大计，与那种恶陋便于今日妇孺的注音字母，二十年后定要请进博物院者，真叫做丝毫无连带关系。

至于不在造字上连带着想，要待注音字母，与日本假名一样，对内用假名，办西洋外交，便用罗马字母代表假名；我们也替注音字母做一副代表了办西洋外交的罗马字母，我亦十分赞同。因为这个例，不是假名先开。便是我们汉文，也无法不办此外交。譬如我姓"吴"，对西洋人，却姓了 Woo，所谓日用由之，而不知也。

（丙）统一国语的注音字母

现在无算无算的人，把国语便看作它，把它便看作国语者，便是这怪物。这个怪物的注音字母，第一个大目的，正亦专为国语注音而造，这就是他复姓"注音"、表字"字母"的原由。

他是解决国语里文字声音的一部，不是靠他解决国语全部。国语者，有声音、有文法、有词类，皆发生应为国语标准，或不应为国语标准的问题。合着三种问题，解决出来的，才算国语。注音字母仅为解决国语里标准音的工具。颠顶推崇点，就算他能解决声音一部分，也已僭窃极了，如何便可认他为国语？若严格的讲起来，他止单纯为工具，声音也并非由他而解决。譬如标准者，有京音官音之争。今把一个良心的"心"字，论定他的标准音，若以京音算标准，便把注音字母来注一个"ㄒㄧㄣ"；倘用官音为标准，他就注一个"ㄙㄧㄣ"。解决标准音的，还是讨论国音的人，并不关注音字母的事。注音字母，娘来娘好，爷来爷好；他有什么能力，解决什么声音！所以姑许他是解决国语里文字声音一部分，已是颠顶说说，如何能说他便是国语？真要拔舌！

注音字母四十个是专为国语字音造的。现在注音字母的数目，既不三十九，亦不四十一，刚刚是四十，乃是什么理由呢？乃却是专为国语标准音而造。因为未造注音字母之先，先定汉文的标准音。标准音需用得到拼切的，便制起那字母来。标准音需用不到的，如标准音无西洋 B、D、G 等的浊音，注音字母即无此等字母。合起应有尽有的来，刚刚四十。故注音字母之数，便不三十九，亦不四十一，止为四十。

他是对国音字典负责任。广泛的说个国语的声音，也不是严格的注脚。他实在止对了一本国音字典负责任。凡国音字典上定出之音，他都能拼切。国音字典以外者，他不能拼切的正多。他可与国语汉文相终始。国语汉文废，他也自然无存在之余地。因为倘使能废汉文，必是最有条理的汉语音字，已经制成而代用，还要注音字母干什么？倘汉文未废，则与汉文同有适于蠢拙之应用。其详当见下文。

这一类现在推行正力，这是可喜的一事。惟许多人认此便算国语，一若习了注音字母便算已经习成国语者，既甚可笑矣，而又因注音字母学成，国语尚未能说，便说国语之难成者，愈觉痴愚。更进一层，有以为国语非短时所能学成——极对——并以注音字母亦不易学者，则真荒乎其唐矣！然而现象则实有如此，此亦支那人不求甚解之老习惯也。

（丁）平民留声机器的注音字母

这个意思，便把注音字母，不看做专注国音的东西，看做空谷传声，或如《镜花缘》上的"刚庚公古"一般。什么声音，都可用他来拼切。正似留声机器，什么声音，用什么刻痕留上去，他便还出那个声音来，这不但注音字母有这个功用，便什么字母、什么反切等等，都有这个功用。例如 A、B、C、D，不必专拼欧文，可以拿他拼我的名字，如 Woo Chi Hei。ア、イ、ウ、エ、オ，也可不必拿他当假名，也来拼我的名字，如ウテホエ。又如"问道于盲"，又可用"吴郡、大老、倚闾、满盈"来拼。这本是读者诸公做小学生时代已经深知的事情，我还来说明，近乎叫做痴人说梦。但有时转了一个湾，连音学博士的"师旷"，也会呆了起来。所以我止好讨诸公恚厌，不嫌词费的从头说下。

借反切，或字母，来作留声机器，本从极古极古以来，一路有人试验。先拿反切讲：自从《说文》上的某声某声靠不住了，便创出"读如"、"读若"的法子来。又嫌没有系统，孙炎老夫子便想出反切，用两个字扛一个音。这个法子，虽说是触机于古来的"之于"为"诸"、"丁宁"为"钲"，我想一定受了梵文的影响。现在显明的证据还是寻不出来，而线索不是没有。这里是说不到，姑且不必羼说。于是童谣也借它来用，市翻也借它来用。谢灵运一班人，又直把梵文十四音来整顿一番。到唐朝，便出现现在等韵式的字母。从而空谷传声等法子，都依傍他造出粗劣的留声机器来贩卖。这都不脱反切的圈套。又拿字母来讲：想从前所谓鲜卑语、契丹语等，也定有梵文式的字母。但他们既于反切上无多影响，又于中国留声机器没有成分。字母采作中国留声机器的，定从欧母开始。黎锦熙先生说是清初便盛。我是在四十年前，亲见西教士用欧母来做宁波、苏州、厦门等的留声机器，至今还是各处都有。据我所见，大约在这四五十年内外，又有人反对舶来品，如王炳耀（鼎鼎大名王亮畴的阿父）、卢戆章、蔡锡勇、沈学诸位先生便摹仿洋式，造起土货来，名目便叫做"拼音字母"、"传音快字"等等。直到后来，又从反切里造起来的"爱国布"。闹得最算热烘烘的，便是王照先生的官话字母。劳乃宣先生又略加修饰，称他为简字。以上皆可算在字母的项下。

终之，什么反切，什么字母，无所谓文明野蛮，其原理还是一样。

并且十六两还是一斤，不过彼此改头换面，大家喜欢自作聪明罢了。当它一座留声机器看待，任取一种字母，皆有这个资格。慢来，既如此，请问为什么又要造注音字母呢？这是很容易回答的。无非老店新张，终要改副装修，换块招牌，如是而已。犹之乎留声机器的喇叭，或突于前，或隐于下，皆有各适其适之条件，以成种种的变态。注音字母原亦有其求适之条件，因而改造。有如不用欧母，非但自有其蠢拙的应用，较欧母为适当，而且亦有中国独有之音，若ㄓ、ㄔ、ㄕ之类者，必于欧母上多添记号，即亦不甚爽便，此一端也。又如"汉语改造音字"，何日实现，尚在讨论，而先事之计虑，则不可不有。造字，势必用欧母，倘因注音之故，卤莽灭裂，将欧母添损形式；至习惯而改正非易，岂不反为后日之累？不如注音于蠢拙汉字之上，仍用一蠢拙之附属物，将来合法造字，再将欧母妥慎采用，界限较为清楚，此又一义也。又如采用蠢拙记号如偏旁之类，有若日之"假名"、旧之"简字"者，倘任用一家已成之制物，固未尝不善，然当民二读音统一会开会之际，全国造成偏旁字母者，有数十家之多，谁有采用资格，未易解决。如国歌，作者纷如，最后止好等到卿云一歌，用历史来压倒一切。注音字母采用完全简单之字，声音各有关系；其历史上立脚点，皆诸家所不能不俯首，此又一义也。于是十六两原是一斤，在字母界实为叠床架屋之赘物，所谓注音字母者，竟出世矣。

注音字母的状貌，那种痴愚，便是为这个——留声机器——目的而造注音字母，虽比较日本假名也不算十分丑陋。然仰攀欧母那种高贵，（？）便使凡欲以支那也有字母自豪者，十分扫兴。故一方面她被戴瓜皮帽者骂做西洋妖孽，而他方面被戴学士帽者又憎为汉朝古董。其实它并不是字母，是它配着汉文，做着中国留声机器，与黄童白叟耕夫桑女交涉出来，它很够漂亮。大家看得惯，可以同"上大人孔乙己"一般，如旧相识，彼此忘形，不致骇怪。所以请读者诸公定要彻底了解，注音字母决非用它来造字。造出它来的目的：一是将他来注音，一是借她做着留声机器。

它可以把国音四十字母，随着土宜，或增或减。既是借做留声机器，与注释标准音截然为两事，留声机器之于声音，应当无所不能拼切，故对注音的注音字母限于标准音者，有时不能无减，有时不能无增。

增着的叫做闰母，闰母之名，亦经教育部所公布。惟全国果需若干闰母，因这最重大、最关生死存亡的"留声机注音字母"，误未与"标准音注音字母"同受国人的欢迎，故无制定之成数。能于声母浊音，既有加增记号的部令，声母几无闰母可言。止韵母应增数母，例如英文 ǎ 之音、ü 之音、â 之音，法文 eu 之音等。必不出十母，可全国通行无碍矣。全国如此其广大，方音如此其复杂，决无一人能完全代表一县。如此，必集数千人的大会，方可议定。数千人的大会，在事势上决难成立。故闰音之添增，正待各处皆把注音字母，当作留声机使用起来，而后因逐地加增之必要，将闰音逐渐添出。在学理上，固于审查增添，毫无困难；且可随宜加增，本无需限定成数也。止要各处添增之后，各自通知教部。教部候各处造有异同，再审定颁布，使归一律。例如英国 ǎ 之一音，无锡初以天字代表之，苏州又以地字代表之，上海又以元字代表之，杭州又以黄字代表之；教部则审查元字最宜，于是颁布"元"字一母，为 ǎ 音之代表。无锡、苏州、杭州即改其"天地黄"之旧，同从新"元"。既一颁布，凡全国有需 ǎ 音者，自皆用元母矣。然话虽如此说法，实际且不需如此麻烦。在上海、广东等处，制成闰母者，商务印书馆已有许多曾铸铜模，全国所需，可以说十已得到六七，止待我们群起而整理之，半年工夫，可望十分完备（谓大家使用留声机器注音字母半年，非谓要设立机关讨论半年也）。

平民教育的千字课，再与一座蹩脚留声机器合作了，可达到最轻便解决的地位，便是它——记好！丙是他，丁是她，庶几两不相混，清光大来。譬如平民千字课第一首的"先生教书学生读书"，在我们无锡教授平民，必请无锡人用无锡音教授，这是平民教育家所赞同——看课本上不加注音字母，即知他们不欲将标准音去拘苦平民——平民教育不拘标准音，自然一百二十分赞同。所以他们用不着标准音的注音字母，十分合理。然文字上能多一声音，它能帮助教，亦能帮助读，是人人所知。既然如此，如用无锡音教授，字上竟能添一个无锡音，自然增一层优胜。如此则留声机器的注音字母，亦一律屏斥，似大失策。假如上举两语，若作如左方的印法，似尤于教授上为轻便。

ㄙㄣ先ㄕㄥ
ㄙㄥ生ㄕㄨ
ㄐ教
ㄠ

ㄕ书ㄕ
ㄨ ㄨ

ㄜ学ㄒ
ㄛ ㄛ

ㄙ生ㄕ
ㄥ ㄥ

ㄜ读ㄉ
ㄛ ㄨ

ㄕ书ㄕ
ㄨ ㄨ

按：ㄛ之无锡入声闰母，尚未制定，故借用ㄛ。今特举例而已，固不必极准也。

ㄥ与ㄉ皆加记号之浊声。ㄛ应当另制闰母，或加记号。此皆适于无锡之留声机器。字之右方注标准音，左方注土音。今教无锡音，故左方的无锡土音全注，右方则标准音与土音合者不注，异则始注之。我在上文，已一百二十分赞同，不拘标准音，今又注之者，可于教授时说明，请来学的平民，但管左方土音，右方所注标准音，可视之如无。可以如无，而又注之；其意外之益，可于下文更说明——供比较——不费之惠，亦落得兼存也。

然如上之所为，姑不先言其好处，而先解释其难处：一则必先有人以为印备课本之困难也。这有三法可解决之：其一，如该处果需课本至二三千，则由当地绅士请书局特别注印；其二，如所需甚少，索性止教师买一印本，学生之书概用真笔板油印；其三，止将每课生字写注油印，让学生将课本对勘。第三法终算简便无伦。学生既可仍得精印之课本读之，教授又止要总备一张千字的油印音释，大约三张纸头可以毕事。如此，决无印备课本之困难矣。二则又有人以为各地自择"方土标准音"之困难。因为广泛说一无锡音，似觉极易。若严格的，追问如何叫做无锡音，即便大难。城心音乎？北乡音乎？南乡音乎？相差可以甚远。将何去而何从（此即主张北京音为国语标准音人，每因此点小不同，受人攻击）？则又应之曰：注重留声机器的朋友，止知求其无憾于留声机器。所谓"土方标准音"，又是酸秀才的肉麻。学究聚讼学理，自亦甚要。若平民教育，非所过问。平民教育不主张授国语标准音。他们对于读音，便是以教师为本位。譬如吴稚晖是住居无锡，倘向平民教育的主事人告奋勇：无锡的平民千字课，我担任教授。我想必能得到允许。如此，我去立在无锡崇安寺里教起两百个平民，我就老实不客气，不管那四百只耳朵，是那地点的耳朵，我吴稚晖一张嘴，却止喊出吴稚晖的无锡音；我也无从另用别一种音，要遍适不同之耳。倘忽然有一天，我却有事，而又不能告假，我想两全，便取出一块百代公司的新蜡片，用"说进机"（灌音机）对着一说，就叫人送到课堂，"放音机"一开，居然惟妙惟肖，还是一个吴稚晖在那里，说无锡的"先生教书学生读书"。蜡片既不嫌用吴稚晖的口音说入，然则那油印音释，何嫌何疑，而不用吴稚晖的声音注上呢？不过油印的留声机器，比较蜡片的留声机器，蹩脚点罢了。那就肉麻的选择"方土标准音"，又大可不必。以教师为本位，最合理与最直捷的便法也。三则最所疑难者，便是汉文以外，要多教一注音字母。这个解答，我在此止简单复说，统合此文的前后所说，自尤能了解。就注音字母本身而论，止有四十字，增添闰母，亦所多无几。无论师或生，无论如何蠢愚，花一月工夫，必能将字母认熟，拼法教会，拼切熟溜，此外别无余事。今俗论以传授注音字母为难者，皆夹杂别种问题，如"国语"、"音理"之类，反牵摔变成困难。若用孔老先生"民可使由之，不可使知之"的办法，本来至容且易——真要使知之，等到拼音极熟练后说明，亦容易说懂。若不曾懂得拼切时，即与讲说音理，非但对牛弹琴，而且增其疑难。

至于多花此一月的工夫，而可以省许多工夫于后，而且赠这留声机器于平民，于彼将有莫大之好处，姑待下文再详。

我做这篇文章就为它，注音字母的效力功用，与百代公司的留声机器正同。不过音吐蹩脚一点，听是听得出，而不甚美，如是而已。然真正留声机器的价格，未免太昂，而且又不轻便。这个注音字母的留声机器，止需破笔粗纸，便可制造。一手可握千百具赠人，邮筒又可放出放进，真是一种不可思议的恩物。将何恤乎吴稚晖之手，及《东方杂志》之纸，不为她尽力鼓吹么？

从前许多造音字简字的朋友，用意亦专门为它；不曾替它定了汉字的"家主婆"名分，是诸位朋友们的失策。他们艳慕西洋文，喜欢学着朝鲜"谚文"一样，使那"有音无别"的拼音字独立，非但受苍颉造字的嫌疑，为老顽固所骇，而实际以拼音冒充文字，亦极可笑。且离开汉文而独霸，实与平民汉文的环境无益。倘早知充作留声机器，作汉文的内援，安守了家主婆的名分，与汉文跬步不离，那就能够看得出她的好处的必多。因为譬如我们"人"，无论中外的小孩，到三岁，必定晓得自己是个"人"。英国小孩听"人"喊ㄇㄢ，中国小孩听"人"喊ㄖㄣ，都一听便知喊的是"人"。然英国小孩到七岁看字，字作 man。他拼音已经知道，就不要先生，一念竟出。念出之音成，ㄇㄢ——即知是"人"。中国小孩七岁看字，字作八八两笔，便看不出什么花样。非经先生读出不可。若字作为人ㄖㄣ。他若已懂注音字母，他便不要先生，也能读懂。故汉文这东西，亦可相对的赞为极美。他的短处，止是无音可读。若能替他娶一注音的老婆，配合起来，汉文或者也可算天下之至美。据我鄙见，若汉语"合法"音字，成功不易，尽可将所注国音，竟组入汉字内。如天作天ㄊㄧㄢ。四笔增上六笔，还比龘字笔脚还少，写龘ㄊㄨ，他亦累坠惯了，何在乎更多几笔，明知要合作到如此地步，原是太自由的理想。然略师其意，以便平民，亦何所顾虑而不为？况把这位太太，正位中宫以后，它对于丫头老妈子，自能瞒过汉文老爷，独自替他们传书作简。这又是平民界的真正一个救苦救难观世音菩萨呀。

中国的生死存亡，就看能利用它不能利用它。这句话，并非说得故意矜张，二十年内要想补学校之缺憾，弄到国内则恶制于善，对外则总和非弱，自然全靠平民教育。它助平民教育，几可说，能担一半关系，安得不在生死存亡上有出入么？

这一类——便是留声机器的注音字母——是极荒谬，可痛哭的，尚未有人注意。二十年前，止有一劳乃宣先生专一的注意于它。

十、平民留声机器的注音字母它现在锢入冷宫

大谬误，是保护国语注音字母人，以为不与他成家，他能格外专一；岂知他没了它，也陷于凄凉的境遇。用拼音旁注汉文，帮助国音统一，原是应该郑重的一件大事。然统一国语，止能望少年人民，及未来儿童，副其目的。若已老大之平民及难入学之儿童，既无统一的可能性，亦无能教以国音之传达法。一线生机，却惟有望彼懂得土音拼切的方法，然后徐图夹杂灌输一点，已算意外之获。照此最浅的一层看来，非要各地先用一土音留声机器，操练其耳朵，然后再教国音不可。再进一层讲：即学校儿童，亦要先教土音拼切，然后再教国音，则顺理成章。因为教育必先就已知之条件，作一比较，然后输进未知之条件，自然受之甚顺。即如注音字母一物，凡与曾读东西文，或通晓反切者言之，无不立时了解。而与素不懂拼音为何物者说之，即格格不入。成人尚然，儿童岂不更需"预养"？拼切土音，有味而易入。劈头即教以素

不习之怪音，其强迫注入之苦，宜乎现在小学反以注音字母为虐政。此即"国语注音字母"之他，不请"留声机注音字母"之它相助，故弄得他凄凉万状。现在无论何学，皆有"比较教授"之一法。独教极易而亦极难之拼音，倒无需乎比较教授。这是什么理由？如上文所引读书之"书"，若硬教无锡童子ㄕㄨ音，必绉眉苦其怪诞。倘先教以ㄕ音，彼固如逢故知，欣然顺受。然后过了两天，比较若左之式：

ㄕ书ㄕㄨ训之曰：国语要多一ㄨ母，虽十六两还是一斤，而骇怪之情，在我亦觉稍减，何况小孩？故学校教授注音字母，在鄙见，必先教本地方音半年。

无锡儿童，完全不要先拼"他们"，尽管先拼ㄉㄛㄅㄧ。到拼音十分精熟，方拼不习之音。"他们"二字，尽可于汉文的国语读本拼读。训之曰：ㄊㄚㄇㄣ，就是国语说ㄉㄛㄅㄧ。这种老讲解法，亦无所谓不合。

时人听见把注音字母拼切土音，即不管三七二十一，呵以为将破坏统一。这真算最无意识的谬误。失却比较教授，其损失既已不小；还令已老大的平民、难入学的儿童，失却留声机器，使平民教育半身不遂，尤属滔天大孽障。

请问，对于此辈与国语终算不生关系的平民，施以汉文教授，既可不取标准音，而取自由教授，如何用注音字，偏又不让拼土音，必令拼国音？此一矛盾也。对于此辈，平日施以演讲，尚人人主张必以最亲近之乡音，使之入耳，而了解愈易。然则何以作极陋的书报，以代演讲，偏又禁止用土音注释？此又一矛盾也。终之，这便是封锁注音字母，使它成为极可厌之废物。将可鼓舞儿童兴会之事，变成酷虐儿童头脑之事，真方今传达国语诸公之自杀也。（民八我在长沙，劝用注音字母拼切土音，一西教士来大反对，他说：审定国音，统一国语，听说你也在内，所以我们的《圣经》，依着你们的计划，都注了国音。现在你又作怪，鼓吹土音，不是我们的《圣经》先受你的影响么？我说：先生不要着慌，我鼓吹土音，便是为着你的国音《圣经》。请问先生，现在把注音字母传达国音于平民，是动遭白眼，他们说：我们用不着说官话去做官。他笑道：情形是确的。我说：倘使用一个方法，说道，我来教你字母一个月，学会了，便将长沙话句句能写，他们不是喜欢的便多了么？字母教完，四十个国音字母已包括在内。他既能拼长沙音，自然他看见了你们的国音《圣经》，亦能拼读，这就骗他们来上当。他大喜，握我的手道：好法子，聪明聪明。我笑道：这个道理，实在是极平常。譬如造大屋，不是总先要在屋外搭一座难看的架子的么？若骇怪的人，以为何以大屋未造，先糟蹋地皮，造一个难看的东西？一定不许造，那就造大屋时困难，也达到极顶了。他正色道：对了，谢谢你。）

自注音字母出世以来，发音学亦因之而兴盛。传达国语诸公之中，博通音理者，不可胜数。请此种学者反己自思，是否将发音学彻底研究以来，所有世界之音声，知之愈备，于是自觉使习任何一国之文，通其音愈易？果如此者，欲平民及儿童习国语，反并其本乡土音，可得比较者，而亦禁止其理会；一若单纯止知一个国音，即国音可以强迫注入。真所谓高山滚鼓，不通不通。自己钻入被窝思之，亦必失笑。

小谬误，是制造"音字"人，要专将来之利，不许它先来小本经营。岂知它在贫民窟里先出风头，帮助你更得大多数的了解，直比日妓为殖民地先锋，还要有力。这不容详说。贫民窟中人，若待竟读新造文明之"音字"，一定无此幸福。倘使先有那丑陋之它，与之相习，而后天仙下降，彼已凿破混沌，或者癞虾蟆也有想吃天鹅肉之意，博得他们跟着叫好，亦不枉它去开路在先。

十一、因他而得之利益相助乙丙外更亦大有造于甲

普及粗浅音理。从前反切时代，虽老师宿儒，亦以略解双声垒韵，便已算翘然自异于众。至今《康熙字典》卷首极浅陋之等韵，莫名其妙，而视同天书者，还居多数。反之，则洋泾浜之露天通事，五个母字、两个"半母音"、十九个子音等，无不脱口而出。即注音字母推行以来，全国儿童能知声母韵母之分者，已有数万人。并知四声如何状况者，亦较从前《神童诗》、《三字经》时为多。倘再能藉留声机的注音字母，普及于一般平民，则全国充满了拼音空气，于调查声音、传布外文等，皆较顺利。况音韵之事，语其深，大博士亦莫敢自诩精通；语其浅，即灶婢亦能暗合。比之于数学，亦复如此。深则相对论家尚坎然不足；浅则其人不识数，定算痴愚，以最低限度而言，人类之于算数，终应熟知加减，乘法亦能扯扭，除法可以勉强，此外无所知，要已不失为平民。如此，有音声，第应先知声音可拼。于是明白声母韵母的分别，从而知声音可以几百个包括，并至几千万的无限。这也是新世界人类个个当视同识数一般，此而不知，当算痴愚也。那就何惜每人捐以二三十天工夫，借注音字母，予以人类应视同识数一般之智识么？

搜罗残存古音。收声尾音各国有之，而中国北中两部，除 G、N、N 外，概行失却。然 N、K、T、P，竟残存于闽广。所以《音韵阐微》亦言 K、T、P 之语尾，中国有之——按：K、T、P 已有，则 G、D、B、F、V 从同——惟 S、L、R 无有。我便以为实存于ㄓㄔㄕㄖㄗㄘㄙ之中。此等怪物，至硬置支脂中，使行韵不能谐，又令注音字母家韵母莫能制，皆尾音紧紧压入于本字中之故。犹夫东冬江真文元等字，老古董以阳声目之，同一谬陋。然欲此等问题解决，非大索通国，莫能为功。又如胡适之先生对我言：无锡不能读 O，因宁波之波、河南之河，概读为ə：。我对之曰：无锡之 O，在麻韵。除进车等字外，一概并不读ə而读 O。戈之读 O，亦晚近事，汪荣宝先生已有考订。足见无锡若不把他的方音全部献出，胡先生可以断定无锡为无 O。我尝以为谈古音者，纵分之，则曰《易》古音、《诗》古音、《离骚》古音、汉魏音等，分之是矣。然《诗》之《周南》、《召南》、《齐风》、《鲁颂》，东西相去（今之方言，且不能同），古能同耶？可见遍搜方言，精密探讨，一定等我吴稚晖迷信的物质文明增进后，交通便利了，图表赅备了，仪器完全了，必我们的贤子孙，来做这事。然则我们做穷祖宗的，无所帮助，却靠留声机器注音字母，替他留着许多方音书报，陈列于各处小书摊上，供他们参考。他们也一定喜动颜色，把我们对了关汉卿、王实父〔甫〕、罗贯中、吴敬梓、曹雪芹、招子庸等一般的爱敬了呀。

如此看来，留声机的注音字母，她能帮助国语进行，帮助造音字人的顺利，既已如彼，借给音韵学家之多，又将如此。而其本身之关系于平民，又有中国死生存亡之重要，竟用阻碍统一，莫须有的冤词，置彼于牢狱之深底，中国国民之常识，如此其颠顸，真荒乎其唐！

十二、转入本题她能助平民教育而有合作的价值何在

增多传习的方面。譬如今之千字课，其人非自度能继续数月，每次出席，便不能报名。现在在一个月后，能使挟了音释课本，在家中自行摸索，隔三数日出席一问难，以正谬误，则日需放牛、夜需搓草索之牧童，与终日拉车不得一闲之车夫，亦可任意自抽时间，不必按开讲之钟点而至，踊跃报名者将多。不肯出门之妇女，可就彼村庄，教授短时的注音字母，嗣后即以音释本字，供彼等之摸索。牧童之子，车夫之夫，新毕业者，皆可权为之师。因读音已有注音字母在中间为硬凭证，不虞

授受递相乖谬也。此即传习方面增多之说也。

减短教授之时期。今谈千字课者，有六阅月可毕业之说。今则将注音字母占一月之期，此外解晰字义，可以两课之数，并于一课。因学生于受教之际，字音不烦苦记，得专注于义解，则精神可用加倍。如此，六阅月之课，三月可毕，合之注音字母之一月，已缩六月为四月。此教授时期减短之说也。

扩充汉文的字数。千字课善矣，然此乃最低限度之末策也。在诸公非不知千字之不应于肆应，亦非不望多多而益善，自有待于徐图推广。然限于字数，则编刻通俗书报等等，皆将牵挂多端，不能纵步而行。那就课本外之参考品，不获自由传布。诸公亦知倘能如日本之书报，小童老妪仅识之无者，亦滔滔而读。虽杂以高雅汉字，无所阻难。此即假名在旁之益也。如此，我们现有注音字母，何以不利用？至于所注之音，尽可以主体为本位。譬彼为讲演家，例如吴稚晖登上海城隍庙之板凳上，用七勿搭八的无锡式苏州话乱喊，可以聚杭、嘉、湖、苏、松、常之平民，懂个九成八成七成，至少五成。如此则吴稚晖自由音注书报，其结果亦有如此。这便是"三笑"、"珍珠塔"通行江浙的旧例。难道彼中所说，果与江浙各处语言词头，样样通同么？诸公试想：我们自称读书人，读起书报来，常极多不识之字，未知之语，任他含混过去，无碍我等之智识日增多。难道平民读书报，便要算他如宋儒读经书一般：一字不了了，恐他穷思三日，瘦损了十斤肉么？况供给平民之书报，篇幅有限，何妨放大字体，右国音，而左主笔先生杜撰之方音，弄到十分周到，使无误会毛病呢？所以方音音字报，则弊病甚多，扞格亦大。若有汉字居了正位，方音不过陪伴，正可无丝毫弊病。从此以千字课为基本，而如儿歌、小唱、方俗、成语等，做成小册；故事时事等，做成小报；千字外之汉字，皆仗注音逐渐输教。此汉文字数扩充之说也。

加添复习的机会。平民授课后，无复习机会，则容易遗忘，甚而至于日久则学如未学。近来陶孟和先生特地做了一篇文章，专论此事，这真是最紧要的补救。他于广告、商标等等，皆要想法得其帮助。我于其中读物的一层，尤加注意。果得注音字母，用卤莽灭裂演讲式的方音音释，能使通俗书报发达，不但增识汉字，慰悦平民，有极大关系，即最小效果，亦可望千字课教授后，有不断之复习矣。此复习机会添加之说也。

又其他。我辈多识之无之人，自然看了平民千字课，叮咛反复，爽豁近情。以为六个月之长时间，无患千字不能输入。然我等老大而读外国文，即自咎记忆力之怪短。假如今有人在六个月中，教我芬兰字或印度字一千，我便不敢力承容易。纵平民之于汉文，自有日用已知之预养在先，可稍减困难。然视我辈读芬兰、印度文，所有了解之条理，又彼所欠缺。匀扯过来，进行的难易，可说相等。那就千字之课，已经谈何容易。况要求一个平民，有数月的长期，能按规则常川出席，又一难事。所以不能不做退一步想。倘在更短时间，有一尤小结束之物，于彼适用者，先行给予；进则平安毕业，退亦可望彼据音继习。如此，半途中辍之人，可不致全功尽弃。若说据书自习，恐记音而不记字，此我所承认也。然昔日儿童熟读诗书者，明明其字便在诗书之中！甚至到老不曾又在别处能读。教学而能得半，愿望既已极奢。日本小学号称振作，所教汉字，尚不止一千。然出校以后，看读书报如飞，似报上字皆旧相识矣。岂知止读假名而已，汉字已大半奉还于先生。此即幸有假名救济。否则如我国昔日《百家姓》、《神童诗》、《论孟》、《幼学》的五六年学生，及今日国民小学生徒，皆教过二三千字之人物，竟有出校后账亦不能记，家信亦不能写者。此即写不出之字，无拼音姑代之，故止好搁笔。愈搁笔，便愈失可能之力。我们试想，千字课能优胜于旧日六七年之蒙塾、目前三四年之国民小学么？故还不想一种设有不幸可得小获之工具，来补救于意外，一定要使我们气闷到放手的呀！

又况我们对于平民教育，望他真能运用汉文，看读便利，固极可喜；即不然，能够汉文是半通不通，拼音是极为熟练，能如日本平民，自由看读通俗书报，自由取假名为亲戚间之通问；我等亦能藉音释的汉文通俗书报，指导他兴业，劝说他卫生，致意他留心公益，运动他反对国蠹：我看我们要感谢留声机注音字母，必不少于汉文自身的呀！

十三、妨碍汉字的记忆否

发此疑问，其误似以学校儿童教育，比例成人平民教育，音释于字旁，有认音而不认字之弊，我自不敢不相对承认。但此弊于未学之人，发于被动及自动，大有径庭。学校儿童大都为被动，藉音释节省其注意之力，以供游嬉，自然造弊较大。至于平民，果愿来学，彼心中即热望能识所教之字，可超进为优良。所以视音释止为彼等缓急之顾问，决不看作敷衍之妙品。所以用我信托成人之理想，又可说音释而教，但有好处，绝无弊病。

或以学校注入教育，移殖平民自动教育。注入教育，在有反复之习问、从容之时间、甚大之强迫力者，收效亦可速。故若现今学校教授外国语等，主张连书本都不许用。殊不知其法对于数年居校，专心读书，有赏有罚之学生，自然效果甚大。若在平民，教之之人既不克多方诱导，彼又年岁长大，无法排除一切憧扰，去专一注意，止能断续间歇理会。设无"有痕迹"之记认，供其复习，如何仓卒入听，归途即去割草拉车者，能把握无遗？先生又未能设赏罚督促之，若又不许其从容凭着许多补助的记认，自行追想，那就止好弄到走投无路时，避而不到罢了。故学校教育之兴平民教育，注意之点，正相分别者也。

十四、纯粹留声机器的功用

汉字止算它的保护人，不干涉它的自由。二百兆平民中，真能用千字课，希望教他们汉文者，无论如何，能得十分之四，已算收效极大。其余十分之六，如村僻的妇女、苦役的婢仆、繁忙的苦工等，尚没有机缘，能与此等千字教育接触；彼等亦且无此勇气，能与许多文字奋斗。所以止可望读过字释课本之邻近平民，及彼等自己家中读过国语教科书的学校儿童，皆受平民教育者之鼓动，令彼等辗转传授注音字母于所亲，希望彼等皆能按着音释，读读最粗浅之通俗书报，已较终年全无所闻见，实于智识总和上，生大大之不同。而且彼等利用"谚文"式之"音字"，人家一灶婢，亦必居然能亲自执笔，写信寄往数百里外帮佣之母，下级贫民社会中，自添一层乐事。全体人民的总空气，活动的额量，乃不言而喻的大增。这就除了留声机器的注音字母，无物再能够担此大任。所以希望推行国语人，不可视注音字母为国语专有品。更希望平民教育家，不可视注音字母为陌路。我们当约同了，把留声机注音字母，看作二百兆平民的圣母。读国语教科书的儿童，习平民千字课的平民，即是护送圣母，降临千家万舍，遍及山陬海澨的众天使。我们终望注音字母的流行散布，如大旱郁蒸后的甘霖，密云层推，崇朝而遍天下。

教育未发达的"音字"国，止暗合的，习用了留声机器注音字母，不曾明白的准用，真算失策。到无法可施之际，即利用留声机器，乃人类天然的救急丹。先说我们本非"音字"之国：极古老牌的留声机器，称呼自己，无法使他象形指事会意，止好借呼俄顷之"我"。对于对方之人，亦无法制字，止好借称窗棂之"尔"。动作顿逗，造字亦难，亦或借兽类之"为"，或借鸟类之"焉"，聊以传达。未登大雅之堂的留声机器，北京的墙壁，常见用"王巴旦"代忘八蛋；上海的巷堂，亦用"五车"代乌龟。此等不规则的留声机注音字母，自古迄今，不胜毛举。如何"我尔为焉"、"五车王巴旦"，即不为怪，一见用"ㄅㄚㄅㄚ"代"爸爸"，"ㄇㄚㄇㄚ"代"妈妈"，即踌躇不决。至于本为"音字"之国，诸公亦习见外国小说，凡形容下等社会中人，即将拼音故意舛错，以表示俗陋。拼音舛错，即"五车王巴旦"之变相，简直不算写字，是写的天然暗合的留声机注音字母。惟人类通性，无不守旧。彼中止是默许，不肯明许。所以在平民教育上，失却许多大益。流俗之人常颠顿其词，若曰：止要是拼音文字，便学习极易。按之实际，惟留声机器，有音无别，连上下文而达意，自然容易到不成问题。若既称为文字，我敢坚决的断言，象形拼音，同是不易——象形字惟在印刷及索引，乃大劣。每类文字，必繁设条例，藉以驭摄高深。拼音国传统的位、格、头、尾之变化，已较象形文字远离。即以声音本身言，彼固演声，然亦未尝不演形。就所略知之英文言，彼中文字之沿革，非我所悉，不敢广泛凿说。惟曾在牛津大学出版 Murray 氏所编之 *New English Dictionary* 的例言上，得一例证。彼言：古于"见"、"海"、"草地"同作 See，后恐用繁易混，故改海为 Sea，实际之音则仍旧。此与作气之气，廪食之食，渐渐并家，止能改廪食为饩，同一手续。此皆非留声机音字之所有事，惟其为文字，终是多设变化分别之条例，使学者教者，皆增种种困难。不惟吾人读西文，三四年可未通顺，常常制造误拼的留声机器，即彼本国人民，在高等小学以下程度之国民，未有不留声机之误拼字，奔赴笔端也。而且国民程度，达到十有八九，能用留声机写误拼字，已要英、法、德、比、瑞典、那威、丹麦等国，方有此盛象。至于西班牙、俄罗斯等国，即世人尽知百中有七十五，皆为没字碑。诸公欲问学习二三十字母，与一些拼法，有何难处？既懂字母拼法，即留声机的误拼字，手去照了口来写出，亦必做得到，乃竟会成没字碑，是何缘故？我则对曰：一是拼法条例太多，进一步，又是文字上的变化分别亦多，就索性骇倒了，连字母也不敢学。设使如西班牙各国，有通达之平民教育家，变通一法，允许人民用留声机音字，亦可作通俗交际往来之文字；并刊此等书报，为彼等之读物，我想必能救济一部分平民，使"假"识字人之数额，可以增加。今以英文作例，如 Tail（尾）、Tale（故事）、Tael

（银两）一律可作 Teil，又如 Right（右）、Write（写）一律可作 Rait，又如 See（见）（草地）、Sea（海）一律可作 Si，如此，安见口所能说者，笔即不能写乎？即使其人口本错误，便令写出其错误之语，亦足以通情愫。如英国亦有不完全之废人，说起"我是人"一语，竟可说成 me is a man，则亦何妨竟写 me isei man 么？此等变通，在英、法、德诸国，自已不屑措意。至于西班牙、俄罗斯若非想出此等救济之法，在国民智识之总和上，终无法可令速高。一则老大幸存，一则闭门乱嚷，虽有七十万之李宁，其奈三百兆之蠢农何？理想的大同世界，终恐止好虚构于北海边冰雪之中也。

任她牝鸡司晨，是朝鲜人的糊涂。把留声机的"音字"济急，实系圣品。然竟把他代替文字，又变痴愚。文字之所以著变化，异状貌，设繁多之条例，乃随事类繁赜，学理艰深而滋乳，出于不得已，非故为其吊诡。若供俗人达浅意而已，留声机"音字"，自以无条理而优胜。至于名理欲玄曲见达，契约欲严格标指，即非留声机所能为功。朝鲜人造着"有音无别"的"谚文"，欲适用于平民教育，初意或亦有当。然竟与汉文严划鸿沟，"谚文"不入汉文一字，汉字亦不入"谚文"一字，且使"谚文"所负职务，未免太重。非但算为留声机器，竟且认为普通文字，置汉文为高等。此等策画，即从前传音快字家等，亦有如此倾向，皆误艳慕拼音文字，却又未有造字方法。是高等的汉文，自然变成敬鬼神而远之，而音文遂牝鸡司晨矣。从此高深之学问，即停滞而难治。失之毫厘，谬以千里。故我等若欲利用留声机音字，必处处请它受汉文监督；最好出入必偕，复压抑它使常在贫民窟，不许普通应酬，竟私背汉文而兜风，要音字兜风，待合法的音字出世再说。

请她互助黾勉，是日本人的聪明。先要申明一句，吴稚晖虽无赖，亦不至颠倒是非，见朝鲜人倒楣，便批评他；见日本鬼强盛，便承奉他。乃是事实具在，非我所能捏造。我便更大胆的奉承一句曰：日本的文字，但以文字功用说，竟是世界最占便宜的文字——惟一部分做他重要的汉文，在印刷上终欠优良。不是我又折过来说，若严格的用文字资格绳他，他连到不能算做文字，故止可曰最占便宜，不能曰最为优胜。什么叫做最便宜呢？我们来条举于下，自然便见：

（甲）居然也可算拼音。好在几几乎声母韵母都不分。在文字上失资格，固即为此。而在拼用上十分简便，亦即为此。

（乙）假名独用，谚文的功用，即已包括在内。我所要请愿于平民教育家，采注音字母为留声机器，便是这端。我又请西班牙、俄罗斯许用混拼，也要叫他们学学小鬼。

（丙）倘若要陈说高深学理，或要分别契约条件，他老了面皮，竟夹入汉文，也不顾非驴非马。我们许多人，常闹"不南不北"是最好国语，"不文不俗"是最好国文。无如王者大一统，建中立极的圣贤后裔，终觉不舒服。日文真暗合有图有说，聪明要算到绝顶。触类细想，有如中国词类中所谓助字，"者也乎哉"，即"，；。？"。此类乃"为别"重，而"达意"轻。何需无可制字，还要假借他字，夹入文内纠缠？西洋人尤聪明，即变为最简单的"点字"（标点符号），放在文中，多少的分明。所以弄到东方人叠床架屋的采用他——如既有哉字，又加？号之类——其实西洋人还有缺点，即介连各词，亦最好用"异于字形"之物，使转折接续之间，愈加分明。日本人竟把"又ハノ"之类，轻易不用汉文，亦颇有斟酌。故日文，粗看则骂为杂种，细看竟饶有深意。朝鲜便较与圣人之邦接近，期期的不许为此混同夹账之事，不料反弄成所谓高等汉文者，中看而不中吃；普通"谚文"者，能屈而不能伸。

（丁）短脚鬼却于谀墓颂圣、吟风弄月、装饰品的文字，又能也请汉文撑场，无朝鲜之蠢而有其雅。孔子是大圣，箕子是大贤，故老支那的脾气尤进。周、秦、汉、魏、六朝、唐、宋之文，本未尝禁止去删诗书、定礼乐、谀墓颂圣、上寿吊丧。他却要拿来做报，拿来议宪，真不可思议之怪物。

日本有如是最占便宜的文字，所以帮了他，能够学理精造，仰企英、法、德、美；智识普及，远过西班牙、俄罗斯也。我们的环境及区域的广大，自然稍有不同。师其意，不必尽袭其貌。使可刚可柔，伸缩更有余地，亦未尝不可尤占便宜。姑拟便法如左：

A　古书仍旧，不必议及。

B　高深学理之书，暂可尽写以汉文。

C　中等书报，皆写以汉文，有愿加国音于旁者尤好。

D　通俗书报，皆写以汉文，惟必加国音。最好，并要多作专供局部之通俗汉文报，右方注国音，左方注方音。

E　局部极浅俗之书报，或用D法，或竟杂用字母及汉文。与和文相同，亦好。如写不出的助词等等，不必强借不相干之汉文为之。

F　丫头老妈子、小工洋车夫，彼等自己写信，任他全用注音字母，各拼方言。于关乎契约同等之音，彼人能写汉文者，杂入汉文一二亦好。

G　局部告白，仓卒不及用汉文，大众本可凭注音字母而了解者，即听其全用注音字母。

终之，字母与汉文，离之则两伤，合之则双美。平民教育若能与注音字母合作，倚恃双美，最轻便的解决二百兆平民大问题，似非理想。深幸是正其谬，共垂察之。更望现在热烈推行国语的同志们，亦小小一回顾也。

箴洋八股化之理学[*]
（1924）

　　最近张、丁科学之争，虽大家引出了许多学理，沾溉我们浅学不少，然主旨所在，大家抛却，惟斗些学问的法宝，纵然工力悉敌，不免混闹一阵。实在的主旨，张先生是说科学是成就了物质文明，物质文明自从起了空前大战，是祸世殃民的东西。他的人生观是用不着物质文明的。就是免不了，也大家住着高粱干子的土房，拉拉洋车，让多数青年，懂些宋明理学，也就够了。于是丁先生发了气，要矫正他这种人生观，却气极了漫骂了玄学鬼一场，官司就打到别处去了。后来他终究对着林宰平先生，把他的初意简单说了出来，他说"林先生若承认欧战不一定是科学促成，我的目的达了"（大意如此）。张先生在省宪同志会演说，说政府是暂时存在的东西，我吃惊不小。威廉第二之绿气炮，竟引出了本来慈悲而且科学化的张先生，转变了一个无政府主义者，做我们的同志，我还有何说呢？但是我爱美词，我尤爱真理。无政府时代虽我们不及亲见，我想必定是一个瑶池乐园，绝不是高粱干子土屋，还有拉洋车人的人境。我们人境，自己不要毛皮，自己不要爪牙。四个足跑路很稳当，自己冒险，叫两条后腿独任了跑路，把两条前腿转变成了两只手，便已心怀不良，有要闹出物质文明的整备。张先生应该在此时早早反对那两只毒手，才算真有见地。什么放他在抱犊谷，用高粱干子会造起土房，他定要不安本分出个孙美瑶，同临城的火车战争了。张先生若说他长了手，也便就会读《程氏遗书》及《朱子全书》，精神亦高出于猴子。这我本绝对的承认。然即此便可见他长了手，他才有读程朱理学的结果，最初便是物质进步，然后精神进步。就让一步来讲，他精神进

---

　　* 初刊时间为 1924 年。

步，有将读程朱理学之倾向，他自然便长了手，马上叫物质也跟着进步。精神物质是双方并进，互相促成，什么战争不战争，会关了物质的事呢？西方物质进步，故精神亦随了进步。若理想的无战争，必要经由社会主义，及张先生的理想无政府主义，才可达到。程朱的理学，他做梦也说不上。没有哥白尼把一个物质的太阳放在中心，张先生理想的无政府名词在宋明理学书上寻得出么？所以张先生的人生观，现在我的见解与丁先生又是不同，他并不是撞见了玄学鬼，他乃不曾请教玄学鬼。他的人生观，是误在他的宇宙观。这说来话长，我已在《太平洋杂志》上投一文，带着批评了，现在也可以不必屡说。我现在要老实请教张先生的，我有三个武断：

（一）张先生厌恶的物质文明，大约即指种种的所谓奇技淫巧。我说他现在所谓奇技淫巧者，过了数百年，还止同今日高粱干子的土房一样。张先生若活到彼时，定还要气得腹大如牛，亦且瞪目不晓得如何反对。

（二）从今日而到理想的无政府，至少还有比欧战大的三十六回，同欧战一样的七十二次。这是我的最干脆、最让步的批评。

（三）小学强迫虽未普行于全世界，理论则已普遍。中学强迫在三十年后，世界上必有一区首先行之。大学强迫在世界完全实行，克己点说三千年，放个大炮说三百年后。到大学强迫的时节，街上的洋车夫，灶下的老妈子，都具有张君劢先生的智识，你想他还会做洋车夫么？还会做老妈子么？他们还肯战争么？他们还会当什么飞机汽车，算得上物质文明么？

本此三武断，可以复下一结论，曰惟物质文明进步到不可思议，设备强迫全世界人的大学轻而易举，世界方能至于无战争。

如谓此次欧战，如何促成，曰是乃张先生反对物质文明所促成。有人曰德国物质文明也进步不已，制造了东西太多，思往外贩卖，英国物质文明也进步不已，制造了东西太多，也思往外贩卖。因而攘夺贩卖场，就弄到战争。这战争不是明明物质文明所促成，我说这是事实，我所承认。然若世界上都同美国一样，他们到那里去寻贩卖场。还不是大家收了野心互相交易而退，各得其所，每天发明点奇技淫巧，以相娱乐么？惟其印度有位张先生读太谷儿的好诗，反对物质文明。南洋群岛有位张先生学巫来由长老的静坐，反对物质文明。中国又的确有位张先生，在灰堆里拾着一个程夫子的玩物丧志，好像热狂的拜倒，又反对物质文明。然而从寸布一针都要叫柏林或伦敦供给。从前老顽固洋烟是要吸的，洋钱是要拿的，洋学是反对的。现在张先生是理学名儒，洋烟、洋钱是不要了，然而火车是要坐的，不肯坐骡车的；轮船是要坐的，不肯坐钓船的；推而至于风扇也要装的，电灯也要点的。于是柏林要揽张先生做主顾，伦敦也要拿张先生算买客，绿气炮便发动了。若归狱于火车、轮船、风扇、电灯、洋布、洋针，他们老实板起了面孔回报道你既要用我们，你何不学美国将我们自造。若归狱于张先生的反对物质文明，又要需用他，张先生何说之辞。张先生恕罪，张先生为我们所敬畏之友，且实在是个物质文明提倡者。他是伤心着绿气炮，临时疯颠。凡冒犯个人之处，乃是戏言。至世界有不进化之民族，惹起物质文明进步人之野心，乃是真理。欧战之损失，是余中国人之罪也夫，是余中国人之罪也夫，于物质文明何与。

这种话头是三十年前郭筠仙为了刘锡鸿说的，二十年前梁卓如为了张之洞说的。不料到了今天，还要陈庸腐臭的叫吴稚晖为了梁启超、张嘉森说，真算倒楣。（何以羼杂了得罪梁先生呢，因为张先生的玄学鬼，首先是托梁先生的《欧游心影录》带回的。最近梁先生上了胡适之的恶当，公然把他长兴学舍以前夹在书包里的一篇《书目答问》摘要，从西山送到清华园，又灾梨祸枣，费了许多报纸杂志的纸张传录了，真可发一笑。二十年前张之洞、王先谦、李文田之徒，重张顾、王、戴、段的妖焰——此一时，彼一时，其词若有憾，其实尚可相对许之——暗把曾国藩的制造局主义夭折了。产出了护短的西化国粹，如王仁俊一班妖怪的"西学古微"等。幸亏有康祖诒要长过素王，才生出一点革命精神。他的徒弟梁启超《时务报》出现，真像哥白尼的太阳中天，方才百妖皆息。当时的《西学书目表》，虽鄙陋得可以，然在精神上批评，要算光焰万丈。较之今日的书目，尽管面目方雅，可惜祸世殃民，真有一是福音、一多鬼趣之别。他受了胡适之《中国哲学史大纲》的影响，忽发整理国故的兴会。先做什么《清代学术概论》，什么《中国历史研究法》，都还要得。后来许多学术讲演，大半是妖言惑众，什么《先秦政治思想》等，正与"西学古微"等一鼻孔出气。所以他要造文化学院，隐隐说他若死了，国故便没有人整理。我一见便愿他早点死了。照他那样的整理起来，不知要葬送多少青年哩。我不是敢骂梁先生，我是诚心的劝谏。凡事失诸毫厘，差以千里。不是胡适之的《哲学史大纲》，便是好的；梁先生的《先秦政治思想》，便是谬的。现今有许多古学整理的著作，我都拜倒。然而或是考订，或是质疑的，或是最录的，价值都大。惟有借了酒杯，浇着块垒，真叫做下作。胡先生的《大纲》，杂有一部分浇块垒的话头，虽用意是要革命，也很是危险，容易发生流弊。果然引出了梁漱溟的《文化哲学》及梁启超的《学术讲演》，胡先生所发生的一点革命效果，不够他们消灭。他们的谬语，乃是完全摆出"西学古微"的面孔，什么都是我们古代有的，什么我们还要好过别人的，一若进化学理直是狗屁。惟有二千年前天地生才，精华为之殚竭。无论亿万斯年，止要把什么都交给周秦间几个死鬼，请他们永远包办，便万无一失了。你想他如此的向字纸篓里掏甘蔗渣出来咀嚼，开了曲阜大学、文化学院，遍赠青年，岂不祸世殃民呢？这是梁先生走去那条路上，走得太远了，所以陷入迷魂阵。我有一天跑到胡先生的书房里，四壁架满了线装书，桌上也堆得东一堆西一叠，他随手把面前的一堆移过。他说你看了是不乐意的。我说这些给你看，我是热烈赞同的。但是我二十年前同陈颂平先生相约不看中国书，直到五四运动之后，我遇见康白情、傅斯年诸位先生，我才悟他们都是饱看书史，力以不空疏为尚。他们不是闹什么新文化，简直是复古。我想时机到了，古学有整理之必要。所以要请章太炎去里昂讲经。去年将国内国外的空气，细细一检验，我的思想，上了大当。觉得妖雾腾空，竟缩回到《时务报》出世以前，影响在政界，把什么最热烈的革命党，举化为最腐臭的官僚，简单归罪，可以说是四六电报打出来的。这国故的臭东西，他本同小老婆吸鸦片相依为命。小老婆吸鸦片，又同升官发财相依为命。国学大盛，政治无不腐败。因为孔、孟、老、墨便是春秋战国乱世的产物。非再把他丢在毛厕里三十年，现今鼓吹成一个干燥无味的物质文明。人家用机关枪打来，我也用机关枪对打，把中国站住了，再整理什么国故，毫不嫌迟。什么叫做国故，与我们现今的世界有什么相关。他不过是世界一种古董，应保存的罢了。埃及巴比伦的文，希腊罗马的学术，因明惟识的佛经，周秦汉魏的汉学，是世界上人公共有维护之责的东西，是各国最高学院应该抽几个古董高等学者出来作不断的整理。这如何还可以化青年脑力，作为现世界的训育品呢？亚里斯多德之古籍，经流血而掷诸校门以外。希腊拉丁之文，至今逐渐强迫最古董之学院废除。此种彰明皎著的大改革，是世界共认为天经地义的了。梁先生还要开一笔古董账，使中学毕业的学生，挟之而渡重洋，岂非大逆不道？胡适之是拿"六经"、"三史"做了招牌，实在是要骗他们读《七侠五义》。梁先生上了他的当，竟老实的滞气出来，把青年推在灰字篓里，梁先生自己睡了想想，也算笨伯。章太炎的考据，定也不算丢丑。他那《章氏丛书》里几种小品，可以充得传作。但他要把那灰字篓的东西，对青年做一个新系统的传达，他就糟了。去年在江苏省教育会的讲演，我在伦敦看《民国日报·觉悟》所载，我替他短气。乃现在还被什么书坊刻了出来，真是他老年的污点。梁先生必定也替他难过。人己对照，便能觉悟那种灰色的书目，是一种于人大不利、于学无所用的东西了。从前张小浦说得好："倘真正是国粹，何必紧急去保。二千年以来，定孔孟为一尊，斥老墨为异端，排除无所不至，然而老墨之书至今光景长新。"所以在三十年内姑且尽着梁先生等几个少数学者，抱残守缺，已经足够，不必立什么文化学院，贻害多数青年。更不必叫出洋学生带了许多线装书出去，成一个废物而归。充其量都成了胡适之、胡先骕诸位先生，也不过做一个洋八股的创造人而已。少数的胡适之、胡先骕原是要的，不幸梁先生要大批的造，不幸又有最高等的学者张君劢先生出来做护法，使他繁殖。因此同张先生反抗，并词连了梁先生。）

物质文明与科学*
——臭茅厕与洋八股
(1924)

　　去年这个时候，我刚到了北京，在东城一个石塔子庙里住着，便有人对我说《无锡新报》要出个特刊，容许你也在上面说几句话。我听了，自然很高兴，况且我是发愿不做文章，想着了便拉拉扯扯，信笔的写下去，算做卖朝报也好，算做告地状也好，我自信闲话是很多的，所以欣然的答应了下来。不料当时睡了一晚，明天拿了笔要写，却作怪起来了，自己先问，说什么废话呢？无锡城里的父老，是看惯你拉尿拖鼻涕，你可以瞎说么？于是觉得自己问的自己，倒也不错，姑且阁了笔，想想再写。那知糟了，愈想愈没有头路。今天推明天，一幌便是半个月，眼见得特刊也已经出了，用不着写了，竟阁到现在，现在真容易的又是一年了。《无锡新报》又要替新年征文了，倘若再错过了这个机会，别人容许你说话，不趁着兴会说说，岂不可惜呢？所以这一回，不管三七二十一，趁《无锡新报》催着发稿排版，我就拿了笔，借目前一件小事，敷衍一篇大议论出来。我今天晚上，刚到五福弄去办了"恭"事回来，去的时候，已经打过了十一点；这是特地候到晚一点才去的，否则人才济济的时候，共有四十个缺，倒有六七十人同时挤去，那便有二三十个侧身在狭路上掩鼻候补了。但是夜深了，虽几百步以外，先施、永安两个公司的电灯，还是照得像白昼一般，那五福弄里这个排泄公所，却黑得连五指也辨不出来，在刺骨的北风里，刮了三四根火柴，才刮着了一根。寻照一座两脚踏台，没有什么面糊浆一般的东西黏着，就放心的一跃而登，那中间的好东西，已经堆积着与踏板一样高，那就止好算

---

* 初刊时间为 1924 年。

不曾看见，知道再刮一根火柴起来，也徒然违了"眼不见为净"的金言，反是无益的。好在比较蓄起一个秽水涤净的木桶来，把白肉嵌着，通畅以后，把老虎钱眼的盖子掩着，绸缪了满间屋十几点钟，早上听了一声大叫，还要提心吊胆的招呼开门；现在到公所交卸过了，早上舒然而卧，视吾乡邻之旦旦而扰，则亦此善于彼。况且一踏上中国的贵领土，那里有什么改良的余地，对于这件事，饶你什么坐马坑了，金漆马子了，叫做无贵无贱，压着无罪，一天之内，吃是肥甘了，睡是轻暖了，读书、写字、会客、谈心的处所是雅洁了，惟有这件事，罚他受罪片刻，消消舒服的孽账。从前偶有少数的受享独福人，什么用水银充满了桶子，所有黄白物掉下去，就杳然无踪。他那种痴愚的办法，煞是可笑；但他亦觉得这件事应该改良，说他的重大，自然与吃饭、睡觉、读书、会客，一样重大。老实拆穿了西洋景讲，人是一个造粪动物，要叫出货之际，十分安适，的确与人生的幸福，大有关系的呀。以上这种臭议论，都在踏板上仰视天空，一起一落的悠然深念，一半也是叫排泄容易。但又想到我家赁居在伦敦，小小八九间屋的一个四等居民住宅，竟楼上楼下有两间比佛龛都洁净的排泄房，白磁的盆子，可以打面，油木的坐板，可以下棋。"恭"事方毕，引手把铜链一挽，所出之货，已送向十八层地底。还剩一只洁白的磁缸。后面冰梅花纹白玻璃窗，半开半掩，清气往来。前面五色玻璃之门，紧紧扣着，十六炷烛光的一盏灯，刚在头上，照的手里的一本小说，字字清楚。然我当时还梦想伦敦城心的大客店，睡房之后，连结一宽大之排泄房，织花绒毯，纵横丈有八。白磁面盆一，精莹照眼，排泄耳目口鼻之秽。白磁浴缸一，机括灵便，排泄全身毛孔之秽。白磁毛盆一，排泄两便之秽。三事皆位置于一隅，专供一客之需。此房悬美丽之电球一簇，错列而四，皆光百烛，毛其外如精珠。我则提议毛盆旁当置一最精之书架，排日换置名著古籍于其上。昔欧阳公所谓作文三上，厕上其一，足见人生幸福之全部，此事实居其一。人类由穴居野处，排泄如猫狗然，当街行之，泄毕便算，无所谓拭以瓦片、棉絮、粗纸也，稍有进，便若库伦之蒙古人，钉两木于排泄处近旁，相离寻丈，横系一大草索。各人于"恭"事既毕，就草索而闯之。索上既累累涂油漆迨遍，乃易新索。再进即为印度阿三，事毕，以手摸索，涂于壁，复寻少水涤其手。但必左手为之，右手将以抟饭拈香，戒勿为也。再进则五福巷风味，坐马坑，金漆马子，相与竞爽矣。然而草索涂壁之人，将以为泰乎。吾人必笑之曰：子以为泰乎，我欲行礼耳。彼又将曰：人生亦知足可矣，子欲行礼，如此其不惮烦乎？金漆马子方颜赪无以对，白磁盆起而引咎自责曰：然则过矣，草索涂壁失之野，五福巷，金漆马子，正奢俭得中。故东方文化之美，罗素氏过五福巷而有余慕焉。便是我们模范县之无锡，要保存国粹，昔有暴徒的民政长，曾塞坑破瓮，反古之道。不久又有商彝夏鼎，陈于壁脚，秦坑汉窟，遍于街末，还我旧物矣。好了，这一大段的臭议论，要叫《无锡新报》排在报上，亦觉难堪。我将告罪。我是托欧阳公三上之义，借他引起正文，文势到了此地，正文也就跃然欲出。我说，我们人类，经达尔文先生证明在三百万年以前，由猴子变来。至少二百万年，还是过着猴子的生活。连衣皮食肉，都说不到。变到能够拣着一块火石，把他一段打锐了，那就割着禽兽的皮，穿到自己身上，这要算到第一步的物质文明，猴子们用不着要寝暴类之皮，他们看见"人大哥"那种狐裘皇皇，定说他不能归真返朴、暴殄天物的呀。到石斧石箭做得很精致，年代也又过了一百万年了。忽然燧人氏寻了火出来，共工氏冶了金出来，不到一万年的短岁月，虽然青牛老人要剖斗折冲，列御寇的前辈要毁坏养成机心的桔槔，止是不中用。三里桥米行公所的较斛，算做重要商规；荚蓉圩里竟用打水机抽水了。所以办"恭"事的一件小事，也由当街毕事，掉头不顾，草索涂壁，进化到金漆马子，坐马坑，五福巷司门汀踏步，不能复反于掉头不顾，或草索涂壁。这就是人类生活的标准，猴人是猴人的见解，石器时代人是石器时代人的见解，库伦人是库伦人的见解，印度阿三是印度阿三的见解，我们金漆马子人是我们金漆马子人的见解。于是天然趋势，白磁盆人当然也应有白磁盆人的见解，白磁盆非乎，草索子何尝果是？折两用中，金漆马子之是，亦没有什么上帝能谆谆而命。那么，我们觉得草索涂壁，人类的幸福，有些不够，也就定要使金漆马子，摇身一变，变起白磁盆，才不枉猴子不足，变到了人。就是得到了白磁盆，还是要努力换个胜于白磁盆的，才更不枉猴子不足，变着人呀。所以汽车止叫闲人坐着，还要把阿木林任意压死，我亦大反对的。若说汽车不该做我们人类的普通代步物，那种剖斗折冲的精神，未免有点傻气罢。我也深恶那种新世界屋顶上"电火炙兔子"的文明，然而希望用一百烛烛光的四盏电灯，照了我在白磁盆的厕上作文，我是坚决的要替我们人类努力的。如何努力呢？譬如无锡家家要换白磁盆，个人的经济问题，倒不成问题。因为现在的人，处办居宅，也是习常蹈故，颠倒错乱。五千元造个住宅门造大厅，最是空好看的东西，倒化三千元。书房也肯化一千元。卧房也肯化一千元。极要紧的厨房，倒只化二百元。毛房则化了三十元，已经肉痛。所以五千元住宅，叫他化三百元造个内有白磁盆的毛房，不算失了比例。而最大的问题，却在磁盆里掉下的黄白物，送到他那里去？不要说十八层地底，就是一层也叫做勿层。冲刷磁盆的水，来势汹涌，塘高的压水柜，普及全城的，又是影踪也没有。那是白磁盆白磁盆，闹了半天，真是废话。还不是金漆马子最便；他的尾闾，又不是蹩脚之夏鼎商彝，街末的秦坑汉窟，最算适宜么？因此追下去设想，第一步是我们无锡模范县的沟渠工程，到底那一天经始呢？现在世界开明人类，都晓得四通八达的河渠，是拿他灌溉的呀，拿他排泄的呀，拿他转运的呀，不是拿他食用的呀。大市桥城河的水，无锡文明人晓得有碍卫生了，所以公园前的公井，也踊跃的开凿了。然而美哉江尖口西水墩之水，皆看做甘露醴泉，以为莫予毒；虽放到显微镜里，不忍着看，然又以为我辈抵抗力，乃自天赋。一切敲罐头，送羹饭，都不愿划几分之几的阎王账，归到饮料上去的呀。而且清水不从龙头放来，浊水不从深沟排去，一切洗菜淘米洗衣打裳，皆苟完苟美，性命暗为孤注，清账也无人能算。水以桶取，自然门窗地板，无法多灌。水由担来，自然深巷暴火，无水能灌。种种不卫生，不清洁，不康宁，皆由于在无锡也者，河渠洞达，何用自来水之谬说而来。究其实，造池埋管，固不资，能积几十年之医药卜筮，酬神祷鬼之资，暗由食水而化费者，将倍而又倍倍也。充此谬说，白磁盆又永远不能出现，金漆马子将与夏鼎商彝、秦坑汉窟而千古，但是从臭话说到洁话，说了半天，把北京争闸北办不好的自来水，把上海都不曾做的大阴沟，责备到无锡，岂不又是废话。然而把苏州、常州也不曾有的工厂，居然开到无锡，就是极遥远的时代，居然把处处可做交易的米，也在无锡成功了什么盖几省的米市。因此在一千几百州县里，做了全中国的模范县，考在第一名。凡事皆止要努力，只是无锡人吃过甜头的人，应该相信的。除是不进不退，地球上独让中国会耕田凿井，保存永久的世外桃源，否则把进化的公例说起来，终在一短时后，无锡也跑到是上海一样，中国才能站得住。或是伤心点说法，也同上海一样，让人来逼住了改观。一定是没有第三条路的呀。凡事先要有坚确的信心，及健全的舆论。无论什么大事业及大工程，都有希望成功的一天。最糟的，便是孟子所谓自暴自弃。横呀轮不到我们，竖呀可以不必，那就止好让棺材到了，才淌下眼泪来；看着别人在静安寺、徐家汇住神仙的别业，我们只配聚在五福巷左右。不定多少年后，江尖嘴成功了无锡洋市长的公馆，临流列植了太阳不晒进的高树，对好了黄埠墩，喷水管在那里终日不断的飞着。我们挤在崇安寺前，还止是一条巷合用一个水管，大家已眉飞色舞，指着洋井，来把民国十三年的老怪物，好像说天宝宫人这一样的珍怪，无锡人是或者用不着自来水，自来水是一定要咄咄逼人造在无锡地皮上的呀。就是上海，他还不曾有十八层的大阴沟罢了。他那三四层的小阴沟，无锡也还不曾梦见。上海十八层的大阴沟，已经闹了二三十年，近年来因伤寒虎列拉等，不断的要想猖獗，几位洋大人一议再议，建造的时期，定是不远了呀。我今天触着臭话，说这许多废话，并不是要无锡马上造自来水，马上开大阴沟，马上做白磁毛盆。我是望无锡人没有了自来水，要觉得难过，六神不安，不要尽把那些无锡也者，河渠洞达，用不着自来水的谬说，让了自己，还让子孙。我这篇文章的主旨，还止在此。我说，无锡、常州的比较，无锡人蠢笨，不愿意做市井小人，摸两个卖买微利。常州人是聪明，都送子弟进官场，好比如陶镕一流的滑吏，神不知鬼不觉，却扒了民国几十万，捞在荷包里。但是，一笔总账算起来。无锡的子弟，还是清光大来。学实业、学科学的，屈指数不尽。他们的老实父兄，却有许多，成功了叫做什么区商，叫常州人又羡又妒又气。常州的子弟，多半金事主事、科长科员，在全国做蠹国病民的寄生害虫。而且落泊在大都会客栈里，想钻狗洞钻不着的，也不知多少。这就是一念之差的分别。若叫常州要追上无锡，至少要过半世纪。我是常州人，骂常州人是公道的呀。所以我这篇文章的主旨，要劝我无锡的小朋友，一不要学常州人那种做官，二不要学苏州人那种文弱。尽我们无锡人本分，会烧火酒灯，会看显微镜，会拿斧头，会用算尺，那就父诏兄勉，朋怂友惠，不但在他们的能力上。造点阴沟，造点水管，不算什么一回事。而且工厂再多了，洋房再添了，不用白磁盆，他们也自然而然不舒服了。朋友们呀！自从五四运动以来，不料新文化却成就了洋八股。什么人生观呀，什么新创作呀，简直坐在马坑上发昏。制造了许多的洋八股家事情还小，竟引起了闯草索的那班老先生们直截把老八股配合起来，那是万劫不复的退化了。无锡还是一个肯做买卖、肯做工人的人种，不要叫那种洋八股的微生物生存，那是中国的一线生机。这是我在五福巷内熏昏了头的激急话，大家见恕罢，这篇的副题目叫做臭茅厕与洋八股，就说拿洋八股同臭茅厕比例也好了。

《说文解字诂林》叙[*]
（1927）

　　孔子系《易》，而曰："备物致用，立成器以为天下利，莫大乎圣人。"所谓备物成器，于《包牺氏章》，历叙罔罟耒耜，以至于棺椁书契，累言耒耨之利、舟楫之利、臼杵之利、弧矢之利，复互文见义，曰后世圣人易之宫室、后世圣人易之棺椁、后世圣人易之书契，其不讳言利，且不恤以若宫室、若棺椁、若书契，区区匠斫帜记之属之末艺，异乎天道性命者，尊为圣人。乌乎！此在二千四百年前，隐合演化之理，知圣人不必宪章祖述，动则为典，言则为经，惟古才有首出庶物，生如是其人，中世以降，遂无之也。盖欲扩增人类莫大享乐之利，或欲利以阐演绵邈已过年历及宇宙将来之迹朕，无他，惟能备物致之用，得成器而立之，斯小备则小效，大备则大效，必若响之与应。

　　书契者，结绳为之先行物，经典为之产生品，无穷方来之百物庶务，用之为总图案也。然而其精粗繁简，与夫为利之广狭，只视乎备物成器，为逐渐之演进而已。物者，以兆年计之，自有异同，若仅计年以万数，可若旦暮，古今如一。若麻枲、竹木、金属、丹漆、毫颖之物，固前乎结绳，皆已有之，而必有人焉，为之备其麻枲，致之为绳之用，于是小大其结之成器立。绳既得成为结，不必其能利于神农氏以后已繁之庶业，足理萌生之饰伪，而神农氏以前之事，固已足以为统，足以为治，享其利者，年且以千计矣。

　　进焉又为之备其竹木与金属，致人为刀锥方册之用，于是象天法地，别鸟兽蹄远之迹，尽形声滋益之能，赫然所谓文字之成器立。仓颉不必果指一人，亦不必果为包牺时人，为黄帝时人，终之时至包牺，

---

　　[*] 初刊时间为 1927 年。

止操结绳之术极熟，故且移其用为冈罟。其作《易》八卦，略有书契朕倪，疑必为之以石器，必俟舟能剡、楫能剡、栋宇棺椁能剖斫与吻接，从而自然并有刀锥方册，始产生备有六书意趣之文字，此或无可疑。许君主仓颉为黄帝史，似宜不谬。书契既立，所谓百工以乂，万品以察，为利之大，且至于天雨粟、鬼夜哭焉！雨粟与鬼哭，非记事实，乃为形容之词，尽其致耳。极言书契之利，财富将自然而充，鬼神亦莫能秘其奥也。然而此犹止计一时之利，其实以生物之积想，演而为人类，以吾之积世，演而为大智，皆止各在其间，尽毫忽之力，上接无穷，下授无穷，成为一线之承转，如其付授但有口耳，观感仅遗品物，终不若更得精密之帜志，能达曲折之情绪，理解繁赜之方案，转相授受，尤促人智之猛进，此则真为文字之闳利也。

然而物也者，尽今所有，古皆有之，能备之而致之用，以至于成器，则必代有无名之圣人，不鄙琐末，偶焉有得，以立厥利，非所一蹴即几。故结绳必且年以千数，于是乃得代以刀锥方册，又年千数，沥漆之间，濡墨之笔，方以渐盛行。需诸时日，始又以麻枲杂茧丝所织之缣帛，以代简牍，而复捣制结绳之冈罟，以有楮叶，又年百数，方取昔日之刀锥方册，移用为刻镂之印板，必更历百数之年，与刀锥同性之金属，久作鼎彝，能铸文字者，方得离立为各个，以轻便其印术，用以发挥文字巨大之利益。又需诸时日，一砺墨之石，用之已千年者，至此方能得一日耳曼人，为备膏沐，加诸涂泽，而致于用，乃成为与金属铸字同等效力之器，得假手吾友丁子，贡大利于治许学者。乌乎！此非物限之，皆视乎能备且致与否，成器之立不立限之，学术升降之大，竟操于一器成否之细，非圣人孰能与知之？

自仓颉造字，有以述典谟者焉，有以制雅颂者焉，有以道政事记道术者焉，若干能名之圣人，贻我以六经之藉、百氏之书，固当感谢，惟鱼则得矣，竟未能一究筌之为状，厥义何以用此字，厥字何以具此义。先秦之人概不暇详，吾亦许其非不知，然亦徒然掌于保氏，熟于庠校保傅之口，千载下之，我将不可得而闻。设今拟非其伦，讥先秦之人，诏其来兹，语人以学，而不语人治学之器，如徙宅者忘其妻，授记忆术者下坛遗其盖，非谑而虐也。然而有可得而谅解者，则如仲尼读《易》韦编三绝，《易》之文本，在今仅数纸书耳。若佛典然，日日晨兴诵百遍，洁其指而展之，读之十年，纸页犹可如新，何至以韦为编，犹且三绝？足见今日数纸之书，在阙里孔氏所藏，必且积简累椟，如是而欲在删定六艺之余，犹求夫子贾其余勇，更写万有五百二十六正文，十三万三千四百四十一字解说，得十四篇之《说文》觊我，其势有所不能。虽宣王太史籀遗有《大篆》十五篇，直传至建武而亡，然准以秦后《仓颉》、《凡将》、《急就》诸篇，所谓三仓者，皆不过如扩大之千字文，学僮讽诵之书，未尝述造字原本，与《说文》特风马牛耳。此学术为成器所限，其显证一矣。

汉兴迄于许君之世，楮叶则尚待于蔡伦、左伯其人，得物为备，未及致用。然凡生此三百年中者，皆能濡毫吮墨，自由属稿于缣帛，又以文字本身，为隶为草，日趋简约，故著述远易。当时不惟曰传曰笺，大师纷如，而宏篇巨籍，且灿焉踵出，甚有夸多伤繁，说《尧典》篇目，至十余万言，说"曰若稽古"，又三万言者，而推究六书原本之事，因亦不在例外。至今贻吾人以小学两要典：一为《尔雅》，注重六书转注等文字之用，则取毛公以前略本，完成于郑玄以前之人；一为《说文解字》，致详于形意声等文字之体，而转注假借之义亦兼以明焉，此即成于许君。许君得壁中书，得张候所献，得郡国山川所获鼎彝，复得本师贾氏所授，其成书固非一因，然得笔墨缣帛之利，从容写以隶若草之稿本，未尝非易毕其业之大原，然而为之且二十有二年，幸及不死而成。而且有待于阐明补苴者，不一而足，固非若更生其后者，得纸墨之纷纶，印行之易简，于是妄人欲以向壁虚造之术，与之斗胜，有若王安石、郑樵之徒，亦能摇笔累幅，积卷成尺，虽为许君所笑，亦为许君所骇。迨乎妄气消歇，坠绪恢振，于是守许君师法，升其堂，入其室，且探厥奥突，能言许君所不及言者，如有清戴、段之伦，且有数十百巨子，洋洋至积千数百卷，此又许君以感以喜，且有谢不敏者。实则许君之或骇焉，或谢不敏焉，皆止对方持治学之器形便，积薪居上，占优势耳。此学术为成器所限，其显证又一矣。

然既明乎学术升降之故，而成器能为学术之限，亦更予以大利。许君一学，得数十百有清名儒，恃其治学之器，日即便易，因而阐扬尽致，将大昌其术，更依许君之法，搜求及于壁中，参引至于鼎彝，而殷墟甲骨，已小露其端，异日凿山发地，更将多所佐证，仓籀故物，得因许学而完全配获原状，在反掌之间，而其作始，必从尽罗数十百巨子之著作，如胡先生适之所谓先之以长编式，加之以索引式，而后随其人自加其着手整理之功，此其志丁子仲祐蓄之已三十年，孳孳从事者且八九载，则得无前例之不朽伟著，所谓《说文解字诂林》者是矣，但吾以为非有日耳曼人为印卖其戏剧稿本之故，前得其石印术，则欲千数百卷，一一还其原有面目，丝毫无板本伪谬之虞者，开雕至成书，必将五十年，非若今之摄照印行，止三数年即集其事也。故丁先生属余附加一言，余于诂林要旨，先生自解之，已详且备者，不复有所赘，惟于备石致用，而立良印术之成器，其为利治许学者，如是之博，真圣者术矣，不能不三叹也。

《李石岑讲演录》序[*]
（1927）

石岑先生：

　　我未识先生以前，已在此处彼处，读了先生许多阔论。年来更看见了不少的大作，终是树义极坚卓，却平允不肯没人一毫之善。所以钦服先生为真理求真理；知先生为学，亦为学问求学问。这种为学态度，似乎我们东方人向来欠缺。想起来，英美学者亦少此风。因此，从前李石曾先生每欲以法人为学的态度，绍介于国人。现在先生说他尚带些生活色彩，不若德人对学问是学问，尤其看得认真。拿先生的话，从战后观察：德人已把从前被军阀罩着的一层黑幕揭了去，显出他赤裸裸的真相，才证明先生所说的万确。宜乎他的"成德"，自然比世界为高。就用功利的意见去批评，前年我同褚民谊先生同车赴德，虽号称战后荒残境界，固与十年前所见大异。然一草一木，还都表显了学问整理的精神。褚君与我不约而同的相视慨叹。戏相谓曰：叫英、法、美战胜了德国，无异助瘟三推仆了流氓。褚君并说：人类智识程度如此，为之奈何？我曰："推仆"定不可少，别为一义。军国主义的完全告终，幸有此一仆。且异日真共产主义实现，必为今日失败的马克斯之乡亲。倘欲再进而求大同的无政府，能举其实者，必为努力学问，过于今日德人之一种人类也。此次先生对于为学问求学问的曲折，详晰诲示，弟惟有一读一心折。不惟我等耄荒不学的，受了宏益，尤其是此后英年国秀，亦有了南针。我国代表学者的孔子，便是一个政论家，带了功利的色彩不少。"诵诗三百，授之以政，不达；使于四方，不能专对。虽多亦奚以为？"在他虽然别有用意，然"学也禄在其中矣"。后之时王即用爵禄为

---

　　* 初刊时间为 1927 年。

激扬学问之具。射自策献赋，至固定而为八股制义，二千年久视学问为敲门砖。此种空气，依然弥漫于今日海内外支那入校学侣之间。若复助之以功利学问之焰，其结果有如先生所谓冒牌出品等之种种，皆为必至之流弊。先生药之以详示之诸说，诚苦海一航。先生齿及弟近来的譬词，以"无所为而为"见慰。自然非所敢任。先生诱掖之，俾有所慎重，甚为拜嘉。因此弟亦敢以双管不能齐下之苦衷，趁着机会，一加表白。弟既不学，所以偶有所涉笔，无非感受了许多外动，引出了一个盲目的反应。论起实在来，刚刚是有所为而为。先生乃奖励他是"无所为"，这怎敢不"打不自承"呢？我说：人的向前要求，同向后要求，与个人的身体，亦有一些儿比例。兄弟的身体，素来比较顽劣。因此，自觉向后的话，终值不得说。闭了眼睛想起来，凡喜欢说向后话的朋友，似乎十有六七，都是止有一个很贫弱的身体。

这就是东方"病夫文化"的特点。年来我忽然觉得求"生活了当"的人，太多而且太认真。生活那里来什么"了当"！了当便是向后要求。所以厌世同自杀的人，亦是不少。向后便到了一团。云"一"便是绝对。"一"则谁复从旁感其有无？自感亦复向谁说之？谓之为无亦可。既一团矣，无复云人；既已无人，复何有生？所以讲人生观的生活朋友，那里配去管他？便是抱了宇宙观，亦且并无宇宙。连真如正觉，说得多少湛明，还是多事。倒不如用"漆黑一团"，记实方便称之。这种意思，还是我在认真生活上，算是给他一个易简生活的反应。这还是为着生活而动笔，与梁漱〔漱〕溟先生的动机一样。所以先生称他为"无所为"，是第一可愧。年来又觉得吾人对于生活，不是太认真，便是太不认真；不认真便是不肯向前，名为持中，亦是向后不了，姑且苟延残喘。因此，高等的持中，是乐天知命；中等的持中，是做一日和尚撞一日钟；下等的便是苟延残喘。受着乐天知命的暗示的，是一切命定，一切委托于鬼神，祈求再世的善生活。承了做一日和尚撞一日钟的流弊的，是认定世界将要末日，逞些物质上的肉欲，似乎像惟有他落得了便宜。这坐于不晓得向后是一团，不甘愿一团，便成万有。万有又万有，止是向前，无中立的余地。斟酌尽善了，"自以为"改良复改良，乃赞成有人生观人的本分。这种意思，我又对于不认真生活的人，算是给他一个生活要努力的反应。这全是淑世的肤浅话头，免不了好像做了托尔斯泰先生们门下的走卒。这赖不掉有些"功用的热望"。先生乃奖他"是无所为"，是又一可愧。做了生活向前的梦，便想到整理万有，用一种最易简的工具，便是科学。说到了科学，就又免不了羼入支那孱弱的小问题，连类及于机关枪。所以表面上别人自然以为我把机关枪代表了科学，且以科学包办一切。我也来不及说到承认不承认，止好混乱的对付。这种谈话，不要说对于为学问而学问，离开万里，而且不免糟塌了科学。所以近来我那许多泥中斗兽的话头，简直是哑吧吃了黄连，泄泄寡气罢了。

先生还勉励他"无所为"，那更可愧了。但这是所谓握了一枝"管"（笔），在一方面说话。现在可以又用一枝管，在另一方面，代我自己表白。则我亦能晓得在学问自己本身，自然如先生之奖言，皆"无所为"。科学也就不消说得，同是无所为之学。彼岂是专为解决什么物质文明？（物质文明，乃从拆穿了西洋景，什么金、石、雷、电、水、火，皆能容易应用，自然生出来的现象。）故弟于"科玄之战"似像偏袒科学，因其"若有所为"之热情太炽，已如上所自纠。至就"无所为"一方面立论，弟对张君劢先生所云："人生不能以科学解决"，还是始终不能同意。又若科学不能解决之人生，即归在玄学区域。张先生若果有此意，那就非但对不起科学，而且对不起玄学。弟窃以为文艺信仰之学，发挥情感，有不拘一切论理，向前迈往之概。此正如张先生所云："不拘论理之学。"于是玄哲之士赞同其审美之情，又审考其有否假设之理？便是斟酌了情理，真正做个向前进一步之要求。所用之假设，即出为论理，此正玄学、哲学之特色。何能以玄学解决人生，可外论理？照上面的鄙意，再简括说来，就是说：文艺信仰之学，用大胆的情感，什么都造起空中楼阁。玄学之学用着论理，慢慢将一座一座的空中楼阁，能升天入地，去求得假设。于是把假设了得到反应"至信"的一部分，叫他独立了，别起一个名目，叫做科学。这三种把戏，宇宙一日不完，便你手交到我手，更迭的，无穷的，一同向前演进。必要宇宙末日，一同随了宇宙涅槃。谁也不能包办了谁。从前"至信反应的假设"甚少时，别无科学的名目。什么天文、图算、烧丹、炼汞，都叫做哲学，便证明玄学是尚未论定之科学，科学是已论定之玄学。人生观自然是有机的、未结晶的一物。正是有些将藉情感学创进，有些将藉玄哲学假设，有些可让科学确定。创进是不已，假设是不已，确定亦是不已，必到人类末日，方留一部分僵石，全归科学研究。所以张先生若说人生观有九端尚未成为科学，则可；若说永非科学所能解决，则不可。又若说人生观九端解决，必又有九端，又为科学暂时所不能解决则可。若说那个九端，真非科学所能解决，则又不可。情感学、玄哲学的向前愈进，即科学之区域愈大。进不已，大亦无穷。然不能因科学区域大至无穷，遂疑其将包办一切。须知："一切"是无始无终，无外无内，科学永为所包，不会反包了它。所以科学包办的好梦，甲方不必做；科学包办的恐慌，乙方亦不必起也。然科学犹未能包办之人生，在情感学家，自然不愿拘于论理，使人生沦于枯寂。彼所以助科学者，别有相成之理由。若在玄哲学家，正宜就未解决之人生，用论理多方假设，为科学解决之预备。如何玄学家可曰："人生观无论理可言。"是失玄学之职矣。此弟之所以哓哓，似止就学问解决究竟，或近似"无所为"也。至弟之迷信物质文明，在又一方面言，亦止为一种之"好奇"。先生言："牛顿看见苹果落下，而想到地球的引力，但他决没预想到今日物理学上的应用。"牛氏即英美学者，英美功利之色彩诚浓，但无论什么一种的洋鬼子，他的好奇之心，似乎终别个种类发达。苹果落下，正所谓："吹绉一池春水，干卿底事？"他偏不相信落下是个当然或偶然，必要求个解说，而引力之理遂出。充类至于无聊之物质文明，他偏不相信风力马力，没有能代他的汽力，于是汽机出。他又不相信车子必要牛马才能拉了走，于是火车头、"电线街车"（电车）、"摩托车"（汽车）等皆出。他又不相信天空止有鸟能飞、海底止有鱼能游，于是飞行机、潜航艇又出。推之何以图画止可用刀笔？于是照相术出。弹子何以止能发射一粒？于是机关枪又出。都有一种盲目好奇的气概，决不是哭哭啼啼，像吴稚晖因为看见上海公园有"狗与华人不准入内"之告白，才想到机关枪也。好奇虽非直接的"无所为"，或直接的"为学问而求学问"而亦庶几近之。弟故常戏慰学界同人曰：吾乡有先德，留遗一名言，曰"缓事急做，急事缓做"，在处事上实有无穷意味。今对为学，可袭其语调，则曰"坏事好做，好事坏做"。何谓坏事好做？即对于嫖赌吃着等事，必当有无穷顾虑，凡可以自好之处，努力得一分是一分。何谓好事坏做？凡喜欢嫖赌吃着的人，可以父母妻子的奉养，一切不顾；杨梅结毒，戕贼其身，亦复不顾；甚而至于高等学者，乐于捐弃宝贵之光阴，沈浸于极可笑之麻将戏，夜以继日。然到了从事学问，便家贫亲老，也时时在心了。何日可以毕业？何科最为便宜？这部书太厚，不如拣薄些的容易看完！写一部书要一两年，我决不干！得不到名誉利益的，我又不干！最好不要考试，便得文凭！上英国要六年毕业，不如上美国止要四年，但用钱又太多，因而上法国也好！种种算账工夫，都合理的使用了出来。倘这个时候，能师法嫖赌吃着之人，拿些盲目的气概出来，日以继夜，读我的好书，你宇宙混沌着，我亦不管。似乎这种种坏做，也算不得十分罪恶，譬如九十岁还要娶一个小老婆。所以美国"朱家角"（芝加哥）有位七十九岁的老太太，亲戚都死尽了，没有什么消遣，便上大学去上班。把学问看做终身的伴侣，还不是"迷魂大乐"么？我这种论调，也许可以报答先生"无所为"的奖言的几分。就先生"敲门砖之太息"，倘好事坏做的人，略多一点，那末兄弟也不再感愤于我国的海内外学者专学洋八股了。承先生锡以名论，多方奖策，故亦拉杂布臆，以明区区本怀，藉引一粲，并叩道安。

草鞋与皮鞋[*]
（1927）

天下的事物有两种不同的价值：一是自己的价值，一是从他方面发生的价值。譬如皮鞋价高，草鞋价低，这是一定的；有时在那山路泞泥的地方，草鞋的价值比皮鞋要高多了。我们中国是一个穿草鞋的国家，很多地方是需用草鞋的，是故在中国是草鞋的价值高些。现在我们的脚上，虽然穿着很贵重的皮鞋，到街上还是要靠穿草鞋的人拉车哩！

这个拼切国音或拼切土音的注音字母，我们有三个法子去研究他：（一）像皮鞋一样的研究，字母要极好极完善；（二）像草鞋一样的研究，不过要将草鞋做得精美一点；（三）只要有草鞋穿，不必一定要多费时日去做好，因为即刻就要穿。我们的注音字母，自然应该要造得极好，研究得极精细，和造皮鞋一样。但皮鞋的工程大，价值又贵，皮子要到国外去买，本地的皮工手艺又不好；我们既然马上就要鞋子穿，那就要急求近取，没奈何暂且做一双草鞋穿得了。我国是一个共和国，内忧外患又很紧急，普及初等教育是救国的根本法子。这个火烧眉毛时应急的注音字母，是普及教育的最好的利器，这是如第三条像草鞋一样的研究。但是我们的意思，是要马儿好，又要马儿不吃草的，我们做草鞋也要有这个样子，也不可太坏了。所以我们研究现在的注音字母，应当加以考究，把他那极不好的地方，改良一些，这就是如第二条做草鞋一样的研究。

我们要知道：造这注音字母的主要目的，是为着中国十分之九的目不识丁的国民，增加知识，灌输教育；这注音字母，实在是四万万人的救星。既然有了救星，我们就要即刻努力传播起来，早传播一天就早得

---

* 初刊时间为 1927 年。

一天的功效。若定要精益求精、密益求密的研究到极好，才肯把他传播施行，到那时我们的头已白了、齿已落了，老大的中华民国已陷于莫可挽回之境了，国亡之后再将很精的注音字母来传播也无益了。所以我们要救国，要提倡注音字母，就是现在这个时候，迟就不好了。

并且造这注音字母本来是一桩不容易的事，自创造至今日十有余年，其中经过许多艰难困若〔苦〕；他的历史，我从前在遵道会说过。因为用几十个字母，要统一全国的语言，合了甲的意思，就难合乙的意思。想要各方面都能满意，是做不到的。所以有人说注音字母造得不好，他本来有不圆满的地方。但是据我看来，注音字母比较英文、日文的字母，就好得多了。有人说"ㄢㄣㄤㄥ"四母，带有子音，不能列入母音；这样看来，那就连"ㄞㄟㄠㄡ"四字都不能成立了。因为这四字是二重音，不能说是音母。"ㄦ"母是最近研究所贡献的，前人不知。若比他与欧文"R"字一样，也不能成为韵母了。说到"ㄗㄘㄙㄓㄔㄕㄖ"七声母，有人主张都要收声于"ㄜ"韵，读作"ㄗㄜ"、"ㄘㄜ"等，但是"ㄗ"母与"ㄜ"母拼和可以变成"ㄗㄜ"，"ㄗㄜ"母不能变成"ㄗ"。"ㄓ"可以变成"ㄓㄜ"母，不能变成"ㄓ"。又如巾、今、京三字，广东人分为三音，读作 Gem、Gen、Geng。北京音分为二音，读作"ㄐㄧㄣ"、"ㄐㄧㄥ"，合了北京人的意思，就不能合广东人的意了。我是北京国语统一筹备会中一分子，会员汪怡一定要于三十九注音字母之外，加一圆唇之"lo"音字母。因昔造字母时，只造一"ㄜ"母，读如英文"é"，唇不圆。加"ㄨ"成"ㄨㄜ"，则成圆屑〔唇〕之"lo"音。故只造一"ㄜ"音，如北京人读"歌"为"格"ㄍㄜ Gor，读萝为"ㄌㄨㄜ"Lo。照《广韵》上"歌"、"戈"分为二韵，因歌为开口音。"ㄜ"戈为合口音，"ㄨㄜ"这不过等呼不同罢了，不必另造一圆唇之"lo"音字母。又北京人读"烟"为"ㄧㄢ"，江苏人读"烟"为"ㄧㄣ"，南北人音不同，本来各地声音岐异，世界各处是一样的，南方人将"ㄧㄢ"二母相拼，即自然读成"ㄧㄣ"，故不必另造"ㄣ"字。关于此"ㄨㄜ等于lo"和"ㄧㄢ等于ㄧㄣ"二条，汪怡因不知等呼，不肯赞成。汪先生改《国音字典》，我说他太急了。因为世界上无永久不变的，凡事宜尽力推行，因困难而改良，《国音字典》及注音字母，方始推行，不宜即改。我是主张做草鞋穿的，但宜尽力，求其实用，不主张还没有去穿，就明日也改，今日也改，左改右改，还是一双草鞋，我主张一面穿用旧的草鞋，一面另外做精致的皮鞋，对于注音字母，宜一面保存推行，不可零碎更改，一面请少数专门学者，做根本的研究，研究得精美了，再行更改，岂不是像草鞋皮鞋，二者都得了益处吗？所以我主张，以现在之国音为标准，在学校进行，不可轻于更改，使儿童疑惑，一方面在家里研究，预备改良，二者并进。

我们凡事不要完全崇拜外人，如果自己有理，是宜依自己的。造字母要简易适用，假定一定要学着外国，就会很麻烦，不适用了。譬如有些人主张"ㄗ"母要改用西文"ds"，无论"ds"读作"ㄗ"不甚对，就是用"ds"拼出字来，如拼一"藏"字，要用五个字母"dsang"，也就太不简易了，如何通俗呢？用注音字母只要"ㄗㄤ"二母就拼成"藏"了。（和钧按：照"ㄗㄤ"之"ㄤ"字看来，可知前面吴先生所说"人言'ㄢㄣㄤㄥ'四母带有子音，不能做母音"，照此说若将其子音分开，如"ㄤ"分为"ang"，文明是文明，只是太不简易适用了。）又如"ㄓ"等于"ㄉㄖ"，"ㄥ"等于"ㄝㄢ"。拼一"郑"字之音，一定要用"郑＝ㄉㄖㄝㄢ"，这几多的麻烦呢？所以我敢大胆的说，我们的注音字母，要比英、法、日等国字母更文明几百倍。英日文字母那里比得上注音字母呢？所以我请求各位竭力提倡注音字母，因为注音字母虽然是草鞋，在中国是非常重要的哩。我们看那日本的假名，如カキクケコ等，实在是很不好，比注音字母要差百倍，应当要废掉的。但是日本人很注重他，保护他，不许他人改变。日本将五十假名，很详细的一个个绘成图，载明发音部位，难道我们中国人就不肯重视注音字母吗？

现在的国音与北京音比较，简直有百分之九十五相同，所以可说国音就是北京音。用北京音统一全国的语言，是极好的。青年会对于此事甚为热心，为提倡国音用过二百多万元。但是学校的小孩子，学了国音，回家想和他的父母或乳母家人互相通问，是用不着的。因为家里人听不懂，街上拉车的和乡下作田人，他们一生一世没有应用国音的机会，也就不热心学习。这又如何是好呢？并且一个人想要学好国音，非一二年不成功，然则拉车的、作田的那有这许多时间来学习，他们都该死吗？现在就有一个随地拼音的好法子，若用注音字母随地拼切土音，则一般人只要用二三月功夫，就能够识字、看报、记账、写信了，他个人可以自求知识，可以由书报上知道国家的事情，若有外国来欺我国，就都能出来替国家尽力。你看好不好呢？这就是我所主张穿草鞋应急的道理。所以我请求各位热心推广注音字母之传播！

怎样应用注音符号[*]

（1930）

主席，各位来宾和各位先生：

兄弟是没有资格到这里来讲话，但是主席今天偏容许兄弟第一个来讲话，也许因为兄弟年龄比较大些的缘故吧！说起来我们中国的教育，所以无大成绩之症结所在，大概是我们老辈没有负起全责来把它办好之故。

兄弟今天借此机会，当这许多全中国的大学问家共聚一堂之时，想大胆的讲几句请愿话。这些话是什么呢？大的方面，自有诸位贤者去担任，兄弟只说些渺乎小者。现在我们中国不能够同世界各国奋斗，其原因大概为的是知识不够。但是知识不够，还不要紧，据我的意思，实是方法不对。因为知识是从方法得来的。有良好方法的人，才能得着真正的知识。所以无论什么高深学问，只要有方法，就能够解决。像爱因斯坦的相对论，它只要用方法把式子显出来，于是这个问题就解决了。所以现在无论政治上、经济上的种种问题，无一不如此。打个比喻："无牛耕田。"你想那里拉得动犁呢？是以中国教育现在不能向前进的原因，也许是缺少一条挽犁的牛。

我于十几年前，在上海亲自听到一个日本人对我讲过，他说的时候很客气，嗳嚅了半天才这样讲："你们贵国近来太多事了，所以很少工夫去解决人民识字的问题，因此识字的人好像很少。像敝国近年来什么东西，都比较的有进步。单就识字的人来说，竟有百分之九十五，至于贵国却只有百分之三十五了。"那时我聆此一番言语，心里够多么难过！但像这样倒楣的事不只我吴稚晖一人碰到，前几天我遇着沪江大学校长

* 1930年4月15日在第二次全国教育会议演讲词，初刊于1930年4月《中央党务月刊》（国民党）第22期。

刘湛恩先生，他说："我代表中国到瑞士去出席世界教育大会，各国代表问我中国识字人数的百分比是多少？我一时窘了，就回说敝国因连年多事，尚无准确统计，一时很难有相当的回答。他们又追问说，那末你说个估计的数目吧……"其实刘先生仍没答复，因为刘先生是个学者，决不肯说假话，说真的又恐怕大家要鄙视中国，所以那时的难受，实有甚于当时那个日人向我的讥笑。

现在据教育部的统计，中国仅有百分之二十识字的人。我们看了这微小的数目，虽然不免要引起异常的惊恐，但是我以为不要紧。何以呢？因为有不识字者，我们本来要施行补习教育，要使识字者教不识字者。虽然这方法行得通与否，自然尚为问题，可是我们一考人类没有文字以前，几十万年前怎样进化的呢？这无疑地是我们的老祖宗自己从生活上得到的经验，而始逐渐改进的。比如现在社会上许多不识字者，他们并非全无知识。如洋车夫等苦力，他们从别人那里听惯了许多普通应用的惯语，也都居然会说"改良"、"卫生"等言语了。以此观之，识字也许是不大重要的事（我说此言之用意，请看下面文字与注音字母不相同的一段演讲，就可明了）。尤其是诸位先生都是大学问家，把识字当然然看的更轻。如果你们所致力的永远只是些高深的学术，而把百分之八十的文盲抛弃不管，实在是一件很危险的事情。所以我今天所要请愿的一件事，这责任都在各位身上。这究竟是什么呢？就是"注音字母"。各位听到了这四个字，以为这种小事，干我们甚事？可是我这个知其小者的人，却把此大家以为小的事情看做天样的大。是以趁今天的时机，向各位贤者说说，要诸位贤者大家帮我这个知其小者的忙，那末诸位今天才不辜负了因我的噜噜苏苏而枯坐了很多时间。

提倡注音字母，在过去的时候，有两种错误：第一、就是大人先生们不要去过问或不愿去过问，仅找几个小学教员把他念下子就算了。所以一直到现在，注音字母在中央党部和国民政府的几十位委员先生的脑海中，还连一点影子都没有。因此，我以为要普及注音字母，第一个就要国府的蒋主席来以身作则，非把"ㄅㄇㄈ"念熟不可。其次就要轮到诸位委员先生了。再其次则挨到各机关的公务人员，以后他们如果不识注音字母，就得"撤职"，丝毫不用面情。第二个错误就是脑筋旧的人，以为拼音字母，鸡脚印一般的东西，如果采用了这个，中国的文字岂非要消灭了吗？于是天天到荒凉的孔庙中去流眼泪。新的呢？说注音字母真岂有此理，像什么东西？我们中国不用拼音便罢，如用拼音，就非采用罗马字不可。于是新和旧，大家在思想上各趋极端，这个官司到现在还是打不清楚。

可是注音字母究竟是什么东西呢？各位要知道，它决计不是文字，并且我们也决用不到它来做文字，因为注音字母是一物，文字又是一物，两者迥乎有殊，决不可混为一谈。可是我要声明，我吴稚晖决不是顽固不化的人。如果诸位说注音字母或 A、B、C、D 的罗马拼音一定是文字，而有把它做成文字的可能，以废弃汉字的时候，那我也决不像一般的老头子一样跑到荒凉而倾圮的孔庙中去号啕大哭。我说这些话，绝对不是袒护汉字，鄙弃音字。不过说明文字与拼音，实在是两样绝然不同的东西罢了。现在不妨用个比喻来说，比如我拿了这张纸，纸上写着"不认识字很苦，大家赶紧想个法子来认字"，去贴在火车站。但这几个字在识字的人看起来，当然视作一种普通识字运动的宣传标语，原没有甚么了不得。但这纸上的字我们本来不是给识字的人看的，乃是给不识字的人看的。我想他们看了半天一定莫明其妙。可是怎么办呢？难道"因噎废食"，永远让他们不识字吗？不是的。我现在却能变个戏法，只要画道符，念念咒，"希里希里，苏噜苏噜"，那末这几个字就能自己发音告诉不识字的先生了。然而究竟怎样使它自己发音告诉人呢？这就要借重注音字母这件宝贝了，我那里真能变戏法画符念咒的。或者几位新的先生要说："用罗马音不是一样的吗？"话虽不差，其如罗马音较国音太麻烦何？例如"不"，它要用 p、o 两音相拼而成，这还简单。"认"字却遭了，一定要用 J、a、e、n、g 五字母才能拼成。如今我们用注音字母却只用"ㄅㄨ"（不）、"ㄖㄣ"（认）就行了。这比较罗马音要便利得多，并且教授的时间又可容易不少。或者又有人要反对我说："拼拼罗马音也觉得麻烦，那简直什么事都不能做了。"不差，这本是你们博士、硕士、大学问先生们弄惯了的事，自然觉得轻而易举。如今你叫一个不识字的人去拼罗马音，试设身处地一想，当然觉得是一件不胜其任的事了。记得从前顾亭林先生有个朋友寻他的开心，对他说："ㄊㄧㄥㄇㄤ"此为古音，因不解其字义，故以注音字母代之。顾先生不懂，那位朋友笑说："ㄊㄧㄥㄇㄤ"就是天明啊！顾先生这才恍然！试想以顾先生这样学有渊源的人，有时尚且要茫然，何况对不识字的人读罗马音，我们试想其困难将到怎样一个程度？

现在再来谈谈 A、B 两个罗马字音的来源。

在我们周朝以前，"菲尼基"的 A 字取于埃及的"猫头鹰"，后来这个猫头鹰式的 A 字，粗俗人写起来很困难，所以又弄得方方正正的像牛头，同现在的 A 字一样，它的音叫做"挨耳伐"。再如 B 字本取于埃及的鹭鸶鸟，也改方正了像房子，声音叫做"培打"。流入了希腊，像他们的房子又加了一层，又弄得很方正，就成了现在的 B 字。在"挨耳伐"和"培打"的上面，各取首音，于是而有现在 A 和 B 的单音。因为他们的子孙争气，悉心研究，就变成一种了不得的文字。这里还要补充一句，"菲尼基"二十二字母流入犹太，成了现在的回文；流入希腊，成了现在的 A、B、C、D。因为回回的子孙不争气，所以人家看不起它。像最近土耳其所要改革而易以罗马字母的文字，这就是以前脱胎于回回文的字母。

再要讲到罗马的拼音的英国字，它自己在牛津大学的新字典上改了五十多个同音字，像 See 的意思是"看"，是"草地"，是"海"。后来因为"草地"与"海"两个名词，容易混乱，所以把"海"改做 Sea，读音仍和"看"的 See 一样。再如 Preposition 的 To 和 Adverb 的 Too 等，读起来的音同而字异，这也不知多少。所以诸位以为教外国文很容易，其实适得其反。因为我们中国人读外国文，读了三五年。思想好点、智慧聪敏点的人，虽然就能做文章，文法也可无大错误，但是字典却不能不备一册。因恐拼音弄错，常常检查一下。再如外国的小孩子，他们在高小毕业之后，有时写字也要把拼音弄错。于此我们更可证明文字与拼音之迥异了。据此，从前某日人对我说：日人有百分之九十五识字的，这句话，如果把我枪毙，我也不承认的，因为他们所识的实在是"カナ"（假名）而已，决不是文字。倘使细细一考他们真正识字的人，我敢断定，顶多也不过百分之三十五罢了。所以我们中国识字人少的缘故，吃亏的就是缺了这个"カナ"啊。

我不是谤毁别人。老实说，日本的"カナ"如果比起我们中国的"ㄅㄆㄇㄈ"来，真要磕一百二十个响头才能够见它。但是"カナ"不能算文字，比如日本人把"花"读作"ハナ"，把"鼻"也读作"ハナ"。设或甲把乙的鼻子打破了，乙就到法官那里去控甲，说："我的'ハナ'给甲打坏了，要求赔偿损失，并处以应得之罪。"可是法官大意一点竟读"鼻"为"花"，于是说："损坏了你的花并非大不了的事，何必大惊小怪，只要赔偿你几个铜子就行了。"殊不知这"ハナ"并非那"ハナ"，甲已犯了刑事，而法官还在那里开玩笑，岂非笑话？

将声音乱拼各字，就是我们六书的假借法。例如南北墙上常看见

"此地不准小便"，违者是"五车"或"王伯旦"一样的可笑。其实，"五车"乃"乌龟"两字之误："龟"字俗音"车"，故以"车"代"龟"。"王伯旦"实为"忘八蛋"之误。何以叫"忘八蛋"呢？其意义即"无耻小子"之谓，盖"忘八"者，即忘记"孝弟忠信礼义廉耻"下之第八个"耻"字之谓也。"蛋"者，即谓人都是胎生的，现在你这人不但不能算是胎生的人类，并且在卵生的下等动物中还是个较小的"蛋"。是以"忘八蛋"，即"无耻小子"之谓。现在粗俗人不知此义，总算周公旦先生"触霉头"，把他老人家的"旦"字借用为"忘八蛋"的"蛋"字了。

现在，我们已经明白了日本人的"カナ"之不是文字，再来说一日本人采取我国文字的起源。

《隋书·倭国传》有云：大业三年，遣使朝贡，其国书曰"日出处天子，致书日没处天子无恙"等语，可见汉文是何等难，他们写贡书学汉文感到十分困难，于是又仿了我们中国当时的反切法，各位想，这方法够多么笨！比如上海的"海"字，在广韵上是"呼改"切，但是这样我曾切了一整天也切不出"海"音来。原来它的意思是取"呼"的子音"H"，"改"的母音"A"，"H"、"A"相切，于是成了"海"。日人当时决难学步，故仿中国"读若"、"直音"之法，他们有一个音，就取我们一个字减笔来代，就成了"カナ"，决不同于西洋的字母。否则既有一"カ"母，为什么还要"キクケコ"？难道不知"カイ"相切就是"キ"、"カウ"相切"ク"、"カオ"相切就是"コ"么？

还有一点：我们为统一全国语言起见，固然应该教"语"，但为便利粗俗人从字音上明白字义起见，也得用注音字母来拼作土音。例如宁波人的土音，把"我们"读作"ㄚㄌㄚ"，那末我们就在"我们"之下注以"ㄚㄌㄚ"，再注以国音"ㄤㄛㄇㄣ"，使他们知道宁波土音的"ㄚㄌㄚ"，国音读作"ㄤㄛㄇㄣ"，便可以慢慢知道国音，且知道"我"字是如何写法，"们"字是如何写法，又慢慢认识文字了。

至于粗俗人在打官司时，法庭上的口供常常糊里糊涂，一堂讯罢，法官就把此错误的口供随便读一遍，不管准确与否，吆喝着粗俗人印指模。如果他们懂了注音字母，就可自己把土音或国音做了一份口供，再请书记官翻译出来，以期与本人意见无误，而防止法庭上的误录口供了。

总之，我们要普及教育，如教粗俗人以一千字或二千字终觉得有限，并且事实上也十分困难。是以必须提倡注音字母，切不可瞧不起注音字母，而骂它的样子是狗屁。须知注音字母愈狗屁愈好。因此，我要提倡草鞋主义，因为穿上草鞋，才能真正供人跋涉长途之用。反之，如果他能穿三十元一双的皮鞋，那末他入门必地毯，出门必汽车或包车。皮鞋不过为装饰品，实际上实在无多大用处。因此我们提倡注音字母，一定要它穿草鞋，不要它穿皮鞋。是以我说注音字母越狗屁越好，唯其狗屁，始能知草鞋之切于实用，而不如皮鞋之徒供装饰而已。我们更须认清文字与字母，不能并作一谈，免蹈以前模棱的覆辙。舍此而外，我们更要应用注音字母来把"国"、"土"两音，将文字注释明了，使方言不同的人通起信来可以利用国音，反之则用土音。这样中国识字的人才能由百分之二十增加到百分之百，于是中国的"ㄅㄆㄇㄈ"就能在日本的"カナ"面前扬眉吐气了。

今天蒋先生要兄弟讲话，就乱七八糟的瞎讲了一番，耽搁了诸位一个多钟头的辰光，真正对不起得很！

我的人生观*
（1930）

今天的题目是"我的人生观"。人生观很不容易谈，好在这人生观是"我的"，我就随便瞎说"我的"，随便我怎样观是就了。我想起陈先生要我讲宗教问题，我以为宗教问题无非是有神无神的问题。究竟有神还是无神，没有人能肯定答覆。这问题很大，我也没有去讨论，我只能谈谈我自己的人生观。

至于我自己的人生观，我总想不明白。我想了几年，差不多天天想还是想不明白，就是想了几十年也是没有用。到如今我仍抱着我的意思，就是不怕麻烦，宇宙也就是不怕麻烦，好像涉到宗教也不外如是。神的名称多得很，在基督教有所谓上帝，在我们也叫做玉皇大帝、天上。可以说上帝也好，天老爷也好，宇宙的本身就是"造物"，我们的本身可以说就是"漆黑一团"。因为不怕麻烦，就造出宇宙，造出山、川、草、木，造出人类，甚至微小的蚊子、苍蝇之类也都造了出来。这样，我的人生观便解决了。就是我也是造物，那一个不在创造？臭虫、小臭虫，也是造物，人也是造物。总宇宙就算他上帝，我不能否定，也不能肯定，但总之，都是造物。而人便是一切小造物中之一大造物。一个人光是吃饭总是不对，光是吃得饱，吃得好，倒底干什么东西呢？这叫做造粪。吃好的饭，造好的粪；吃不好的饭，造不好的粪。造粪固然有些难为情，但大造物——宇宙——为什么要造矿物等等东西，今天造，明天造，造个不了呢？这就是不怕麻烦。譬如一个好看的小孩子很可以谈谈恋爱问题，像我这样的一个老头子同我的老太婆，都已经不中用，可是我还可以跑龙套，谈天说地，给各位笑一笑，使我的人生观还

---

* 1930 年 11 月 8 日演讲词。

有作用。这也就是不怕麻烦。总之，一个人总不能"二百五"，总要造，而且要加点本领，造好一些。拿这意思来讲，就是乡下人的"勤"，就是"勤"、"俭"的"勤"。不过我只取他"勤"，"俭"这一个字不能和"勤"同日而语。因为"俭"就是节制。譬如一个人能节制固然很好，但如果"俭"不中礼，那也不好。"俭"之对是"奢"。但"奢"也有好有不好的地方。譬如人怀着奢望，也是好的。至于"勤"和"懒"恰恰一反一正，"懒"是不好的，所以"漆黑一团"的时候是不好的。因为没有我，也没有人生观。于是父母造我们出来，我们又造出我们的儿女。一个人肯勤劳，自然是再好没有的了。但有的人想一劳永逸，勤一下子就不做了。既没有耐性，又没有计算。这种人虽勤犹懒。所以勤的人其实也是懒。所谓"一劳永逸"，实在世界上没有这东西。其次就是犯"因噎废食"的毛病。活不耐烦，要自杀。什么东西都不要，仍回到"漆黑一团"中去。这种人可以说是懒到透。这不是我的人生观。

复次，造了之后要保存。譬如吃东西就是保存，父母造我们也是保存。凡是一切食、色、支配欲以及无论什么野心，都是保存。道德也是保存，因为道德可以节制食、色。但最要紧的有一点，就是单是保存总是不够，因为这样尚未尽造物的职务。第一要随便做一些，但不要一劳永逸。讲到中山先生，他为什么要发起民生主义呢？一般人总以为其目的在使大家有饭吃。其实的意思并不是如此。他的意思不但要使人吃饱，而且要吃得好，吃得舒服。有一种人吃得很舒服，有一种人则否。因此，要人人能舒服，这也是不惮烦。再说我们的祖宗都是猴子，后来渐渐进化到现在的状况。其实他们戴着金丝毛，何尝不舒服？睡在山洞里也很好。但他们却把这毛脱掉了，而拿树叶来蔽身。这种努力的结果使后来的人连狐皮、马褂都可以穿了，这就是不惮烦。但这是什么道理？"大造物"为什么要拿猴子变成人？人和禽兽的区别究在何处？有人说：人之所以能异于禽兽，是因为他能爱己及人。我可不相信这句话。譬如牛羊不会打仗，不像人类常常自相残杀，要比人好得多。我以为人和禽兽分别之处就在这里：禽兽造得少而人造得多。因为人有手，又有创造的工具。这一工具一来之后，人会取火，而禽兽用嘴取火，便要烧掉胡子。人会使用机器，会应用火力，而禽兽则不能。所以上帝是大造物，人是二造物。总之，要造多一些，要造到无可造，要造到什么东西都有，而且要造得好看，那就好了。

不过造也要造得合理。譬如说到农，造人所吃的东西，只要米麦，而不要莠草。人一面帮着五谷的忙和莠草作战，一面揩揩油就吃。这样，人想一劳永逸，只待丰年到来。人手不够时，就叫我们"老同胞牛马"帮我们做。但因为没有精密计算，有时造得太多。结果人不做工，牛马也不做，只叫机器做，这也不对。还有一点，就是造要有把握。现在种田用机器，吃的虽然有了，看的可没有了。其实在山野中能点缀着一二只老虎也好，就是莠草也有作用。现在人们只是帮着五谷铲除莠草，这太不公平。不过莠草也有理由可以向上帝诉说："上帝，我和五谷都是你所造的，为什么定要铲除我呢？否则定是你上帝没有本领，生我的时候太不留意。"此外，在支配方面也要有分寸，吃东西不要太专。譬如吃大菜，供我们吃的牛羊也不知牺牲了多少生命。就是米、麦、蔬菜也有痛苦，许多人还美其名而曰吃素！我想将来人努力的结果，终有一天人可以禁食，可以不吃东西而能生活，只从怀里拿出一粒什么东西吞下就饱了。不过这责任是全赖科学和公理去负担的，道德还在其次呢。

总之，人的天职不但是在保存，而且是在创造。从前我年轻的时候，天天做着八股文，后来就这样跳了跳，直到现在，愧未能尽造物的责任。不过我们所应当留意的，就是不要一劳永逸。反过来说，也不要因噎废食，更不要活不耐烦。总是"造"要紧。便是我们家乡的乞丐也会造耳挖之类的东西卖给人。这是我的人生观。今天我也没有什么意见贡献给诸位，不过闹了半天就是了，真是对不起得很！

在工商会议闭幕时之演讲词[*]
（1930）

鄙人乃一蒙馆先生，诗云子曰，犹未能通，何敢侈谈工商。乃蒙孔部长与诸位不弃，准其乱谈，无任荣幸！兹为表示鄙人对于工商亦甚热心，爰乱七八糟，瞎说几句，以博诸君一笑。

此次大会，关系之重大，人已尽知。鄙人每日见报上大会所决议之案，尤为钦佩！夫鼓吹工商社会一语，系数年前蒋梦麟先生在里昂时所言，意谓：中国今日非共同鼓吹，使全社会向工商之途努力前进，恐难进步。今阅大会宣言，首即注意于民生主义。总理所创之三民主义，民族主义原为基础，民权主义原为架子，民生主义则为建筑。故欲达民生主义目的，必先经民族、民权两步。三民主义之所谓"民"，在政治上则为百姓，在社会上则统称为"人"。人之始祖，愚人则谓玉皇大帝或上帝，文人则曰"宇宙"或称"造物"，又称"化工"。宇宙造万物，万物又均能各造其物，最低限度者，亦能造类。惟鸟之造巢，数万千年来，其形状构造，仍未稍有改良，而人则无时不在进步中。总理在民生主义第四讲中，本有云："人之目的，不仅在于吃饭，并欲求舒服与精美。"惜此讲演稿总理未及整理，但此讲主要目的，为第一步当先达到有饭大家吃目的。惟人之欲望无穷，苟无办法，使入正轨，则社会必至梦乱。故欲使民生主义实现，须实行平均地权、节制资本两种办法，俾整个社会可以平均发展。近有一种学说，谓一切均受经济支配，话固不错，但世界上惟金钱为最坏之物，一切战争及罪恶，无非金钱作祟。然细究结果有不然者。因经济云者，即为价值，一切价值，均系人定，故有"人"始有经济，应当人去操纵经济，不能人被经济支配。世间最善

---

* 初刊时间为1930年。

与最恶之物有四：（一）地主，（二）商人，（三）资本家，（四）政府。以上四者，如果各尽其力，同使社会进步，谋公众利益，自是最善，若自私自利，则可变为最恶之物。且此四者，有相连关系，若苏俄政府之包办一切，是即自私自利最恶之例。倘此四种人物共同合作，大家以想发财的兴趣办事，则事无不成。惟一言发财，则又有中外不同之别，中国人之发财，均由自私自利而来，外国人则多由好奇心与创造事业而来。希望中国人均有好奇心，各为人类谋福利而做事业，以达民生主义之实现。

三民主义为达到世界大同的途径[*]

（1931）

各位同志：

今天的纪念周，是一个最大的纪念周。因为在座各位，都是总理第一批的信徒。现在集全国总理第一批的信徒于一处，所以说今天这个纪念周，是最大的纪念周。所谓第一批信徒，不是就有党籍与没有党籍说的，乃是就信仰主义而说的。这个道理，各位想都明白，也不用我来细讲。今天既集合全国整批的信徒，集议讨论，希望在短时期内完成训政，使全国人民都达到宪政的程度。再集合起来，开国民大会，到那时大家心地上一定更要快乐。怎么我讲今天在座各地方代表，都是总理第一批信徒呢？要解释这一点，就要从总理的主义讲起。我们总理的主义，在政治学上是一种发现，而不是发明。发现与发明是不同的，而其如何的不同，各位都比我知道透彻，就是小学生，也都知道的。怎么叫做发现呢？仿佛牛顿的地心吸力学说，爱因斯坦的相对论便是。怎样叫做发明呢？比彷瓦特的利用蒸汽，造成蒸汽机，如火车头之类。发明是由人民创造出来的东西，非世间所固有的。而发现则是原为天地间所有之物，不过到了某时期，经某人指示出来，并且坚确的指定说出，使大家都来相信罢了。譬如中华民国，这"民国"两字，现在固然大家都道是好的。但是在四十年前，总理独自主张的时候，那时全国同胞听了，便大都要摇头，认为不好，以为中国不一定要成为民国，就是帝国也未尝不可。但总理独抱定主张，他既发现了民国的主张，便坚决认定，以为中国非改成民国不可——这就是总理坚确的发现。但是到现在，"民

---

* 1931 年 5 月 11 日在中国国民党中央党部演讲词，初刊于 1931 年《安徽半月刊》第 10 期。

国"两字也成为无人不知的了。这好比从前哥仑布发现美洲一样，待他冒险犯难发现之后，大家便不以为奇。然而，总理在当初独违众议，认定他所发现，不肯丝毫犹豫，直至数十年后，才为众所共喻，认为至宝。这是一种何等坚持卓绝的精神——大家知道时至今日，固已无人不确认"民国"两字为当然，视若不足为奇，然岂知三四十年前，总理当君主派与君主立宪派众说纷呶之中，独主"民国"之说，到后来时异势迁，虽渐渐有人赞成民主之议，但也都是依违彷徨不敢下一断语，就是到现在，虽然大多数已确认"民国"了，但也不能说已经是全部整批的确认，或许还有少数人以为只要我们人民能享快乐日子，就是再来一个皇帝，也何关紧要。这是什么缘故，就是因为没有坚确的认定与坚确的发现啊！

今天在座的诸位，都是我们民间的先知先觉，因为国民会议是讨论民国之建设的，诸位受各地人民的推选而来，共谋国是，当然知道民国与国民之关系。依总理的话讲来，当然是先知先觉。现在民国已经有了二十年的经过，虽然还有少数人在那里马马虎虎，没有定见，然而从各位说，没有一个不承认民国的。假如有一人敢来讲一个不是的话，那一定要群起而攻之，没有可疑的。总理手订《建国大纲》第一条说，国民政府本革命之三民主义，五权宪法，以建设中华民国，可知要建设中华民国，一定还要有一种主义，为其建设的中心。不然，则所谓民国，也不过空有其名的一个招牌罢了。好比一间屋，内部一定还要有货物，我们建设民国的货物，就是三民主义，但是这个主义，除了各位来会的第一批信徒同各位的好友，以及推选各位的若干民众以外，一定还有人以为建设民国，不限于三民主义，只要有好的主义就行了。这种说法，也不能说差。但是不确信一个主义，而督守之，终不足治国家的善计。三民主义不是我们总理孙先生发明的，好像蒸汽机可以制造出来，三民主义乃是宇宙间的固有的原理，好像与相对论、地心吸力一样是原有的，不过由总理指出罢了。总理的三民主义，先要把我们自己的民族，能够立足了，然后才可以讲世界大同，这就是民族主义。民权主义，也是总理集合许多民权的学说，融会而成的，就是选举、创制、罢免、复决四权，这是现在世界各国，都没有行这种制度，而我国乃行起来，这就是改良的民权。至于民生主义，更是总理贯彻始终的主张，任何国家的建设，都先要从民生着手；就是达到后来世界大同，也不能跳出民生的范围。所以我们在这里，可以说全人类最大而最需要的，也是民生问题，现在有所谓最新的经济学说，我们试一推究其内容，其归宿点还是民生问题，此中底细，各位一定知道得比我清楚，也无待我再来多说了。总理孙先生在十余年以前，真是不遗余力的鼓吹他的主义，但因一般民智的浅陋，很不容易宣传。在此情形之下，他想非有一个归宿的方法，他的主义，不易普及民众，所以就想到非开国民会议不可。后来在民国十三年北上的时候，于宣言内就提起这件事情，那时候他以开国民会议为唯一目的，但其目的究竟何在呢？就是要实现"和平统一建设"这六个字，这六字，我们看起来似乎很平常，大家没有不赞成的。岂知其中实现的困难。我们要和平就要统一，要统〈一〉才能建设，目的要建设，也不得不有赖于和平。所以和平与统一，统一与建设，建设与和平，都是有连带关系的。要达到这连带关系的目的，就要先能解决两个具体的问题：一个是民生问题，一个是打破帝国主义者侵略问题。这两个问题，是在一起的，如果民生问题不解决，无论如何建设，是无从着手的。试问一般人，饭也吃不成，还说得上建设吗？所以我们一定先要把民生问题解决，才能达到建设的目的。然而为我们民生障碍的，其第一件是什么呢？就是帝国主义者的侵略主义。我国历受帝国主义者的侵略，数十年来，实在太厉害了！而且他们不仅施行经济侵略，且常常包庇我国内乱，使我们不能和平；不能和平，就无从统一；而民生问题，也就因此解决不了，建设自然更无从下手。现国内已粗告和平，然"和平"两个字，在数年前是很困难的，今后还要各位努力下工夫，才可使和平基础，得以巩固。

过去帝国主义在我国内捣乱，已捣了好几十年，到现在不平等条约，还没有取销，侵略的根据，依然存在。不过近几年来，我国内乱已和帝国主义者少了若干关系，这是近年来的进步。在从前北京政府及军阀辈，没有一个不以帝国主义者做背景的，此种情形，已成为公开之事实。当时各派也不惜宣诸口而笔之书，如某派亲日、某派亲英、某派亲美，并各说其所亲的利益，这种与外国亲善的声言，在数年前是惯听到的。但是现在便不常听到了。这种挟外国以自重的不良心理，从前还美其名曰以夷制夷、卒以酿成循环不息的内乱；到现在帝国主义者的伎俩，虽见穷促，但还有许多在那里挑拨我们内乱的机会，使我们永远不和平、不统一。这一点，我们现在还是要切实留意，不要中他们的诡计。

以上这几个问题，总理孙先生在七八年以前——民国十三年——作这种主张的时候，在事实上很需要；但是到了现在，差不多要作进一步的注意。所谓进一步的注意，是什么呢？还是在总理自己写的东西里，如民国十三年的《北上宣言》，又北上时对报界的讲话，又在日本时同学生说的话内，都可以找得到。在《北上宣言》内他说："本党致力国民革命于今三十余年，以今日国内之环境而论，本党之主张，虽自信为救国之良策，然欲得国民之了解，亦大非易事。"这可见当时只有一部份国民，与我党主义表示同情，现在虽然大部份国民表示赞成，总还有一部份或若干自命为学者的，好做改良派或修正派的工作，但一举他们修正或改良，便弊病丛生了。或者更有一部份人，自作主张，不相为谋，这种人在现在似乎少了许多，但在从前却不在少，有的尊奉袁世凯，有的仰仗段祺瑞，一似中国当时非袁、段等流，不足以统治者然，可见当时一般人主张的庞杂了。孙先生当时本其革命的救国主义宣传给一般无定见定识的人，以期他们的了解，其困难情形，概可想见。所以他后来又说：主义的推行，最要紧在人民自觉。他发见三民主义已四十年，其中要点精义，不是无中生有的，也不是袭取他人皮毛的，乃是就我国几千年政治上的优点，及各国外有成效的善良制度，集合融洽而成的一个救国良方。所以要人民自决去积极信仰采用，不要彷徨中途。续后总理在那篇宣言内又说："……惟本党深信国民自决，为国民革命之要道，本党所主张之国民会议实现之后，本党将以第一次全国代表大会宣言所列举之政纲，提出于国民会议，期国民澈底的明了与赞助。"这意思只是以第一次全国代表大会宣言内所定的政纲，提出介绍于民众。因为那时人民了解的程度尚浅，所以不能再多提出其他事项。不比现在这个时候，已经诸位在外宣传了好几年，人民了解的程度，已非昔比。所以这一次国民会议，内除讨论第一次全国代表大会宣言所列政纲外，还有一个约法草案，提出讨论。这件事总理现在虽不克亲睹，但他的在天之灵，一定很欢喜的。总理那时候又有一篇和报界讲的话说："……你们报界诸君，在野指导社会，也是一样。诸君都是先知先觉，应该以先知觉后知，以先觉觉后觉，尽自己的能力，为国民的向导。我主张组织国民会议的团体……一共有九种……都负有指导民众的责任，都要竭力宣传，令民众知道自己的地位。中国现在要和平统一的重要，以尽自己的责任。"他以为宣传主义要从一般人方面普遍的入手，是很不容易的，但是从知识界去入手，便比较容易。所以就定了实业团体、商会、教育会、大学、工会、农会等九个团体，为组织国民会议的份子。他知道这里边一定有许多先知先觉，由先知者了解之后，再作普遍的宣传，便来得容易了。此次来到这里，开国民会议的各位代表，就是总理当年所期望的先觉先知。从此一堂集议，先决定我国国体，非永久定为民国不可。同时要建设民国，也得由诸位决定非采用三民主义不可。现在且来讲一讲三民主义的政治。总理曾说：民国是以人民来做皇帝，我国有人四百兆，那末便是有四百兆的皇帝。政治有政权和治权之分，这权和能在中山先生的遗教中，解释得很明白。中山先生说：全国四百兆人民，都是民国的皇帝，皇帝虽有权，而不一定都是有能的，所以有政府的产生，由政府来行使这一个能。譬如商汤死了，而太甲无能，于是由伊尹来代行；周武王死了，成王年幼，便由周公来代行。太甲、成王虽有权而无能，伊尹、周公虽有能而无权，所以在商周时，就有训政的制度，以伊尹、周公做先生，以太甲、成王做学生，训太甲、成王以政。为通俗起见，又举诸葛亮为例：蜀汉时，昭烈帝刘备死了，而他的儿子小皇帝阿斗稚弱无能，于是有诸葛亮来做他的先生。现在的国民党仿佛是诸葛亮，人民仿佛是阿斗，伊尹之训太甲、周公之训成王，可是受着他们的祖宗郑重的托付的。现在以国民党来训四百兆人民以政，也可说是由四百兆人民的祖宗，郑重的托付于国民党的，这是我的穿凿之见，不一定对。所以在训政时代，中华既非民国不可，建设民国也就非以三民主义为中心不可，这一点是要各位宣传于全国人民的，这完全是总理全体信徒的责任。有的信徒不在党里，但既信仰了三民主义，也应该做这些宣传工作。同时须要我们的党扩大起来，使个个党员，都要做人民的先生。因为四百兆的学生太多了，所以我们做先生的也有增加的必要。好似现在的义务教育，大家都要牺牲去当义务教员，然后才能普及。现在我们要完成训政，也要我们大家负起做先生的责任来，分头去努力，才能够达到这个目的。现在我们看到《建国大纲》第二条"建设之首要在民生……"的规定，就明白无论做甚么事，非先把民生问题解决不可。中山先生对于衣食住行四大需要非常注重，所以在《建国大纲》第二条中说"与人民共谋农业之发展，以足民食；共谋织造之发展，以裕民衣；建筑大计划之各式屋舍，以乐民居；修治道路运河，以利民行"这四大问题，都解决了，甚么建设都容易着手。不然，尽管说要人民行使四权，而人民的生计问题没有解决，那里谈得到这些呢？

即如共产党要实行共产主义，现在大家产都没有，何共之有？又如父子夺产，父说："家中是我最长，一切产业总归我所有。"子说："现在实行共产，儿子亦可当权，应完全归我。"其实家徒四壁，一无所有，共的什么东西呢？所以我们先要人民的四大问题解决了，然后再谈到另外的事。要解决人民的四大问题，先要派曾经考试合格之员，到各县协助人民，筹备自治。先调查户口，把全县的老少有多少，失业的有多少，学龄儿童有多少，残废的有多少，调查清楚了，再进行测量全县的土地，兴办全县的警卫，修筑县内四境纵横的道路。这四件事体办好了，那末讲到权利的分配，就容易了。又办事要有经费，没有钱，甚么都办不起。中山先生平均地权的主张，是以土地之岁收、地价之增益、公地之生产、山林川泽之息、矿产水力之利，皆为地方政府所有，而用于经营地方人民之事业，及育幼养老济贫救济医病，与夫种种公共之需，就是以地方的钱，办地方的事，各县对于中央政府之负担，不过十分之二，最多也不过十分之五。我们看到上海租界的马路修得那样平坦，这因为租界上的市民，每年负担的巡捕捐，有一千多万之故。有了钱，当然可以办了。待一省全数之县，完全办好了自治，便成一完全自治之省。各省都办好了，全国也就治了。

我们建设中华民国，非以三民主义来建设不可，这是大家一致的主张，没有异议的。但是有几位学者，以为中山先生的主义，应有修正的地方，我以为修正是不能的，补充是可以的。固然现在世界的道理，无穷无尽，世界的学说也无穷无尽。不过中山先生的学说道理，是最进步的、适当的，现在我们要中华民国弄好，然后再讲世界大同。中山先生也希望先要中华民国万岁！然后才可得到世界大同！世界万岁！

以人的精神能力支配物质[*]
（1931）

最近天灾人祸，相逼而来。国区以内，演成空前未有水灾，洵为国家之大不幸。每念灾之由来，不得谓非唯物主义之未能贯彻，于防灾及一切水利所需要之物质上设备，较古来治水方略与近世水利科学，不免差逊之所致。关于物质上之进步，其原理，在以人的精神能力支配物质，不可使人的安危祸福受物质支配。总理对于此旨，曾切实阐明。《易经》有云："备物致用，立人器以为天下利，莫大乎圣人。"可见善事利器，绝非弛懈废窳者所能奏其功效也。由是而感想到吾辈立身行事，对人己之间，要审察几微。本总理所发明"大同民族"与"天下为公"主义，七分为人，三分为己。矫正其自私自利之观念，急公好义，以维持民族之生活，消弭共同之祸患。为政之道，在于爱人；苟以人群幸福为前提，则政无不举矣。世界上抱资本主义者，是基于爱己之念切。马克斯主义，虽以共产为号召，其迹近于爱人，乃观其措施，并推测其结果，势将由集产主义而渐变为特产主义，与资本主义亦无甚悬殊。中国旧道德中，有克己主义，但须克其所当克。如能先人而后己，即是大公之道，若陈义过高，则过亦等于不及。现在中国民生上需要之物质，殊感缺乏；物质进化程度，甚形迟缓。大家应同心协力，本尊仰民生主义之精神，奉"勤苦"二字为金针，奋发淬励，以伟大力量，支配一切物质，救济民生问题中现在及未来之困难。

---

[*] 1931 年 8 月 24 日国府纪念周演讲词。

民生主义实现之途[*]
（1931）

　　最近的天灾人祸，十分严重。数百年来的工程不进步，乃致有此结果。西洋物质进步，总理说要迎头赶上去，是很快而容易的。总理所讲的物质，不是唯物主义，原以人类支配物质。为何欧美被物质所支配，反倒进步，而我们支配物质，反倒不能进步呢？进化是不能比较的，现在的物质，假使数千年后的人看见，或要付之一笑。然在当时比较起来，别人是赶不上的。总理说欧洲科学发达，才有二百余年；我们的黄帝、尧、舜时代已有衣冠宫室棺椁之美，彼时尊为神圣。而其时之英人，尚不能为此。直到了我们的汉朝，英人尚衣鸟兽之服。可见那时我们即可支配物质。为什么后来衰歇了呢？即因吾人不愿为物质所支配。中国人类是为人的，西洋人类是为己的。我们自己，即是七分为人，三分为己。所谓施诸己而不愿，亦勿施于人。他们的为己，以后经过神圣的纠正，遂有"爱人如己"一说。我们大同主义，民权主义，早先发明，即天下为公。背私为公这种工夫，谓之克己。资本主义是只讲爱己。俄人奉行的马克思集产主义与资本主义的办法是一样的，只不过爱一阶级。总理说过，我们所差的只是西洋的科学工艺，而不是政治哲学。政治哲学我们自己已讲的很好了。对于科学要迎头赶上去。实际上俄人所实行的还是为己的夺产主义。吾人当初克己之说唱的太高了，以后失去支配物质之能力，遂远而避之。中山先生乃修正"克己"之道为民生主义。因为克己俭朴结果，每至懒惰而不进步，所以须要"矢勤"。人必须要能勤，而后能支配物质环境，民生主义才能实现。

---

　　* 1931 年 8 月 24 日在中央党部总理纪念周演讲词，初刊于《中央党务月刊》第 37 期。

摩托救国论（一）[*]
（1931）

"各位在座的都是中国有希望的青年，现在国耻当前的时候，责任格外重大，非比我老朽了。但是中国的国耻，决不是破题儿第一遭，也不是什么新奇的花样。中国的国耻很多，并且很久就有的了。先自黄帝、尧、舜时算起，中间受了不少外族的欺侮：蚩尤、猃狁、匈奴、北魏、辽、金、元、满清。我们中国已做过不少次的亡国奴了。但是中国人向来是以堂堂大国自居好肉麻的角色，以为那些蛮夷的小小的捣乱不算什么一回事，也不过像臭虫、虱子一般的打麻烦罢了。到了鸦片战争，我们的两广总督也被别人捉到印度的加尔各达做囚虏去了。吃这样的苦，我们还不以为可耻。到了甲午那年，日本小鬼竟敢公然的同满清大皇帝捣起蛋来了，无故在东海里打沉中国好几条运船。这时我们的皇帝太翁才勃然大怒，下圣旨叫迎头痛击日本的兵舰。那知道这一气气过火了，就把辛苦练成的北洋舰队气得精光大吉，并且还赔款、割地，真是'赔了夫人又折兵'，大触霉头。到了庚子那年，大家觉得洋鬼子越发太胡闹了，似乎有打一下的必要。这么一打，又打脱了不少的银子，打丢了不少的权利，从此大家才晓得天天起来都是国耻，灶神菩萨，一碰一鼻子灰。这样对付外国人，不是根本的办法，所以才革命，推翻满清。想不到我们革命后还有国耻，更想不到最近有这样大的一个国耻！"然后他又讲到外交的政策和救国根本的问题，他说："在前几回的国耻里，我们的外交家不会用手腕，所以老上当。这一次的国耻，虽不绝后也要算空前了。所以怕再上当，就反对直接交涉。既然这样，就赞成间接交涉了。换句话说，就是让国联或第三国出来调停。国联这次可算卖

---

[*] 1931 年 11 月 10 日在中央大学演讲词，初刊于 1931 年 11 月 14 日南京《中央日报》。

尽了老力。但是狡猾的日本在日内瓦扯着把子，中国就做了个大笨瓜，一肚子气闷着，这样那能说得上交涉呢？间接交涉又是个此路不通。所谓反对直接交涉，就是同反对交涉一样，直截了当说一句，就是不交涉！然则怎样办呢？那只有一条路，大家去拼命！换句话说，就是反对直接交涉，主张直接战争！战争这两字太可怕了，就说抵抗吧！但是我们一面又唱不抵抗呀！或者不抵抗，是不直接抵抗，就是用拖人下水的方法，惹别国同日本干。但是这种障眼法，有谁个文明国家肯上当呢？民国十六年武汉收回了英租界，说还要收回日租界，于是日本开了几十只军舰到汉口。鲍罗廷便教我们呱呱叫的外交家陈友仁出来说一声不抵抗。日本人一看，弄得莫明其妙，随后把军舰又开走了。那一回就算是不抵抗成了功。但是实际上就算是不要了一次脸！这一回我们又叫不抵抗了，结果怎样，不能断定。世界上好的事和坏的事是隔不多远的。越是好办法，愈加容易出纰漏。譬如跑铁丝一样，从铁丝上跑过去了，自己是呱呱叫的好角色，能够得大众的喝彩。但是一跌下来，脑袋不开花也嘴巴不整了。如果走木板桥，虽不出色，但不危险。越是出色的事情，危险愈大。不抵抗三字用得巧是很好，用得不巧就倒楣了。如果世界还有所谓公理，不抵抗的最后，终得到所谓同情。那么这回的事，解决起来就容易了。否则除了不交涉、不抵抗外，还有什么玩意儿可做呢？所以我们觉得不抵抗，终不是好办法，最好的还是只有拼命。因为就是现在用不着拼命，将来恐怕还是要拼命的。说到拼命，决不是空手做得过去的。除了这种拼命的决心以外，还要有准备。啊！说到准备，又要教人捏把冷汗了。我们从甲午认识并且了解国耻的由来以后，到如今已三十多年了。拿我个人说，我准备了些什么呢？别的人在这三十多年中又准备了些什么呢？现在我们仍然在这里唱抵制日货。怎么东京没有人唱抵制华货呢？这证明中国准备了这样久，连准备一点华货被人抵制的都没有！推开窗子说亮话，我们现在为什么提倡不抵抗呢？不过因为不能抵抗罢了。为什么不能抵抗呢？就是没有极利害的机关枪大炮。我们从今天起叫做准备准备。准备三年不成，五年；五年不成，十年；十年再不成，那么老大的中国真真不可救药了。"他在中间又讲到中国宗教的问题，但是与本文没有多大关系，故从略。现在让把最后一段与本题最有关系的记在下面，就是何以摩托能够救中国呢？他说："我们现在缺乏的就是机器，所以不能同别人抵抗。庚子那年八国联军进平、津的时候，有二百几十个德国兵占据了北洋学堂的最漂亮的建筑，所谓大楼。有一天来了二三万中国义和团，有的背着火枪，有的持着长矛，攻打大楼，德国兵一个个按着不动。看见义和团都是雄纠纠地大汉儿，好像戏台上装的张翼德差不多，耀武扬威，看得很有趣。等他们快到楼下的时候，'轰'！一排机关枪，不费力就把一批中国人打死了。于是义和团又排队向大楼前进。这样一批一批送了二三千人的老命。结果二百几十个德兵，弄得摇头奇怪。所以我们只说拼命，还不行，还得准备机器。但是机器的花样太多，我们只要准备一样就够了，那就是摩托。法国不也是一个海军国么？可是当英、美、日拼命在那么讨论海军问题时，他丝毫不管，却暗地里在那里造飞机。现在列强都晓得没有那一国的飞机有法国这样多，是世界第一等的空军国！我们也来学法国的方法，准备摩托：天上的飞机，地上的铁甲车，海底的潜水艇。如果三样，只要这三样，能够发展到相当的样儿，就足够自卫了。但是中国事事不如人，发展摩托那能比别人强呢？其实我这话错了，中国人不见得事事都不如人的。譬如鸦片烟，世界上的人都不吸，独我们中国人吸，不是胜过别人的地方吗？（此时大家的鼓掌声、笑声齐作）你们不要笑，据海关上过去的统计，每年中国人吸鸦片烟的消耗大约有五万万，实际上十万万都不止，你看惊人不惊人？他们能吸十万万的鸦片，再玩一玩十万万的摩托有什么不能呢？把摩托看做鸦片第二。要是中国人个个都有摩托癖，一定可以救中国了。"

小工程扶助大工程[*]
（1931）

主席，诸位先生：

今天工程师学会开会。工程师学会由二会并成，会员有二千多人，都是专家。要兄弟演讲，兄弟知识没有，有什么话可以供献呢？但是诸位天天研究专门学术工作，很是艰辛，兄弟何妨说说笑话，使诸位发笑发笑。

二会有二千多人，是很多的，但与全国人口比较起来，实在少得很。

我国今年的水灾很重很广，大家都很惊讶，其实这也不是意外之灾。我们古式的工程太简单了，太不济事了，倘使在一二百年以前就有诸位，那一定不会有这样奇重的水灾。现在归尤也无从归尤，只好不算这笔账。我相信有了诸位的努力，再过数十年，决不至再有这样大的灾，再过数百年一定什么灾都没有。不过现在各国工程都很发达，一日千里，而我们还是简陋，大家在一地球上，能力相差很远，小气点说，很难为情。我们看见蚂蚁也能工作，但有一点不行，我们一足可以踏死无数的蚂蚁，因为他太不行了。如果我们也没有自御的能力，如蚂蚁一样，四万万人能够几脚的践踏？

古人说：人之所以异于禽兽者，礼、义、廉、耻。礼、义、廉、耻是道德的问题。我不是轻视道德，也不敢轻视道德。道德这样东西，可说是随人类自然趋势而来的。偷窃容易的很，但是人人都有三个手，还能偷窃吗？所以须有契约。由契约发生道德。但是人类难道没有天良吗？然而痴子有了天良，也不能用，说句蛮话：道德为人类固有的，只

---

* 1931 年在中国工程师学会演讲词。

要想法发挥出来，如下雨求天老爷，不去想法，是空的。有道德没有能力，是发挥不出来的。前几年一般三四等政客大唱道德，一时道德之声，洋洋盈耳。但他们只有一张嘴，我看来危险极了。现在我再举三个圣贤的话：第一管仲，他说衣食足而后知荣辱；第二孟子，他说救死惟恐不瞻；第三孔二先生，他和他的学生冉有，走过卫国的时候，有一段谈话，子曰："庶矣哉！"冉有曰："既庶矣，又何加焉？"曰："富之。"曰："既富矣，又何加焉？"曰："教之。"可见古之圣人也主张先民生，而后道德。前几天我到镇江去，在车站上看见一个警察，拦着一个赤膊的工人，一定要他穿起衣服，才放他走。其实这个问题，到可迟一步再讲。现在外国有提倡裸体的，中国的摩登女郎，也半裸其体。工人们衣食不遑，何暇治礼义。

礼义我也推重。但我以为孔子之光，自可经万古而不磨，毋待我们为他维护。所以现在我们与其去讲道德，讲孔子四教，不如来讲工程。

这并非我对你们工程家恭维，实在世上一切用物，都是人造的。人代天造出来的东西很多，一切用具、一切工程，都是经过人类无穷次的改良才成功的。我们来谈谈农业工程。人类本来只知吃虫，渐知吃狗肉，再会吃旁的肉，然后火食，再食草类，又以草中选食精细的稻麦。稻麦原与杂草丛生，人类喜欢它，设法培养它，名之为佳穗；其他无用的草，名之为恶草，设法除去。若是恶草去问上帝，何厚于稻麦而薄于它？上帝一定没有话说。我们农业工程，如再发达，不特平地上的恶草除去，都种起稻麦来；即山上也能种稻麦，那就今年水灾也可补救了。

文学家可以著为文章，流传千古；哲学家有奇特思想，舒展生活的范围，如屈原老先生，他早就唱翱翔于九皋；科学家注重研究，根据事实，辨别是非。三者本是并行不背的，但如汉口发水，文学家、哲学家就没有办法，只好念念浩浩怀山襄陵算了，这事非科学家不可，尤其是非工程家不可。法国从前都推崇拿破仑，到现在却都推崇农业科学家巴斯德了。中国现在的青年，多在三叉路上徘徊：（一）救国，（二）文法哲学，（三）科学工业。他们看见学科学工业的出路广，思向科学工业的路上走。看见学文法哲学尊荣，想向文法哲学路上去。看见讲救国的，做了委员先生，又想向救国路上跑。其实都错了，勉强去走，总是不对的。救国诚好，但是没有工具，救也枉然。我们要救中国，必须去学美国。美国工程，注意在做。提倡科学，就要提倡工业科学。

事有义务的，有兴趣的。譬如父亲病了，二十里外有一医生，我想做孝子，手持雨伞，冒雨去请医生，电光闪闪，身上虽受苦楚，但心中很觉光荣，把医生背了回来，这是义务的。一赌鬼二十里外去赌，跌一交，爬起来就跑，这是兴趣的。外国各种工程发达，不尽是义务的，也多是兴趣的。西洋飞机，想从天空走，不想往水里去，实在是从兴趣来的。中国人没有办法，义务提不起，都从多弄几个钱上着想，一有发明，就你仿我效，拼命的做，做到大家失败便丢手。譬如交易所，从前盛极一时，不久就都云散烟消了。又如跳黄浦，起先一人跳，人家就跟着跳。到后来跳黄浦不希奇了，就有人去吃安眠药水，大家又跟着大吃而特吃，由一人独吃而至于两人同吃。这种风气，是应当纠正的。我现在有几句话，要求诸位，我们要使社会赶上去，首先要把社会的精神引上，得使全国的兴趣激发起来。

各位工程家，不要再托人写一把扇或一副对联。社会上总觉得写得好是上等人，工程家是勉强上等人，这个谬误的观念，工程家要把它改过来，工程家要自认为上等人。陶行知先生办乡村师范，学生个个要挑粪，这是很好。不过不应以挑粪为标榜。若以挑粪为标榜，那就错了，挑粪的时候挑粪，穿草鞋的时候穿草鞋，空闲的时候，还是可以穿长衫、坐汽车，将上等下等的阶级扯平。这种风气，是值得提倡的。工程家应把工程器具，在不用的时候，挂在壁上，装饰起来，使小孩发生羡慕，实地使用。现在这种八股学堂，有何益处？有人说多了一个学生，就多了一个穿长衫的人，少了一个做工的。无锡乡下茶馆里的大先生，从前是秀才先生，现在是师范生。他们每天打麻雀，说闲事。无锡还算好的，许多地方的毕业生，就都讲"我的你不能动，你的就是我的"主义了。张四先生提倡教育。现在南通中学生，专门是做讼师。我并不是说学堂要不得，实在学堂还太少了。我不过趁此时候，奉劝各位注重实际工作。我们要办一个文科、法科的大学，甚容易，假使要开一个工程大学，就非空言可办了。俗话说："牡丹虽好，也要绿叶扶持。"因此决不可办一种八股式的学堂。诸位大半都是留学的，虽然现在有人不主张留学，但我还是赞成留学，因为工程非从人家去学不成的。裁一师兵的费用，就可派数千人去留学了。要工程赶上人家，非多派留学生不可。

我在伦敦六七年，觉得英国的职业教育，制度最好。英国是商业的国家，他这种学堂，是在提倡一种勤学的风气。学堂里白日不过二三百人，到晚上各种人都有了。凡是子弟，要有职业。倘或没有钱没有机会进中央学校，那就可到这种学堂去。你跑进去，在柜台上买一张票子，就可以进去听讲。不比中国学堂，一定要上等人家的子弟，方能进去。所以上海的人，就都到大世界跑狗场或是嫖赌去了。上海简直没有好的场所，没有学术的气味。所以我赞成以庚款办学堂，就办这样一个学堂，在上海租界内（如跑马厅对面的热闹场所），日夜的弦歌起来，以改移风气。工程学会也要设一个在上海。虽然上海的管理权，还在洋鬼子手里，有许多不方便，但是我们如不遵总理遗教则已，如遵总理遗教，收回租界，是没有问题的。那么办学校在上海租界内，又有什么不可呢？英国职业学堂都是设在最大都市的中心区域，无非是激发社会的勤学兴趣。

英国还有一个工业教育家，他发行一种刊物叫做《模范工人》，专以引起小孩对工业的兴趣。欧战时候有一教育家说：这次英国是要失败的；英国小孩只读工程刊物，德国家庭内，大多数有小工场，以便小孩练习。我现在奉劝各位，多撰通俗文字，把工业智识灌输给一般小孩；多制工业的模型，给小孩子在家里设小工场。此外凡是家里装的抽水机及电灯，也要让小孩子动手，以引起他们的兴趣。那么中国的大工程，也就有希望了。

今天先说了许多笑话，又说了许多外行话，请大家原谅。

教育改造与救国[*]
（1933）

贵校是我久想要到的地方，可是总因为他事的羁绊，而不能如愿以偿。今天，高先生约我讲演，实在是一无准备，没有什么可说。只能将个人对于教育刍荛的见解，来和诸位讨论讨论。

教育究竟是什么？刚才高先生说："教育是救国的根本事业。"虽则不能说单是教育可以救国，可是在如今，则非将教育来做救国的工具不可。中国之有教育，已历数千年，当然是立国的根本问题。可是，在过去，我们有的只是深中了科举流毒的教育！

在四十年前，我国屡受列强的侵略和压迫，甲午一战，受着极大的打击；中国固有的弱点，暴露无遗。当时朝野上下，狼狈万分，觉到列强有共管和瓜分的野心，而认为要救国，非改革旧教育、实行新教育不可。一直到现在，新教育已有四十年的历史。在当时，大家以为七八年，便可整顿起来，抵抗日本；岂知至今，独依然如故！试问这十年、二十年、三十年，直到现在四十年，救国的教育，还未实现，这是什么原故？新教育实施的效果，究竟在什么地方？我个人总是这样想：我们的新教育是走错了途径！我们教育还是蹈了过去古典式八股式教育底覆辙，所以四十年来所得的是这么样的结果！

贵校于学校教育以外，另倡社会教育，另征款项，辛苦艰难，经营成这里的教育学院。在旁的地方一般大学生，或许要说，这校是不正式的。其实呢，我感到贵校是站在救国的中心地位，而旁的学校才是洋八股式的教育！

我常在细想，教育是什么？说起来也可以很简单。阎王造人只给与

＊ 初刊于 1933 年《教育与民众》第 4 卷第 6 期。

每人以耳目和心灵等器官，却没有给与知识。倘使连智识都给与，岂不是个个人都成了预言家吗？教育则要人去获得智识，阎王仅给我们以求知的工具，切实去求得智识，便要靠教育。

教育是开发知识的泉源，他的目的有三：

1. 补充人类知识　教育是补充人类知识的工具，已如上述。个人以为每个人从七岁到二十岁的阶段里，应得强迫受教育，由社会供养他。至于所学，当因各人的性趣而不同。不过要达到目的，实在是很难实现的理论，社会应负责给与个人以教育。换句话说：教育成了社会的责任，补充智识成了人人应享的权利。惟是现在教育并不是这样。现在有机会受教育的人都是这么想：找得高等知识以后，在生活方面，可以宽裕一点，并且还可以多沾些利益。因为大家为着这种目的而补充自己的知识，才进学校，来受教育，所以结果则造成了整批的能消费而不能生产的知识分子！造成了失业的恐慌！出路的闭塞！

2. 满足实际生活的需要　向来中国的教育目的，在乎增高地位，而不计及实用和需要，只望读书后，生活和名誉各方面，得着优裕和赞扬。历来社会所尊重的人物，是八股先生们。从前所谓的八股，是进身之阶，获得优越地位的敲门砖；在如今，洋八股是替代了从前的八股地位。以前有一段话很可以代表历来中国教育的观念："天子重英豪，文章教尔曹，万般皆下品，惟有读书高。"这就是读书的唯一目的。读中国八股以求高为出路，和读洋八股以求高为出路，其用意手段和目的，实在是一般无二。社会上只有"读书高"的份子，国家就可好了么？我不相信日本人拿大炮机关枪来打的时候，请几位"读书高"的朋友，拿了几篇论文和哲学，贴在城头上，就可以抵抗么？所以教育必须要顾及的，还是实用和需要！

3. 救国主义　为了救国，要受教育，讲起来，似乎不十分合论理的。要国家做什么呢？世界上有了国家这个东西，就闹得你争我夺，干戈相见。不过，在将来，也许有没有国家存在的一天，但是在现今，是决不可没有的。国家是一个现在必要的团体。假如以团体去做侵略的武器，我不赞同的。但若是以团体而去抵抗敌人，这是合理的行为。我并非说小气话：日本人在一夜的时间里，不声不响地掩进了东三省，不但占据了地土，并且席卷了《四库全书》以及其他种种东西。不抵抗主义者，反在唱高调，真令人痛心到极点！假如有人把我们的东西拿走，我一定要把他送到公安局去办。东三省事件，送到国联上，可是它既非警察，更非公安局，那会有良好的结果。这种不合理的侵占，我们应得有合理的抵抗！

救国，是救护自己的国家，我们要用什么来救？和要救什么？这个问题，可分三方面来说：

1. 救济农村经济破产　我们要培植适当的能力，来救济农村经济的崩溃。去年，我曾遇见一位朋友，是任造币厂厂长职务的，我问他为什么要造银币？他说："因为银元常给人私自镕化掉，如果只剩钞票，不是危险的么？所以造币是为中国银行、交通银行造的。"我又问："这些银子从什么地方运来的？"他说："是美国运来的大条银。"我想：中国人真有福气，吃的用的，都是外国人送进来，连银子也是这样。后来马寅初先生对我说："不要发呓语，中国每年要有十二万万元，流到外洋，那里会有人送银上门来。俗语说：'穷虽穷，家里还有三担铜。'现在的中国，连三担铜都没有！"从这可看到我国破产是到了什么程度！照我的意见，教育应当培植有救济农村经济能力的人才。

2. 抵制外货之实力　刚才在贵校实验科学工场上，看见陈列着许多自制仪器，这也是抵制外货能力的表现。现在我们吃的用的物品，大都从外国运来，以至利权外溢，所以我们的教育，该培养有抵制外货能力的人才，实事求是地制造，增加生产。那末，外货自然而然的不能畅销于我国了。

3. 制造机械之技能　我们要有制造机械能力的人才。外人用大炮机关枪打来，我们也用大炮机关枪还击去。此次"一二八"十九路军的抗御暴日，确是非同小可，在前面有大炮机关枪接连冲来，天空还有飞机在上面掷弹和放射机关枪，而十九路军连钢盔都没有。我们军士个个都有"拼命"决心，可惜机械不及日本的锐利，终遭失败！可知坚兵利甲，虽非救国的唯一办法，但亦不能不准备。前清义和团之乱，德兵只二百人，用机关枪射击，结果义和团五六千人死于非命。由此可证枪炮的犀利，是不能不有的。照报纸上面的统计，英、美、法、日等国的利器，超过我国几十百倍，这是我国应当注意而准备的。

教育虽是立国的根本事业，可是从实际方面看，教育经费的支绌，服务教育者待遇的菲薄，竟出乎人意料之外。下面有一则故事，讲给诸位听：衙门内的老夫子，在名位上虽总是首席，可以待遇极坏。有一天，他听厨房里在切东西，厨夫口内从老夫子念起一直念到账房，老夫子很得意。过去一看，原来是在切毛笋。从笋根切到笋尖！老夫子吃的是笋根，账房吃的是笋尖。过了一天，他又听得厨夫在切东西，却倒从账房念到老夫子。他想这次我该吃好的了。岂知那边是在切韭菜，从韭菜根切到韭菜尖，老夫子吃的是韭菜尖，账房吃的是韭菜根。现在支配教育经费，也是这种状态。中国的教育，是衙门内的老夫子。譬若有六百兆的经费，除去三百兆军费，余下的半数，是包括着行政、建设等费。在经费上我们的希望不可过奢，工作上却应加倍努力！

我近来感觉到贵校是改造社会的中心。高等学校，注重农工商等科，这是对的。中学和小学呢，小学是灌输粗浅的知识，中学是培养普通的知识，在理论上虽是很对，但是现在的小学，穿惯了长衫和童子军服，毕业小学校后，俨然的一个小先生，再也不肯劳动！教育部朱部长考察了日本教育以后曾说："在日本，社会教育的学校，是比正式学校来得多。"在中国，系统的学校，固然是需要的，但须给与救国的能力，因为普通的学校，如果没有一种特殊技能的训练，就要造出整批的失业人群！

伍朝枢先生说："一个国家，如多讲空的学问，如哲学政治等等，这是人与人争的科学；如讲真实的学问，如自然科学等，是人与物争的科学。人与人争，不论他们谁胜谁负，总是不合道德的，而酿成世界人类的不幸。所以我们应当提倡人与物争的学问，因为物是给人类社会所使用的。"世界上有二种主义：一为人道主义，不论强弱，一律应受保护；一为选种主义，就像你们鸡场上选择鸡种一般，譬如意大利鸡，每年生二百四十只蛋，中国鸡每年生八十只蛋，结果，淘汰中国鸡，繁殖意大利鸡。这种方法，用于人与物争，是很有益的，假如应用于人类的选择，颇不合人道。因此，我们应该侧重人与物争的科学。

个人以为非正式的学校，应当多办一些，学校教育，要改良品质，不要扩充数量。至于学习，在从前，单教年轻人，以为易教易学，其实老年人也具有同等的学习能力。我在五十九岁的时候，同几个学生赴法，那时我很有勇气想进学校，当时，在芝加哥大学，有一老太太，她刚在文学院毕业，那时已八十七岁，因为家里富足，又学另一门课目了。所以学习不单是小孩子的权利，年龄大的，也要学习。

贵校是中心社会教育的发祥地，诸位将来和民众接近，对于三种能力灌输的责任，要靠诸位了。深盼诸位能切实负起责任来，我们国家才不至于给人家的大炮和机关枪随意扫射！

摩托救国论（二）[*]
（1933）

诸位先生：

今天是总理纪念周，因此就想到总理《建国方略》的《实业计划》。《实业计划》完全是物质建设的方略，要是能全部实现，一定可以救国。我之所以提倡摩托救国，也逃不出《实业计划》的范围。各位是专家，我这乡下人在各位面前讲摩托救国，未免觉得有点班门弄斧。摩托救国，缩小范围来讲，也可以说是飞机救国。放大了讲，就是物质建设和国防建设。我是乡下人，所以喜欢说乡下话。乡下人说话颇有真理。譬如绅士问话，必定问这人有学问没有？乡下人问起来，便问这人识字不识字？其实在识字多少，便是这人的有学问没有学问，因为一个字解释很多，你认得这一个字，未必都知道各种的解释，那便算不得有学问。所以这是乡下人的真理。你假使再问我们乡下人，中国人不及西洋人，究竟在什么地方？我们一定答说是，因为中国没有机器。这又是一个真理。机器不如人，别看着是件小事，实在是大事。请看看任何帝国主义者，总是拿机器来欺负人，中国就吃了这个亏。有人说：现在中国人的道德太差，人心不古。但是我不相信。每个人本来就有道德的。现在人的道德，未必不及古人。因为物质不进步，就把道德变成空话。《儒林外史》有一位高翰林，他说："己饥己溺。"正是八股文料里教养门的话头，可以认得真的么？所以天天不给人家饭吃，天天劝人讲道德，不是替高翰林的八股文料里多添些话头么？现在的人，口头讲道德，那一个不是天花乱坠，何必嫌他不会讲再去锦上添花，送些料头给他呢？我且举几个古人的话来证明我的理由。从前管子说过："衣食足，而后知荣

＊ 1933 年 2 月 13 日在建设委员会纪念周讲话。

辱。"可见得足了衣食，才能去导人民于正轨。孟子说："救死而恐不赡，奚暇治礼义哉。"这句话翻作白话，就是："肚子饿了，那能不做贼呢？"孟子向来是讲仁义而不讲利的。这里却这样说，好像自己反对自己，其实这才是人生的真理。诸位如再不信，我可以再请中国第一位圣人孔夫子出来。孔夫子在卫国就是现在河南彰德一带，冉有替他赶车。孔子看见人民众多，就叹息道："庶矣哉！"冉有便问："既庶矣，又何加焉？"孔子道："富之。"假使冉有当时只问这一句便止，那我今天的话就难以证明了。幸而冉有接问："既富矣，又何加焉？"孔子曰："教之。"富之便是"足衣足食"，教之便是文化。可见得必定使百姓富足之后，方能谈得到教育文化。无衣无食，国破家亡，生存尚成问题，那里去谈道德礼义呢？今天为什么说这种话呢？因为中国人做了几千年文章，大家总有点夸大狂，总以为只要有了一点精神文明，可以立国。我在八九岁时，在先生家里，看见一位发福音的外国人，我笑得要命。现在以为洋化是好的，那时看见满面生毛的外国人，我只当他是一个猢狲。后来中法之战，大家还觉得中国是中朝天国，一定可平定蛮夷。但是已经怀疑，觉得只有陆军是天下莫强焉，海军实在不如人。到了甲午那一年，我正三十一年岁了。我在北京的时候，那时一班名流，所谓翰林、进士便像今日的教习学生，大家都慷慨激昂骂李鸿章卖国：怕西洋人罢了，怎么连日本小鬼怕起来呢？六月二十五，日本打坏了一只商船。七月初一光绪皇帝下了上谕，说要"迎头痛击"。我们听了大为高兴。记得那时有一位湖南抚台吴济卿，他很气愤的自己请缨到前敌去。湖州人吴昌硕先生，也随同前去。吴先生很有见识，到了营口，一看事势不妙，连忙教家中发了一个电报，把他叫回来，说是母亲有病。他回到上海，一班名流请在四马路五层楼吃茶，就是现在四马路世界书局那地方。有位高邑者，见了他就向他打拱作揖的说："昌翁，昌翁，你是忠孝两全！"他是脚底下明白，所以早走了；否则随了大帅逃走，就是狼狈不堪。从此中国陆军的纸老虎也被人拆穿。

　自从甲午以后，中国维新，大家都到日本留学，我也是其中一个。彼时日本人又来灌米汤，说中国是以精神文明立国的，我们听了也很高兴。庚子以后，大家又到西洋去。我们到了欧洲，欧洲人每每问我们是不是日本人？我们说不是。那没有涵养的人便立刻变了脸，有涵养的人还要安慰我们，就说"一样"、"一样"。这是什么话呢？那时天天怕瓜分共管，一直闹了一二十年。岂料国民党改组之后，口气一变，忽然要打倒帝国主义。试问拿什么东西去打呢？人家打来，又拿什么东西去抵御呢？现在最时髦的话是抵抗。我们抵抗，是维持我们的人格，是做人的最小限度，有什么希奇呢？现在一般青年，中学读完，还要到大学去，大学完了，还要到外国去留学。留学的结果，还不是取得学士、硕士、博士的头衔来写履历？这些头衔从前尚可骗人，试问现在还有什么人要着这博士、硕士的履历呢？

　　所以再这样不求实际的下去，恐怕日趋堕落，一定同归于尽。我提倡飞机救国，因为我们学人家来不及，只有捡要紧的来迎头赶上。一国的文化，只靠武力作后盾。现在的武力，惟有飞机超越一切。古人说："长兵胜短兵。"我们看看汉朝匈奴以及辽、金、元、清，他们取胜中国，又有什么文化呢？不过他们有他们特长的武力。我们看清朝的上谕，每每说："本朝以骑射开国"。"骑射"就是清朝特长的武力，就是长兵胜短兵的明证。我们今日的长兵是飞机，我们样样不如外国，假如飞机比人好，制造得好，使用得好，也未尝不可胜过人家。飞机的建设，比较费用少而收效速，是中国救死救亡的唯一出路，所以我主张飞机救国。因为提到飞机救国，想到摩托救国。摩托就是发动机。飞机固然必需摩托，但是藉摩托的制造，还可以促进各项工业，促进我们的实业计划。我们如能造得好摩托，除飞机外，我们还可以造坦克车和潜水艇。西洋在一百五十年前，也是和我们差不多。自从一七六九年以后，因为蒸汽机的发明，而到现在的程度。所以事在人为，只要我们认定一项去做，没有不成功的。例如近来有人发明烧炭的摩托，也是一件很好的事。总而言之，不问用煤炭、用油或用水力，都可发生动力。动力之中，又分静动力与动动力，如蒸汽电厂、水力电厂、蒸汽原动机，这都是静动力，固定在一处地方，不能移动的。如飞机、潜艇、汽车所用的动力，从油的热力发生，可以行动自如，或飞行，或捷走，那是动的动力，比静的动力还要紧。我们此时大家都应该发愤去研究动动力，并去找寻汽油的来源，以备与敌人决死战。扩而充之，可以促进我们的工业，促成我们的实业计划。到了那时，又有谁敢来侵略我们呢？此外不过我有一句切实话，就是奉劝诸位先生，遇见亲戚或朋友，教他们子弟，以后再不要学什么文学法政，因为中国实在不需要这些东西。犹之乎下雪，在现在是很好的称为瑞雪。假如六月里下，就要上"灾异记"了。假如中国能和外国站在水平线上，自然没有外侮。能力相等，也就自然有了道德。我现提出八个字，作为我们今后共同趋求的目标，就是"实业计划，匹夫有责"。

救国须改良教育[*]
（1933）

　　余离开北方，已三四年。故到北平去视察北方政治及其他一切情形，纯系个人名义，并非中央所派。是否到前方去，尚不能一定。大概新乡是回来必经之地，要前去看看。……汪院长最近亦不能北来。李协和先生主张开放政权。在我看政权终要归还人民的，无所谓开放不开放。当初孙中山先生宣布训政，是希望有智识的人，指导忠实的老百姓，培养他的政治智识。中山先生在宣布训政时，特别注意乡村自治，尤其对人民选举权格外重视。革命成功后，有高级权利的人并不注重于此。地方训政要点，为各地方设县参议会，由县参议会选举县长，由各县选举全省执政人员。其意旨为训练民众，使人人渐次练习作参政的准备。现在政治仍然由上而下，县长由省委任。民权发展，毫无准备，实在不好。中国至此田地，开放政权，并不能救济国难。欲救济国难，必须养成救济国难的力量。欲养成力量，必须改良教育。中国向来注重道德，但是只有道德，不研究吃饭问题，也是不行。比如一家人家，家务虽已整理好了，而无饭吃，亦是无法。所以苏俄革命才成功，就宣布实行五年实业计划、十年实业计划，以培养力量。过去教育之错误，非人民不争气，是制度太不良。余以为今后教育方针应有三要点：一、农村经济破产，须教以复兴农村力量，使农作物增加，以救济农村破产；二、外国货物，向中国来一天比一天多，须教以制造国货，以抵制外货；三、外国人大炮机关枪来打我们，须教以制造大炮机关枪以抵抗他。中国吃日本的亏，全在兵器上。因为人家力量足，枪炮新式，我们

---

　　[*] 1933 年 5 月 4 日在济南对新闻记者谈话，初刊于 1933 年 5 月 15 日《中央周报》第 258 期。

打不了他。甲午之战打败了以后，我们早就该发奋报仇。比方两个人打架，有一个败了，就向胜的作揖，说三年以后再见。他一方回去就苦苦的练功夫。第一次铺上一层棉花，一拳打透了。第二次再加上一层，以至三层、五层、十层、二十层都打透了，其他功夫也练好了。三年后一比较，把先前胜的打败了，才算个人。但是"大刀救国"，不能喊一辈子。我常对别人说："国难至此，责任全在年老的身上。因为四十年前，中日之战，目睹日本人欺负我，打我，同现在一样的利害。那时候我是三十一岁，蒋先生（介石）只七岁，当然不知道。一班青年，更不知道了。所以说：这四十年来我们早应当教养青年以报国仇，不该把责任放弃了。"看见《大公报》上登载着梁漱溟的演词，还大讲其风凉话。说什么中国上了提倡军事当，把农村经济破坏了。实在不对。因为现在是大组织全破坏了，不只是农村。我国素来讲伦理，所谓孔门伦理，就是三民主义。共产主义、帝国主义也是各有各的伦理。但是应该有一定主张，譬如有人说孝最要紧。我们也说对。又有人说非孝要紧。我们也说对。良心上没一定主张。试问中国大炮机关枪不能制好，军队能算练得好么？尤其现在一班青年，光念洋八股，又有什么用处？不过博得硕士、学士虚衔而已！又到咸丰十年，英法联军在广东，擒去两广总督叶名〔名〕琛，解到印度加尔各答，并且把红顶花翎装起来，售票两角看一看。虽没亲自看见，看看书上就可知道。此刻东三省山海关的炮声，是大家经验着，可以想到当初甲午年日本的大炮，才是如此利害。我们自甲午到今，四十年空空的过来了，希望现在的人们，别再空空的过去。四十年依然不能复仇，应打破只念洋八股投社会时髦需要，以求博士、硕士头衔的心理。要注意教育应改的三个方针。

据我观察世界的大势，推测日人如此跋扈，将来也许走到很不好的路上。因为从前德国的声势，比现在的日本不在以下，结果还不免叫协约国打的他一败涂地。现在一般人都把教育看作小事情。我劝办教育的人，实在也用不着增加经费，因为从前清以来，衙门里教书的老夫子，同现在一样叫人看不起，待遇也是最薄。记得有一个笑话，有一次一个老夫子上厨房里催菜。厨子正在切毛笋，边切边说："先切的笋根给老夫子，最后的笋尖给账房先生。"又一天厨子又切韭菜，说："先切的给账房，后切的给老夫子。"当厨子的都看不起教书的，又何况别人呢？我们对于个人的小孩子，应该教好，兴家立业。不教书，他又焉能兴家？所以这四十年来，不能把人民教好，使复仇，闹成现在的地步，罪恶都在老头子身上。不该放松他们，光教他们守道德，不教他们吃饭的办法。说句迷信的话，阎王放出了人的生命，只能给他受智识的工具，如耳目鼻等，不能把智识同时付给。必须受教育，才能得到智识。以个人经验看，世界上的人应该有四个阶段：二十岁以前是受教育的时代，二十岁至四十岁是替社会服务的时代，四十岁至八十岁是需要帮忙的时代，八十岁以上完全是受人供养的时代。世界上虽然有人如此提倡，将来如何实现，尚不能预定。使小孩子受教育，应当为国家着想。譬如有五个儿子求学，假若其力量供给在两个儿子身上去求学，将来必能成为人才。若勉强使五个儿子去求学，非但学不成才，则五五二百五，全成"二百五"。更当注意，勿光为个人求虚名，学洋八股。应该对我以上所说的改良教育制度中的三事，多加考虑。

人与人的交涉最好不谈
人与物争应当仁不让*
（1935）

今天是本党纪念周的典礼，兄弟适于昨天来到重庆，得在此与诸位先生见面，以代一一拜访，实在是很难得的机会。不过要兄弟说话，是不敢当的，甚愿藉此贡献一点感想，希望诸位指正错误。因为兄弟一向浪漫多年，在外奔走，知识思想都觉得退化，只能就感触所及，说出来和诸位先生商量商量。现在要说的有一问题，可以提出来研究。宇宙间的交涉，可以分为两大类：一是人同人的交涉，一是人同物的交涉。人同人的交涉，很为重要，很是复杂，也可以分为两类：一为道德伦理交涉，其范围在于朋友父子之间；一个是政治交涉，即一般人的交涉。可是人类关系和理想，是研究不完的，随时要去怀疑他，不免发生危险。例如家人父子，每天早上起来，要从新讨论一下彼此的关系和分际；早饭桌上，看谁该坐上席，谁坐下席。就是仆人，也得从新考量该不该盛饭端菜，仆人可以不可以坐一主位。这样时常怀疑，时常讨论，未免太费事。假如真的讨论下去，这早饭都吃不成了。我们要知道，理论是永远不会圆满的。譬如诸位坐在那里，我站在这里，花瓶摆在桌上。假如认为这个现象顶好，那末诸位和我以及花瓶，通通不能再移动。若是有人认为还要加以改变的话，那不能算顶好了。所以理论不能研究得完善，如果可能，西洋镜也就不会拆穿了。个人是宇宙间的一个至微小的份子，事实上到今天还不能将宇宙间的蕴奥隐秘完全揭发。而人和人的交涉，关系既是复杂，不容我们凭空构造完满的理想。为了避免危险，

---

* 1935 年 4 月 1 日在重庆扩大纪念周讲演词，初刊于 1935 年 4 月 15 日《中央周报》第358 期。

也不容许随时随地去怀疑。所以在不得已的环境中，要来一个事实的制裁，即是简单的规定契约，也就是所以要政治法律的原因。

再看人同物的交涉，不仅是交涉，直是竞争。今早我们从陶园坐汽车到这里，费了十分钟。假如没有马路，没有汽车，恐怕需要一点钟，这就是人与物争的结果。从前高低不平的石山，我们将他凿成平坦的大路，把打下来的石块截成条子，铺平路面，便利来往，这是人和山争。征服天然地势，外国人发明汽车，是以人力使铁服从，把它做成车辆，这也是人和物的交涉，把铁征服住了。可以说人和物，一天到晚都在交涉进行之中，也就是一天到晚都在竞争。从早上起来看见天气不好，我们可以披上大氅，抵抗寒冷；到晚天色黑暗下来，可以燃灯，仍然可以得到光亮。至于腹内感觉饥饿，应该吃什么米？应该吃什么菜？通通都有考究。这不是人和物随时都有很麻烦的交涉吗？总之，人和物的交涉愈频繁，愈精细，我们人类也就愈加舒服。关于第一种人和人的交涉事实自多，理论却宜少。我们要糊里糊涂的服从，只能以一个时间来总讨论，不容随时去讨论。譬如我们讲政治，每次纪念周都读总理遗嘱，这是总理教我们少说点话，只照着这样做下去就行，用不着今天理论，明天也是理论。至于人和物的交涉，则不能宽宏大量，不与物争。唯人与物争，有公与私的分别。为公，乃是为大家争，争得正当。要是一个国家民族的人，都能本着为公的出发点而与物争，则国家必然强盛，民族必然兴旺，反之，如对物的竞争，都是为私。各人只知为着自己打算，好比一个穷家庭，兄弟之间，都争着管账，即是可以揩点油；弄到后来，终于弄光了产业，无法开销，没有争的目标，你不管，我不管，这个家庭只有覆灭败落下来。中山先生的革命思想，甲午以前，就在酝酿之中。那时他要同李鸿章谈判，提出四个条件：一是"人尽其才"，使到有本领的人，都能用来与物竞争，征服自然；二是"地尽其利"，把地底里所藏的，和土地上所生的，统统都尽量产生出来；三是"物尽其用"，使所有的东西，都能供给我们人类的享受；四是"货畅其流"，百物能够向各处流通，以此所有，易彼所无，自可调节用途。这是革命思想最高的表现。假如这四个条件都能办到，岂不尽善尽美？而今我们没有办到，反而吃了外人的亏。试问今日是世界上的许许多多问题，还不是从货畅其流这一点所引起来的？外国人都在中国货畅其流，所以我们要受人欺侮。这可见中山先生早就看重了人与物争的事情，早就定下了人与物争的原则。无如当时不能实行。没有办法，才倡导革命运动，从根本上创造出中华民国。我想无论谁人，除非是读书错了的遗老，谁都不会反对这个民国的。说到民国，虽然是成立了，当时民国的政治，尚无办法。宪法是东抄一篇，西抄一篇，文不对题。中山先生看见这样不对，才定出建造民国的制度来。世界上最先进的民国是美国和瑞士，从他们那里采取了罢免权、复决权，完成了最完全的民权主义。民生主义，是含有对于未来的理想。于是在全部三民主义实行起来以后，便成为世界上最新的民主国家。许多人太小气，凭空理想时，常讨论要创造主义，不肯服从他人。有如一家父母子女，各言主张，这怎么弄得好？中山先生的意思，不过从世界各国的政治思想里，整理出一救中国的主义来，他并不要专利。许多人称三民主义是孙文主义，我想这是不妥当的。最可笑的，有位共党的瞿秋白说：三民主义是"杂货摊"。我说该是"集大成"。好比孔老先生的学说，是祖述尧、舜、禹、汤、文、武的学说，而集其大成。所以称孔老先生的为先师，我想应该改为先圣。要中山先生集古今中外之大成，才是先师。先圣好比殿里的老和尚，是过去了的。先师确是庙里正"当权"的方丈，他有办法，能够处理当前的一切。这不是我空口随便说的，我们从史书上可以看到。周公自东周至汉武帝时，都被称为先师。至汉时，把孔子的学说整理出来了，乃不称周公为先师，而改称为先圣。先师的头衔，遂归于孔子。现在可依例改称。可是我并不是要向政府请愿，不过在这里随便说说罢了。我们时常读总理遗嘱第一句说："余致力革命，凡四十年"。可知中山先生的革命理论，积经验而集中外古今之大成，并非凭空理想。第二句说："其目的在求中国之自由平等"。我想就是朱、毛、徐向前对于这点，也不会反对的。其次："联合世界上以平等待我之民族共同奋斗"。这也是应该的。无如现在还找不出以平等待我之民族来。至于《建国方略》、《建国大纲》、"三民主义"和《第一次全国代表大会宣言》，便是我们建国的法宝。其中的含义，实在是尽收世界各国所有的长处。中山先生把所言的精义，集中起来，参照国情定下来的。中山先生还有他最后的理想。他喜写"天下为公"四个字。也是服膺《礼运》的《大同篇》，即可知中山先生的崇高伟大了。中山先生还告诉我们知难行易，这个道理很简单。譬如我面前的水，口渴时随便喝下去。假如有人说："这水里有微菌。"那我就不喝了。可见知是很要紧的。有位胡适之，对于这点，要提出讨论。我劝他还是不要说。总之人和人的交涉，现在没有闲工夫，顶好不谈，一致照着三民主义行下去便好了。到了相当时期，中山先生将在墓地里发出一声喟叹，那时留待后人再出新的花样来。现在正是吃早饭的时候，千万不要争论。而今还要把全副的功夫用到人同物争上面去。大家本着为公的出发点，去和物争。那末，大家也就可以得到享受。以上第一点说的伦理政治，第二点说的科学工艺。政治方面，已经有了精深博大的三民主义，给我们做标准。科学工艺，则伟大的科学家，固不可少，各方面实行的人，更是要紧。科学是工艺的母亲。工艺是科学在日常生活上的应用。工艺家也就是科学界的无名英雄。请大家各人做些小小的工业，解决生活是小事，训练出许多的人才，那才是大事呀。好比民生公司，就办得很好，船上的员工，都得到好的训练。对于外国船的抵制，就很有成效。又如上海康元罐头厂，管理训练都认真。一个不识字的小孩子，进去三两年，便已得到中学程度的粗浅知识。现在和我同来的张静江先生，在南京办的江南汽车公司，里面得到吴琢之先生管理得法，学徒从里面可以得到很好的知识与教育，成效大著。奉劝大家，如肯用几千块钱开个工厂，小之可以解决许多人的生活，大之可以储备许多人才，报效国家，是很有价值的事。

　　总括说起来，人和人的交涉，要绝对避免；人和物的交涉，大家可要起劲的去干。中国受了外国货畅其流的毒害，而今正要我们努力的去挽救。现在有一件物品，不仅抵制了外货，反而可以畅消〔销〕到外国去，这就是人人必需的袜子。各位有人到过欧洲去的，一定可以晓得马赛的海关，查到中国人的行李，开口就问，你们有丝袜子吗？可见外国也怕我们货畅其流起来。希望大家提倡科学，讲究工艺。三十年前的日本，工商业并不发达，交通也不便当，因为他们能够从事实际工作，所以现在也就强盛兴旺了，我们要急起直追的迎头赶上去。

用资本来生产为当前急务[*]
（1938）

常会今天派我来报告，大事各位比我知道得更多，用不着我来报告。我前回听见汪副总裁的报告，提起资本主义，为的是近来的刊物，颇有人以为要大量的生产，非经过资本主义不可。甚而又有人以为民生主义就是资本主义。指出这种议论是错误的，亦有许多人。汪副总裁特扼要来指示他们，总理民生主义有节制资本的办法，要大量生产，用不着资本主义。自然已经答复得简要详明。

今天我也来提起，因为有许多同志怀疑，说大量生产非经过资本主义不可的人，或者别有意思。我觉得在今日对外一致的时代，或者他们并无什么别的意思，只是愤激于帝国主义靠了资本家的大量生产，来欺负弱国。我们要抵制他，亦非有大量生产不可。又误认大量生产必用资本主义，他们都忘了近来已有不用资本主义得到大量生产之国。若用了汪副总裁指示出来总理民生主义节制资本的办法，更可毫不必用资本主义，生产更能大量。

他们小小的误想，就是把资本主义与资本并成一谈。这也已经有人指出。他们又以为帝国主义的生产，是资本主义；社会主义的生产，是无资本主义。他们又没有想到资本成了主义，是同帝国主义一样，是剥削别人、欺压别人的主义，所以要不得。资本是没有到全世界大同的时代，资本不能废置。所以尽管像苏俄，生产要完全国营，然而对外购取品物，就不能不收取人民的粮食，来作购买的资本。因为原料罢、机器罢，皆有各国的特产，不能不互相采用、互相购买。采用购买，就要资本。所以苏俄的收取人民粮食，也是节制资本的变相，却还没有总理想

---

* 1938 年 9 月 26 日在中央纪念周演讲词。

得周到。有了总理民生主义的节制资本，什么大量的生产，都做得到，决用不着什么资本主义。

讲到资本成了主义，实是人类的不幸。然而若未到大同时代，资本之于人类，却是一种恩物。

集了大资本，用机器来大量的生产，在原理上讲起来，本是为人类丰富了养生途死的品物，增加人类的幸福。所以欧美自有了机器的生产，人民的生活，比较他们两百年前，已经大不相同。好比那发明蒸汽机的瓦特，他的家乡，在苏格兰第二大城，叫做葛拉斯古，相去九十里一个海边的山村镇。一百八十年前，止有几十家小店，同许多茅屋。现在居然变了一个中等的城市，街道纵横。一座很壮丽的工业学校，门前植着瓦特的铜像。有许多货船与美洲往来，也算一个繁荣的埠头。而且二百年前，就是伦敦，也像南京一样，固然有大厦，亦有许多小屋，还有茅屋。现在城心还留八十年前文豪狄亚斯的一间小古董店，特别保了险，留在帝楼大厦之间，做个纪念。美国人到了伦敦，非去一看不可。现在欧美各处，那里找得出南京下关的茅蓬、重庆江边的板棚。好像南京咸板鸭一般的穷人，更寻不出一个。只就是水涨船高，生产富有了，全社会的生活都能相当提高。所以总理提醒马格斯的信徒：马格斯以为工业发达，就容易发生共产主义，事实却不曾相应。

资本成了主义，生产富有了，人民的生活，还能相当提高。倘使资本不曾成功主义，没有资本主义去剥削穷人，或者现在欧美穷人的生活，还要舒服，而不是仅仅乎比重庆或像南京咸板鸭式的穷人稍好。

所以用资本来大量生产，是社会进化的天使；拿资本变了资本主义，实是社会进化的魔鬼。

资本既是社会进化的天使，有它来大量的生产，可以把像咸板鸭的穷人，又大多下层民众与咸板鸭差不了许多的，都来提高他们的生活，才能像一个现代国家。国难如此严重，最后胜利之后，严重的程度，恐怕还要加增，能够不急急乎来大量生产，求一较久的安宁吗？所以提出资本主义来，帝〔希〕望大量生产，是不免懒惰得错误了一点。若希望筹出大量资本，马上实现大量生产，目的都是相同的。因此注意到资本，是第一要义，大家应该一致努力的。

资本是总理早有成算的。就是汪副总裁前番说的，一是大资本归国家来筹。人民有资本来企业，归政府节制了，叫他们投资投得得当，事业依然能够大发达。只有帮助穷人，不会剥削穷人。这种法子，我来瞎加一个术语，叫做资本生产，不是资本主义。如果经政府合理的管制了，所以总理以为要筹资本，就借外资亦可。并且生产时人才不够，就借外才亦好。我再加上一句，就像苏俄办法，权且借了人民的粮食，去向外国换了机器，亦是做得。大量生产成功了，固是利国，也还是利民。不然，像此次的抗战，十几省人民的损失，如何浩大。若人民早能将所损失的，给政府大量的生产了，恐怕早已反攻到三岛去了罢。所以我今天再就汪副总裁的意思，来补充几句。

我自己还来附带贡献的，又有三点：

第一点：近来大家觉得过去生产的贫弱，就是现在抗战辛苦的大原因，所以注重科学的很多。这是好现象。生产非有科学不可，本无消说得。但急迫的生产，要迎头赶上去，重要的还是资本。一面自然应当栽培科学家，却来不及候新栽培的科学家成熟了，再来生产。如果有了资本，把旧有的科学家，再凑上总理许借的外才，好像苏俄五年计画，请到外国工程师一万，那末极普通而不是大秘密的工业，没有做不成的。至于社会科学等等，当然间接直接，亦于生产有关，但决然不可就算做生产。若把空洞的科学两字来搪塞生产，放一把木屑在头上，就算做锯木匠。所以前回邵力子先生已在报上警告过我们，不要科学两字用烂了，连相士咳嗽一声，也自称唯一科学家。还有用科学来解除迷信，也是四十年前就企图的，却至今没有广博的推动，也就是空口说白话，效果是很少的。譬如盼望畏惧霍乱病的，能相信清洁，不去求神，早打防疫针固好，但还不如生产很盛以后，五百倍的显微镜到处可以看到，把一滴蒸溜水，同他们饮的茶汤，叫他们自己一看，自然不求神，自然要打防疫针了。若生产贫弱，那里来显微镜，连防疫针也缺乏得异常的。故尔说科学空话，没有大量生产，小小的破除迷信，也是辛苦万分的。

第二点：总理既谓迎头赶上去，又在遗嘱上把《建国方略》放在头一项，叫我们务须依照。恐怕我们听惯了，耳朵也容易麻木的。这一点点物质小事，为什么他特别注意呢？因为一天开三餐饭，虽是很微末的小事，但三餐饭不能依时的准备，可以连一天的工作，都被他倒乱。所以物质是形而下，固然卑卑不足道，但是没有一双鞋子，怎么能跑来做纪念周呢？做了纪念周，又要东去西去，开会呀、办公呀、演讲呀、宣传呀，没有车子，一天那里来得及呢？即小可以喻大，没有火车，交通怎么会通利呢？没有电话电报，消息怎么会灵通呢？更说到飞机大炮，尤叫人痛心了。故尔总理万万不因为它是卑卑不足道的物质，可以让它慢慢，或者虚与委蛇，竟不屑过问。他想饭是定要依了钟点做的，车子是汽油虽贵，定要早上就预备的，否则误了一天的要紧公事，损失不小的。他若不故去，这十年早把他的《实业计划》，完成得七七八八，岂不现在的抗战，省事多了么？为什么成渝铁路不曾早早完成，运物到成都，要千难万难呢？川汉铁路不曾完成，宜昌的机器运不来呢？大量的生产，固然事实上进行，不能快速。然而现在欧战一起，物质的来源更艰难。就是七凑八凑，小量的生产，有一点好一点。小，比没有总好罢？然而这就要发生资本问题，又发生计划问题，于是有第三点。

第三点：前几天陈果夫先生许我到中央政治学校去说话。我想，我对政治学生能说什么话呢？我忽然觉悟，我从前恨不得个个学生都学了科学工艺。今知在比例上讲，十个人当然要七个人讲科学工艺，然而也必定要有三个人学政治法律，及一切社会科学。譬如把国家算做一个工厂，学科学工艺的，是实做的人，好比工程师与工人，自然数目要较多。学社会科学的，是做经理与监工，数目虽然可少，但极其重要。一切品类、时地、轻重、缓急，尤其是资本，皆要经理计画、经理筹备。工程师与工人，他们专心于技术，还来不及，当然经理计画之时，一定要工程师来做顾问，却不能希望他兼有工夫、有魄力，来建设只个厂的成功。

所以我就贡献各位政治学生，固然不可单单留心于奉此等因，也不要拿造政论、议法典，就算完事。国家一切的大计，正赖大政治家一一来擘画。那大量生产的一件事，虽然是卑卑不足道的物质粗事，却所谓国家之存亡、人民之苦乐，皆有很大的关系。

要成功大量生产，最紧要的，是筹画资本。非大政治家绞着脑髓，泼着胆量，来担任不可。若以为这种粗事，而有有司在那里，这正是《论语》上说的"出纳之吝，诏之有司"。有司的出纳之吝，是万万不能有希望的。要学总理那种气魄，就借外资也可，尽量的节制出来也可，平均地权、大量筹款也可，纸币不兑现也可。（这法币已经实现，已各国皆然。）

而且小事还可以大做。在这里的人，终还记得总理在民国元年，把总统让给袁世凯做了，自己竟来做一个卑卑不足道的铁路督办。大家到过上海督办办事处，也看见过总理伏在地上，天天把地图东画西画，造路的书籍条陈，堆满了各处。若不是袁世凯逼我们来二次革命，总理尽可以暂时放弃政治，办成了二十万里铁路再说。大政治家的风度，能大能小，能屈能伸，何等可钦敬呢！好了，这也算一个小小贡献。

门外汉意中之教育问题 *
（1939）

各位先生：

今天承中国教育学术团体联合办事处容许对教育问题作一次讲话。因为自己对于教育是一个十足的门外汉，所以今天的讲题，是"门外汉意中的教育问题"。拿一个门外汉来讲诸位所研究的教育问题，也许是太胡闹了。然而今天是星期休息日，请诸位发发笑亦好。况且对于门外汉就是胡闹，也可以做一个胡闹的参考。

近几年来，我们的领袖蒋总裁，他的训示中，常提到"管教养卫"四个字。最近教育部陈部长对于这四个字的意义也有很精要的阐明。在我外行说起来，"管"，就是叫人必定要如此，而且不许不如此。"教"，就是告诉他应当如此，所以不可不如此。育"养"也，养成功他的能力。"卫"是有了能力，足以自卫，也就能够卫国卫民。俗语常说管教管教，教就不可不管。养卫都属于育的部份，所以管教养卫四字，归纳了，也就是教育两字。现在用我门外汉的见解，把管教养卫，再来瞎讲一阵。

什么是管，现在一般人常常误解管的意义，好像管是专去管人，忘却管人的人必先管束自己。因而人们听到管字，心里就不大乐意。比如说我在街上走路，有时要听警察的指挥管理，如果我误解了管的意义，以为我是有身分的人，来受你区区的警察的管理？其实这句话是不对的。管的第一个条件，是能自己管自己。因为自己管自己，是最高贵。一个人要等人来管，已经是下焉者了。还要不受管，简直更丢了身分。所以最好要做到不必有人管，而能自己反省，自己知道凡是利己害人的

* 初刊于 1939 年 1 月 15 日《教育通讯（汉口）》第 2 卷第 10 期。

事，决决不做，人人如此，社会当然就能做到不管而治。

谈到要不要管的问题，不由不谈到性的善恶问题。讨论性的善恶问题，古今来已有不少的学者讲过。有人说性是善的，有人说性是恶的，也有人说性是有善有恶的。以我个人的看法，性不性且不去问他，我可以妄断一下，人是一半好、一半坏的。世界人类，决不会全是好的，也不会全是坏的，你想一棵橘子树，树上长的橘子，决不会全是大个儿，其中必是好的大的有多少，小的坏的也有多少。总理说过，"人的权利是可以平等的，人的智慧是不能平等的"。我们的孔夫子也说，"中人以上，可以语上也；中人以下，不可以语上也"。什么人才算是中人？《汉书》上有九等人格的分别。我想九等中四五六是中人，一二三是中人以上，七八九是中人以下。根据这一个分等法来分别人的善恶，我们可以说，一百人中间，在善的方面有一个最好的好人，绝对不会坏的。在恶的方面有一个最坏的坏人，绝对不会好的。另外在善的方面，还有四个好的，是不容易变坏。还有十五个好的，偶尔亦会变坏。在恶的方面也有四个坏的，不容易变好的。也有十五个坏的，偶尔亦会变好。两头各去了二十个，余下来的六十个，我们叫他为中人，因为他们可以做好人，也可以做坏人。如果我们细心考察社会各界人士的行动，可以证明这一个说法，是不大错的。

这个理论，用政治上的事实来说明，也可以见得。欧美是政党政治，他们常分什么保守、自由的两大政党。何以两党的党员，会或多或少呢？因为或多或少的缘故，有时保守党执政，有时又变自由党执政。照党德讲起来，一个人一经入党，应该就不能叛党。那末一次分了多少，就应该永远不动，何以会或多或少？这就是中人以上的决不会叛党。那中人以下的就多是摇动份子，容易改变。常有忽尔保守，忽尔自由，随着他们的好恶，转移着拥护。因此执政的跟着上台，跟着下台。

我还敢说，无论那一个文化进步、教育发达的国家，一百人中，顶多止有六十五个是好人，至少有三十五个是坏人。反转来说，无论那文化、教育落伍的国家，一百人中，终有三十五个是好人，最多也不过六十五个坏人。民国元年有位丁福保先生，以为我曾经在教育界混过，和我开玩笑，说道，"我愿意出一百万元一天，请你把天下人全教好他"。我摇头没有办法。他又说，"既然教好不容易，那末我还出一百万圆一天，请你把天下的人都教坏他"。我还是摇头，当时听笑话的人，也个个摇头。现在想大家必以为嫖赌吃着，是人人喜欢的，拿嫖赌吃着来劝人，是一定中意的。那里知道，你试试看，站在十字街头去教人嫖赌吃着，保证会有许多人给耳光你吃。这是证明我到底好人终有三十五个的断言也是不大错的。

从上面这许多的叙述，可见中人以上，止有三十五，中人以下，倒有六十五。我门外汉谈起教育来，就想把那个教字，要想个字来，帮他一帮。怎么帮法呢？止有我们领袖，早能够见到。他把俗语中所说的管教管教，在教字之外，把管字特别提了出来。我就有法子，把他的管字，对付六十五个中人以下，叫他必定要如此，而且不许不如此。"语上"的心血，虽然在教字方面，也有时不能不在他们身上白化一点。然而顶好多省点心血，化在管字上。化的什么是"语上"的心血呢？就是对于教字方面，要讲"不可不如此，而且讲所以要如此"，这是不得已时，对一百个人，都要教的。什么叫白化心血呢？就是讲到不可不如此，所以要如此，一定有三十五个的中人以下，没有希望能叫他自动的依从。然而止好一齐都教，就是没有法子，把三十五个中人以上的认识得很清楚。而且更没有法子，把中人以下内三十个能化导的，也马上能认识出来。所以止好一百个通通吃点力，对他们"较上"一点的讲了。希望三十五个中人以上，都听懂了，一同来管人。还希望六十五个内有三十个中人，也能相信了，带管帮教，也跟着做了好人。使好人有了六十五，管住了三十五个坏人，便变成了好世界。若是管教不得法，变了教育落伍的国，止剩了三十五个好人，管不住了六十五个坏人，好人变成束手无策，止好独善其身。世界就会弄到难看到不成样子。只个现象，就是管人的人太少，变成了人人无管束的缘故。要挽救只个局面，似乎不需要三十五个好人，起来多吃辛苦，担任了"语上"的教，初步要三十五个好人，加倍辛苦，担任了管，才是聪明办法。

我想施教也同施政是差不了许多。古人对于施政，乱世要用重典，只就是说不但要管，还要管得很严。俗语说，棒头上出孝子，筷头上出逆子，也自有一点理由。导之以政，齐之以刑，虽然民免而无耻。而信赏必罚，也是不得已的办法。在施政的人，自己勉励自己，当然要进一步的导之以德、齐之以礼，然当了上无道揆、下无法守的时候，就是诸葛亮，也就不能不吃点辛苦，罚二十亦必亲览，且显了政刑要紧。否则对黄巾贼去读《孝经》，我就记起一件家庭的小事来。我有个朋友，叫范素行先生。他的父亲是道学先生，所以范先生根气厚，言距行方，朋友个个钦敬他。他的夫人却是一个知府的女儿，并不算什么恶劣，止是个中人。可是他官家女儿，看惯婆媳不合的，终不见得十分孝顺。我们的范先生讲起来，就用一篇大道理，大都只中人的女子，是听不大懂的。于是每到媳妇与婆婆吵嘴，他到了没法，就跪到他父亲的木主前面，把自己的皮鞋脱下来，打自己的嘴巴子。只也算十足的导之以德了。可是，每到如此，他夫人便吓吓的笑将起来，对丫头老妈子说道，你们看，只一套又来了。范先生三十岁便气死了。只恐怕就是不能合理的管住，感化也是失败了。又如近来节约运动，其实我们最高领袖，十几年来，请客西餐止有四色，无酒无烟。中餐火锅一只，便菜四小碗。还有一位领袖，遇到不能不筵席，就用一只一品锅代替。只也可以算十足道地的导之以德了。然而东也聚餐，西也聚餐，酒肉狼藉，碗盏满台，不知还算豪阔，还算恭敬。规定了八元一席，暗中还贴到十六元二十元，只个以身作则的教，终于在只个人人失了管束的时候，收效太少。似乎非不客气的管起来，禁起来不可。既然以身作则，禁也不能有怨言。

所以教育家拼命只顾把理论说得十分高超，却忘记了好好的管束，只无异做了官，只是贴点标语式的告示，而警察却办得没有力量，恐终不能无为而治的罢。且世界上坏人到有六十五，对中人以下的人去对牛弹琴，孔夫子上了当所以断言是不可。孔夫子教绝等人物的颜渊，也不过"博我以文，约我以礼"，还要"循循善诱"，就是无形的管着。所以子贡也说，"夫子之文章，可得而闻也；夫子之性与天道，不可得而闻也"。若拼命的要想做改良孔夫子，把性与天道，对中人以下的人，要硬硬输入到他的脑子里去，其实他止看见是一套罢了。只不但枉费功夫，而且还有意外的危险。如其诸位不信，听我慢慢在下面贡献。

因为善恶与智愚，虽有几分密切的关系，然而参也鲁，柴也愚，愚鲁人的当中，尽有第一流好人；行伪而坚，言伪而辨，学非而博，渊非而泽，绝等聪明的少正卯当中，也常出第一等坏人。若道理听进了聪明的好人耳朵里，就会成功了先知先觉的真知灼见。只就是总理希望有这种担任"知难"工作的先觉。吹进了愚鲁的好人耳朵里，也能笃信谨守。只就是总理希望他们担任"行易"工作的后知后觉，只亦就是孔夫子所说的"中人以上，可以语上也"。如果中人以下，一班不知不觉的人物，至多只好博他以文、约他以礼，加上非礼勿动、非礼勿言，管住了，叫他定要如此，而且不许不如此。只就是现在头等兴盛国的三十五个坏人，也表面能奉公守法，而且有些聪明的少正卯，人家虽刻刻提防他，他却居然做成极能干的有用人物。只种人，就是孔夫子又说"不可使知之，可使由之"的一流。总理也就不客气对他们说知是很难的，我已替你们知好了，你们用不着再费心；行是很容易的，你们务须依照，以求贯彻好了。你们肯相信，一定成功的；如其不肯依照，一定会失败的。总理虽也谦虚自然圣不自圣，有第一流人物，也容许他补充。若总凭中人以下的少正卯去仁者见仁、智者见智，弄到儒分为八、墨分为三，决是有损无益的。

性与天道，夫子罕言，就是礼，也已经包含广大，一切做人行政的规则，都包括在内。说到用礼来自管，也谈何容易。若是自管，还有非礼勿视、非礼勿听。管字的范围，止能先显到非礼勿动、非礼勿言。因为言动是连警察可以干涉的。视听只好请人自己招呼，干涉是不会周到的。中人以下的人物止好盼望他权作二勿公，若四勿先生是很少希望的。所以上面我说的管人的应先自管，只句话纵然并不是性与天道，虽一百个人，都应该对他讲讲，然而实在还止可贡献中人以上。就是中人以上的人，除了圣人，《大学》上还要请他雇十名义务警察，暗中跟着监察。所谓十目所视，十手所指，其严乎。只个方法自管还脱不了人管。决不是把自管的标语，贴满了墙壁，"此地不可小便"，便可遣散了警察不用的。所以人非圣人，一定要管的。省点教的心血，多化点管的心血，只是我门外汉对于目前教育问题的偏见。

什么多教了高深的理论，还会有危险呢？因为太高深的理论，对好的方面第一个好人讲，是十分有用的。对于次点的好人讲就必定知其当然，到底不见得能知其所以然，能帮助他实行之处恐怕很少。故尔功夫太忙，就止好遇到三月不远仁的临渊之徒，偶尔讲讲。此外节省心力，做一个罕言与命兴仁的孔夫子，亦有相当需要。若对六十五个中人以下的人去多讲，不但白费功夫，还生出危险性来了。最好的结果，就得着《儒林外史》里高翰林的见解，以为"己饥己溺"，止是类书里教养门的话头，不必实行的。因为稷先生担任了改良农田，如何世界上有一个饿死的人，就要算他饿死他的呢？禹光生担任了水利工程，如何世界上有一个淹死的人，就要算他淹死他的呢？理论不是太高了么？高翰林地位虽然是翰林，人格恐怕却在中人以下，自然懂不得了。然而他在教养门里抄到了只个话头，写在八股里，翰林却被他骗去了。只是一个小小的危险。更有一班大政客，他把标语读得烂熟，满嘴的国利民福。有时被你发见了靠不住，觉得十分讨厌，徒然被他耽搁了工夫。然而当你正在需要，听他说得像煞有价事，一不小心，比翰林还高的地位，也被他骗去了。难得一个少正卯，孔夫子忍痛的诛了。恐怕还有许多小少正卯，孔夫子也觉得诛不胜诛。所以止好性与天道，且不可得而闻，说话用心点，免得被只班人偷了去，添他们高等作恶的资本。至于不得已而应该说点所以然，且止好博之以文、约之以礼。约却有两义：一是在博文之中，把礼来约举出来；一就是约束了，叫他非礼勿动、非礼勿言，还在教中去管他。管之为义，岂不大矣哉。孔夫子对亚圣的颜渊，还脱不了管，所以现在什么运动，什么运动，运动亦未免太客气。不如对于必要如此、不许不如此的事项，把运动改做管理什么，就会有效得多多了。

把教育的教字，添一个管字，叫教字有效，而且管要比教多化心血，只也是天然的趋势。譬如我们设官，司教的教育部，止要一个，而司管的内政部、司法部、铨叙部、审计部却要四个。

说到这里，把教与管，算粗粗的说明了。我以为育字的养与卫事情虽不免看做形而下，而心血值得多化，似乎比管教还要注意。因为养卫不充分，管教就一定减色。就是一个人能力不充足，精神也不免大受影响的。所以也可以拿设官来比说。对于管教，是教育、内政、司法、铨叙、审计五部，对于养卫的财政部、经济部、军政部，虽止设三部，然而所化的经费，不是多过了五部的数倍么？然而运动幼稚的比说未免可笑。但是我再用半天的工夫，来闹诸位三个钟头，恐诸位也要大加注意的。可惜现在已化了诸位宝贵的时间，近乎一个半钟头了，再连三个钟面，如何使得呢？止好有机会再说罢。

止有几句细括的说话，我们过去的教育，有教无育，就叫这回的抗战吃了大亏。教字又不曾注意管字，把国家教育，暗变了宗教教育，表面虽有人骂，造成了许多士大夫，其实有几个能出将入相、折冲樽俎，大多都是念经卷的和尚罢了。所以才有一个门外汉，叫钮惕生先生，他去年二月对我说，恐怕我们学校的人物，无异蒙古庙的喇嘛，止成了一社会的高等阶级。我们把子弟向学校里送，无异蒙古有三个儿子要两个做喇嘛。我听了他的譬喻，十分绝倒。就是那天，我跑到夫子池，在一个小学门前，听到里面书声朗朗，我一想又正在那里造一班小喇嘛了。恰有一位教员走出来，他识得我的，要邀我进去演讲，我正抱着只个离奇观念，能进去说什么话呢？婉言的辞请改日，就告别了。我们门外汉竟有只种感触，诸位听了，苦笑罢，写骂我们罢，由诸位处分罢。

知难行易*
（1939）

各位同志：

今天又来说起总理的知难行易。知难行易，是颠扑不破的至理。我们同志，都已深信不疑。就是外间有人把知之匪艰行之惟艰来讨论，或把知行合一来补助，他们的本意，并非来反驳总理的学说，他们所怀疑的，是恐怕把行字看得太容易，可以忽略了行。近来又经总裁把行的重要性解释得很精详。这个知难行易的问题，也就可以不必再讨论。但是总理讲这句话，不是光讲学理，是有很重要的重要性的。

（一）是着重叫他的信徒，切实的、赶快的行他的主义，不是仅仅的相信，简直要快快的实行。相信而不能实行，绝非由于畏难，实在是恐怕行不通。恐怕行不通，无异怀疑总理知道得不周到。总理必定肯点头说："对咯！你怀疑得不错。知道得周到，实在是难得的。但是你可曾知道我是经过四十年的辛苦，才把那个难知道的竟知道来的。你轻轻的、快快的、毫不疑虑的，行去就是了。你们初不相信，止管向我唠叨，说民族主义、民权主义，我们是以为重要的。民生主义，终嫌太早罢！哈哈！那里知道现在急急乎实行民生主义，才能抵御人家的民死主义。这是一端。我早叫你们行不兑现纸币，你们又听见别人笑我孙大炮，骇住了决不敢主张。哈哈！要候世界各大国的纸币都不兑现，才跟着来行法币。这又是一端。举这两个例，也就够明白了。依了我的主义，很容易行的，乃竟把我的主义阁了出来，拼命去自想法子，往极难的知里去乱钻。你们求知的勇气，本也可佩，然而一方面失了行我主义的信心，也是在损失不小的！"

---

* 1939 年 5 月 15 日在中央党部纪念周演讲词。

（二）总理切望他的信徒切实的赶快行他的主义以外，又望他的信徒除了少数上智，也应当在知字上用工夫，补充他没有想到的。而大多数的同志，仅可省点精神，不必在知字上乱出主意，尽量在行字上照了总理的主义，多费辛苦。好像俗语所说：仙人叫你跳下毛厕，你无疑的跳下去，恰恰是个仙界；仙人叫你吞下粪便，你无疑的吞下去，恰恰是个仙丹，马上轻身的腾上云端。

以上两个目的，才正是总理讲这句知难行易的本意，也就是近来总裁指出行字的重要。行是又容易又重要，大家还徘徊不行，那就古怪极了。那必定疑心总理的主义知道得不周到，所以自己各人在那里想一个新花样么？知识的确难的，而先知先觉所知道的主义，更是难上加难，得来是绝不容易的。我们为主义而信仰，绝对止有深信，才能引起共信，才能达到主义，所以把想出新花样的精神，省出来七分用在实行主义，把三分却用在行主义的工具上。于是把新花样的求知，能够有许多人把工具改良。例如这两天天热，我们不求知的人，止嫌苍蝇讨厌，那知前天有人告诉我，日本人研究飞机的上窜下窜的方法，正在那里把苍蝇的飞翔，细细仿效。先用大玻璃罩，把苍蝇罩在里面，用精细的活动影片摄取了，再放大在银幕上细细研究。这个方法，到底有效无效，我们还没有知道。或者别国还有好方法，把别种飞行动物，已研究出有效的方法，也是必有的事。总之，研究同没有研究，一到用起来，便分了高下；分了高下，便分了胜败。胜的就志高意得，败的就死亡惨伤。

那末，求知在微末的物质，也就不算不重要，何必在已有信仰的主义以外，再把实行的精神，分费到空花样身上去呢？

我今天所贡献的：精神上"主义的知"这种难事，请总理担了，我们但实行好了；物质上"工具的知"，也尽管难，请多数人担了，让科学工艺非常发达，无论敌人的飞机到何处，都有高射炮，每次至少打下他三支，那末二十二个月以来，敌人的飞机，早已完了。这就所谓贤者知其大者，不贤者亦知其小者，分功才分得恰当了。

精神物质应当并重说[*]
（1941）

　　自进化学说确然成立，知宇宙间无有不变，变又无有不渐。其间虽亦有突变为例外，而增力不增速之定律，仍使迂回曲折，返于正常。人自原人时代、石器时代，至于历史时代。既入历史时代，又自酋长时代、贵族君主封建时代，至于民主立宪时代，入于社会民政时代。随后或再有共产时代、无政府时代，皆循渐变之正常而进行。今日者，所谓社会民政时代，方兴未艾之宇宙进化中一阶段也。纵百足之虫，死而不僵，而君主封建之残骸，犹藉回光反照，如倭寇之反能鸱张，此即造突变之因。过去帝俄之专制，已造苏联共产之突变，是其例也。至于民主立宪之多数环立，此乃渐变中未脱之蜕，无有不工党崛兴其间，为社会过渡之准备。今日各国宪政，皆积渐倾向于三民主义之原理，特未正式承认采用：因我国势未振，皆耻言原理定自中国哲人耳。我总理禀先民之遗则，服膺大同主义，生平常以"天下为公"之横额赠人。于无政府主义之浦鲁东，辨明其为真共产；而于集产主义之马克斯，亦相推重，惟惜其止为病理学家，而非生理学家。纵阶级斗争之狭隘行动，而造一时之突变，却不合进化之正常。进化之正常，则既入社会民政时代，当以三民主义为今后人类社会自治若干世纪之一阶段。由三民主义，蜕入真共产，以至于大同；人类实受渐变之福，不受突变之殃——不必受之殃。

　　然进化之正常，岂能尽如人意？造突变之魔鬼，藉回光之反照，如倭寇于必倒之时，反在肆虐。此外又有滑稽之法西斯，也可称主义。一方面矫枉过正之急色儿，盲目的造起突变，如孙悟空一个筋斗，能翻十

　　* 初刊于 1941 年《青年周刊》第 1 卷第 2 号。

万八千里，结果还盘旋在如来佛的掌中。此亦进化正常外，必有之曲折。盖无论如何，曲折自曲折，正常还是正常。盖自有人类，自有进化，而中流砥柱之人物，常不绝于世界，刚刚恰好之办法，自为时代的多数所赞同；我总理即其人，而三民主义即时代所需之办法也。然精神必寄于物质，尽有烈火般之精神，而无油及灯带之助燃，烈火亦将熄灭。百千万年的进化途中，尽有伟大之人物，及伟大之主义，而无适合当代之物质，以助其成达，则徒令进化多一曲折，如闪电之即过，而无迹可留。不然何以原人三百万年中无此等老祖之纤毫思想，可供吾人之流连？仅余留有半于今人脑量之脑盖骨，及尚未垂直之腿骨。藉此物质，反诬之为毫无人治组织之能力，犹滞留在半兽化之状态。迨老石器之祖太爷，遗有粗造之石斧，及食余之蛎壳，甚至有石洞壁上之凿痕，遂命吾人信七十万年中，已有战争、部落、饮食、娱乐，人治已开。至于新石器之十万年，石斧之精、石针之细，甚至有青铜遗迹、水居旧筑。猜想治人之酋长、被治之奴隶，皆已萌芽。甚且谓此等野人，北海之北、南海之南，今日尚有同等之多族。呜呼！彼等之物质，虽未能助留彼等伟大之思想，亦幸而小有残留，不至藐视之为非人类。吾敢断言，此三百八十万年，我等之老祖中，谓必无特出之少数，若助之以历史以后之物质，谓必不能成为历史中可称之人物，吾不能信，恐读者诸公皆不能信也。物质可以助吾人精神之曲达，岂不然欤？岂不然欤？

如是，人类之进化，由伟大人物之精神，促进物质。由物质表达伟大人物之精神，而促其成就。一如鸡生蛋，蛋生鸡，如环之无端，试以历史时代实证之，而益可信。世界入于历史时代，无论东则中国，西则埃及、巴比伦，皆未满万年。第一步中国之羲、农与埃及、巴比伦之名王，两不相谋。一则有思想，能作易卦，为渔、猎、农耕、医药之便民工作；一则富物质，能造巨大之金字塔，其思想则为保存尸体之卑劣迷信。故两者之成就，皆未脱初民意味。使思想与物质，彼此交换，则黄帝、尧、舜，及第八王朝之盛，可提早一二千年而出现矣。我国第二步，有黄帝之宫室、车马、舟楫、杵臼、棺椁，遂有尧舜之璇玑玉衡、辇楯樏檋、天文水利，次第烽举。而惟精惟一之精神，亦于焉略著。但历夏及商，苍颉所造之文字，经岣嵝之笨重、甲骨之简略，或方策刀笔不易周备，遂使此千年之中，仅有后羿、成汤等之斗士，文化乃停滞不进。至商周之际，第三步金文起而改良甲文，野蛮男女之歌谣，演而为江汉士女之风诗，亦采为清庙明堂之颂告，于是文字兴矣。希腊荷马之英雄诗，亦不先不后，出于是时。文学者，思想之先锋，亦即文字刀笔之产物。文字刀笔，亦即由冶铸锯凿金类广用之普遍而盛行者也。

由文学之传习，促进记述之便利；由记述之便利，愈能发挥研究之功用。研究既盛，学人之思绪，遂益繁复。由文王、周公、鬻熊、吕尚开之先，而管、老、晏、孔承其后，人类始有有条理之哲理，是为第四步。希腊小亚细亚之七贤，亦不先不后，刚在此时。即印之佛屠，亦此时生出。而东西哲理之源泉，实涌现于此一时也。但我决不敢言文、周、老、孔，实其心思才力，强于尧、舜、禹、汤；不过自西周至于春秋，文物愈备，助彼等之发挥天才，较易而已。

至西方盛称希腊之文化，远超古今，其实小亚细亚雅典之成就，我春秋战国之所获得，并无逊色，且或过之。因西方对于"物质之哲想"，与"精神之哲想"，并无歧视；我国则"道"为形而上，"器"为形而下，误分上下，遂偏有轻重。语云："失之毫厘，差以千里"，演至周秦以来之二千年，遂至精神小有偏胜，而物质则大有偏枯。在西方一部精神哲理史，一部物质科学史，平均黑暗，平均发达，科学促进哲理，哲理促进科学，乃有今日之强盛。饮水思源，遂尊视希腊古贤，亦其宜矣。其实所称希腊哲理与科学，皆幼稚已甚。德黎、苏格拉底之哲理，固不如老、孔，自然更不如佛屠；恩贝佗格拉斯、亚里斯多德之科学，你想地、水、火、风之原质，何如金、木、水、火、土之周详？管子之矿学，墨子之物理，公输之巧，师旷之聪，曾何慊于科学史之古发明？乃中国举性与天道，孔子所不敢常言者，士大夫言之，几将强贩夫走卒亦言之。举凡镠、铁、银、镂，镂者钢铁，禹贡时即贡自梁州。而自暴自弃之徒，乃谓铁入中国，止在公元五世纪前，由帕米尔高原而来。汞与砒，商周即盛用之。西方则求有发明之人以实之，以为其人不磨之荣誉。中国之事物原始，发明纸张之蔡伦，西方应庙食者，中国藐然如无其人，且以其为刑余之人而更轻之也。于是董仲舒、王充之徒未为重视。且隐隐有尧、舜传之孟轲，孟轲死，惟朱熹可接，而董、王则其蜘丝马迹人也。偏重精神之哲理，蹂躏物质哲理，使永不敢抬头，何其忍也！老、孔、德、苏，均有性与天道普及人人之志愿，其实文行忠信，尚非中人以下之人所能起信。于是天堂地狱之说，与原人之习性以俱来。佛则高等性天，与下等迷信皆备。西方则以耶教代用苏、亚之学说，造成黑暗。中国则佛屠闯入，高等者究其性天，演为程朱之理学，下等者张道陵之徒窃其迷信，演为三教同原。内黑暗，外成桃色。因文学异军突起，中流社会都归仰之。一个桃色世界，自周、秦以来二千年，以至于今。西方之黑暗世界，先亦文艺复兴，变成桃色，后乃为科学一脚踢开，显出深红色，自五六百年来，以至于今。我国之科学，则因物质被沦陷于十八层地狱，中伤之为形而下，万万不能抬头；纵人类在此千年内，科学头脑，上帝已为暗中造成。科学者，有界说，能分类，成系统是也。而程朱老夫子用以说诚说敬，自胜于孔孟之尚粗。（非虚誉，乃良心中老实话。）而清代诸儒，且用以治汉学，一字之细，亦有家法与定义，仍为精神哲学所独专而已。此霭言之大较也，下文再按步略言之，以为结束。

第五步则为战国，战国之所以能促成中国之大一统，即由各国分头努力，准备物质人才，如风起云涌。止要拿孟子所非难者反证之，即可知其大概。如所谓："故善战者服上刑"，则证明孙吴之攻具，与墨翟之守具，军备皆充。又云："连诸侯者次之"，则想见车驰马骧，馈赠之品物繁富。又云："辟草莱，任土地者又次之"，则农垦畜牧俱举。于是交通频繁，此纵彼横，造成席卷天下之野心家。而一切藉以控制之物质，足使混一而有余。于是秦始皇遂承乏以成此大业，一合不可复分；纵其嗣子不肖，民间只需有一刘邦其人，亦足以继其绪而有余。时为之，势为之，即物质为之也。

第六步即秦汉至于中明，是为西方之黑暗时代（罗马等姑省不别计，因与西方之精神史、物质史两大历史，无甚直接关系也），亦为中国之内黑暗而外桃色时代。因在此千五百年中，世界文学之盛，莫有再过于中国者也。文学者，哲理之先锋，亦即精神之斗士。中国以道为形上，而文学许作淮南之鸡犬，可附带升天。虽亦曾斥之为物，谓玩之可以丧志。然骂文学家为写字匠，则群起而反对也；惟书画琴剑，尚可附庸风雅，至车匠轮舆，非坐之堂下不可。在此时期，叠受不进化民族之侵陵。以彼性天之道虽荒，风雅之味更涩，然骑射之物质，正同今日兵器中最长之飞机。兵法："长兵与短兵相接，短兵绌矣。"程朱老夫子止懂使人静坐，体验喜怒哀乐未发之中，安屑用骑？彼之矢，将以雍容投壶，安能使射？于是一再亡国，忠臣惨死，汉奸坍台，民族哀矣。

第七步自哥白尼以太阳为中心，"贾"（伽）利略信科学为万能。以至于倭寇轰重庆，希特勒之兵在华沙从飞机上降落，则又为世界之战国时代也。如飞机，朝欧夕亚；如无线电，顷刻可通知全球。混一世界之物质，早出于天然之准备。虽目前尚为七国并列之时代，孰秦孰齐孰楚，亦莫得而知。然在此过去之五百年，尤其最后百五十年，世界已共迎潮流，而我连"牛步化"之勇气都无之。公理战胜，一度自可深信。如曰：能长此侥幸，恐无此美景。盖各国将受正常之渐变，都或顺流而徐进。我无渐变之准备，则易受失常之突变。将奈之何矣，将奈之何矣！然区区物质，如不视之为俗客，与之结为密友亦易。有如苏俄，五年五年又五年，居然左拥右抱。希特勒首屈一膝，张伯伦莫敢正眼。《互不侵犯条约》，可刻成板子，一张一张订去。登高台而左右顾，所有猫脚爪，一齐帖服工作。彼将掀髯微笑，闲观于壁上也。青年乎！如其不愧为中山先生之信徒者，请迎头赶上去也。

礼、义、廉、耻在中国伦理史上的发展[*]
（1941）

自从新生活运动以来——昨天是第八年的开始——这七个整年，总裁指示我们的要义，很详很尽的演讲，已有过二三十次。尤其最切实简明的，是前天的播讲，可以说无义不备，无隐不揭。我们的一知半解，皆包括在他的训话中间，那里还用得着我们再来说话呢？但是我们若把他训话中间的"几点"或"多点"，从新向大家提提，无异来助他向大家丁宁反复，郑重记取，而且也可以试验我们接受的程度，使他有工夫时节，多方面的来指导或纠正。所以我今天也敢来把不贤者识小的部份，向各位陈述。

今天的题目是会内指定，要我讲"礼、义、廉、耻在中国伦理史上的发展"。这个题目讲起来，是可大可小的，当然不配由我来讲，就请伦理学大家来讲，也要再三准备，还免不了困难。至于小的，若不计较浅陋，古人说："君子之道显而隐，夫妇之愚，可以与知。"况且古人又说："譬如登高必自卑，譬如行远必自迩。"总裁的新运，他是为大家说法，不嫌浅近；正要试验人浅近的见解，就是我们说得太浅陋了，只要用意真诚，大家懂得，已是总裁要在伦理史上发展到绝对解放。我所以今天又敢于接受这个题目，把我所见的小处，不成条理的讲讲，引起将来别人有条理的贡献，叫总裁满意。

礼、义、廉、耻，明明是我们古人的旧生活，为何反叫他新生活？总裁已经再三说明。就是说：这个无上宝贵的旧生活，已经丧失了多时，现在把他回复过来，自然在我们现在是去掉无礼义无廉耻的旧生活，从新得到了礼、义、廉、耻，我们的生活是新了，当然要叫新生

---

* 1941 年 2 月 19 日新生活运动七周年纪念大会演讲词。

活。就同我们的五千年文明的旧中国，做过世界上最光荣的一国；但过去几百年，把文明弄到衰败，现在我们再复兴起来，自然要叫新中国。新生活与新中国，是一样的意义。

还有一层，总裁说："我们提倡新生活，不是讲那一个人，那一部份人，要实行新生活的，其余的人不要实行；也不是说那一个地点，要实行新生活，其余的地方，就可以随便。如果这样解释，那是错了。"大家听到这一段话，就可以明白礼、义、廉、耻，经总裁把他发展到最大限度。我今天讲伦理史上的发展，就在总裁这一段话上悟出来的，我想或者能说得有点点意思。我来讲下去，现在先要来推想，道德是古人所谓："放之则弥六合，卷之则退藏于密。"道德的名目虽繁多，是一贯性质，有连带关系，有藏于密处的源泉，种种名目不过对于实行上一切方便才立出来的。尽管繁多到弥于六合，藏起还可说只是一个。这个"一个"，古今中外的伦理学专家，指示得很多，恐怕还聚讼纷纭，钻仰未必能罄尽。以我的浅陋，拿现在短短的时间，当然不敢来尝试，来对那"一个"，作痴人的说梦。我把新生活运动纲要上，简单明了指示我们的：所谓礼而无义如何？礼而无廉如何？礼而无耻如何？义而无礼如何？无廉如何？无耻如何？廉而无……耻而无……如何？这种相互关系，便知有一贯源泉。就从礼、义、廉、耻本身，明白从一个德目，可包括三个德目；从礼、义、廉、耻四个德目，推而广之，并可以包括一切德目。如古人所谓："人而无仁如礼何？"又谓："道德仁义，非礼不成。"又谓："主忠信，徙义。"诸如此类，说得很多。就在上面三句话内，已可见礼、义包括仁与忠信。那末道德名目的发展，我说只是适于实行上的便利随宜设立，似有这个理由。

因此，我可以说：一切礼、义、廉、耻、智、仁、忠、信等等，包括起来，各种道德可以显现与存在，只是一个道心。他的隐藏，只是一个人心。人心、道心的分别，在尧舜时代，早已发明。然那种"惟精惟一，允执厥中"的奥妙，只有少数上智圣贤，可以懂得，普及必然的为难。发展到宋明大儒，那班理学先生，要想一旦豁然贯通，把他普及，仍落了一般常人的口实，嫌他们迂远，还要用良知良能来救济。所以古人为普及起见，三代以前的道心，变到春秋时代，就发展了礼、义、廉、耻，易知易行的四维。到了战国，孟子另有作用，发展了恻隐、羞恶、辞让、是非，仁、义、礼、智的四端。到了汉代，又加上信字，发展了仁、义、礼、智、信的五常。中间也曾缩短了，变为智、仁、勇三达德。唐宋以后，停顿在高远，直到我们总理，又发展成功忠、孝、仁、爱、信、义、和、平的八德。又为实行上的便利，把八德制成守则十二条。总裁知八德十二条，适于一部分人；欲八德十二条的实行，且普及到大众，要易知易行，又兼采礼、义、廉、耻的四维，加上整齐、清洁、简单、朴素、迅速、确实六个细目。又使四维能大众化，并着十二守则，将总理的八德，可以实行到圆满。这是伦理史上德目的变动发展，其实还只是一个道心。

道心时代，只是少数上智圣贤懂得。上面已经说过。到了管子时代，道心变为明白易知的礼、义、廉、耻这个四维。所见似必能推广，然恐怕推广还不能多；因其时的国事，看做君王公卿大夫的事，庶人可以不议。为定这个四维，在管子等心目中，只以责难于君王公卿大夫，拿这四条大索子，把他拴牢。其时礼不下庶人，刑止上大夫；非大夫的，大都"耻"可马虎，非刑不可。又说："人之异于禽兽者几希，庶民去之，君子存之。"即几希之四维，惟存于君子，而被去于庶民。又云："君子所以异于人……我犹未免为乡人。"乡人便可以逃却责备。

直到孟子时代，那四端便不是仅仅如四维的维国。直截痛快说到"无恻隐之心，非人也"云云。又言："人之有是四端也，犹其有四体也。"从治国的少数人，推广到人人。因为孟子主张民权，几乎以为国之兴亡、匹夫有责，然终究归结到保民而王，还吃重在治国者身上。直到顾亭林在明末，始能说匹夫有责。进化的空气，方自然发展。到了现在，知道别人的国，都挑在人人的肩上，所以它的兴盛超轶古代。我们若不能人人出来成功四条维国的大索，我们的国，一定如洪流中的船只、大风中的茅屋，非沈毁不可。于是礼、义、廉、耻，应变为人之四体。总裁又望现代国家在洪流中、大风中，人人负了责，成为系舟拴屋的四条大索子。

四维变为四体，礼、义、廉、耻变为仁、义、礼、智。只是孟子适于他的保民而王之仁，就把义并做仁。仁义本可一解，恻隐救人曰仁，亦可曰义，故各看一面，仁者见仁，智者见智。羞耻当然是耻，义则其别解。辞让当然是廉，礼则其一节，故孟子在别处，又改为恭敬。廉为礼之正解。是非可礼可义，礼是规规矩矩，是非之表现于外者也。非规非矩，不成圆方，是非礼矣。义是正正当当，是非之分别于内者也，正正当当，义理之正解。恻隐之仁，所谓仗义，义之一解。故若以管子解四端，是非，礼也；恻隐，义也；辞让，廉也；羞恶，耻也。四端仍四维也。德目之变更，皆适于环境之实行而已。

新生活运动纲要之解释，最为切当。规规矩矩是全盘态度之表现，切切实实是内心彻底之觉悟，正正当当、清清白白是良知的不昧。约之即三达德的智、仁、勇，广之即总理之八德。而礼、义、廉、耻，发展为规规矩矩、正正当当、清清白白、切切实实，附之以整齐、清洁、简单、朴素、迅速、确实，如此明白透彻。今之庶民，与今之乡人，自问自己的程度，就使不必高于古之上智、圣贤、哲人、君子，亦当远超于古之庶民、古之乡人。因今之世界各国之人民，皆能进而上比于我国古代之君子。如此四维，还不能普及，我们对着各国人民，似乎颜之太厚，不可以不将古人说的"无耻之耻"，自己警告警告了。

拿伦理史上的发展来判断，我们规规矩矩的四维，亦可谓新四维。我们把他来生活，当然是新生活。我们如果不虚总裁普及的希望，自然又开我国的新纪录了。苟日新，又日新，我祝我们个个拿了新生活，来享新中国的幸福。

反侵略要互助与优胜并用说[*]
（1941）

我们古代哲人的理想，有所谓"万物并育而不相害，道并行而不相悖"，这是见得到宇宙应"万物皆备"之真理，否则，任凭如养虫一般，大虫吃小虫，吃到止剩最强大的一个。你想，宇宙间止剩了他一个，宇宙亦就太无聊，太寂寞，太索然无味了。万物皆备，所以为宇宙成为宇宙之真理，故并育并行（视彼所谓"生存竞争，优胜劣败"，或相信只有"互助"，各自只说片面），当然较为圆满而皆备的原则。

可是并育并行，要望切实做到，又必含着生存竞争、优胜劣败，及必应互助，两个片面，方能得到整个圆满。我国古代哲人又说："栽者培之，倾者覆之。"是即优胜劣败之一面也。要万物的各个，个个存在，最省力的方法，即应归个个的自身，各自去努力到优而不劣。倘有或个，乘着优势，却去灭绝他弱。而众弱即并力而改优，合抗过优之势，使或个不成为独优。众弱并力改优，即所谓又一面之互助是也。众弱抗优而胜，得到"并育"之平衡，即合皆备的原则。故优胜一面，为宇宙策励万物各个之手段，而互助一面，亦即为宇宙并育万物之大法。

不幸宇宙用了优胜的手段，时常必有或个优胜得太高长了，竟想乘势灭绝其他各个。缩小范围，止讲人类，即所谓侵略家是也。侵略家只知独荣自身，即毁灭宇宙而不顾。于是自然而然，宇宙又行其大法，必有觉悟的人类，起而保存各个，有若游侠者然。游侠之保存宇宙，起而行其互助的抵抗，又所谓反侵略者是也。自有人类，即有侵略家，又即有反侵略者。侵略家之种类不一，有或个人侵略他个人，亦有或民族侵略他民族。最凶横者，更有或国家侵略他国家，或个人侵略他个人，或

---

[*] 初刊于 1941 年 11 月 2 日《国际反侵略运动中国分会特刊》。

民族侵略他民族。每尚有装饰品之道德法律，假作保障。惟有或国家侵略他国家，便无法无天，不堪闻问；而反侵略者亦跟着侵略家，不断的挺然辈出。所谓圣贤，所谓宗教家，所谓慈善家，所谓鼓吹和平者，惜皆阿弥陀佛，"石驳岸洞里的鸭"，光有一张嘴。道德呀，法律呀，国联呀，闹得震天响。遇到侵略个人及个民族的场合，或互助得有些小效；到了国家侵略国家，便束手无策，止好躲在安全地点，开会批评而已！此其故，顾了互助的一面，不知尚有优胜的一面也。懂得互助的反侵略者，不能以优胜抗倒侵略家，恰如以劣败互助被侵略者是也。

质言之，侵略家以飞机、坦克车之优势，行其侵略。而反侵略者，自然应以更优胜之飞机、坦克车，对被侵略者实行有力之互助，制止侵略。于是每有侵略家出，必为反侵略者所打倒。一次又一次，侵略家知无可侥幸，自然乃绝迹于天壤。故空言反侵略，不如有志反侵略者，群起而造飞机、坦克车，至少负责苦劝被侵略之国赶造飞机、坦克车。

或者恐反侵略者一经既得优势，便以暴易暴，变成侵略家乎？此未进化时代常有之事，我不敢谓其必无。然祇要反侵略者不断努力，一次优如一次，宇宙万有并育之真理，不怕不进化于圆满。如其我等决不敢深信，则今日之反侵略会，可以收程卷束，不必开也。我等忍之否乎？倘不忍者，不可仅努力于互助之一面，而忘了优胜之一面也。

孔子大同学说[*]
（1943）

　　孔子的大同学说，大家都看做高远得了不得。高远固然高远，而我们国父，却把"大同"两字，常常称说。且他的遗训，现在作为党歌与国歌的，人人久已唱惯。他告诉我们，只要奉行三民主义，便能够"以建民国"，从此又能够"以进大同"，说得亲近得很，容易得很。

　　究竟容易在那里呢？我们若用浅近的话，把道理解释明白，当然就能发见他的容易了。自从孔子倡了这个学说，给了一个方法的目标，二千年以来，已经暗中慢慢地在那里进向大同。更经国父继承了孔子的方法，指点出一个三民主义。那末，世界的进向大同，一天一天，将不断的进去，或者还能够将要飞速地进去。

　　方法如何呢？孔子劈头用一句浅近话，叫做"大道之行也，天下为公"。国父亦就把"天下为公"四字，写过无数遍，这四个字的横匾额，经国父手写的也到处挂着，到处看见。

　　天下为公，有人解做就是"四海之内，皆兄弟也"。广义地说起来，是说世界万国，无分彼此，就叫大同，固然解释得很对，但是这是已经成功以后的批评，这是说他的效果。若要问他的方法，还应该狭义地说一说。天下为公者，那是说天下的人，必要个个都能够为公，决不可有一个为私。第一是要希望天下的人必要个个都能够为公，不可有一个为私；第二还是希望天下的人，必要个个都能为公，不可有一个为私；第三仍是希望天下的人，必要个个都能为公，不可有一个为私。而十二万的希望，终究是希望天下的人，必要个个都能够为公，不可有一个为私，这就叫做天下为公。

---

　　* 1943 年 4 月 13 日在孔学会广播词。

　　然而天下的人，现在有二十万万，就是中国一国，自古以来，就有万万。要希望天下的人，个个能够为公，谈何容易？一切思想家、道德家，无论用什么方法，所谓博爱、为我、并耕、逃隐、性恶、性善，有批评他们是消极的，或训斥他们是异端的，若从他们良心方面，推究起来，种种色色，他们希望天下的人，个个都能够为公，是不约而一致的。不过各用各的方法，大都摸不着一条大同的直线。惟有孔子发明了"性相近也，习相远也"两句话。一条大同直线，便容易摸到。他告诉我们，性是当然个个善的，可不是个个一样的，有中人以上可以语上的上智，有中人以下不可以语上，可使由之、不可使知的下愚。要把下愚移到上智，是难上加难，只有道之以政、齐之以刑，使他们的无耻，免于外露，这是使他们享受小康，做一个大同先修班。中人以上的上智，虽不怕移到下愚，然玉不琢不成器，也是平天下人的责任。所以必定要语之以上、道之以德、齐之以礼，使他们绝对有耻，至于十分感格，做一个大同始业生。政、刑、德、礼俱失，天下之人，个个为私，就叫乱世；政、刑能修，德、礼未备，天下为私之人虽少，天下为公之人不多，就叫平世；政、刑、德、礼，俱极修明，天下为私之人日减，天下为公之人日多，就叫小康；政、刑的麻烦日省，德、礼的效果大著，天下为私之人没有，个个都能够为公，就叫大同。从乱世到大同，是从最黑暗到最光明，在一条直线之上。其认识，就是知道天下之人，分有上智、中人、下愚；其方法，就是把天下之人，上智保存为上智，中人移到上智，下愚移到中人。下愚移到了中人，至少是不敢为私。百人止有一二人不敢为私，当然已是大道之行、天下为公。国父在民权主义里说：政治的地位，是应该平等；天赋的才力，是没有平等。所以他的认识点，正与孔子一样。孔子"天下为公"的分条办法，国父把他归纳为三民主义，方法也是一样。

　　孔子"天下为公"之分条办法，共分为三，其另一条则归结大同之效果：

　　一、政治的，所谓"选贤与能，讲信修睦"，即民权主义之所有事。

　　二、伦理的，所谓"故人不独亲其亲，不独子其子，使老有所终，壮有所用，幼有所长，矜寡孤独废疾者皆有所养，男有分，女有归"。大部皆民族主义之所有事。

　　三、经济的，所谓"货恶其弃于地也，不必藏于己；力恶其不出于身也，不必为己"。这就是民生主义之所有事。

四、是所谓另一条，归结大同的效果，所谓"是故谋闭而不兴，盗窃乱贼而不作；故外户而不闭，是谓大同"。

以上第四条的效果，即孔子又曾说过："善人为邦百年，亦可以胜残去杀。"可惜孔子生平，亲自为邦，未满三年。孔子以后，也不曾有过接连了的善人，百年继续为邦。因此小康虽时时出现，而二千几百年以来，世界还未进到大同。国父的三民主义，虽包有孔子办法的一、二、三条，政治的、伦理的、经济的，都包括在民权、民族、民生三主义之内。而国父的办法，比较远多了。因为三民主义，还先要以建民国，一面办好了小康的先修班，同时一面造就着大同的始业生，叫继续他的总裁及各位同志、各位同胞、各位青年，都拿着善人的资格，连接了为邦百年，"以进大同"。其实道之以政、齐之以刑，助德、礼而并修，孔子以为禹、汤、文、武、成王、周公，由此其选。一面先建小康，孔子与国父的办法，纯然一样。

惟上面大同办法三条，祇有第三条经济的为尤要，故国父希望以进大同，亦以民生主义为尤要。如谓"货恶其弃于地也"，地而不可任其荒废，弃了谷米、材木；地底亦不可任其闭藏，弃了钢、铁、油、煤。而谓"不必藏于己"，就是说不必私为己有。即老子所谓"生而不有"，也说是生产了不必占有。如谓"力恶其不出于身也"，你有力量，应当有力出力，有体力、有学力、有才力，当一齐贡献身之所有，必不遗余力。而谓"不必为己"，就是说出力决不是为了自己。亦即老子所谓"为而不恃，长而不宰"，也就是说出了力，连恃着有功，而有德色，亦且不可；即使叫你为首进行，你不可就想蹑居高位。老子的三句，英哲罗素，叹为卓绝。实即就是孔子的货恶云云两句，而且国父说过的，意思相同，还要澈底。国父说："人生以服务为目的。"又说："要做大事，不要想做大官。"不必藏于己，不必为己，不有、不恃、不宰，为大事服务，不必做大官，天下之人，皆能为公。如此，于是政治的，各让贤能去入选，对国际能讲信，对弱小能修睦；而伦理的，其不独亲，不独子，皆有养，皆有分，皆有归。皆直所谓这也自然，何消说得？故孔子办法第三条的经济解决，即民生解决，而政治的民权、伦理的民族，也无不解决。天下的人，就说得上个个都能够为公，决没有一个为私了。大同大同，绝非高远，平易近情，只要一个天下为公。故我今晚把他浅近解释了，请大家注意。大同是百年小康后，可以见到的，不要任他再延长几百年、几千年。完了，再会。

世界有四[*]
（1943）

　　世界者，广之即合全宇宙若干星球一切一切，统合名之，亦无不可。世界自可无始，亦可无终。然在理论，世界亦应有无始之始，及无终之终。则粗率言之，世界有四。其三则理想世界，其一乃现实世界。

　　理想世界之一，则在无始以前，无终以后。我则旧时名之曰"漆黑一团"。既名漆黑，又称一团，欲以代表一无所有，自有语病。且"漆黑一团"，非雅名也。人每调我曰：此"漆黑一团"之理想家也。我亦无词可以解嘲。然毕竟以"漆黑一团"，代表一无所有，鲁莽以作不可思议之思，以代不可言说之说，则亦无可更易。故理想世界之一，即"漆黑一团"是也。

　　理想世界之二，又可曰精光湛亮，一物无有。此佛氏欲为"漆黑一团"解嘲，巧在之理想也。不能不佩我佛之聪明。去年夏与戴季陶先生同居重庆之黄山，人嫌戴先生常手佛珠。余亦以妇孺狂念南无阿弥陀佛千万遍而不厌，问其理由何在？戴先生解说彼之研究佛氏哲理，主要乃因印度与我为邻邦。异日交涉必多，研究彼邦哲理，可与彼邦哲人往来。余闻而首肯者再。彼又答我：南无者，印度语，译言至心诚意的薪求。阿弥陀者，包括三义：即洁净、光明、永久。佛者，不必指人，即世界之代名词也。至心诚意，薪求一个洁净、光明、永久的世界。念佛之人，即求生于此种世界。洁净、光明、永久，简单言之，即精光湛亮、永远无一物之世界。果能有此精光湛亮之世界，又无一物，不生烦恼，自胜于"漆黑一团"多矣。故理想世界之二，即一精光湛亮之世界，决可容许有此种理想也。

---

　　* 初刊于 1943 年 4 月 23 日重庆《中央日报》。

理想世界之三，乃嵌在玻璃球里，为一万花球之世界。人人薪求万物皆臻于至善，实此理想之宏愿。倘一旦万物并臻于至善，既至善矣，当然再不应续有变动。如此永远无变动，永远止有此至善之万物，怕不成玻璃的万花球而何？故理想世界之三，即一万花球之世界，永远寂然不动。

此三世界者，理想而已矣，不能不许我们有此理想。到底能实现否？则不能说：不可能。

其一现实之世界，即我们所处之世界。为千变万化之世界，或者是无始无终，合现实与理想，所以断定世界有四。故欲问世界之所以为世界，除理想的三个世界，不可说而外，可以姑且说说者，只有我们所处之现实世界。现实世界，何以千变万化，没有一种东西常住？

如破口漫骂，可曰此即宇宙之不惮烦。如其原谅他的不惮烦，又可热赞之曰：因为终想做得更好又更好，所以物质不变，止有此数。如用一块烂泥，做出千奇百怪，看看不好，毁了再做。做了仍看看不好，再毁再做。因此千变万化，变化到那一天为止，不可说，不可说。如其瞎说，做到成了任何一个理想世界，亦即变化停止。

于是又可断定：世界者，因为宇宙本身，欲得一好看的现象而后生出者也。千变万化者，因为欲使世界更好更好，更好愈好，有所企图而变化也。故世界本善，世界内貌小之吾人，其人性亦本善。不为善，即不必有人。此解说世界已终，从而解说吾人，将另为问题论之。

西北为文明之摇篮*
（1943）

西北一名词，乃吾人对于中国西北区域之口头习惯名词。

言之广狭，各有不同。狭言之，乃指中国西北各边省；广言之，可自甘新青藏，西去中央亚细亚，再西至里海高加索。又自甘新，北去蒙古西部，北达临近之西伯利亚。我今所指文明摇篮之西北，即广而言之也。

文明者，概括人类造作之工具与建置物，发达至于创作文字，能传达道德与高度理想，其民之文化外著，遂以文明为笼统赞美之名词也。吾今所称摇篮之文明，则又偏指发达以后，重要之文字而言，乃狭而言之也。有史以来，各民族所造作之文字，无虑千数百种。即今尚有蛮族，方造作其幼稚之文字。吾之所指文字，乃限于在去今二百年前，能有三五十万卷书，藏于图书馆，读之有万万人之文字，乃狭之又狭言之也。

有三五十万卷书，藏于图书馆，读之有万万人之文字，可别为三大种：

用 ABCD 写者，自希腊、拉丁，分为英、法、德、俄等等，此其一也。

用点钩撇弯回回字母写者，自希伯来、阿拉伯，旁及梵文、蒙古、西藏等，此其二也。

用仓颉之象形指事会意形声写者，由中国而旁及朝鲜、安南、日本等，此其三也。

造作此三种文字之人，其摇篮皆在西北。

---

* 初刊于 1943 年 5 月《说文月刊》第 3 卷第 10 期。

人种学家追迹原始之人，有言起于阿富汗俾路芝南边海中之一岛，此岛久已沉没海中。其如何南走北走，东走西走，成为今日五洲之数大民族，当亦能约略言之，我今所不暇问，但言其所谓欧亚两大民族，一为蒙古种，一为高加索种。蒙古云，高加索云，本非全称肯定之名词。西土谈人种者，乃就彼所知两民族发轫之地，定为种名，以便称引耳。高加索种分三族：汉姆，塞姆，亚利安。当汉姆已立国于埃及，塞姆已奄有希伯来，而亚利安尚在中央亚细亚阿母河之北，方图南下印度波斯、西走爱琴海等等，则汉姆塞姆，亦来自高加索可知，故定三族之总名，则为高加索。蒙古种自概括汉、蒙、满、回、藏、苗，南海、东海之邻民而言。然近世西人与吾人接触多者，则为西域及中央亚细亚之蒙古人。故定此诸族之总名为蒙古种。民族问题，今亦非所瞩向。所向者，三种文字，各有三五十万卷藏书，读之各有万万人。（一）仓颉所造，出于蒙古种之汉族。其人由中央亚细亚东下新疆，再至甘肃，而后遍布东南。（二）希腊、拉丁，与（三）回回字母，由埃及之汉姆引其端，由塞姆之斐尼与定其型，再由塞姆之希伯来、亚利安之希腊，各自修整而施其用。故若认三种文字，各有藏书三五十万卷，读者各有万万人，可致其赞美之词曰文明，则其摇篮，皆在西北。故标此文之题目曰西北为文明之摇篮，虽微嫌吊诡言之，而亦核实言之也。

然谓造作今日世界三种盛大文字之人，其摇篮都在西北，此乃无足重轻之拉扯。而这三种盛大文字，彼等从摇篮走到舞台，五六千年以来，其相摩相荡，能在各种文字间独露头角，而且生命悠长，推求其故，将有极复杂之讨论余地。今日崇拜西洋飞机大炮的朋友，品评文字，动辄谓形象文字不如拼音文字之前进。其立论之原则，或亦姑可赞许。然亦不免可疵为只知二五，或未知一十。因前进与否，当合历史与功效，复杂论定，未可以一时冷热，为冲动之论断。如以历史言，据寿命之短长，为文字之优劣。在西方古代极盛之象形字，仅埃及得借尸还魂，而称 AB、回回之远祖。其余若巴比伦、若喜泰、若克雷得等，皆早已送入坟墓。似象形劣矣。然何以我仓颉氏之所为，竟历五千年而浸昌浸炽，且沾溉及于倭鬼，竟能为珍珠港之海盗？

又以功效言，据国运之盛衰，定文字之短长，自古代希腊、罗马，以迄今之英、法、德、美等，皆用拼音文字，而科学发达，工业兴盛，蔚为强国。似拼音长矣。然何以同一 AB 之国，而伊大利、西班牙等已不免落后，彼自回回之一系来者，无论阿拉伯、土耳其，甚而至于有梵文高度哲理之印度，皆衰弱不振。至西藏、蒙古、满洲、朝鲜、安南、缅甸，更可无论。他如为传教士热心输入 AB 字母之野蛮民族，一皆仍旧停滞于野蛮状况。则拼音又未显其长。

于是知国运之隆昌、科学工业之兴盛，又别有人才、政教等种种之关系，文字未能居全功，文字亦不能尸全过。文字之优胜，与其寿命之悠长、功效之卓著，亦非可以表面之象形与拼音所能论定。又必有其著作之精到不精到，组织之适宜不适宜。若以成败为论据，则象形文字如埃及、巴比伦、喜泰、克雷得，又如墨西哥等，皆久已陈尸于博物院。独仓颉文字，能绵五六千年，有三五十万卷藏书，且将因二百年来印刷术之突飞猛进，转瞬可扩至百万卷千万卷。此必埃及等之著作与组织，皆未极精到，未得适宜。不若仓颉文字，经籀篆隶草，据六书之定义，以时改良。辅以读若反切，清浊高下，极音韵之能事，不断补苴。乃得其适者生存之高寿也。

即如同一拼音文字，其起原，则据埃及形声字之声类四十五，塞姆族之斐尼兴，取其二十有二，以为苟简之拼音。有如近世不识字人，用别字作假借之所为。例如小儿写在墙壁，用"王八旦"代"忘八蛋"，用"五车"代"乌龟"（上海龟读如车）。此在殷商甲骨之同时。及时稍后，同族之希伯来，取此二十二母，改笔画为简单松舒，成点钩撇弯，衍为回回字母，梵文、西庄、蒙古等皆效焉。亚利安族之希腊，亦取此二十二母，改其笔画，务趋团结，成 ABCD，以授拉丁及今英、法、德、俄等等。然 AB、回回同一拼音，二百年前，同一有藏书三五十万卷。截至现在，回回、梵文等，皆已接近博物院。继承大食，作为回教教主之土耳其，且改其文字为 AB。何哉，其两者间之精到不精到，适宜不适宜，或有径庭欤？虽不易简单论评，然粗率在适宜与否上断之论，则 AB 之刻书，因团结而排列匀整，可清朗而行远。所以刻书中外必以真楷，不取草书。缩写之术，尤不以代文字也。至此而我"方光圆黑"之真楷，又必有其适者生存之特点也。亦见回回之简约太过，点钩太多，有其弱点矣。所以讨论文字，专注意于拼音化、简单化者，则知二五，不知一十。当知文字有其适宜大众之点，亦有其适宜高深之点。有其适宜速效之点，亦有其适宜美术之点。当双方兼顾，理想往往龃龉于实际也。

而我方光圆黑之真楷，将来辅以科学工业之后来居上，或者偏能中到世界统一语之首选。此非引为荣幸。亦非好为梦想，只为据理之推论。苟有益于世界，亦自可当仁不让。

由水土之刚柔，及祖孙十口之沿习，世界言语，千里万里而大异，十里五里而小殊，五洲万国，无不有此难逃之差别。且恐至世界末日，差别依然存在。故不惟中国皆知有不可胜数之方言，无论何地何国，大都从同。人力之补救，或以拼音文字强同之，即今 AB、回回之各国，或以象形文学之官音读音强通之，或汉音吴音和音强一之，即今中国及倭鬼等是也。其实止用之期会，行之交际，则亦强作蓝青之统一。而家人父子之聚语，仍各操其最亲切之纯一方言。家人而说官话，即小孩亦笑不休也。故以拼音国之英伦三岛为例，出门交往，自操英语教本相近之英语。若平日父子居家，苏兰爱兰，固与英语相差千里，东伦西伦，亦与标准音各差毫厘。

所以文字者，表意达指，不仅传布音声，音声同者，固可藉拼音文字，将意指与音声而毕达。若言语不同之两民族，即近如英法，使未习法文之英人读书，犹天书也。惟于其音虽异而形相同者，略知一二耳。此已见形之不可以已矣。（如英文中有音同义异，必增减字母，各别其形，多至千数。）

我方光圆黑之象形字，苟已习熟，虽言语扞格，可以笔谈。故中国之大，等于全欧，旧曾分裂为百十国，一经书之同文，统一已二千年有余而未艾。全欧至今为数十国。虽云文字同出拉丁，已随语言而大殊。抱世界语希望者有忧之，欲强造一种统一语。终以音声各别，形体各殊，甲为之而乙非之，乙为之而丙非之。其告成无期，而国之分峙亦未止。故热心文盲教育之中国人，企图脱离汉字，而为拉丁化与字母化。即发现方言各殊，非分区不可。文字分区之结果，难逃割据之危险。世儒恶之，非尽杞忧。所以昔年教育部制造注音字母，规定不与汉字分离。恐有人误认字母之名，为音字之企图，又经中央常会，改其名为符号。符号者，只作读若反切，注音之用，辅助汉字之音训者也。我有统一之象形工具，若走入苟简拼音之魔道，将为世界语学者所深惜。因世界语仍离形取声，方无可如何于方言万种之差别。必也摸索而取以形辅声，其初步，可得着见形意会之妙。如写一"人"字，一见其形，即知为圆胪方趾之一物。先可一任北人读之为"仁"，南人读之为"宁"，英人读之为"蛮纳"，倭鬼读之为"吼托"。语不互通，而笔已画一，久而熟习，即可进一步而成世界统一之语。故世界统一语，将为形标语而不为音标语，自可有此逻辑。而势利之人，恐决不采信。吾人再无强人采信之必要，而盛衰形势一决，观念自将不同。

惟又有可坚决断言者，形标与音标，将皆必亘千年万年，演变而离今日之现状，别具方式。若今日已成之象形字与拼音字，皆有其各自演进之历史，曲折分歧，条理各殊，已成僵化，无可突变。不惟欲变今日已成之拼音字而为象形，一时无从着手。即欲变已成之象形字为拼音字，利用拉丁化、字母化之苟简方法，亦徒劳梦想。否则倭鬼学射于羿，久欲杀羿以掩其迹，夷视汉学，崇拜欧化，亦已急矣。而又早采假名，已有千年，何以至今难废汉文，不化拉丁，是非不欲，有不能耳。故未斟酌尽善，亦不成文字。既成文字，亦无可突变。此可以坚决断言者也。

但能成一种文字，可绵延数千年，而有其三五十万卷之藏书者，则必有其不断之改进，又无可忽视之事。且象形拼音，言其大概，而形与声有密切之关联，皆其代表言语之所有事。拼音之字，不惟于音理当斟酌尽善，即于形貌，亦必就音同义异之字，增减其字母，使一见有别。前以英文举例，其如是而增减形貌者，至有千数。于形貌上改从适宜，有如近来土耳其之易回回字母为 AB。音值互换，可以无多更张，故形貌值得轻便变更，俾适于宜。又如近年德文刻书，渐废其花字式之字母，多从普通英法式之字母，皆为适宜而注意于形貌也。我国之象形字，于形之斟酌尽善，已有不断之努力。自仓沮、峋嵝、甲骨籀篆、隶草真楷，以至于呈文宋体之方光圆黑，必皆有其美化简化，能就适而生存。即于音声，亦何尝忽视其改进之方法，形者，代表言语之意。能言语者，见形即知其声。如"日"，一见而为太阳，日之声即脱口而出矣。他如"水"，一见而为滔滔之流，水之声亦脱口而出。如"工"，一见知为执规矩以有事者，工之声亦略一思索而能呼。如是之见意知声者，今载《说文》之九千字，合指事象形会意。止千字左右，为全部文字八分之一。此八分之一，大都能见意知声，而声无庸别习，习形已可。于是执简驭繁，再造八成之形声字。合工水为江，一见即知工其名者，水其物，读江为工，即知自四川东下，至江苏入海之一水。读工而外，无余蕴矣。工既能读，声又无庸别习，习形已可。语音本远出于字先，一成之字，见形则其声自知。八成之形声字，即用一成见形自知之声，而声之安排，直不值过问。古人之智巧，竟有如是。其利用字先之语，即声而造形，即形而见意，即意而知声。又以一成之声，更造八成之字。形声之声虽多至千数，则皆见意知声，无须别习，其智如何，其巧如何。

闻埃及之形声字，止四十有五。以四十有五之声，不及一成之十分之一，欲驭八成形声字之多，必条例繁密，非久教不可，弄巧反成拙矣。特声字止有四十五，供斐尼兴择取其二十二。演进为字母，又情势甚便。于是埃及之象形字，不久即入博物院。象形字与拼音字，遂分道扬镳，以至于今矣。

又以知当繁可简，我仓颉之造字是也。不当简而简，埃及形声字之声字只四十五是矣。巴比伦、喜泰、克雷得等之亡也忽焉，或亦同蹈过简之失。惟言语者，又后文字而日趋分歧，以驭事理之日益繁琐，方言之日益加增者也。如从工之形声字，演之至今，歧其音为七八而未已。如读"姜"者，为江豇豆虹。读"烘"者，为红讧虹泰荭鸿澒。读"刚"者，为缸肛疘杠扛虹槓。读"孔"者，为空崆控倥悾恐。读"穷"者，为邛巩筇蛩跫。读"羌"者，为腔。读"康"者，为扛。仍读"工"者，止有功攻贡赣而已。或先秦以前，分歧尚无如是之多。自汉以来，而分歧之繁，竟足为学者病。于是读若、读曰，及直音之法生。字书必曰音某。为不可省之工作。直至于今。而读若、直音之例，必取声韵并同之字，严为譬况。一则未必恰有其字，二则逐一取譬，需字过多，遂未有可简得简之法。于是反切又应需要而生。反切出于汉末诸儒，尸其创作之名者，则为魏之孙叔然。已否受有佛氏之影响，不必深究。之于为诸，丁宁为钲，其术暗合，有之已古。惟自谢灵运已习知身毒十四音，后世等韵三十六母等，反切术确有佛家参与，乃为事实。从而《切韵》、《玉篇》及《经典释文》等，遂与汉儒读若等之音义，皆尊为小学，视若治声识字之宝典。

然而反切术之同呼同韵，局门通门，为不必要之繁琐，致自取周章，遂可简而不简。几至浅学不敢问其津，老死不能竟其绪，识字反增一魔障。如海字必注为呼改切，因呼，与海同呼，改与海同韵。然呼改呼改，读之百遍，无从得海之音。其实呼为黑乌，改为割爱，以黑爱为切，立刻海音可跃出。今黑欲与爱亲和，而乌割两音，从中梗阻，致海音为之掩盖。反切之晦闷如此，读若之面生又若彼，隋唐间倭僧西来，其热心好学，对辨形固甚有兴趣。而言语不同，对辨音则殊感困难。无论读若，无论反切，皆止可望洋而兴叹。遂再三计画，得一苟简之术。不问同声同呼同韵，更不问广狭通局，凡音相近者，或误以为音相近者，可读若者则读若之，可反切者即反切之。巧合埃及之四十五，亦代取我之声字五十，作《伊吕波歌》而归。汉字则胡乱切之，对公侯兴口蕝洪等，无不切以"口字"，积同音至二百字之多。而"伊奴"为狗，"吼托"为人，彼中语言，亦藉五十声字而拼出。其分别则全藉汉字自身。而粗浅了解，则合上下文而获得，依然据有象形拼音双层之好处。高深学理，则依恃汉文。沾溉文盲，则赐以拼音。真狗运亨通，适合我上文所言文字有其适宜大众之点，亦有其适宜高深之点，倭鬼恰兼而有之者也。而我则元遵汉唐之读若、反切，一任其繁沓，一任其晦闷。文字乃为文人学士之专有物，绝不能下逮大众，文盲遂愈积愈多。思以学校救其后，经费则愈压愈不胜。

而适有从西方至者，自明以来，即炫其 AB，如西儒耳目资等。迨及近世，欧美教士，在广州、厦门、宁波、苏州各地，各以 AB 拼其方言。至于今日，又有嚼此矢橛者，称为拉丁化。此 AB 之溯流也。甲午以还，假名亦声价百倍。于是仿其术者，如王小航、劳玉初诸公，或省改偏旁，或仿效缩写，制作者一二百家。此假名之潮流也。二者之起意，皆有訾謷写形字，欲为音字之企图。其苟简之妄，辟其谬误，已陈于上文。然而可简当简，改良读者反切，为仓颉形声以来，作第三次之大补助，则不能不有注音符号。注音符号之音典，当与《汉儒音义》、《广韵玉篇》、《经典释文》等，同列图书馆之小学声类要籍中。同纂于字典每字之下，与《广韵》、《集韵》、《韵会》等，同列其音切，以备古今沿革之研究。此实我民国对于"国字"（仓颉象形字）一种重要补助之著作也。

注音符号之优点。对于国字，先与书一之北平音以为"国音"，则全国统一之期会交际语言，有其具矣。而音韵研究家，考订所谓上古音、先秦音、汉唐音、宋元音，复有我"民国音"，乃得记述正确之报告。而一切方音，皆能以国音得其比较。异同有无，可朗如列眉，以省西儒等妄以不适切之 AB 相混。

其符号皆于《说文》简单之古字，仍仓颉之旧，决非假名等偏旁省简之胡闹。

其双声二十二，今举例其二于后：

（一）勹，里也，众人曲形，有所包裹。包则象人怀妊，已在中，象子未成形，乃未出生前之胞。后世以包作包裹，而勹废矣。勹布交切，故取其双声之布，布博故切，又取其双声之博，读博以为适切之双声，其去取皆慎重如此。

（二）攵，《说文》作攴，小声也，从又，卜声。文，普木切，取双声之不适切，普又颇五切，读颇则适也。

其叠韵十五，亦举例其三于后：

（一）一、《说文》道立于一。一，北平读伊，故即以为伊音之叠韵。

（二）乂、《说文》五之古文省。五，北平读乌上声，故即以乌音之叠韵。

（三）凵、《说文》凵卢饭器，以柳为之，象形。凵，颇鱼切，取其叠韵之鱼。鱼，北平读迁阳平，故以为迁音之叠韵。

如此，《说文》之字，虽非尽仓颉旧文，而简单古文，必大半出于仓颉。以仓颉之字，为仓颉字之读者。例如博读若勹，去读若文。以仓颉之字，为仓颉之反切。例如闳勹一切，晡勹又切，披攵一切，普攵乂切。用三十七古字，可将北平音四百十一，十之一付于读若，十之九付于反切。如是简美之读若、反切，乃读若、反切之大改良，决非所谓音字也。不过妄人垂涎于 AB 与假名，牵引注音符号，欲入于音字中。不知注音符号，将密切随从国字，作国字之忠仆。国字有此忠仆，将伴同亿万年，作世界统一之形标语。其起点，是使七十成之文盲，由注音符号，皆认识仓颉字。由仓颉字发挥科学，使中国之科学，后来居上。又以中国之道德，贡献世界。世界钦其道德，逊其科学，共字形标字之需要。于是摇篮里造字之人，在天上大会于老家西北，仓颉先与金字塔中之名王，携手跳舞。而巴比伦、喜泰、克雷得等之鬼雄，皆齐声贺曰：象形字万岁！

蔡先生的志愿[*]
（1944）

主席，各位先生：

今天主席要我讲蔡先生之生平，这个题目太大了，也好像一部十七史，从何处说起？况且蔡先生的生平事迹，在座各位有知道比我多的。蔡先生的言行，以前也讲过很多，而且言行录早已印成专册，大家都已看到。如果今天重说一遍，这是没有意义的。所以今天想把他的生平琐事，就我知道的拉杂说说。我们大家把他这种小事情讲出来，也可以从这种小地方更认识蔡先生的伟大所在。

今天是一月十一日，是蔡先生的生辰纪念。拿他的生辰来作纪念他的日子，也是沿袭古人之方法。像孔子纪念日八月二十七，就是孔子的生辰。但是我们不说要以尊敬古圣的方法来尊敬蔡先生，我们也不指出古人今人的异同，来替蔡先生争长论短。不过我们知道蔡先生确也是一个承先启后的人物，也可以说是一个时代的人物。我为什么有这样认识呢？当然从他的志愿中看出来的。我今天来略述他的志愿。各位从前都是很接近蔡先生，对我所讲的或者不致于以为不对。我想在纪念会中讲讲他的志愿，对于我们国家民族也是有好处的。

蔡先生之为人，真是所谓“君子和而不同”。他和那一个人都很和气，然而他有一个“自己”。绝不是因为做人和气，就会人云亦云。蔡先生所到之地，谁和他相处，都像从前人交了程明道一样，如坐春风之中。不过虽坐春风之中，很感到有一种严肃之气。如果我们以之比古人，蔡先生很像周公，“不骄不吝”、“一沐三握发，一饭三吐哺”。什么事情，也是“仰而思之，夜以继日；幸而得之，坐以待旦”。俨如周公

---

* 1944 年 1 月 11 日在蔡子民先生纪念会演讲词。

风度。至对人，则亦"尊贤而容众，嘉善而矜不能"。只要这个人有一技之长，没有不取其所长，决不问其短处如何。然而他无时或忘的，就是他自己的主张：鼓励造就大学问家出来。别人办普通教育，像办工程等等，他也给予很多的帮助，而他毕生最致力的是办大学。

他为什么主张办大学？仿佛是一个国家，只要有大学问家出来，民族就可以之而贵，一班人即可以之而尊。印度古代文明，我们姑且不说，现在他国家虽失了自由，因为有泰戈尔这个大人物，得到了诺贝尔奖金，很使人敬佩。平时我们看见一般印度人，似乎觉得这个民族不见得高明，但是回过来一想，如果真的不高明，何能会出一个泰戈尔？这样，也会想象到他们国家文明的程度。我们总是说：我国有五千年历史，四百兆方里土地，是一个文明大国。但仔细想想，我们所以能够称为文明大国，并不完全是因为历史久、土地广的关系。要是我们没有伏羲、神农、尧、舜、禹、汤、文、武、周公、孔子这些人，也要感觉到国家虽大，内部拿不出什么东西来，不免空虚了。我们之所以能够自尊自贵，足以自豪者，因为从前出了伏羲、神农、尧、舜、禹、汤、文、武、周公、孔子这些伟大人物。蔡先生盼望我们能够出一些有学问的大人物，意思也是在此。大家以为日本在二三百年来是很努力。努力固然努力，然而他还没有像可以载在百科全书的人物。不过我们现在要得到诺贝尔奖金的人物也还没有。所以蔡先生要盼望我们造就历史上的大人物，这个他当然并不想在一个时期内可以成功的。

蔡先生平时待人，对好人没有不尊敬；对坏人，也没有不宽恕。这个人只要有一点可取之处，总是待他很好；只要他做的事有益于党国，没有不赞同。不过他唯一的志愿，一定要盼望中国出些了不得的大学问家。因为他报了这种志愿，以前有了许多当仁不让的事。我们知道当他回国的时候，他的政治才能，是很丰富的；他来办政治，也决不会有错。然而他无论说话做人，一点不露出锋芒。在民国初年，请他担任教育部长，他并不推辞，因为这个任务，可以实现他的主张。到了十七年时候，国民政府成立五院，那时他本想做考试院院长，因为考试工作，和他生平的主张有很大关系，可以从这里来发挥他的主张，达成他的目的。所以当时他不肯做监察院院长。他说：我是好好先生，怎么可以做监察事情？后来设立中央研究院，他去担任研究院院长，心里很高兴。这并不是因为可以做官，也是因为这个任务和他的意志相近。他做了院长以后，总想使这个研究院发达起来。可是这个很不容易。不要说我们很穷，没有许多钱，就是有钱也不一定找得到人。然而他总是希望研究院能够造就中国出色人物，可以有人去得到诺贝尔奖金，在国外百科全书上也能够记载出中国伟人的姓名来。这种希望，仿佛是他天天所不能忘记的。

办大学来造就大人物，他也晓得这不是一时的事，不过是来开一个头。开了头以后几十年、几百年乃至几千年下去，可以继续不断收到效果。所以，我们可以称他是一个承先启后的伟人。他所做的文章，所写的字，虽不矜才使气，然而细细一看，一个字一句话，都有学术道理。他写的字是道道地地的黄山谷帖体。现在能写黄山谷字的，已经很少。我们就他小事情来看，可以想得到他的大事情是怎样。当时我们需才甚多，也是非常急迫，工程人才在谋国方面，也很要紧，而他最盼望的，还是有大学问的人。我总想中国要有几个人能够在现代的学问上可以盖过外国，好使中国的国际地位提高起来。

我知道他的世兄都是很好，大世兄因为当时蔡先生为爱国学社捐款，不问家务，患病后医药欠周，不幸故世。二世兄无忌先生，学问很是渊博，对兽医一科研究精到，也是一个出色人才。三世兄柏林先生，更是了不起的，大有继承蔡先生未竟之志的气魄。他初在比国学电气，后到巴黎攻物理，最后研究磁学，已有相当造就。三十年时候，总裁要招他回国，大概要叫他来做几个磁性鱼雷，好放在长江里，漂来漂去，炸炸敌舰。后来知道他不能离开法国，到现在还在法国磁学研究所。他本来想自备飞机，由空中回国，因为打仗关系，他也失了自由。现在他的学问已经很好。他在小时，本极用功，蔡先生随便买些小说给他，没有不本本看完。他第一次到法国，看到了法国《拉罗斯百科全书》（*Laloux Encyclopedia*）从第一个字看到末一个字，简直是一字不掉。这位先生真是可以告慰蔡先生的。将来或者再经大家的扶植，可以成为一个大学问家，一定是蔡先生所希望的。在座的诸位，都是蔡先生的朋友同学，我们能够有法子帮助完成蔡先生的志愿，出几个大人物载在外国百科全书上面，固然是我们敬崇蔡先生的最好表示，也是对我们国家有很多益处的。

蔡先生志愿立大学，虽然无时不忘他的主张，但也并不一定反对别人意见。我是一向相信斧头凿子的，主张设专科学校，造就工程人才。蔡先生对于这一点总是笑笑说，对的对的，并不来阻挡我们。只要是合理的事，他总是赞同的，他在北京大学教书时候，不问这个人有辫子没有辫子，只看他有没有学问，有一点长处的人，他没不器重他，这种态度，就是所谓"和而不同"。不然，和而同，连自己的主张也要丢了。我们和蔡先生在一起，没有感觉到他是可怕，然而见了他的人，没有那个敢做坏人，这也是蔡先生伟大的地方。

不贤者识其少者。我今天只是讲些小事。各位还有知道大的，能识其大者，一定还有大的发挥。

救济青年与中等教育改制[*]
（1944）

　　编者按：民国三十三年甲申二月一日，旅渝苏人由冷御秋、赵
棣华先生等召集，开座谈会于国府路学田湾五号，座谈江苏青年失
学失业救济问题。嗣于三月二十四日开第二次座谈会于川东师范信
谊堂。因同时欢迎由苏莅渝之马元放、吴绍澍、王公玙三氏，未及
讨论预定主题。复于四月十五日特由总召集人叶楚伧召集，举行第
三次座谈会于交通银行二楼，并确定座谈会名称为苏事座谈会。此
即为吴公所演讲之词。

　　战时谈救济，本来是很难的。很少人给政府找钱，都只叫他用钱。
所以把青年从沦陷区弄出来，所谓争取青年，如钮惕生先生在二十六年
讲过的，把战地的青年壮丁，一概调到后方，给敌人来一个坚壁清野，
确是很要紧的事。但单讲救济，政府尽管费尽了力，还是没办法管得周
全的。

　　中国的教育，至今还没有法子把传统的虚荣心去掉。否则，战区出
来的学生，个个都进职业学校，小小结构的几年就有办法。教育部和各
学校也就免得现在的为难。可是，那些战区出来的学生，都受了虚荣心
的影响，不是这样想法。所以个个都希望进中学。其实进了中学，还免
不了有许多人遭受淘汰。战前六十万学生中，就未必有三十万能进大
学。其余只能被迫跑到社会上去，可是吃饭能力一些没有——十年前店
铺里遇人介绍学徒，一听说是中学生，骇都骇死了，那里还敢收留！
（现在这种情形自然好得多了）——于是那般中学生最幸运最好的出路，
只能跑到机关里去，从最起码的办事员做起。像这样子真是国家和学生

---

　　* 初刊于 1944 年 2 月 1 日《复苏月刊》第 2 卷第 3 期。

两面坐困。

所以，我常说：为什么不在教育上改一改？中学只办职业学校，每个学生一定要高等职业学校毕业后，才能进大学。其实比职业学校所学更高深一层，关于应用的研习，如工科、农科，以及其他相类的各科，都是应该办专门学校，不该办大学。照英国人对大学的看法：大学是承先启后非常了不起的。中国人把各科都办大学，无非大学可得硕士、博士，还是虚荣心在那里作祟。至于文科、法科等比较注重理论的，可办一先修班。毕业职业学校后，如有志研究这些学问，可入先修班，对理论研习一个时期，再入大学。以前曾屡次同蔡孑民先生争辩教育宗旨。他说：理论可以促进应用，所以该特别注重理论。但依我看：只有德国因其民族性关系，能理论与应用合一。法国理论很进步，可是应用方面即极落后。美国讲实际，把大学缩短，理论和应用还不脱节。中国人向讲虚荣，对应用毫不注重。如果把应用重视到十二分以上，扯一下，或者还可以把旧观念纠正过来一些。

别的不说，只看十年前中国一般人的观念，好像有了儿子送他进职业学校是坍台的。不但怕别人批评，而且自己也像很抱愧，对不起儿子，没有能把他送进大学。意思之间，好像进了职业学校，便不能再进大学。其实即使这个儿子将来做不了了不起的文学家，也该懂些吃饭方法——懂了些吃饭方法，不但并不妨碍他将来做文学家，或者反可以帮助他做了不起的文学家。

刚才余次长报告，现在中学生已有一百多万。可是照总裁所著的《中国之命运》上说，将来的建设，五年中需要大学生五十四万。但把现有的大学生，凑来凑去，还不满三十万。依我看，中国如真成为一个道地的现代国家，五十四万大学生一定还不够。恐怕少不少要五百四十万。二十五年汪精卫做行政院主席时，过通那年的预算十一万万。大家都以为数目已经大得骇人。冯焕章先生站起来说：国防太重要，让中国四万万人，每人多负担一元钱。再增加四万万块钱吧。大家都认为是笑谈，可是现在为了战区学生的吃饭问题，一年就得化上五六万万——虽然现在的币值已比从前跌落的很多。可见从前的笑谈，过几年就不值什么。怎样培植建设中国需要的五十四万以至五百四十万的学生，也该有这见解。

我一向觉得中国人对职业学校误会得太厉害。所以从英国回来，即竭力替职业学校鼓吹。一九一四那一年，我还住在伦敦。隔壁五六家住一中学校长。我的儿子也在他学校里读书，因此和他认识。那年的九月间，第一次欧洲大战已经爆发。有一天，我和一个友人跟那校长一同散步，问起他对战争前途的观感。他摇头说："危险得很！"接着他就解释：英国在五十年前才开始有"模特儿引擎"，由伊库诺密克斯模型馆出售与一般青年，让他们把它和家中原有的小车床连接起来。每天车车弄弄。他的学校里学生中，三百人的家中，有此设备。战争发生后，这些学生便每人向制造军火机关领二百子弹，利用星期日，把它刮光了，再缴回去。一个星期天，三百学生也可刮光五六万子弹。"可是这算得什么？"那校长说，"德国每个学生或工人家里都有工作室，英国那里比得上他们。"

初听"模特儿引擎"这名词，或者以为这不过是让小孩子弄弄玩玩的玩意儿。其实绝不是这么一回事。不但弄弄玩玩，还要讲究精密。美国便有一个会，各国都有进这个会的。它有时发给会员一块铜板，让他们在小车床上磋，竞赛那个磋的精细。所以我听得中国自命开通的人说："我们的阿三蛮很很的，将来打算叫他去学工。"就会顿时觉得从脚底麻起，一直麻到头顶。因为他说这话，他就根本不知道做工需要精细，同时更没有懂"工人"这两个字的意义。他不知道称得起工人的，必需有熟练的技术。却以为和苦力一样，只要卖卖力气。

我很希望教育部能早下决心，以后普通中学不办，一概改办职业学校。大学校是守先待后另有任务的。举一个例子：美国人常笑英国人迟钝。美国的特别快车一小时开八十里，英国的便只开六十里。一九零几年"扫散姆登场"的某班特别快车有个美国搭客，向英国司机说：你这特别快车，能不能开快些？那司机明知道美国人有些讥刺他，算了算那时沿路恰巧没什么别的车辆，便答应说好的，也就开了一小时八十里的速度。不料才开了几十里，车辆出轨倾覆，死了几十个搭客，连那司机也没有逃得性命。于是，这事顿时成为国际讼案。美英两国纠纷多年，没有解决。最后，"坎白立其"有一个著名的算学家，是个老头子，他出来应用高深的算学，说明这条路只能每小时走六十里，快了就要出毛病。所以美国人叫那司机开八十里是错误的。于是英国竟赢了官司。在这种时候，才用得着大学里的老古董。中国学生每个人都想做孔夫子的大弟子。好像进了职业学校，就一字不识，连孔夫子都丢了。实在错得太厉害。教育部还有一位次长顾一樵先生，他便是学工程的，可是他的诗文却做得甚好。不是眼前一个很好的实例么？

最后又要归结到救济：国民政府林故主席任参议院议长时，曾叫我去做秘书长。我谢绝不干。老实说，我就不明白议员干些什么？譬如早上出席议会，讨论关系财赋的议案。我是江苏的代表，自然要替江苏力争减轻负担。江苏人知道了，一定都伸了大拇指，赞我声好代表！如果不这样做，或者竟说江苏不妨多出一些钱，将来回去，自然给江苏人打都要打死的。下午又出席实业代表会议，讨论如何振兴实业？我一定又要主张什么事要政府拨款，什么事要政府补助，向政府多争一个钱是一个。我这样做了，人家一定也称赞我是个好代表。晚上回家睡了觉。自己想想，成了一个什么东西？一定要觉得奇怪极了。再想想政府又是个什么东西？他本身是不会生出钱来的。却那不肯给钱的，又要他化钱越多越好。所以说到救济，本身确是很难的。能替政府找钱是最好，单望他化钱，是没办法弄得周全的。

编者按：继为冷御秋先生发言，大意谓：于吴先生之指示，颇有感想，中国人对子弟求学，向来好高骛〔骛〕远，不踏实。过去有余之家，常不愿子弟习工农，现在虽好一些，但好得并不多。惟从另一方面看，中国到现在还不能向工业上发展，造就了许多学生往那里摆？亦是大问题。以前职业学校不发展之原因，实在学校与事业不能配合。今后的职业学校，似应针对此点，力谋改善云云。当由吴公再充前述主张，即下文：

听了冷先生的话，觉得才说过的话，还要补充几句。我对钻研学问，不求应用，终其身只发明一句了不得的话，和专求应用，在短期内用体力报效国家，两边都赞同。

但非常时期自然该有些不平常的措置。所以，七七事变以后，我曾主张各大学一律停顿——仅仅是停顿，并非解散。校长、教授、讲师一切都照原来待遇，但需由政府来支配工作，让他们分别领导青年，从事战时工作。如学文科的便做文字宣传工作。通俗的作乡村宣传品，较深的刊登报章杂志。学美术的编组为抗战临时美术宣传队，绘画有关战争的宣传画——从前在汉口还见交通银行对面有三丈长的战画，现在却看不到重庆有一张。可是居然有人还在画模特儿。此外农学生老实便去开荒。工学生便到工厂里去。这些话我时常对朋友讲起，但从未向政府提案上条陈。因为这些事是我不愿意做的。最近听得办工厂的人讲起：办工厂用人实在困难。所以照现在的办法，一面许多青年要救济，一面工厂又感没法用人，实在是一个大矛盾。或者以为像我所说的那样做，不免破坏了现行学制。可是最近因为和盟军联合作战，少了翻译，教部便将大学四年级生调充翻译。并规定服务一个时期，就算毕业。这不是和我所说的办法用意相同，教育部已首先破坏了学制？所以谈救济青年在办法上是很值得研究的。

答毕修勺先生书[*]
（1945）

修勺先生执事：

奉赐书，欣悉壹是。依旧瞎忙，稽答至歉。晦安先生看得起我，当我是德先生（系指民主——编者注）的老伙伴。他见我目前一味沈默，就叹惜中国毕竟失去了一个德先生的老伙伴。因为他见报上，有人载我的乱谈，我说从开天辟地以来，就是乱七八糟。只种批评，我或者是常说的。但只种批评，止是批评，决决不是牢骚。

先生替我答辨，赞我富于理想，为的是目前的现实，配合不上我的理想。那是褒奖朋友太过了，决不敢当的。我相信止要两万年，便实现无政府。两万年以内，一路进化又进化，那位德先生，也可以算进化中一阶段的一物。所以我曾经附和陈仲甫等，把德先生配合了赛先生（系指科学——编者注），竭力推重过两位先生。人家自然要算我是德先生的老伙伴。但是我二十年以来，早已怀疑，德先生实在配不上赛先生。他是进化中过渡废物，不像赛先生一直是进化的伴侣。要结老伙伴，主要是赛先生，不应只是德先生。因为德先生是没有什么地位在两万年后无先生的时代。至于赛先生，是可以伴了两万年后的无先生，一同进化。并且再过几个两万年，无先生还可以变成将来遥远的过渡废物。赛先生还是伴着某某先生，一同进化。由此看来，说我是无先生的伙伴，还是暂且的、勉强的。什么把那将做废物的德先生，配做我的老伙伴？惜乎我竟未敢充当赛先生的伙伴，乃是我的辜负了进化，是我的憾事。我可以算做开天辟地以来，一个不进化的动物，那里来什么富于理想。

现在本了进化的理想，把开天辟地以来，便是乱七八糟，加个解

---

* 初刊于 1945 年重庆《益世报》。

释，辨护我不是胡扯。我不说自有宇宙以来，嫌他太广漠了，太费事辨护。故止说开天辟地以来，范围缩小一点，容易了解。开天之天，还是宇宙的一部分。辟地之地，止指着我们地球。地球从宇宙间辟分出来，先是星云，进化而成硬块，进化而有水分，有空气，有原生物，有长得发痴一般的柔软巨大植物，有发痴一般的巨大爬行动物。方才觉悟进化进得过分了，再用两栖小动物，上有蝙蝠，下有食蚁兽，有飞得高高的鸟，有背驼日月的马牛羊鸡犬豕，有猢狲，有人猿，有脑壳里容有二十四立方生丁脑质的北京周口店猿人，有现在尚少数生存、脑壳里容有三十六生丁立方脑质的野蛮。于是轮到有我们自以为了不起，可做德先生伙伴，脑壳里藏有四十五立方生丁脑质的蒙古种人、高加索种人、尼格鲁种人等等。为什么要发狂的要发生种种，又为什么把洪水猛兽水火刀兵，发狂的灭绝他？在千百花样里，举一端请问阁下。你相信还有巨大的如孔龙的爬行动物，叫阎王放他投胎么？为什么当时要放他出风头？生什么，灭什么。又生什么，又灭什么。直到现在，强凶霸道，各自以为顶好顶好，学美国兵说中国话。只位开辟先生，真是乱七八糟，我冤枉了什么？我发牢骚么？我当然止是批评。

只个生生灭灭，我们无以名之，止好权且推尊开辟先生是为了进化。不到时间，止好叫一个德先生出来攘攘。到了两万年，再请无先生出来。再过许多两万年，再请某某先生，代用无先生。批评出来，依旧是乱七八糟。恭维一下，暂且做得好，就叫进化。

于是乎可以讨论脑壳藏有四十五生丁立方脑质的小子与阁下。比较周口店的先烈，自然强爷娘、胜祖宗，可算进化了。我们地球上的同胞，毛撢毛估，算有二千兆，进化正还不够。拿孔老夫子的中人以上、中人以下，来分他们进化的程度。决决可以大胆的批评，中人以上的，用不到以兆计算。中人以下的，却要由百兆而千兆。故那班中人以下的家伙，开辟先生正没法，止好让他们乱七八糟。他们也老实不客气，放胆乱七八糟。开辟先生虽权时推尊了一位过渡废物德先生，要请他来减轻他们的乱，防止他们的糟。可是德先生明明是他们的救主，他们也巧不可阶，把德先生来做他们的贼窝家。就是存心要把德先生做救主，还是呼朋引类，弄着满坑满谷的贪官污吏。何况存心把德先生做贼窝家，当然明明是加拉罕、鲍罗廷培养出来的魔王。还要借斯元帅、莫部长来扯谎，冒充真正某党，所以不能不解放出来了一群李闯、张献忠，叫魔王自己也止好搔头摸耳，暗暗踢足叫苦。

过去抗战开始，大家惊心动魄，祈求从此息战以后，必定大家觉悟，至少给世界上有几百或几千年的太平。不料胜利一临，大家忧心如焚，第三次战神，将不日光降。好像并不是止想造世界新秩序的纳粹王少壮魔，是烧勿透，是急色儿。而聒聒叫的老牌新牌的德先生，也个个要半生勿熟，囫囵吞枣。个个想拉不脱裤子，沿门磕头。于是我才想起我的未卜先知。一九一四年八月，第一次大战爆发。十一月我与梁宇皋先生，从伦敦到法国南方土罗斯城，与蔡孑民、李石曾、汪精卫各位夜谭。他们皆力咒战争害人，人人应当觉悟。我鬼使神差，好像拿了诸葛的鹅毛扇，说起俏皮话来。我说，怕也没用，骂也没用，跪在地上磕头如捣蒜的哀求也没用。恐怕从此以后，还有小战七十二，大战三十六，战过一百单八次，两万年过了，或者可以不战。那第一次所谓大战当然是七十二的性质。过去第二次大战，也止是七十二的小战性质。或者第三次原子弹几千吨投下来，可以算在三十六里头。我的未卜先知，就是靠着那贼强盗的中人以下人物，充斥世界。他们会利用德先生，做他们的贼窝家。德先生，德先生，世间多少罪恶，都来借你之名以行，你也无可奈何。

我们且把世上的大是非阁开，先对列位判我的法官，辨护去了乱七八糟的乱谈，是批评，不是牢骚。我又新立出来一个巢幕世界，有点近乎牢骚。然而还止是吊诡，决还不能判我脱离德先生老伙伴，定什么罪名。终之，还是德先生能做贼窝家的累人。不曾救度到人，反葬送了人。于是我要立巢幕世界。我说完了这一段小是非，再在巢幕世界里来研究大道理。然而这段小是非，毕竟凭空得罪朋友，太藐小了，本来照例可以不谈。但因为我个人的思想变动，确受一个棘刺。低一格附带说说，报告近状，也免了脱枝失节。

是这末一件小事。有位书骙子，他不屑治生，却弄成失意了，未免要到处瞎撞。听见有政治协商会议，以为进取有路。不料共产朋友对他说，我们已举你为无党无派的代表。而国民党领袖说你是民主同盟，不是无党无派。他急了，要我代他辨明。他说，烧我成了灰，我是国民党。我与共产朋友，有二十年的交情。我有王霸之才，以我出席，可使共产党听我说话。

我答复他道：

> 先生负旋乾转坤，王霸之才，斯人不出，如苍生何。今怀悲悯已久，思牛刀小试，参加某会，忭颂无量，但当道对毛先生，尚亲

送登机，岂于先生反有隔阂，理论实不可通。先生嘱我以大画进当道，荣幸之至。但淮南登仙，我国已随其鸡犬而同升。乙未四月，李鸿章至马关订辱国之约，整过五十年，乙酉九月，徐永昌又偕麦克阿瑟至东京湾订胜利之约。我个人曾捣过小乱，其小小目的，止望雪我三十岁时亲见的甲午之耻。小目的已达，急流中应当涌退。王霸世界，应归先生们大才回翔。而巢幕世界，亦应让我辈虮虱逍遥。故不拟再向赫赫者论列是非，此亦先生之所许也。

函复，他又来作阔别两年之谈。且言代表不成，欲仍回某市修通志。我说，先生是烧成灰是国民党，又与共产朋友相知二十年，又被人看作民主同盟。三者都不肯推你做代表，便成了三不管。那末确是无党无派，又不得当。足见孔孟皆大道莫能容。至于通志不通志，高兴自己修成，藏诸名山，传至其人可矣。何必再向某市之俗吏谈交情。彼随起辞曰，高论够受矣。后在某共产报上，大为德先生张目，代表终于不成，数奇如此。

我鉴于德先生的老伙伴，如是如是。就对朋友，运动他们来游巢幕世界。巢幕世界者，即燕子在天幕上安然筑巢，不料幕下烈火正炽。巢幕之燕，真是无知的凉血动物乎！然似乎比在王霸世界好些。似乎与德先生龃龉到如此，其罪状正比开天辟地乱七八糟，还要显著。但是并非放废，止是对王霸世界，作一正面批评。且奚落德先生的，古已有之，不自我始。孔老夫子已前无古人，且至今后无来者。我虽随同打过孔家店，现在正正经经的研究大道理，还是请只位老黄忠出来。

我们打孔家店，也止是最微末的小节。就是与上大夫言，何以一副面孔，忽然与下大夫言，又换一副面孔，表情太分明。又既然饭蔬饮水，曲肱而枕，乐已在其中，何以又食不厌精、脍不厌细，狐貉之厚以居，亦近矛盾。又某学台最佩服老夫子的割不正不食。出了这个题目，偏遇着一个促狭秀才，于一篇八股文的结末，唱叹曰：噫，恨不与孔子同时，大嚼其零头落角之肉也。于是一块方肉，也觉得做作得过分。诸如此类的小节，都被小孩子戏弄过大圣人。然而止是如日月之食，无损于其明。孔老夫子才真正是一个二千五百年前的无政府党，超过德先生，是个无先生。他也发见无政府要在两万年以后。至今止有二千五百年，正还是德先生过渡时代。所以他鼓吹了一个大同标准，他及身还是一车两马，周流列国，想把他的时代的现实政治，改良成一个假想的德先生，又叫做小康。把大同小康，却叫他的门弟子，载在《礼运篇》

内。然而他毕竟创说大同，是一个二千五百年前的无政府党。他在《论语》里，又活龙活现的否定了小康，教训德先生，还是一个无耻的王霸。

我们先来读《论语》：

> 道之以政，齐之以刑，民免而无耻。

这便是政刑修明，实在是一个民主世界，是德先生的世界，说得成小康。民免者，到那时世，一切人民皆可免于不自由矣。然争选举，争政权，甚而至于夺取政权，自以为是王霸之才，斯人不出，如苍生何，简直毛遂自荐，大摇大摆，踏上政坛，大放厥词，不知羞愧，是名无耻，真是王霸。

老夫子不恤骂詈，直称无耻，如此肯定，他崇拜什么政治。故又尝曰：政者正也，子率以政，孰敢不正。即痛言人人能正，不必有政。人人能正，即是：

> 道之以德，齐之以礼，有耻且格。

乃言积正以成德，彼此客客气气，各有礼貌，即是各知羞耻。格者，《大学》物格，即言至于至善。此时之人，各已至于但有人性，毫无兽性。庶几进化到中人以上之人，有百兆千兆。中人以下之人，其数将等于零。即天下为公，是谓大同。

于是我们再来读《礼运大同》节的一百零六字。只一百零六字，要分成五层来看。

（一）根源。

（二）招牌。

（三）气度。

（四）景象。（三、四又合称效果。）

（五）方法。

起首五个字：

> 大道之行也。

是进化的根源。道者，无论孔、孟、老、庄，均言如道路走得通的。大道，即最最走得通的道理。宇宙为何而有，开天辟地为何而开辟，即要得一个最最走得通的道理，行之于无穷。故大道为当行之根源。

接下去四个字，结末四个字：

> 天下为公，是谓大同。

是进化进出来的招牌，行大道而有的招牌。曰公，曰大同，空洞赞美，故止称为招牌。

接了天下为公，有八个字，中间又有六个字：

> 选贤，与能，讲信，修睦，男有分，女有归。

是进化造成这个时代人的气度。粗看这十六个字，可以误会为小康都勉强，为什么归之于大同之世。不晓得这十六个字，若作为方法的，是德先生时代的办法。即选必选贤，与必与能，有讲当信，有修当睦，男各得所分而有职，女各得所归而有家。所以能成小康。若知这是大同时代一般人的气度。乃就要讲成贤必共选之，能必共与之，惟信是讲，惟睦是修，男尽量分任工作于他，女尽量归划职责于她，是大同世界人自然具备的礼让，故曰：是那个时代人的气度。

修睦下、男有分之前三十六字，是谓大同前之十九字：

> 故人不独亲其亲，不独子其子。使老有所终，壮有所用，幼有所长，矜寡孤独废疾者皆有所养。
>
> 是故谋闭而不兴，盗窃乱贼而不作，夜户而不闭。

前三十六字，是言人人得所。后十九字，是言绝无阴谋家，亦无匪徒，即所谓路不拾遗、夜不闭户。乃是进化造成的大同景象。合气度与景象皆天下为公，是谓大同的效果。

然而得此气度及景象之效果，不辱没天下为公是谓大同的招牌，可以算做大道之行，到底其方法何在呢？来了来了，再看女有归接下去的二十四字：

> 货恶其弃于地也，不必藏于己。
>
> 力恶其不出于身也，不必为己。

这二十四个字，是蕲向大同，想出来最进化的好方法。凡能帮助气度景象，达成目的，只是那不必藏于己的货。能得货而不弃于地，乃是力，还要有不必为己的力。货者在地，一是农产品，一是矿产品，此外无货。孔子知有农产品，自然马上相信。知有矿产品，不免踌躇。然而《中庸》上说，宝藏兴焉。难道孔子时代，还能没有金、银、铜、铁、锡，可以过日子。止是古今程度问题而已。还没有镍，没有钨，更没有铀，可造原子弹罢了。知道地有农矿两产品，是大自然赐我们人类进于大同的恩物，我们应当恶其弃。但是没有力，那里拿得着地的货。可巧，力者就在各位仁兄的身上。你止要能恶其不出，马上货可不弃于地。力也分为两种：一是体力，锄土开山，都要用体力；一是脑力，施肥化炼，都要用脑力。手脑并用，就叫赛先生。故德先生见大同之气度景象，知难而退，拱手以让无先生。而赛先生仍大大帮助，维持无先生。故孔老夫子知地有货，货仗力，做到完善，两万年后，必可无政府。恐人畏难大同，而滞于小康，故于《论语》痛诟德先生无耻，以坚其进化。亦像中山先生虽由民族而民权，政亦姑许为治理众人之事，而主要则归于民生。所以曾写"天下为公"数百遍，此物此志也。我们巢幕世界，难道没有所谓别有天地非人间么？亚门！

吴稚晖年谱简编

1865 年　出生

3 月 25 日，出生于江苏省太湖边的阳湖县（今武进县）雪堰桥南街的一户普通商人之家，乳名纪灵，学名吴朓。成年后自取名敬恒，别字稚晖。

1870 年　五岁

母亲因次女夭亡，悲伤过度去世。随外祖母陈氏迁至无锡生活。

1871 年　六岁

入私塾学习，业师为张鼎臣，后改从邹翰卿。

1878 年　十三岁

因外祖母所经营之商店关张，学费无着，被迫中断学业。四个月后跟随远房亲戚龚春帆读书。

1882 年　十七岁

为减轻外祖母的经济压力，在无锡城内中市桥巷冯宅设馆授徒，有六七名学生。因家贫，竟无体面衣服去教书，靠外祖母典当得钱，方购得一身教书用的布袍。此后回忆教书心得："授童子书，必使反复读熟，熟则意义自喻，声调亦协，而文成焉。"

1884 年　十九岁

原拟在无锡应童子试，被认为冒籍，被迫返回阳湖县应试。该年中法战争爆发，常与朋友谈论中国国力不振，应力求富强。从这年起开始记日记，数十年如一日，极少间断。

1886 年　二十一岁

应常州府试，后赴江阴应院试。

1887 年　二十二岁

中秀才，应考阳湖县县学，后赴江阴南菁书院应试。

1888 年　二十三岁

与无锡袁圣祺先生长女袁蕴生结婚。

1889 年　二十四岁

再次应考南菁书院，作精短史论两篇，以篆书为之，受到考官赏识，以第一名身份被录取。是年偶得南齐诗人谢朓诗集，甚是喜爱，因谢朓字玄晖，故为自己起了别字"稚晖"。后来改名吴敬恒，仍保留别字"稚晖"，吴稚晖之名是以流传。7 月，由无锡乘轮赴江宁参加第一次省试。11 月，女儿出生。

1890 年　二十五岁

在南菁书院学习，经常借阅书院藏书。据他回忆："吾初读书，为采典撷句、增饰文词而已。继而悟读书之要，必先分类，而后考其系统，明其界说，遂能学以致用。"

1891 年　二十六岁

外祖母逝世。携友人钮永建赴南京看榜，获知乡试中举。

1892 年　二十七岁

经上海、天津，赴北京参加会试，试后返回南菁书院。在南菁书院的读书心得中云："拼命读书，不免伤身。意不静专，不能省记。然则既节去闲话、闲游、多事三者矣，时间已多出数倍，尽够读书，何必颠倒晨昏？夫学问之道，藏修息游，只须行之有恒，不贪进锐之功。每日眠起有常度。今约：晨八时即起，夜十时则息。倘有未了之功课，俟明日补之，如遇万不可俟者，仍当日了之。若眠起无度，必致精神昏怠，读书不精，一弊也。为学而无专精致意，虽白首不名一技，不能循序渐进，必致顾此失彼。应当立志选择攻读，则得寸进尺矣。"

同学田其田、康浩镇、王英冕等人听闻江阴知县经过孔庙而不下轿，认为此举"非圣无法"，故而拦轿质询，举石击轿。知县大怒，将田其田拘入县衙。吴稚晖等拥入县衙交涉，知县自知理亏，赔礼道歉，并令随从礼送回书院。

1894 年　二十九岁

再次赴京参加会试，仍未中进士。常以"忠孝勤俭"为自立之箴，"宏达沉毅"为自勉之箴。

1895 年　三十岁

甲午中日战争结束，中国战败消息震动士子。参与康有为发动的公车上书，签名支持。10 月，孙中山在广州发动起义，因未知其详，认为不过是又一次太平天国而已。偶得《何典》一书，其中有两句"放屁放屁，真正岂有此理"，深受启发，文风大变。

1896 年　三十一岁

4 月，儿子吴蔷出生。在苏州吴县学官陈容民家教书时，突发奇想，创"豆芽字母"，以拼音拼写乡音俗语，以代字母，并亲自实践，教家人学习"豆芽字母"，作为家庭成员间的通讯载体。

1897 年　三十二岁

11 月，天津北洋大学堂开铁路班，邀请担任汉文教习。教授国文颇有新意，受到北洋大学堂总办王修植的赏识。同年冬，与同乡廉泉、陶杏南同至北京米市胡同南海会馆拜访康有为，这是与康有为唯一的一次会见，主要讨论变法问题。问康有为："中国现在何事最坏？"康答称："一、女人缠小脚，二、吸鸦片，三、考八股。"回应道："小脚不缠，鸦片不吸，八股不作，那不就好了么？"康有为啧啧称赞。与康有为约定，自明年起不再参加会试。

1898 年　三十三岁

正月，在北京彰仪门大街拦下瞿鸿禨轿子，呈力陈改革折子，但并无结果。回北洋大学堂任教，常在学生试卷后批改"烈女不事二夫，忠臣不事二君"一类的话语。后来回忆：在甲午以前，但慕咬文嚼字之陋儒，经过甲午惨败，始觉中国不能不学西方工艺，对于兴学实刻不容缓。该年夏，由友人孟溶推荐，担任上海南洋公学教习。因觉自身缺"敬"与"恒"，为自我激励，故改名"敬恒"。

1899 年　三十四岁

在上海南洋公学提倡群智会，鼓励学生在教室实行轮讲制。

1900 年　三十五岁

八国联军进攻北京。钮永建、陈景韩来南洋公学任教，建议学校购买军火，训练南洋公学学生，组成学生军，未获校方许可。因组织军队事不成，愤而辞去学长职务。

1901 年　三十六岁

3 月，因与新任南洋公学总办张元济教学理念冲突，遂携眷赴日本东京高等师范学校就读。在日期间，程家柽、吴禄贞邀请钮永建拜访孙中山，钮邀吴稚晖同去，遭到吴的拒绝。吴仍以为孙中山是草泽英雄。事后回忆，他当时还忘不了要扶持光绪皇帝，觉得反叛的事业终系不正常。后经钮永建等人极力劝说，逐步改变对孙中山的印象。该年冬，受邀赴广州筹建广东大学堂，被当地人称为"洋先生"。

1902 年　三十七岁

广东大学堂成立。4 月，带领学生胡汉民、朱执信等人赴日本学习日文，为进一步深造做准备。因不满清政府驻日公使蔡钧阻挠自费学生报考东京成城学校，带领学生赴使馆与公使对峙，被日本警方扣押，并遭到驱逐。在被押往回国渡轮的路上，乘日警不备，愤然投水自杀，结果被救上岸。曾留下绝命书："信之已死，明不作贼，民权自由，健邦天则。削发维新，片言可决，以尸为谏，怀忧曲突，唏嘘悲哉。公使何与？孔曰成仁，孟曰取义，亡国之惨，将有如是诸公努力，仆终不死。"事后自我品评："词气之间，还忘不了忠君爱国，仍去革命党尚远。"回国后，参与组织上海爱国学社，任学监，蔡元培为总理。教课采取互助制，管理采取自治制。教员还有章炳麟、吴仲祺等人。

1903 年　三十八岁

与蔡元培、陈范、黄宗仰等人发起张园演说会。政治态度逐渐转向激进，开始倡言革命。同人约定，轮流为《苏报》供稿，发表革命言论，引起清政府不满。上海公共租界受命派警拘捕吴稚晖、章炳麟、蔡元培、邹容四人。得知消息后逃往香港，后辗转抵达伦敦。

1905 年　四十岁

在伦敦与孙中山见面，探讨革命问题，后经曹亚伯介绍加入同盟会。最初对入盟形式有所抵触，称："我辈革命，则革命耳，岂可学康有为之所为？"但受同坐孙鸿哲"我不入地狱，谁入地狱"一语之震动，决定加入同盟会。

1907 年　四十二岁

与张静江、李石曾等人筹备《新世纪》周刊，担任编辑，邀请汪精卫、褚民谊等人供稿，自己供稿最多。当时常用笔名为燃、燃料、夷、敬恒、真、希，还曾用留欧学界一分子、中国之一人、凭良心者、留英一客、无政府党一人、革命党的一分子。《新世纪》采用新式纪年，如1907 年即为"新世纪"七年，并用阳历，表示不再承认清政府。内容既有鼓吹社会革命、反对帝国主义，也有提倡科学真理、男女平等，反对宗教迷信，同时对克鲁泡特金、蒲鲁东等无政府主义思想家的学说多有引介，在中国引起不小的反响。同年，创办《世界画报》。

1910 年　四十五岁

《新世纪》、《世界画报》因资金短缺而停刊，靠翻译《天演学图解》、《物种原始》等书及为国内撰写欧洲通讯赚取生活费。

1912 年　四十七岁

中华民国成立，孙中山就任临时大总统。1 月 4 日，赴南京拜谒孙中山。与蔡元培、李石曾、张静江、汪精卫等人发起进德会，提倡不押邪、不赌博、不置妾、不做官吏、不做议员、不吸烟、不饮酒、不食肉。又发起留法俭学会，鼓励多送学生赴英法等国留学。

5月，蔡元培赴北京任教育总长，受邀负责国语注音字母工作。

1913 年 四十八岁

2月，教育部读音统一会召开成立大会，被推举为议长，会议制定注音字母及审定6 500多字的国音。

7月，因宋教仁被刺杀，国民党人举兵攻打袁世凯。同蔡元培、张继、汪精卫创立《公论》日刊，撰文讨袁。反袁失败后，乘轮逃至英国。

1916 年 五十一岁

回国担任《中华新报》主笔。

1917 年 五十二岁

蔡元培就任北京大学校长，拟聘为北京大学学监，教授语言概论，推辞不就。2月，在《中华新报》开设专栏，以问答体的方式介绍外国风俗见闻，并为出国留学的青年介绍海外见闻，提供建议。

7月，受邀编辑《国音字典》，按照读音统一会审定的国音汇编，并按《康熙字典》部首排列整理，编定13 700余字，命名为《国音字典》。

先后发表《论国家不可为西方的孤注》、《忠告国际政务评议会》、《予之个人今日外交观》、《川乱之真相何在?》、《总统违法之后稳健论》等文章，就内政外交发表意见。

1918 年 五十三岁

在天津唐山路矿学校任国文教员。11月发表《海外中国大学末议》，助推青年学生赴英法等国留学。

1919 年 五十四岁

与李石曾等组织发起留法勤工俭学会，计划让学生一面打工，赚取学费，一面求学，获得新知。致函戴季陶，论做"兵官"（即军官）的问题，提出要做保卫公理、保家卫国的"兵官"，不做割据地盘、祸国殃民的军阀。

1920 年　五十五岁

与李石曾、蔡元培共同创立北京中法大学，为创设法国里昂中法大学筹集资金。4 月，亲赴法国考察大学校址。

11 月，在江苏第二师范学校演讲"国音问题与国语的文字问题"，并发表《国音问题专论》。编辑审定的《国音字典》由教育部向全国发行。

1921 年　五十六岁

6 月，中法两国代表签订里昂中法大学协议，受任中国学校校长。

10 月，带领学生 105 人，乘轮抵达法国。先前抵达的留法勤工俭学学生有周恩来、蔡和森、赵世炎等人。

1922 年　五十七岁

参与讨论"翻译应取直译还是意译"，力主意译，甚至主张不译，仅加以注释。曾计划在上海办出版机关，聘请海外中国学者，将中国著作的大意介绍到国外，而不直译，但这种想法最终未能实现。还曾为刘半农所著《四声实验录》撰写序言，表彰其历史意义，但也明言四声已无多少时代价值。

同年，里昂中法大学经济困难，引发学潮，辞校长职，返回伦敦。

1923 年　五十八岁

8 月，回国后介入张君劢与丁文江等人的"科学与玄学"论战，撰写《一个新信仰的宇宙观及人生观》，反响巨大，被胡适誉为科学派的"押镇大将"。还发表《移译外籍之我见》，鼓励青年到海外留学。

1924 年　五十九岁

1 月，出席中国国民党第一次全国代表大会，当选中央监察委员，主要负责对上海党务进行检查和考核。

2 月，在《东方杂志》发表《二百兆平民大问题最轻便的解决法》，提倡国音，促进平民教育。任商务印书馆创办的上海国语师范学院校董，兼教国语，为国语运动推波助澜。

4 月，为《民国日报》撰写《科学周报编辑语》，每周一次，共刊载二十一周。

10 月，冯玉祥发动北京政变，驱逐溥仪出宫。11 月，到北京就任故宫清查委员会委员。

1925 年　六十岁

1 月，孙中山北上后因病手术，受孙中山指派，与李大钊、于右任、李石曾、陈友仁五人组成北京政治委员会，负责重大事务的决策。

3 月 12 日，孙中山逝世，为其举丧，发表《我亦一谈中山先生》，回忆当年与孙中山的交往，高度评价孙中山的历史地位和革命贡献。

10 月，北京清室善后委员会通过《故宫博物院临时组织大纲》及《故宫博物院临时董事会组织章程》，推定吴稚晖等 21 人为董事。期间在北京创立海外预备学校，召集党内元老之子女，加以集中教育，亲自为学生教授中英文。

11 月，林森、邹鲁、谢持等人策划组织国民党内反对派"西山会议派"，在香山碧云寺召开中央委员全体会。虽受邀，但不认同对方理念，认为可对汪精卫加以劝告，而非弹劾；对共产党应相互协商，避免全面破裂。故始终未参加西山会议。

1926 年　六十一岁

1 月，中国国民党第二次全国代表大会在广州召开，当选中央监察委员。

4 月，奉军与直鲁联军攻入北京，带领海外预备学校学生至苏俄驻华使馆躲避，随即宣布该校解散，乔装逃至天津，接应学生一同乘轮至广州。

5 月，在广州出席国民党中央执行委员会第二次全体会议，汇报北方国民革命军失败原因。与蒋介石、张静江、谭延闿、顾孟余 5 人当选国共两党联席会议国民党代表。会后，带领学生抵达上海，在环龙路租屋授课。撰文介绍国民党党旗的来历。

1927 年　六十二岁

2 月，国民党中央政治会议通过成立上海政治委员会，与蔡元培、杨树庄、蒋尊簋、陈其采、何应钦、陈果夫、郭泰祺等人受命为委员。

3 月，国民革命军克复上海，辞去上海政治委员职务。同月底，在国民党中央监察委员会常委会上攻讦加入国民党的共产党员企图"谋叛国民党",要求立即"清党"。

4月,与国民党中央监察委员密谋反共,并与邓泽如、黄绍竑、李石曾、蔡元培等人联名发表"护党救国"电,抨击武汉国共两党联席会议。12日,支持蒋介石发动四·一二反革命政变。17日,在南京出席国民党中央政治会议,任主席;南京国民政府成立,出任军事委员会总政治部主任,并以中央监察委员资格担任国民革命军政治训练指导员一职。

6月,同蒋介石等人出席徐州会议,联合冯玉祥向武汉方面施压。

9月,蒋介石下野后,当选国民党中央特别委员会委员,行使中央党部权力。

1928 年　六十三岁

2月,当选国民政府建设委员会委员。

3月,向新成立的中华民国大学院提出分区设立大学,解决教育行政化问题,维护学术纯洁性。

6月,大学院任命为中央大学校长,推辞不就。

7月,陪同蒋介石前往北京西山碧云寺谒灵。被聘为国语统一筹备会主席。

10月,国民政府改组,被推为监察院院长,坚拒,后改推蔡元培为监察院院长。

1929 年　六十四岁

2月,为邹鲁《中国国民党党史稿》作序。

3月,蒋桂战争爆发。协助蒋介石将李济深诱入南京,并信誓旦旦担保李济深平安无事。蒋介石将李济深软禁在南京汤山后,痛感对不起朋友,主动陪李济深同住汤山。

6月,中山陵建成,参加孙中山遗体安葬仪式。

8月,国立北平研究院成立,当选学术会议主席,兼任史学研究会常务委员。

1930 年　六十五岁

1月,国民党党史史料编纂委员会成立,当选委员。在北平召开国语统一筹备会第一次年会，会上商议将注音字母改为"注音符号"。

2月，阎锡山通电约蒋介石共同下野，赴山西劝说阎锡山以国家大局为重，寻求妥协。

4月，赴北平出席第二次全国教育会议，发表名为"怎样应用注音符号"的演讲。国民政府训令行政院及直辖机关饬属一律采用注音符号，由教育部负责推广。

1931 年　六十六岁

3月，国民党中央通过《训政时期约法案》，当选约法起草委员会委员。

5月，国民会议通过《中华民国训政时期约法》。同月，以汪精卫、陈济棠、李宗仁为首的国民党反对派在广州成立中央执监委员会非常会议，组织西南政府，与国民政府对峙。

6月，撰《答客问》，抨击汪精卫等国民党内反对派不顾国家安危，假借国民党名义破坏团结。

1932 年　六十七岁

因"一·二八"淞沪抗战爆发，国民政府迁都洛阳。3月1日，赴洛阳参加国民党四届二中全会，拟定救国纲领意见。

5月，参与审定的《国音常用字汇》由教育部正式公布。

1933 年　六十八岁

6月，在上海世界社出席世界文化合作中国协会筹备委员会议。

9月，与张静江、汪精卫、李石曾等人出席庐山会议。

11月，福建事变，成立中华共和国人民革命政府。发文声讨。

始终关注民营资本的发展，荣宗敬所经营的申新纱厂受外债催逼，面临破产危险，为此建议财政部饬令中国银行予以贷款援助，使申新纱厂转危为安。

1934 年　六十九岁

7月，庐山军官训练团开学，受邀发表讲演。

12月，在南京参加国民党四届五中全会。

1935 年　七十岁

5 月，与蒋介石等人同游滇池。

6 月，当选中央研究院评议员。

11 月，向国民党四届六中全会提出《请迅免棉花进口关税，以救济棉纱业基本工业》议案。

12 月，国语统一筹备委员会改为国语推行委员会，连任主任委员。

1936 年　七十一岁

在《东方杂志》刊登《回忆蒋竹庄先生之回忆》，反击蒋维乔（竹庄）《中国教育会之回忆》一文中的诸多批评。西安事变爆发，出席中央常务会议及政治会议临时紧急会议，决议成立"讨逆军"。

1937 年　七十二岁

1 月，中央博物院在南京成立，当选理事。

6 月，向国民党中央常委会提议，将国民党党歌确定为国歌，获得通过。

7 月，七七事变后赴南京参加国防会议。国防会议撤销后，改设国防最高会议，仍任常务委员。

11 月，出席中央纪念周，演讲"长期抗战必然胜利"。会后在寓所墙壁题诗一首："国破山河在，人存国必兴。倭奴休猖獗，异日上东京。"

1938 年　七十三岁

3 月，与丁惟汾、张继、戴季陶等人同机赴武昌，出席国民党临时全国代表大会，制定《抗战建国纲领》，设立国民参政会。代表主席团提案，推举蒋介石为国民党总裁。

1939 年　七十四岁

1 月，国民党中央监察委员会举行紧急会议，商讨汪精卫叛国案。提案将汪精卫开除党籍，获一致通过。

4 月至 7 月，频频在报纸上发文谴责汪精卫卖国求荣的汉奸行为。在对汪精卫的通缉稿中写道："汪逆兆铭，蔑弃民族革命，甘心卖国求荣，丧良无耻，豺虎所不食，古今中外，无此凶顽，着即通缉严办，无论何人，有能执送归案者，立予上赏。此令。"

8月，在中央训练团党政训练班讲授《总理行谊》，盛赞孙中山四大优点：一、品格自然伟大，二、度量自然宽宏，三、精神自然专一，四、研究自然精博。

1940年　七十五岁

2月，发表《肯亡国就调整，要救国就抗战》，针对抗战意志不坚、对日存在侥幸心理的国人，发出号召抗战到底、救亡图存。

3月，蔡元培在香港逝世。撰写《四十年前之故事》以纪念之，并挽之曰："生平无缺德，社会一完人。"

6月，日本飞机轰炸重庆市区，住所被炸毁。拒绝蒋介石邀住黄山（重庆对岸）之请，迁居江苏教育经费管理处楼下一小屋，名之曰"斗室"，曾谓"生平不修边幅，一切自由自在，且住惯简陋房屋，甚为舒适，一旦搬进水门汀洋房，反而不自在，要生病"。

11月，撰写节约储蓄文，希望每人至少购买节约储蓄券10元，并身体力行，亲自购券1 000元。

1941年　七十六岁

2月，为国语师资训练班学员制作汉字拼音表和注音符号歌，注音符号歌分为四阕，并用联想法，便于记忆。

在对外政策方面，认为中国当前情况危急，但并不希望美国改变其重欧轻亚的政策，只希望美国能够援助中国，尤其如能在飞机和飞行员方面大力援助，中国必可威胁到日本本土，而太平洋形势将大有改观。

3月，在国民党五届八中全会上提交关于推行注音识字运动和编印注音文字的通俗画报的议案，希望能够彻底扫除文盲，不仅着眼于教育普通大众，还在于宣传三民主义。

10月，小便闭塞，虑时日无多，立遗嘱，提到"猝毙，恨不能见最后胜利。生平负罪之处甚多，但力戒有心为恶。遗骸烧亦可，葬亦可，但决不可厚殓，更无须运尸。我家子女皆能自立，决不受抚恤，我个人决不受何种褒扬，免使抱愧地下也。愿总裁与诸同志及邦人君子，早日抗战必胜，建国必成"。

1942 年　七十七岁

2 月，应中央银行邀约，在新生活运动会大讲堂讲演"战时生产建设"。

3 月，为教育部社会教育运动周讲演"国语教育——注重注音符号"。

8 月，赴兰州出席第十一届中国工程师年会，被推为名誉会长。会后考察西北各地，游历左宗棠遗迹、秦岭、剑阁、天水等地，途经成都，游览武侯庙、峨眉山。

11 月，以四大主义勉励国民参政会中的国民党党员参政员，四大主义即做大事、做大官、做大炮、做大瓜，意在督促参政员勤劳肯干、立德立功、开拓进取、不牟私利。

12 月，提出要从速培养国民党理论人才、扩大三民主义宣传的议案。

1943 年　七十八岁

1 月，中美、中英新约订立，发表谈话称世界永久和平的基础已经奠定，中国必须迅速完成现代化。

8 月，国民政府主席林森逝世。有传闻将继任国民政府主席，故发表声明：自己"烧了灰，还是国民党；烧了灰，并是无政府主义者。下自委任末级，上至国府主席，凡属政府官吏，决不为者"，以保全无政府主义者的名节。

9 月，出席国民党五届十一中全会，建议推举蒋介石继任国民政府主席，获大会通过。

所居"斗室"常有宾客拜访，感叹此种闲谈实属瞎忙，毫无意义，于是书一横幅："说梦既好笑，弹琴更可怜。"并为之跋曰："柱火稀声，蒙叟坐忘，阙里二少，矫以皇皇；斗斗选手，能破八荒，临了还欲无言，仍不出太上老君之掌。天何言哉，四时行焉，百物生焉。天何言哉，自身证明其瞎忙。稚晖先生行年将八十，似知其七十九年之非，嘱有言其座右，可叹。弟吴敬恒拜题。"

1944 年　七十九岁

1 月，国民政府授予一等卿云勋章。

3 月，国民党中央及蒋介石发来贺词，为其祝寿。张静江、李石曾联名在美国纽约设立"稚晖大学",以表彰其在推动海外中国大学建设方面的贡献。

5月,教育部在全国推广吴氏指导所撰注音符号歌。所著《上下古今谈》再版,为之作重版序,并仿照《陋室铭》,作《斗室铭》以自娱:"山不在高,有草即青。水不厌浊,有矾即清。斯是斗室,无庸德馨。谈笑或鸿儒,往来亦白丁。可以谈对牛之琴,可以背痢疾之经。耸臀草际白,粪味夜来腾。无丝竹之悦耳,有车马之作声。南堆交通煤,东倾扫荡盆。国父云:阿斗之一,实中华民国之大国民。"

1945 年 八十岁

2月,应蒋介石之邀,赴黄山官邸商讨国际形势。

5月,在国民党第六次全国代表大会上代表主席团推举蒋介石连任总裁。

12月,作《答毕修勺先生书》,谈民主与科学问题。

1946 年 八十一岁

3月,当选为国民大会制宪会议代表、国民党筹集党务经费募捐总队队长。

11月,在南京出席制宪国民大会,被推选为临时主席。

1947 年 八十二岁

2月,为《蒋介石家谱》作序。

5月,拟将自己收藏的《新世纪》杂志赠予中央图书馆,但其他机构听闻此消息,因其为国内孤本,争相来信求赠,适逢世界出版协会重印,才解决此问题。

11月,当选国民大会江苏省武进县代表。

1948 年 八十三岁

4月,在国民党六届五中临时全会上,联署推举蒋介石为"总统"候选人。

这年因深感体力大不如前,谢绝对外活动,专心整理所写文稿函牍及剪报。年底在为同乡子弟授课时,突感头晕目眩,卧床多日方愈,体力明显衰退。

1949 年　八十四岁

国民党在解放战争三大战役中先后失败，政权摇摇欲坠。心灰意冷，意将所写文稿函牍付之一炬。李石曾听闻此消息，表示愿出资代为收藏，遭拒绝。后受蒋介石之邀赴台湾养病。抵台北后，将旧时文稿函牍整理成册，名曰"望乡台"，时常翻阅，聊以自慰。历年出版书籍的收入，都以法币储存，但随着国民党政权的垮台，法币币值大跌，积蓄所剩无几，仅合新台币 142 元。年底，钮永建发起强恕中学在台湾复校，被推为董事长。

1950 年　八十五岁

3 月，蒋介石"复行视事"。发起所谓"中饭主义"，冀由海外华侨贩卖中餐，发展国民外交，影响国际关系，同时令华人子弟受良好教育，成为高等科学家。

7 月，国民党成立"中央改造委员会"，被聘为"中央评议委员"。

1951 年　八十六岁

1 月，编撰《郑成功史表》。

8 月，对日和会在美国旧金山召开，台湾未获邀请，主张忍气息事，与美交好，"屏我而不与，事之非常也，必有挟之者矣。彼既未能明以告我，而我惟有意气之争，害于事者也。毋宁息言以睦邦交，徐观其后图继盟"。

1952 年　八十七岁

4 月，病情加重，一度陷入昏迷，后经治疗苏醒。再次立遗嘱。

6 月，因尿毒症侵两肾，入台大附属医院。

1953 年　八十八岁

10 月 30 日，因病在台北逝世。

12 月 1 日，按生前遗愿，蒋经国等人携带其骨灰，乘军机抵金门，换乘民船至大小金门之间的海面，将骨灰撒入大海。

中国近代思想家文库

方东树、唐鉴卷	黄爱平、吴杰 编
包世臣卷	刘平、郑大华 主编
林则徐卷	杨国桢 编
姚莹卷	施立业 编
龚自珍卷	樊克政 编
魏源卷	夏剑钦 编
冯桂芬卷	熊月之 编
曾国藩卷	董丛林 编
左宗棠卷	杨东梁 编
洪秀全、洪仁玕卷	夏春涛 编
郭嵩焘卷	熊月之 编
王韬卷	海青 编
张之洞卷	吴剑杰 编
薛福成卷	马忠文、任青 编
经元善卷	朱浒 编
沈家本卷	李欣荣 编
马相伯卷	李天纲 编
王先谦、叶德辉卷	王维江 编
郑观应卷	任智勇、戴圆 编
马建忠、邵作舟、陈虬卷	薛玉琴、徐子超、陆烨 编
黄遵宪卷	陈铮 编
皮锡瑞卷	吴仰湘 编
廖平卷	蒙默、蒙怀敬 编
严复卷	黄克武 编
夏震武卷	王波 编
陈炽卷	张登德 编
汤寿潜卷	汪林茂 编
辜鸿铭卷	黄兴涛 编

康有为卷　　　　　　　　　　　　　　　　张荣华　编
宋育仁卷　　　　　　　　　　　　　　　　王东杰　编
汪康年卷　　　　　　　　　　　　　　　　汪林茂　编
宋恕卷　　　　　　　　　　　　　　　　　邱涛　编
夏曾佑卷　　　　　　　　　　　　　　　　杨琥　编
谭嗣同卷　　　　　　　　　　　　　　　　汤仁泽　编
吴稚晖卷　　　　　　　　　　　金以林、马思宇　编
孙中山卷　　　　　　　　　　　　张磊、张苹　编
蔡元培卷　　　　　　　　　　　　　欧阳哲生　编
章太炎卷　　　　　　　　　　　　　　姜义华　编
金天翮、吕碧城、秋瑾、何震卷　　　　夏晓虹　编
杨毓麟、陈天华、邹容卷　　　　严昌洪、何广　编
梁启超卷　　　　　　　　　　　　　　汤志钧　编
杜亚泉卷　　　　　　　　　　　　　　周月峰　编
吴虞卷　　　　　　　　　　　　罗志田、赵妍杰　编
张尔田、柳诒徵卷　　　　　　孙文阁、张笑川　编
杨度卷　　　　　　　　　　　　　　　左玉河　编
王国维卷　　　　　　　　　　　　　　　彭林　编
邓实卷　　　　　　　　　　　　　　　　王波　编
黄炎培卷　　　　　　　　　　　　　　余子侠　编
胡汉民卷　　　　　　　　　　　陈红民、方勇　编
陈撄宁卷　　　　　　　　　　　　　　　郭武　编
章士钊卷　　　　　　　　　　　　　　郭双林　编
宋教仁卷　　　　　　　　　　　　　　郭汉民　编
蒋百里、杨杰卷　　　　　　　　皮明勇、侯昂妤　编
江亢虎卷　　　　　　　　　　　　　　汪佩伟　编
马一浮卷　　　　　　　　　　　　　　　吴光　编
师复卷　　　　　　　　　　　　　　　唐仕春　编
刘师培卷　　　　　　　　　　　　　　　李帆　编
朱执信卷　　　　　　　　　　　　　　谷小水　编
高一涵卷　　　　　　　　　　　郭双林、高波　编
熊十力卷　　　　　　　　　　　　　　郭齐勇　编
任鸿隽卷　　　　　　　　樊洪业、潘涛、王勇忠　编

蒋梦麟卷	马勇、黄令坦 编
张东荪卷	左玉河 编
丁文江卷	宋广波 编
钱玄同卷	张荣华 编
张君劢卷	翁贺凯 编
赵紫宸卷	赵晓阳 编
李大钊卷	杨琥 编
李达卷	宋俭、宋镜明 编
张慰慈卷	李源、黄兴涛 编
晏阳初卷	宋恩荣 编
陶行知卷	余子侠 编
戴季陶卷	桑兵、朱凤林 编
胡适卷	耿云志 编
郭沫若卷	谢保成、魏红珊、潘素龙 编
卢作孚卷	王果 编
汤用彤卷	汤一介、赵建永 编
吴耀宗卷	赵晓阳 编
顾颉刚卷	顾潮 编
张申府卷	雷颐 编
梁漱溟卷	梁培宽、王宗昱 编
恽代英卷	刘辉 编
金岳霖卷	王中江 编
冯友兰卷	李中华 编
傅斯年卷	欧阳哲生 编
罗家伦卷	张晓京 编
萧公权卷	张允起 编
常乃惪卷	查晓英 编
余家菊卷	余子侠、郑刚 编
瞿秋白卷	陈铁健 编
潘光旦卷	吕文浩 编
朱谦之卷	黄夏年 编
陶希圣卷	陈峰 编
钱端升卷	孙宏云 编

王亚南卷   夏明方、杨双利 编
黄文山卷   赵立彬 编
雷海宗、林同济卷   江沛、刘忠良 编
贺麟卷   高全喜 编
陈序经卷   田彤 编
徐复观卷   干春松 编
巨赞卷   黄夏年 编
唐君毅卷   单波 编
牟宗三卷   王兴国 编
费孝通卷   吕文浩 编

图书在版编目（CIP）数据

中国近代思想家文库. 吴稚晖卷/金以林，马思宇编. —北京：中国人民大学出版社，2014.12

ISBN 978-7-300-20356-0

Ⅰ.①中… Ⅱ.①金…②马… Ⅲ.①思想史-研究-中国-近代②吴稚晖（1865～1953）-思想评论 Ⅳ.①B250.5

中国版本图书馆 CIP 数据核字（2014）第 282453 号

中国近代思想家文库

吴稚晖卷

金以林　马思宇　编

Wu Zhihui Juan

出版发行	中国人民大学出版社			
社　　址	北京中关村大街 31 号		**邮政编码**	100080
电　　话	010 - 62511242（总编室）		010 - 62511770（质管部）	
	010 - 82501766（邮购部）		010 - 62514148（门市部）	
	010 - 62515195（发行公司）		010 - 62515275（盗版举报）	
网　　址	http://www.crup.com.cn			
经　　销	新华书店			
印　　刷	唐山玺诚印务有限公司			
开　　本	720 mm×1000 mm　1/16		**版　次**	2015 年 1 月第 1 版
印　　张	26.5 插页 1		**印　次**	2025 年 4 月第 3 次印刷
字　　数	426 000		**定　价**	105.00 元